YE BOOK

让 思 想 流 动 起 来

论世衡史
- 丛书 -

中国的近代转型与传统制约

一 增订版 一

杨天宏 著

四川人民出版社

图书在版编目（CIP）数据

中国的近代转型与传统制约 / 杨天宏著. — 增订本. — 成都：
四川人民出版社，2021.3（2022.1重印）
ISBN 978-7-220-12187-6

Ⅰ.①中… Ⅱ.①杨… Ⅲ.①史评—中国—近代Ⅳ.①K250.7

中国版本图书馆CIP数据核字（2020）第250783号

ZHONGGUO DE JINDAI ZHUANXING YU CHUANTONG ZHIYUE（ZENGDING BAN）

中国的近代转型与传统制约（增订版）

杨天宏　著

出 版 人	黄立新
策划统筹	封　龙
责任编辑	冯　珺
封面设计	周伟伟
版式设计	戴雨虹
责任印制	周　奇
出版发行	四川人民出版社　（成都市槐树街2号）
网　　址	http://www.scpph.com
E-mail	scrmcbs@sina.com
新浪微博	@四川人民出版社
微信公众号	四川人民出版社
发行部业务电话	（028）86259624 86259453
防盗版举报电话	（028）86259624
照　　排	四川最近文化传播有限公司
印　　刷	成都东江印务有限公司
成品尺寸	145mm×210mm
印　　张	16.25
字　　数	370 千
版　　次	2021 年 3 月第 1 版
印　　次	2022 年 1 月第 2 次印刷
书　　号	ISBN 978-7-220-12187-6
定　　价	86.00 元

自　序

近年来，传统与近代的关系问题颇受世人关注，学术界相继推出涉及这一主题的众多论著反响热烈，即反映了人们重视这一问题研究的倾向。本书忝列众多鸿文巨著之中，面临已被先期推出各书引起的学术界极高期望值和众目睽睽的审视，不免惶恐。我愿将这本书增订再版，不是因为对所作文字的敝帚自珍，而是因为它可能为我提供某种与学界同仁交流的机会。

本书2000年由贵州人民出版社首次出版。虽冠以《中国的近代转型与传统制约》书名，实为以主题连缀的论文集，书中四组论文，是从1980年代初至1990年代中后期发表的数十篇论文中挑选出来的。罗志田先生曾就书的主题设计和思想架构提出意见和建议，他对书中涉及咸、同时期清朝政治、经济变革及近代教案研究的几篇论文的首肯，使我增强自信，消除了出版顾虑。尽管如此，本书收录的毕竟大多是年轻时的习作。魏源《钱塘观潮行》诗云："传语万古观涛客，莫观老潮观壮潮。"[1]学术界多年来一直热衷于谈论中国的近代转型，其实当代中国同样存在转型问题。政治、经济、文化的转型显而易见，学术研究地当前沿，更难例外。既要转型，自免不了除旧布新。今日从事学术研究，新思想、新见解、新信息已让人目不暇接，谁有工夫去翻看陈年旧作？我真有些担心，此时再度推出这组鲜有新名词、新概念点缀其间的文字，会招惹"老潮"之讥，无人观览。

不过扪心自问，对于学界眼下正亟亟探寻的诸如"传统与近代"这类问题，在过去若干年的研究中，也并非充耳不闻，无所用心。差异只在对问题的具体认知上。

鸦片战争后的中国，传统与近代的紧张（tension）一直是导致国家重大变故及中外冲突的根源，问题的解决之道不仅让历史事件当事人煞费苦心，也让后来的研究者深感困惑。洋务运动中，曾国藩主张"师夷智以造炮制船"，意识到"中国自强之道或基于此"，但又担心"器"变引起"道"变，提出以"义理"统摄"经济"的办法，要求官吏士绅治学"以义理之学为先，以立志为本"，认为"苟通义理之学，而经济赅乎其中矣"[2]。曾氏所说的"经济"，是为经邦济世之法，虽有成规，亦可权变；"义理"是

---

[1] 魏源：《钱塘观潮行》，中华书局编辑部编：《魏源集》（收入中国近代人物文集丛书）下册，北京：中华书局，1983年，第725页。

[2] 曾国藩：《劝学篇示直隶士子》，彭靖等整理：《曾国藩全集·诗文》，长沙：岳麓书社，1986年，第443页。

儒学对宇宙社会人生的解释和规范，贯通古今，不能改变。曾氏所思所想，是为化解传统与近代之间紧张的尝试，成为洋务运动的指导思想。在曾国藩时代，两者关系尚未发展到严重冲突的地步，这大概是因为外来的属于"近代"的事物在中国还不够强势，不足以同根深蒂固的中国传统文化分庭抗礼，引进"西学"的人也很少产生挑战"中学"的意识。当时，贤达如王弢者尚且认为，中外异治，外国的政教法律甚至制造技术均不适合中国，遑论他人[①]。"中国文物制度远出西人之上，惟火器万不能及"一语，今天看来甚为荒谬，却是当时国人的共同认知。

　　将中国贫穷落后归咎传统从而导致"传统与近代"关系紧张、难以并立，是中日甲午战争之后的事。甲午一战是中国近代历史的重要转折点，中国在这次战争中惨遭败北的原因极为复杂。不能因地缘政治变化相应改变传统重"塞防"轻"海防"的国防战略，是其重要原因[②]。近代国人重文轻武，而日本人尚武，致使中国在军备竞赛中稍逊日本。另外，咸、同以后，地方势力兴起，中央与地方、满族与汉族之间矛盾加剧，严重削弱国家的力量。这些都是中国的致败因素。但当时国人从战争中汲取的教训则是君主集权政治制度制约了中国的近代发展，不如代议制那样能有效引导国家走向

---

① 王弢尝言："中国所重者，礼义廉耻而已。上崇其德，下懋其修，以求复于太古之风耳。奇技淫巧凿破其天者，摈之不谈，亦未可为陋也。"引文见方行、汤志钧整理：《王韬日记》，咸丰九年四月四日甲辰，北京：中华书局，1987年，第113页。

② 关于近代国人受传统国防战略思想影响，一直将防务重心放在西北"塞防"，相对忽略"海防"这一问题的讨论，可参阅本书收录的拙文《近代中国地缘政治的变化与李鸿章的海防战略》。

富强。梁启超曾尖锐批判专制政体，视之为"数千年来破家亡国之总根源"[①]，认为"今日之世界，实专制、立宪两政体新陈嬗代之时也"[②]。梁氏所言，道出了当时众多有识之士的心声。于是，以建立"君主立宪"为目标的改良运动和以实施"民主立宪"为目标的革命运动相继兴起。在初议改制时，人们普遍认为，只要废除君主集权政体，中国富强将指日可待。辛亥革命推翻清朝专制统治、建立共和政体，使国人的乐观情绪达于极致，但失望也因此到达顶点。"盖以今日政府之徇私弄权，无异前清，故一切法定机关，皆同虚设。"[③]在袁世凯和北洋军阀统治下，旧制度曾经拥有的一切故态复萌。这促使部分国人从思想道德层面思考原因，开始了陈独秀所说的"彻底觉悟"。

所谓"彻底觉悟"，是指意识到中国不仅制造技术原始，政治制度落后，而且思想道德也不能适应近代社会的需要，必须弃旧图新。陈独秀指出：

> 欲建设西洋式之新国家，组织西洋式之新社会，以求适今世之生存，则根本问题，不可不首先输入西洋式社会国家之基础，所谓平等人权之新信仰，对于与此新社会、新国家、新信仰不可相容之孔教，不可不有彻底之觉悟，勇猛之决心，否则不塞不

① 梁启超：《论专制政体有百害于君主而无一利》，《饮冰室合集》第1册《文集》之九，北京：中华书局，1989年影印本，第90页。
② 梁启超：《立宪法议》，《饮冰室合集》第1册《文集》之五，第4页。
③ 陈重民：《日本大隈伯爵论中国情形》，《东方杂志》第9卷第5号，第17—18页。

流，不止不行！①

　　这一认知促成新文化运动发生，国人的思想开始趋于激进。举凡属于"传统"的一切，"无论是三坟五典，百宋千元，天球河图，金人玉佛，祖传丸散，秘制膏丹，全都踏倒它"。在与传统决裂的同时，又"别求新声于异邦"②，汲取西方的近代观念，企图在更加广阔的维度上学习西方。发展到20世纪20年代末，则形成"全盘西化"（wholesale westernization）的极端主张。

　　不过思想道德层面的革命并不像"器物"和"制度"层面的变革那么奏效。由于第一次世界大战的发生，国人开始对西方文明产生怀疑，此后中国民族主义高涨，带动了知识界复兴传统文化的努力。在反传统主张力图成为思想主流的同时，对传统进行新的诠释，使之适应现代社会需要的"文化保守主义"应运而生。宣称"科学破产"的梁启超，被称为"玄学鬼"的张君劢，集合在《学衡》杂志周围的学衡诸君，以及试图将儒教定为"国教"的陈焕章和众多儒学的"道统"传人，都为传统中国文化的现代调适做了艰苦努力。其后的中国，传统与近代的关系一直极度紧张，优劣成败，在一部分人心中至今未能决出。

　　对于传统与近代的紧张，当事双方曾提出各自的化解办法。西化派认为，传统与近代是对立的两端，由于近代化是各个国家民族

---

① 陈独秀：《宪法与孔教》，《新青年》第2卷第3号，1916年11月，第12页。
② 鲁迅：《忽然想到》《摩罗诗力说》，《鲁迅全集》第1集，乌鲁木齐：新疆人民出版社，1995年，第574、30页。

历史的基本走向，要想不背离历史发展，必须与传统决裂。全盘西化的理论张本即在于此。而"文化保守主义"思想家则主张中国应在保存自己文化传统的前提下去做近代化追求。学者普遍认为这是截然对立的两种思想主张，实则二者相通之处颇多。

"文化保守主义"思想家一般并不排斥西方文明。以学衡诸君而论，他们的西学造诣在近代中国实罕有匹敌者，对反清革命成功后建立的新的政治制度，也能在相当程度上认同。他们并不主张原封不动维护以儒学为代表的传统文化，而是企图"以欧西文化之眼光，将吾国旧学重新估价"①。吴宓在谈到新文化运动时曾说："吾之所以不慊于新文化运动者，非以其新也，实以其所主张之道理，所输入之材料，多属一偏……或驳吾为但知旧而不知有新者，实诬矣。"②在"趋新"已成为时尚的近代中国，儒学的"原教旨主义"者是不存在的。如果说，宋代儒家学者为寻求儒学的发展曾下过一番"援佛入儒"的功夫，那么，当代"文化保守主义"思想家则试图"援西学入儒学"，返本开新，以寻求儒学的当代发展，所提出的实为处理两者关系的折中方案。

西化派对中国传统文化展开猛烈攻击，也并非将中国传统的一切弃若敝屣，不过认为中国传统文化根深蒂固，国人的行为惰性足以维持其存在，不必倡导改革的人再劳神费心罢了。胡适对这一思想的表述最为典型，他说：

---

① 胡先骕：《论批评家之责任》，《学衡》1922年第3期，第44—57页。
② 吴宓：《论新文化运动》，《学衡》1922年第4期，第48页。

现在的人说"折中"，说"中国本位"都是空谈。此时没有别的路可走，只有努力全盘接受这个新世界的新文明。全盘接受了，旧文化的"惰性"自然会使他成为一个折中调和的中国本位新文化。若我们自命做领袖的人也空谈折中选择，结果只有抱残守阙而已。古人说："取法乎上，仅得其中；取法乎中，风斯下矣。"这是最可玩味的真理。我们不妨拼命走极端，文化的惰性自然会把我们拖向折中调和上去的。[①]

胡适玩味的"真理"以及他和他的文化同人缘此形成的行为方式，均具典型的中国特征。林毓生曾指出新文化运动思想家反传统时的"唯智论"取向是从传统得来，认为新文化人没有也不可能真正摆脱传统。这一认知，用在主张"全盘西化"的思想家身上，也大体适合。

不过这并不意味着两者没有思想区别。在我看来，形成近代史上"西化派"与"文化保守主义"者思想分野的一个重要原因在于政治关怀不同。相对而言，西化派更关心国家的民主政制建设，文化保守主义者的主张则体现了深切的民族危机忧虑。

"西化派"思想家从新文化运动时期的陈独秀、胡适，到20世纪30年代与主张"建设中国本位文化"的教授们辩难的陈序经，都

---

① 胡适：《我是完全赞成陈序经先生的全盘西化论》，《独立评论》第142号，1935年2月，编辑后记，第24页。

异常关注国家的民主建设。陈独秀为反对军阀专制统治，曾对植根于传统的"爱国"口号提出异议。胡适对反传统的新文化运动因充满"民族主义"色彩的五四运动的发生而改变走向深表遗憾，认为后者是对前者"不幸的政治干扰"①。胡适写于1917年3月的一则日记，最能反映"西化派"政治关怀的重心所在：

> 王壬秋死矣。十年前曾读其《湘绮楼笺启》，中有与妇子书云："彼入吾京师而不能灭我，更何有瓜分之可言？即令瓜分，去无道而就有道，有何不可？……"其时读之甚愤，以为此老不知爱国，乃作无耻语如此。十年以来，吾之思想亦已变更。……若以袁世凯与威尔逊令人择之，则人必择威尔逊。其以威尔逊为异族而择袁世凯者，必中民族主义之毒之愚人也。此即"去无道而就有道"之意。吾尝冤枉王壬秋。今此老已死，故记此则以自赎。②

相对而言，"文化保守主义"者更关心民族国家的安全，赋予自己"存亡继绝"的使命。戊戌时期，康有为曾提出"保国、保种、保教"口号。然而依中国传统认知，"保教"才是关键所在。盖"教"存则国虽亡而犹有复兴之望；"教"亡则即便国存已非故国，其与亡国何异？至于"种"，若无"教"为之灵魂，存之

---

① 胡适口述：《胡适口述自传》，唐德刚译注，上海：华东师范大学出版社，1993年，第183—189页。
② 曹伯言整理：《胡适日记全编》第2册（1915—1917），1917年3月7日记，合肥：安徽教育出版社，2001年，第552—553页。

何益？中国在历史上曾数度为外族武力征服，但征服者最终均为被征服者先进的文化涵化，结果征服者与被征服者的位置颠倒过来，中国之国脉因文化未泯而得以保存[①]。历史的经验使保守主义思想家肩负起在文化上"存亡继绝"的重任，企图以此为手段，达到保国、保种的目的。

不过尽管关怀异趣，两者在寻求国家民族独立富强目标上走的路线并非截然相反，他们考虑并力图解决的实乃一个问题的两个不同方面。从这个意义上说，两者之间的"同"是大于他们之间的"异"的。正因为如此，近代史上许多最初致力于政治改革的思想家在其努力受挫而疏离政治之后，都转而"整理国故"，致力于传统文化重建工作。严复是这样，胡适也是这样。胡适为人机巧，不愿意让人看出个中变化，说自己是在"捉妖打鬼"，其实是在自我解嘲。既然近代历史上客观存在的"传统与近代"关系并非形同水火，折中调和之道亦可探寻，研究者为何一定要将二者摆在截然对立的位置去审视？

中国学者对传统与近代关系的认知或许受到西方学者的影响。如同国人认知外部事物往往带有先入为主的"中国中心观"一样，一些西方学者研究中国近代史所使用的"传统与近代"概念，则明显带有"西方中心主义"成见。在一些研究"中国学"的西人眼

---

① 钱穆对中国人以文化辨别种族、国家的观念有过很好的说明："在古代观念上，四夷与诸夏实在有一个分别的标准，这个标准，不是血统，而是文化。所谓诸侯用夷礼则夷之，夷狄进于中国则中国之。此即以文化为华夷分别的明证。"引文见氏著：《中国文化史导论》（修订本），北京：商务印书馆，1994年，第41页。

里，"传统"与古代中国相联系，"近代"则特指工业化以后的西方世界。他们不把世界文化看成是多元的组合，而认定为由低级向高级发展的进化序列，近代高于传统，西方优于中国，故中国的历史发展必然要离弃传统，沿着西方的轨迹行进。费正清用"朝贡体系"描述"中国的世界体系"与西方国家认定的国际关系体系的冲突，即暗含西方先进，中国落后的先入之见。而直接以"传统与近代"作为研究模式认知中国的李文森更是将这种观念发挥到极致。李氏才华横溢，有"学界莫扎特"之称，对美国的中国史研究做出过重要贡献，但他的偏见似乎比其他西方学者更深。在他看来，体现为西方文化的近代社会，通过两种途径同时作用于中国文化：一种是作为"溶剂"，中国传统文化对之无抵御能力；另一种是作为"楷模"，中国的"新文化"对之亦步亦趋。这种情况决定中国的革命必然自始至终为近代西方向中国提出的问题所左右。换言之，中国革命是一种"反对西方正是为了加入西方的革命"①。另一位颇具影响的学者芮玛丽在研究19世纪60—70年代中国的改革后表述了相似见解。她认为："同治中兴的失败异常清楚地证明，即便在最有利的环境条件下，也无法把真正的近代国家移植到儒教社会的躯体之上。"②明显排斥中国传统文化对近代世界的适应性。

　　中国学者因具有民族主义情结，在认知中国近代史时，比较强

①　柯文：《在中国发现历史——中国中心观在美国的兴起》，林同奇译，北京：中华书局，1989年，第64页。
②　Mary Clabaugh Wright, *The Last Stand of Chinese Conservatism: The Tung—chih Restoration, 1862-1874,* rev. ed. New York: Atheneum, 1965, p.300.

调反对"帝国主义"一面。但是，这种反对是否真如李文森所言，"反对西方正是为了加入西方"呢？在解释"传统与近代"关系时，不少中国学者甚至比西方学者更蔑视自己的文化传统。在他们笔下，近代历史上反传统的思想家大多受到褒扬，维护传统的努力却被嗤之以鼻，甚至被视为反动。我真有些怀疑，如同在物质上追求"现代化"一样，中国学者对"传统与近代"关系的认知，也是在学术上追求"现代化"，即步伍费、李等西人的结果。

然而费正清、李文森等西方学者的认知在具有思想的深刻性因而可向中国同仁提供重要启示的同时，也存在很大问题。

首先，将传统与近代置于截然对立的位置就是一种认识论错误。近代是从传统中孕育的，虽然平添了许多新的品质性状，但其基本因子在传统社会中便多少存在。例如英国的议会制度可以追溯到公元5—11世纪盎格鲁·萨克森时期，作为氏族社会民主余绪的"贤人会议"可能即其雏形。作为近代"立法机构"的议会，在伊丽莎白之前的15世纪20年代就已开始运作。英国今日的议会制度，是1000余年历史发展的结果。与费、李等学者认识取径不同的美国学者鲁道夫在研究印度时，曾提出传统社会包含"近代潜在因素"的概念，认为"传统"固然存在某些阻碍"近代化"的因素，但有若干民族历史文化遗产则是有助于现代化的[①]。这一认知颇具价值。就中国而言，甚至佛教体认大千世界的逻辑方法，也可成为清末民初国人理解西方科学的一种认识论工具。这表明，传统与近代

---

① 柯文：《在中国发现历史——中国中心观在美国的兴起》，第68页。

在某些方面可以沟通。

其次，近代不等于西方，尽管近代化运动起源于西方，但近代化的思想资源并非只有西方社会才可发掘，任何国家民族的历史传统中都可能存在一些能够超越特定时空限制的元素，可以用作现代化的建筑材料。例如18世纪以后逐渐形成于英、法等西方国家的近代文官考试制度，就在很大程度上参考借鉴中国的科举制度。虽然存在"铨吏"与"选官"之别，但就其以竞争性考试来选拔国家所需人才而言，两者则是非常接近的①。宣道华指出，中国传统中的某些特点，如强烈的历史感以及把政治视为人生要义之一而产生的现实关切，为中国人做了"异常良好"的准备，使他们可以适应近代世界。这是十分中肯的分析。

复次，所谓"近代"是一个内涵外延均不甚清晰的概念。有些东西比较容易判断发展序列和级差，有些则不然。比如，人们可以根据硬件品质和计算速度等客观指标区分出计算机的发展序列和优劣，但却很难说"男女平等"和"男尊女卑"观念主张究竟哪一种更加"传统"或更加"近代"。在一些国家和地区，被视为"近代"观念的男女平等本是它的传统，无须等到"近代"方才具有；但在另外一些国家或地区，即便进入"近代"社会之后，男尊女卑恐怕都仍将是一个无法抹去的存在。至于优劣，则更难判断。站在"近代"立场，当然应该否定传统；但是站在"后现代"的立场，则"近代"甚

---

① 　S.Y. Teng（邓嗣禹），"Chinese Influence on the Western Examination System"，*Harvard Journal of Asiatic Studies,* Vol. 7, 1942-43, pp. 217-313.

至"现代"都未必值得称道。人们讨论的传统与近代关系中属于"价值"的部分,恐永远也难决出高下短长,尽管我本人更趋向于"现代性"和某些被认为具有"普世价值"的观念。

指出这些问题的存在并不意味着本书作者没注意到传统与近代的质性差异。事实上作者早已意识到,两者不仅质性不同,在某些方面甚至处于尖锐对立状态。但研究者却不能因此将中国近代化运动未著成效,简单委过于传统。在近代中国,保守势力异常强大,为抵制社会变革,保守派常常引经据典。例如倭仁反对同文馆招考正途出身之生员学习西方的天文、算学,就曾以儒学为依据,指出:"立国之道,尚礼仪不尚权谋;根本之图,在人心不在技艺。"①此诚足证儒学与近代变革的对立。但传统文化促进近代社会变革的事例亦复不少。洋务派思想家引进西方制造技术,理论依据即是《易经》中"穷则变,变则通,通则久"的古老教训。清末革新人士更是到传统中去寻找思想资源。"今文经学"成为康有为变法的理论支柱,而"阳明心学"则在很大程度上成为晚清革命派人士的精神动力。尽管产生于农业社会,儒家学说的根本精神与其说守旧,勿宁是维新的。孔子即十分注重损益之道。所谓"行夏之时,乘殷之辂,服周之冕",意即就三代的典章制度,斟酌损益,以适应现时所需。孔子被称为"圣之时者",说明孔子学说本来就是讲求因应变通之道的。

传统文化能够同时为革新与保守人士援引、服务于各自的政治目

① 宝鋆编修:《筹办夷务始末·同治朝》卷四十七,光绪六年抄本,第24页。

的这一事实，揭示出它所具有的两重性。学者张灏指出，中国传统具有"多重构造"，认为就道德价值层面而言，至少应该分为以纲常名教为中心的"社会约束性道德"和以仁、诚为中心的"精神超越性道德"①。以我的理解，"社会约束性道德"系与前近代社会政治制度互为表里，构成官方意识形态的那一部分，自难与近代社会契合。对此，从事近代化建设者应果断与之决裂。无此认识，中国的近代化建设断难起步，中国也难以真正融入国际社会。正是从这个意义上，我对近代历史上反传统的新文化运动持基本肯定的态度。

但新文化人只持一端，思想行为偏激，似乎没有意识到传统文化的另一层面即"精神超越性道德"的存在。传统文化这一层面，因其没有严格的时空限定性，是有可能融入近代社会的。以儒学"仁"的观念为例。"仁者爱人"，抽象理解，提倡的是一种普遍的人类之爱，这与西方近代提倡的"博爱"，在内涵上并无二致。再以"恕"为例。中国传统文化讲求"恕道"，主张推己及人，"己所不欲，勿施于人"，这与基督新教提倡的"宽容"实同一旨趣。近代保守主义者看到传统文化的这一层面，其思想具有一定的合理性。然而，他们在批评新文化人偏激时，自己也犯了"只知其一，未知其二"的认识论错误。他们中庸平和，却忽略了传统文化中"社会约束性道德"部分有可能成为近代化严重阻力这一问题。他们似乎不明白，由于历史的惰性，"矫枉"有必要"过正"的道

---

① 张灏：《晚清思想发展试论——几个基本论点的提出与检讨》，姜义华等编：《港台及海外学者论近代中国文化》，重庆：重庆出版社，1987年，第72页。

理。这样，至少从操作的层面考虑，他们的主张对于中国近代化所产生的负面作用，比西化派更甚。

在讨论传统文化是否构成中国近代化阻力时，"功利"的因素不容忽略。儒者标榜"罕言利"，但现实社会生活却无一不与"利"相关联。近代历史上不少守旧人士在提出自己的主张时，虽无不援引儒家经典，但更关心的却是当下的实际利益。以戊戌变法康、梁等人主张变更科举为例。当是之时，守旧人士皆援据儒家经典，拼死反对，这给人一种他们系出于维护儒学正统而反对变法的印象。然而，梁启超的一番话道出了问题的实质："当时会试举人集辇毂下者将及万人，皆与八股性命相依。闻启超等此举，嫉之如不共戴天之仇，偏播谣言，几被殴击。"此外，变与不变背后还存在满、汉利益之争。反对变法的刚毅对此直言不讳："改革者，汉人之利，而满人之害也。"①在研究近代史上的革新与保守时，应透过表象看实质，不宜将顽固派人士反对变法笼统说成是儒学之过。当然，也不能反过来将主张变法革新都说成是近代西方文化之功，因其间同样存在利益问题。

对于传统与近代的关系，人类学者从心理学借鉴来的"移情"（empathy）即换位经验与思考，或许可以成为行之有效的认识方法。对于传统的近代透视，有可能导致对传统的超越，而对"近代化弊病"的非近代性批判，则是产生"新保守主义"和"后现代主

---

① 梁启超：《戊戌政变记》，沈云龙主编：《近代中国史料丛刊》第92辑，台北：文海出版社，1973年，第176页。

义"的条件。中国的近代文化只能是从新旧中西各种文化的结合中升华出来的文化。这种新文化的产生是有现实依据的。西方哲学家罗素曾指出："我相信，如果中国人能毫无顾虑，吸纳西方文明之长，扬弃其短，他们一定能实现基于自身传统的'有机成长'（organic growth），取得融合中西文明优长的辉煌成功。"①罗素所言，打破中西新旧壁垒，对认识传统与近代的关系，具有积极启发意义。

由于本书旨在讨论"中国的近代转型与传统制约"，因而有必要对相关概念做一界定。按照我的理解，所谓"近代转型"应该是工业化时代中国自身传统的调适，而不是将西方近代事物移植到中国来取代传统的此消彼长变化。"传统制约"也不是对于近代化进程单纯的阻碍，而是一个中性概念，既可用于表述阻碍中国近代化进程的消极的历史内容，也可用来表述制约牟宗三所说的"现代化底危机"，使之不致蔓延扩大以危及人类生存的有价值的历史存在。

传统中国社会是农业社会，近代社会本质上是工业化社会。两种社会的主导价值有很大差异。中国传统社会讲求对自然和谐美艺的欣赏、对神祇的敬畏、对现状的安足、对宗法血缘关系的依赖，讲求多子多孙的大家庭以及敬老孝亲、崇尚圣人等。这些价值，在传统的农业社会里曾经有效运作，发挥了很好的社会功能。近代社会本质上是工业社会，要求与之契合的价值体系，包括竞争、崇

---

① Bertrand Russell, *The Problem of China,* London: George Allen & Unwin Ltd. Ruskin House, 40 Museum Street, W.C, First Published in 1922, p.13.

新、世俗化、核心家庭、对自然的征服、对现状的不满等。中国的近代转型就价值而言，就是要实现由前者向后者的转变。在这一过程中，某些人们曾经熟悉的东西或许会丧失，这用不着沮丧。近代化对中国传统而言是一个价值再造的工程，经历一番再造功夫之后，承续有传统文化部分内核的新的中国文化将会更加光彩照人，成为工业化时代世界文明的重要组成部分。

行文至此，似乎还需对本书的增订再版略作说明。前已提到，本书首次出版是在20年前，当时，承蒙贵州人民出版社唐光明先生提议，经责任编辑袁华忠先生辛勤劳作，本书得以付梓。尽管出版后反响尚佳，但作为作者，我对书稿的不足也心知肚明。书中相当一部分论文是在我读研究生阶段的习作，还有一部分是我工作之初草就，只有一小部分是1990年代后期完成。当是之时，中国大陆学术界还较少谈论与国际学术"接轨"，理论方法单一，写作技术亦不够规范化，所作注释大多只标举作者、篇名、卷数，余则略去，义项残缺。本书初次结集出版时，因检索手段原始，难以按照学术规范将书稿中的注释遗漏补全，只得在"存真"的自我慰藉下，大体以原貌出之，留下几许学术遗憾。

时光荏苒，20年时光倏忽逝去。今春疫情稍缓，年轻有为、眼光独到的出版家谭徐锋先生征求我的意见，希望能在他参与主持编辑的四川人民出版社正陆续推出的一套学术丛书中，将拙著以增订本形式重新出版。这对我当然是求之不得的好事。借助已大大提升效率的数字化检索手段，20年前留下的学术遗憾终于可以借此机会弥补，遂承诺将拙著修订增补，以供再版。然而实际操作却费时费力，工作量异常大，这是事先未曾料到的。在此过程中，博士研究生邬若龙、何玉，硕士研究生胡一舟、邢宏昇、董芙蓉做了大量拾遗补阙和校订勘误工作，尽最大努力查询补充当初书中资料出处的缺失和各种技术缺陷[①]。本书能以全新面貌再次出版，与他们的辛勤付出分不开，作为导师，我谨向他们表示感谢。当然，我更要感谢主编谭徐锋先生和策划封龙先生，由于他们精心编排设计，严格质量把关，本书才能以如此完美的形态，蝶变现身。

　　最后需要说明的是，本书改由四川人民出版社再版，书名却一仍其旧，主题还是"传统与近代的纠结"。在整理旧稿的同时，作者因承担国家重大招标课题之需忙于写作新的学术论文，新旧并举，不免对自身经历的学术变化做一番新旧比较。平心而论，书中收录的论文内容和形式大多比较"传统"，而近10多年来推出的论文则较为"现代"。不过我并不以为"现代"就一定比"传统"高明。在我初学作文时，以未窥堂奥故，立论更加谨慎，文献披阅也比较广泛，虽注释不详，欠缺规范，见解却偶有可取之处。对晚近发表的论文我尚未获得清晰的自我认知，且不做评价。有所进步是可以肯定的，但在追求学术的"现代转型"方面，是否遭遇"邯郸学步，反失其故"的尴尬？我希望不致如此，至少以后不是如此。

---

① 因作者写作本书收录的部分论文时，中国大陆近代史学界尚未形成严格的学术规范，文章征引文献的出版信息等往往注释不详。此次修订再版自然需要补录。但当补录时却发现，一些文献较早的版本已难以寻觅。为方便读者查阅，修订本使用了少许论文刊出后新出版的史料辑录，特此说明。

这样，当国家顺利实现"现代转型"时，我的自我"转型"或可大功告成。高鹗云："辞必端其本，修之乃立诚；探微从道管，结撰是心精。"[①]我愿立于中国学术的这一传统之上，去做我的"现代学术"追求。

2020年6月4日于成都寒舍

---

① 高鹗：《修辞立诚》，尚达翔编注：《高鹗诗词笺注》，郑州：中州书画社，1983年，第89页。

目　录

近代初期的补苴改良与传统制约

咸同时期清朝权力结构的变化 ……………………………… 003

　　一、权力重心由中央向地方的转移 ……………………… 003

　　二、权力构成的明显变化 ………………………………… 008

　　三、错综复杂的致变因素 ………………………………… 019

　　四、权力结构变化的作用与影响 ………………………… 028

曾国藩集团与清廷的矛盾 …………………………………… 035

　　一、剑拔弩张的君臣关系 ………………………………… 036

　　二、曾氏转而"谦卑逊顺"的原因 ……………………… 045

　　三、双方矛盾对晚清政局的影响 ………………………… 053

近代中国地缘政治的变化与李鸿章的海防战略 ·············· 058

　一、近代中国地缘政治的变化 ··············· 059

　二、李鸿章调整国防战略重心的构想 ·········· 064

　三、李鸿章对近代海防的规划与建设 ·········· 070

　四、李鸿章海防建设功败垂成的原因 ·········· 079

　五、结论 ····································· 084

太平天国的租赋关系 ································· 086

　一、太平天国区域内租赋关系的特点 ·········· 087

　二、太平天国租赋关系的扭曲变形 ············ 095

　三、太平天国田赋政策的补充形式 ············ 101

　四、结论 ····································· 110

汉满新旧：袁世凯与清廷关系述略 ··············· 111

　一、日渐升级的"两造"冲突 ················· 112

　二、言人人殊的矛盾定性 ····················· 119

　三、复杂深刻的政治影响 ····················· 127

政治思想的转型与制度变革的艰难实践

科举制度革废与近代军阀政治兴衰 ··············· 135

　一、科举革废之议及其认识误区 ··············· 136

　二、西方国家对中国考试制度的借取 ·········· 143

三、科举废除后文武地位的变化 ………………… 152

四、"黩武主义"与近代军阀政治的兴衰 ………… 163

五、结论 ………………………………………… 173

论《临时约法》对民国政体的设计规划 ………… 175

一、政体选择：因人而异 ………………………… 176

二、权力体系：异构多元 ………………………… 185

三、实施条件：顾此失彼 ………………………… 196

四、结论 ………………………………………… 206

梁启超与宋教仁的议会民主思想 ………………… 207

孙中山经济思想中的所有制模式 ………………… 230

一、孙中山的土地所有制构想 …………………… 230

二、孙中山的企业所有制构想 …………………… 242

三、"民生社会主义"的内容与实质 …………… 250

四、结论 ………………………………………… 260

"人权"讨论与胡适的政治思想 ………………… 263

一、"健全的个人主义的真精神" ……………… 264

二、"要争我们的思想言论出版自由" ………… 274

三、"人权与约法"关系辨析 …………………… 281

限制通商与欲罢不能的开放政策

鸦片战争前中国的对外贸易政策 ················ 293

清季首批"自开商埠"考 ················ 314

清季自开商埠海关的设置及其运作制度 ················ 328

自开商埠与清季外贸场域的发育 ················ 347
　　一、清季自开商埠的数量与类型 ················ 348
　　二、自开商埠的地域分布及其成因 ················ 358
　　三、自开商埠与清季外贸场域的发育 ················ 366
　　四、结论 ················ 377

中西文化冲突与反教政治运动

甲午战后中国知识分子的民族主义情愫 ················ 381

普法战争与天津教案 ················ 400
　　一、普法战争爆发消息传到中国的时间 ················ 401
　　二、普法交战状态下的远东国际关系 ················ 406

　　三、普法实力对比与战争结果预测 ……………………… 411

　　四、法国战败后清政府对津案的处理 ………………… 415

　　五、结论 …………………………………………………… 417

义和团"神术"与清廷对外宣战 ……………………… 418

　　一、义和团"神术"的底蕴 ……………………………… 419

　　二、"神术"盛行的社会基础与文化背景 ……………… 427

　　三、"神术"进宫与清廷对外宣战 ……………………… 434

　　四、结论 …………………………………………………… 441

中国"非基督教运动"历史考察 ………………………… 442

　　一、"非基督教运动"爆发的原因 ……………………… 443

　　二、"非基督教运动"中的社会思潮 …………………… 451

　　三、"非基督教运动"的社会反响 ……………………… 460

　　四、结论 …………………………………………………… 467

1920年代中国的"信教自由"论战 …………………… 470

　　一、"北大五教授宣言"引发的论战 …………………… 471

　　二、思想论战中的政治气息 …………………………… 477

　　三、论战对非基督教运动的影响 ……………………… 485

　　四、结论 …………………………………………………… 491

近代初期的补苴改良
与传统制约

咸同时期清朝权力结构的变化

　　咸、同时期清朝权力结构的变化是清朝统治阶级内部关系调整的核心内容。研究这一问题，不仅有助于认识中国传统政治制度在近代历史条件下演变递嬗的客观规律，而且可以揭示出，在太平天国运动造成的激烈社会动荡之中，清朝统治阶级内不同阶层和政治集团的分化组合，政治斗争各方力量对比的消长变化，从而更加深刻地探明太平天国与清王朝成败利钝的原因。它是清代政治史不可分割的有机组成部分，也是研究太平天国历史不可忽视的重要方面。对于这问题，学术界尚少专门研究。本文拟对此做一粗略考察。

一、权力重心由中央向地方的转移

　　清王朝定鼎北京之后，略仿明制而损益之，建立起满、汉官僚联合统治的政权。这一政权是中央集权政体的高度发展形态。全国的统治机构繁复而分明，上下左右，紧密联结，形成一个庞大的由内及外的统治网系。在这一政权内，权力结构呈现出一种明显特点：形式上统治机构各部分的权力有明确区划，中央各部，地方各省，官吏都有相应的职分。但是，在强大的皇权面前，却往往名不副实，形若虚设。六部无权，人所尽知，不庸赘言。以地方官吏而论，则"虽以总督之尊，而实不能以行一谋，专一事"①。位卑于总督者，可以想见。真正握有实权者唯皇帝一人。皇帝贵乾纲独断，不贵端拱无为。清朝前期和中期的几个皇帝都精明强干，勤于政务。康熙帝于朝政无论巨细，必躬自决断。雍正帝更是将天下事一揽无遗，他专门写了一篇《朋党论》，大骂评论他管得烦苛琐细的大臣为"无知小人"。乾隆也是不让大臣参与机要的皇帝。康、雍、乾三世历一百三十四年，三个皇帝皆雄才大略，在他们那里，一切用人听言大权，从无旁落，从而把中央集权政体推上了历史的最高峰，清朝的权力结构，也因此出一种极度畸形、上重下轻的状况。

咸、同时期，情况幡然改观。首先是出现军权下移的现象，其标志为湘军的兴起。在前，清朝的正规武装为八旗和绿营。八旗自清世祖亲政后，其武力已尽入天子之手。绿营则直辖兵部，通过兵部由皇帝指挥。其将由部选，兵守世业，兵非弁所自招，弁非将之亲信，故八旗、绿营的兵权，都属于国家而集于中央。与此相较，湘军最显著的特点在于其私属性质。曾国藩是湘军创始人和最高统帅，他在创建湘军之初，断然变易八旗绿营之法，改弦更张，制定

---

① 龚自珍：《明良论四》，《龚自珍全集》，上海：上海人民出版社，1975年，第35页。

了一套新的法规制度。依照这些法规制度，湘军的大帅与统领由曾
国藩本人亲自识拔；统领之下，是为营官，由统领物色；营为湘军
基本单位，全部兵士，均由营官亲自在本乡本土招募。这样一来，
兵为营官所私，营官为统领所私，统领大帅为曾国藩所私，通过这
种递相私属的关系，湘军便成为曾国藩的私人武装。

　　湘军既私属于曾国藩，他人自难以调度指挥。如咸丰三年九
月，太平军回师武汉，清廷急令曾国藩火速增援湖北清军。曾以水师
尚未练成为辞，按兵不动，虽朝廷连下四道上谕，均视之阙如，朝廷
亦无可如何。湘军的创建，导致了"兵为将有"局面的产生，在清朝
原有的以高度中央集权为特点的权力结构上，冲开一道缺口。

　　军权既已下移，政权与财权下移也就势在必行。湘军创建之
初，左宗棠入湖南巡抚骆秉章幕府，"隐操湖南全省大权，于是一
意以策应湘军为己任，筹饷治兵不遗余力"①，对早期湘军军权与
地方政权的结合起了很大作用。咸丰五年，胡林翼署湖北巡抚，正
式开始湘军大帅与地方政权的结合。咸丰十年以后，曾、左、李等
人相继膺任疆寄，则标志着权力重心下移完成。

　　这里，值得注意的是军权与政权的结合。清制，掌握地方大权
的督抚，皆以文人铨任，不得以谙习兵法战阵的武官开列②。其用
意所在，盖以文人不知兵，虽授以疆寄，独任方面，亦不必深以为
忧。而曾国藩、胡林翼、江忠源、左宗棠、李鸿章诸人，虽本为文

----

① 王闿运：《湖南防守篇第一》，《湘军志》，长沙：岳麓书社，1983年，
　　第8页。
② 乾隆朝《大清会典》卷五，"吏部铨政"规定："总督以左都御史、侍
　　郎、巡抚开列。"案：所列各官，皆为文职。允祹：《钦定大清会典》卷
　　五，《四库全书·史部·政书》，乾隆二十九年抄本，第9页。

人，但却手握重兵，久历战阵，畅晓戎机，身份已由"文人"易为"儒将"。因此，他们膺任疆寄，就是对清朝定制的突破，非寻常者可比。而一旦大权在握，他们便大展经纶，开始"包揽把持"地方政权。这主要表现为垄断两司事权。

"两司"为分掌一省行政的长官。藩司的职掌，为主管一省民政财政，隶属吏部与户部；臬司的职掌，为主管一省按劾与司法，隶属刑部。两司事权独立，除部臣外，他人无权干预。但当曾、胡等人出任督抚后，两司地位显著改变。他们或屈从于督抚，如湖南藩司文格之于巡抚骆秉章例；或不甘傀儡，愤然辞职，如山西臬司陈湜之于曾国荃例；或不愿尸位，引疾归里，如湖南臬司仓景恬之于恽世临例①。总之，他们原有的权力已尽入督抚之手。

不唯如此，本属朝廷之权也渐渐被督抚兜揽。以财权为例。清朝定制，"一省岁入之款，报明听候部拨，疆吏不得专擅"。然自咸丰元年以来，督抚纷纷奏留各省丁漕等款，供本省军需，于是"户部之权日轻，疆臣之权日重"②。此外，用人行政权也被分掌。疆吏们不仅大量提拔与举荐各级地方官，发展到后来，甚至"请调京员，习为固然，并有请调翰林者，以文学侍从之臣，下供疆吏差委"③。对于朝政，疆吏亦插手干预。光绪时期张观准上奏朝廷言及此事曰：

---

① 例详王闿运：《湘军志·湖南防守篇第一》："知县黄淳熙方在告，秉章躬造其馆起之，下檄令知湘乡，不由藩司。文格大惊愕，然无可奈何。"另外，罗尔纲著《湘军兵志》第13章"制度的影响"，亦以众多事例说明了这一问题。王闿运：《湖南防守篇第一》，《湘军志》，第10页。罗尔纲：《湘军兵志》，北京：中华书局，1984年，第203—228页。

② 曾国藩：《江西厘请照旧经收折》，《曾文正公全集·奏稿》卷二十，上海：东方书局，1935年，第146页。

③ 朱寿朋编：《光绪朝东华录》第2册，北京：中华书局，1958年，第1291页。

> 自粤匪构乱以来，各省督抚，因时因地，每有便宜陈奏，朝
> 廷往往曲为允从，部臣亦破例议行。……间有廷臣条奏，欲部核
> 之件，部臣每以情形难以遥度，仍请交督抚酌议。而督抚则积习
> 相沿，动以窒碍难行，空言搪塞，虽有良法美意，格而不行。①

在此情况下，皇权为之严重削弱。一向自诩"黜陟大柄，朕自持之，非诸臣所可轻议"②的咸丰帝也不得不公开承认，他对曾国藩等人的"一切规划"，皆"言听计从"③。

疆吏权势炙手可热，是因为他们已结成一个庞大的共同利益集团。在此集团中，曾国藩为"总其成者"。其中坚人物有胡林翼、江忠源、左宗棠、罗泽南、曾国荃、李鸿章、骆秉章、彭玉麟、杨载福等。在下，他们广泛收罗党羽。"知县黄淳熙方在告，秉章躬造其馆起之，下檄令知湘乡，不由藩司"④，即为突出之例。在上，他们亦有援手。先是军机大臣满人文庆为其所用。文庆尝于御前进言，谓当重用汉臣："彼辈多从田间来，知民疾苦，熟谙情伪，岂若吾辈未出国门一步，懵然于大计者乎？"⑤咸丰帝能起用曾国藩为首的汉臣，文庆实与有力焉。

①　《张观准奏》（光绪七年戊戌），朱寿朋编、张静庐等点校：《光绪朝东华录》第1册，中华书局铅字排印本，1984年第二次印刷本，第1048页。
②　梁章钜：《枢垣纪略》卷一《训谕》，咸丰元年三月十六日上谕，《清代史料笔记丛刊》，北京：中华书局，1984年，第14页。
③　王先谦：《十朝东华录》（咸丰朝）卷六十五，咸丰七年十月丁亥，上海：积山书局，1899年，第30页。
④　王闿运：《湖南防守篇第一》，《湘军志》，第10页。
⑤　吴相湘：《晚清宫廷实纪》，南京：正中书局，1957年，第5页。

　　咸丰六年文庆死，则有肃顺代兴。肃顺为深受咸丰帝信赖的御前大臣，与文庆一样，力主重用汉臣，千方百计延揽有才学的汉人，以收物望。像郭嵩焘、王闿运、龙翰、匡源、高心夔、陈孚恩等著名人物，都入其范围。遇有要事，肃顺多商询郭、王、高诸人。而郭等又皆曾、左、胡之友好，肃顺以此深知曾、左、胡等人，遇事辄维护之。咸丰九年樊燮控告左宗棠一案未对簿而了结，即与肃顺启齿奏保有关。肃顺之后，又有恭王奕䜣维持其间。可以说，像文庆、肃顺、奕䜣这样的人物，一定程度上已成为疆吏在中央的代言人。

　　疆吏们就这样使自己的权力左右相维，上下相系，既有核心，复有中坚，既有羽翼，复有依援，从而形成一套独立的权力体系。这一新的权力体系的形成表明，清朝权力结构已发生重要变化，原有的从中央到地方一以贯之的一元化权力结构一分为二，清朝的权力重心，逐渐从中央下移到地方。

二、权力构成的明显变化

　　随着清朝权力重心逐渐由中央下移到地方，清政权的民族构成、阶层构成、思想文化构成及年龄构成亦发生令人瞩目的变化，兹分述如下：

（一）权力的民族构成

　　如众所知，清政权的民族构成具有明显的"满重汉轻"特点。虽然清朝一些统治者曾推行汉化政策并优容汉人，但民族间的猜忌、隔阂、歧视乃至敌对依然存在。清朝最高统治者对汉人始终怀抱着忧虑与戒备。康熙帝在一次诏谕中表露了他的这种心理："朕御临多年，每以汉人为难治，以其不能一心之故。"[①]因此，尽管清朝统治者标榜"不分满汉，一体眷遇"，在权力的实际分配中却是重内轻外，先满后汉，并无平等可言。在中央，汉官思见龙颜而不可得，满官则左右御前，时领谕旨，以至顺治帝自己也说："朕自亲政以来，各衙门奏事，但有满臣，未见汉臣。"[②]清廷于封疆大吏的任用亦囿于满汉之见。以总督而言，除已加入八旗的"汉军"外，汉人膺此任者实寥若晨星。这种情况，历顺、康、雍、乾四世，皆复如此。乾隆八年，御史杭世骏于应试时务策时，愤然发出不平之鸣：

> 意见不可先设，轸域不可太分。满洲贤才虽多，较之汉人仅什之三四。天下巡抚尚满、汉参半，总督则汉人无一焉，何内满而外汉也？[③]

逮及咸、同时期，权力的民族构成乃大为改观。这首先表现为督抚满汉比例之变化。请看下表：

① 王先谦：《东华录·东华续录》第2册，康熙朝卷九十八，康熙五十五年十月壬子，上海：上海古籍出版社，2008年，第594页。
② 《清实录》（世祖朝）卷七十一，顺治十年正月庚午，北京：中华书局，1986年，第560页。
③ 王先谦：《东华录·东华续录》第4册，乾隆朝卷十七，乾隆八年正月癸巳，第108—109页。

表1　满、汉总督比例变化表

年代	民族比例 满：汉	年代	民族比例 满：汉	年代	民族比例 满：汉
1841	8:6	1851	5:9	1861	6:9
1842	10:8	1852	5:14	1862	6:11
1843	7:5	1853	5:10	1863	3:10
1844	8:4	1854	6:9	1864	2:10
1845	9:5	1855	5:8	1865	2:12
1846	6:7	1856	6:8	1866	2:13
1847	5:8	1857	5:10	1867	3:12
1848	5:8	1858	3:9	1868	3:11
1849	5:11	1859	5:13	1869	2:9
1850	4:10	1860	6:9	1870	2:12

根据钱实甫：《清代职官年表》（北京：中华书局，1980年版）相关内容统计，表2同之。

在1850年以前半个世纪，满、汉总督大体平衡，其比例约为64：62人次。如果考虑到汉总督内尚含部分汉军八旗，则属满人营垒者较汉人为多。咸丰以后，满总督激剧减少。1854年出现的平衡很可能是清廷为扭转这种状况所做调整，但无济于事。1860年以后，满人境遇江河日下，昔日满总督的庞大阵容，再难恢复。

巡抚的情况有异于斯，满人比例下降稍早，但根本性的变化也是咸、同时期出现的。

表2　满、汉巡抚比例变化表

年代	民族比例 满∶汉	年代	民族比例 满∶汉	年代	民族比例 满∶汉
1800	10:16	1835	7:11	1858	9:13
1805	12:12	1840	6:14	1860	6:18
1810	13:11	1845	5:22	1862	3:19
1815	6:15	1850	1:20	1864	0:17
1820	4:24	1852	4:28	1866	1:12
1825	14:17	1854	9:18	1868	1:17
1830	8:19	1856	7:12	1870	1:20

　　表内"满权汉移"倾向一目了然，其中最引人注目的是1864年，这一年满、汉巡抚之比为0∶17。以后虽复有满人任巡抚，也少得如同点缀。

　　随着满、汉督抚比例变化，二者地位亦显著改变。官文、胡林翼之关系即典型之例。咸丰五年，胡林翼署湖北巡抚，时官文为湖广总督，督抚同城。在前，但凡"督抚同城"，汉官必受满官宰制。然此时的官文却不能重演故事。据曼殊《天咫偶闻》称，当官、胡同城时，胡林翼竟轻视官文，遇事多不商酌而独断。官文信用的人，胡多加以弹劾。胡领兵于外，每以军火不继，遣人持令箭至督辕坐索。官文幕府中人皆愤愤不平，以为此仇不报，做幕客亦觉无颜。然官文因无实力与胡抗争，只得忍辱，与胡约为"兄弟"，以事敷衍。后来曾国荃任湖北巡抚，竟以"贪庸骄蹇"[①]为词，将官文劾罢。由此可见满、汉巡抚地位之变化。

（二）权力的阶层构成

咸丰以前，掌握清朝权力的主要是大地主及其政治代表。皇帝不用说是全国最大的地主。据《大清会典》载，嘉庆帝一人便占地三百九十三万亩，宗室占地也以百万计。皇室而外，其他高官显宦莫不广有田宅。康熙时的刑部尚书徐乾学，曾"买慕天颜无锡田一万顷"；少詹事府高士其，"于本乡平湖县置田千顷……，广置园宅"；嘉庆时大学士和珅占"地亩八千余顷"；广东巡抚百龄曾"买地五千余顷"；道光时的直督琦善更是不减前贤，后来居上，占地达二百六十余万亩[②]。

1850年以后，情况变了。这时清方掌握实权的后起之辈，大抵皆出自中小地主之家。最具代表性的莫过于曾国藩。曾氏家族自清初徙湘乡，"累世力农"，"家世微薄"[③]，至曾国藩祖父时，家道始宽，也仍以力农为生。曾国藩在《大界墓表》中记其祖父言曰：

> 余年三十五始讲求农事，居枕高嵋山下，垄峻如梯，田小如

---

① 　《官文传》，清国史馆臣撰：《清史列传》卷四十五，北京：中华书局，1987年，第3585—3586页。案：本书再版补录论文的资料信息，因作者写作时的一些版本难以寻觅，其中一些使用了后出的史料辑录，特此说明。

② 　李文治编：《中国近代农业史资料》第1册，北京：生活·读书·新知三联书店，1957年，第21—23页。

③ 　曾国藩：《台州墓表》《诰封光禄大夫曾府君墓表》，《曾文正公全集·文集》卷三，光绪二年刊本，第16—19、46—49页。

瓦。吾凿石决壤，开十数畛而通为一，然后耕夫易于从事。……种蔬半畦，晨而耘，吾任之；夕而粪，庸保任之；入而饲豕，出而养鱼，彼此杂职之……。凡物亲历艰苦而得者，食之弥安也。[1]

　　曾国藩之父曾麟书也命运不乖，应有司之试凡17次，始得补县学生员，不获大施。可见若论出身，曾国藩不过是出自一个小地主之家。曾国藩集团其他成员的家庭亦大率如此。例如左宗棠，其先祖殁后，遗田数十亩，每岁收租谷四十八石，家用不给。道光二十三年会试南归后，左宗棠将遗产让与其兄之嗣子，而寄居湘潭周氏妻家。他曾自为联语云："身无半亩，心忧天下。"后来买田湘阴东乡柳庄，也仅"薄田七十亩"[2]，其家境并不饶裕可知。再如彭玉麟，其父彭鸣九曾官合肥梁园巡检，不无田产，然因早故，田产为人夺去，彭玉麟只得避居郡城，为协标书识以养母[3]。他如胡林翼、江忠源、杨载福、刘长佑、郭嵩焘、刘蓉、田兴恕、蒋益澧等，在笔者捡阅的史籍里，也未见家庭饶有田产的记载。这些人的社会地位，除曾、胡二人曾一度为官京阙，其他大多是从九、府经、训导、千总、知县一类的末品小官，或者是秀才、廪生、拔贡、举人一流乡绅。曾国藩在一封信中自白："少年故交，多非

① 曾国藩：《大界墓表》，《曾国藩全集》诗文，长沙：岳麓书社，1986年，第329—331页。
② 罗正钧：《清左文襄公宗棠年谱》卷一，台北：商务印书馆，1981年，第43—44页。
③ 《彭玉麟传》，《清史稿》卷四一〇，北京：中华书局，1976年，第11995页。

殷实之家，其稍有资力者，大抵闻名而不识面。"①左宗棠也说："吾湘各家先世，率多守耕读旧业。不但仕宦稀少，即经商服贾远至外省郡者，亦殊不数见。"②揆度情理，二人所说应非妄自菲薄之言。在咸、同时期激烈的政治动荡与社会分化中，他们的地位才扶摇直上，开始居于掌握清朝实权的显赫地位。

（三）权力的思想文化构成

清代中叶以来，士林为宋学与汉学所控制，官场为贪官所把持，风气败坏，无以复加。士大夫要么把时间和精力消磨在文字训诂、名物考据及八股辞章上，要么空谈心性义理，于国计民生、时事政治不闻不问。官吏则唯知声色犬马、器用服饰、诗词书画，"此外非所知也"③。这种风气，笼罩清代学界与政界相当长一段时期。

鸦片战争前后，出现了一批治学以"经世致用"为目的，较为注重社会实际的思想家、政治家。曾国藩、胡林翼、左宗棠、江忠源、李鸿章等人在显达之前，均属这一派人物。以曾国藩而论，他对清朝统治下"百废莫举，千疮并溃"的现实极为不满，认为若不加以改革，"就局势论之，则滔滔者吾不知其所底"④。

---

① 曾国藩：《与刘霞仙》，《曾文正公全集·书札》卷一，光绪三年刊本，第40—42页。
② 左宗棠：《答吴南屏罗研生郭意城曹镜初》，《左文襄公全集·书牍》卷十二，沈云龙主编：《近代中国史料丛编续编》第65辑，台北：文海出版社，1979年，第3100—3101页。
③ 龚自珍：《古史钩沉论》《明良论》，《龚自珍全集》，上海：上海人民出版社，1975年，第19—35页。
④ 曾国藩：《与江岷樵、左季高》，《曾文正公全集·书札》卷二，第12页。

为实现其主张，他跳出宋学与汉学的藩篱，研究现实社会问题。他认为官场繁俗琐碎，"无补于国计民生"，国家亟待考究的大事在官制、国用、兵制、漕务、刑律、地舆、盐政、河渠、祭礼等十四大宗。主张在这类大事上，"前世所袭误者可以自我更之，前世所未及者可以自我创之"①。曾国藩这种思想特点，使同时代的理学家大不谓然，纷纷指斥他于义理有名无实。一位叫夏震武的理学家愤然写道：

> 湘乡训诂经济词章皆可不朽，独于义理，则徒以其名而附之，非有真见于唐镜海、倭艮峰、吴竹如、罗罗山之所讲论者。其终身所得者，以庄老为体墨为用耳。②

就连倭仁（艮峰），于曾国藩"不肯以宋学自囿"③，亦颇多微词。可见，曾国藩的思想特点与皓首穷经的汉学家以及空谈心性义理的宋学家，大相径庭。曾国藩注重"经世致用"，曾国藩集团其他成员无不如此。例如左宗棠，早年中举后，"三试礼部不第，遂绝意仕进，究心舆地兵法"④。道光二十五年，左宗棠阅近儒论著万卷，感到"近人著书，多简择易成名美者为之，实学绝少"，乃潜心研究农学，著成《朴存阁农书》，并亲自从事农耕实践⑤，

---

① 王安定：《求阙斋弟子记》卷二十七《吏治一·官常》，沈云龙主编：《近代中国史料丛刊》第6辑，台北：文海出版社，1973年，第2124页。
② 夏震武：《复张季书》，徐一士：《曾胡谭荟》，《民国笔记小数大观》，太原：山西古籍出版社，1995年，第35页。
③ 徐一士：《曾胡谭荟》，第49页。
④ 《左宗棠传》，赵尔巽：《清史稿》卷四一二，第12023页。
⑤ 罗正钧：《清左文襄公宗棠年谱》卷一，第43—44页。

其思想上注意实际的特点极为突出。又如胡林翼，当其少时，家人"授以性理诸书，而林翼负才不羁……习闻绪论，有经世志"①。江忠源未显时，尝"究心经世之学"②。就连稍稍后起的李鸿章，早年亦"从曾国藩游，讲求经世之学"③。这些人的政治立场不尽相同，特别在对待外国列强的立场上，差异更为明显。但是在对内问题上，他们都主张以改良手段来挽救现存的社会与制度。比较统治阶级中其他政治集团，以曾国藩为首的"经世致用"派更富于统治国家及社会的能力和经验。因之，他们与政治权力的结合，必然会对尔后的中国历史，产生复杂而深刻的影响。

（四）权力的年龄构成

龚自珍在《明良论》中揭露清朝统治阶级上层严重老化时指出：

> 今之士进身之日，或年二十至四十不等，依中计之，以三十为断。翰林，至荣之选也，然自庶吉士至尚书，大抵须三十年或三十五年，至大学士又十年而弱。非翰林出身例不得至大学士。而凡满洲、汉人之仕宦者，大抵由其始宦之日，凡三十五年而至一品，极速亦三十年，贤智者终不得越，而愚不肖者亦得以驯而到。此今日用人论资格之大略也。④

① 《胡林翼传》，赵尔巽：《清史稿》卷四〇六，第11927页。
② 《江忠源传》，赵尔巽：《清史稿》卷四〇七《江忠源传》，第11937页。
③ 《李鸿章传》，赵尔巽：《清史稿》卷四一一《李鸿章传》，第12011页。
④ 龚自珍：《明良论》三，《龚自珍全集》，上海：上海人民出版社，1975年版，第33页。

　　逮及咸丰初元，情况仍复如此。以受命镇压太平军的钦差大臣而论。首任钦差林则徐，受任之年已六十六岁，死于赴命途中。其后继者也大多老耄之人。周天爵生于1772年，为钦差时，年近八旬，步履维艰，"临敌尚坐四人肩舆"，以至时人有"廉颇老而遗矢"之讥，其不堪用事可知①。这时最为臭名昭著的钦差为琦善，受命之年六十四岁，老病交侵，浑浑噩噩，除推卸责任，不知有事可为。1853年清军围攻扬州，琦善故伎重施，预留地步，奏称太平军或冒死突围，企图再次推卸责任，气得咸丰帝破口大骂："琦善老而无志，如再不知愧奋，朕必用从前赐赛尚阿之遏必隆刀将汝正法！"②

　　这种状况，到咸丰末年明显改观。这时任钦差大臣者多为曾国藩集团中人。曾国藩1860年任钦差，时龄五十岁，比太平天国初期最年轻的钦差李星沅、徐广缙受命时之年龄尚小四岁。左宗棠五十五岁任钦差，李续宜三十九岁任钦差，李鸿章四十四岁任钦差。此数人受任时平均年龄约四十九岁，比太平天国起义初期的七位钦差受命时的平均年龄小十四岁③。

　　这一时期出任督抚者较之从前也明显年轻。笔者对曾国藩集团出任督抚的二十余人作了如下统计：

① 平步青：《霞外捃屑》卷二，上海：上海古籍出版社，1982年，第112页。
② 《剿平粤匪方略》卷五十六，同治十一年刊本，第23页。
③ 这七位钦差大臣是：林则徐（1785—1850）、李星沅（1797—1851）、周天爵（1772—1853）、徐广缙（1797—1858）、向荣（1788—1856）、琦善（1790—1854）、陆建瀛、（1792—1853）。赛尚阿生年不详，未计在内。

表3　曾国藩集团出任督抚者时龄表

姓名	官职及年龄			
	官职（初授）	授官年	生年	时龄
曾国藩	江督	1860	1811	50
胡林翼	鄂抚	1855	1812	44
左宗棠	浙抚	1861	1812	50
李鸿章	苏抚	1862	1823	40
江忠源	皖抚	1853	1812	42
彭玉麟	皖抚（辞未就）	1861	1816	46
杨载福	陕甘总督	1864	1822	43
李续宾	浙藩司加巡抚衔	1858	1818	41
李续宜	皖抚	1861	1824	38
刘长佑	桂抚	1860	1818	43
曾国荃	浙抚	1863	1824	40
李瀚章	湘抚	1866	不详	不详
郭嵩焘	粤抚	1863	1818	46
沈葆桢	赣抚	1861	1820	42
刘蓉	陕抚	1863	1816	48
田兴恕	署黔抚	1861	1836	26
唐训方	署皖抚	1862	1810	53

在所统计的督抚当中，年龄最大的为唐训方，受命之年为五十三岁；最年轻的为田兴恕，就任时二十六岁。就生年可考的十六人统计，受命时平均年龄约四十四岁，多数人处于四十岁至四十五岁这一年龄段。其年龄特点在于：年轻而非初出茅庐，干练而非老于世故。这样的人出任督抚，操纵实权，无疑有助于政权机器正常运转。这不仅对其"中兴"事业的成功会产生极大作用，而

且对其事业的延续也有着重要意义。

咸、同时期清朝权力结构的变化已如上述。不难看出，就实质而言，这次权力结构的变化是清朝统治阶级内部的权力易手，它没有也不可能导致政治学意义上的"国体"即政权的阶级实质发生变化，权力易手后的清王朝仍然是地主阶级的政治统治。尽管如此，这次权力结构变化在"政体"方面也带来一些前所未有的突破：它导致一个统一的王朝内两个权力体系并存局面的产生，这不仅严重打破了专制主义中央集权的原则，而且使清朝的中央集权政体发生裂变。从此，清朝的权力重心由上而下、由北而南、由满而汉、由老年向青壮年转移，地方势力崛起，一批在政治思想上讲求"经世致用"、相对年轻并且更加富于统治经验的南方汉族地方官僚操纵清朝地方实权。这一变化，从中国社会政治制度发展演变的历史过程来看，是巨大且深刻的。

三、错综复杂的致变因素

咸、同时期，清朝权力结构发生令人瞩目的变化，以曾国藩为首的汉族官僚集团拔地而起，扶摇直上，形成一个新的权力体系，在很大程度上掌握了清朝实权。在这个后起的政治集团面前，皇权被削弱了，清朝天子皇冠上的宝石黯然失色，一向自诩"乾纲独断"的清朝皇帝，竟然不得不承认对其臣下"言听计从"。

清朝权力结构变化的原因首先在于，清朝原有的以高度中央集权和抑汉扬满为特征的政治统治形式，已越来越不能适应日益复杂的形势的需要①。咸、同时期，清政府面临的内外形势空前复杂。这期间，太平天国运动爆发，国内社会矛盾异常尖锐；与此同时，外患频仍，中国遭遇的西方列强侵略，又远非历史上的异族犯边、五胡乱华可比拟。内外矛盾交叉衔接，互为因果，彼此诱发，形成一种极端错综复杂、变幻莫测的政治局面。这就要求政权机器具有更灵敏的信息系统和更完备的指挥系统，以便迅速准确地对面临的复杂形势做出判断，并对之应付裕如。

　　但是，老大的清帝国，延续2000余年的中央集权政体，就像一个神经中枢有了严重疾患的病人，对外界的反应及自我调节功能迟钝了，对肢体的指挥控制也失灵了。在中央集权政体结构中，皇帝不独地位最高，而且距离现实最远。皇帝居九五之尊，高高在上，爪牙有限，耳目难周，对于朝廷之外实际事务的了解，大多只能间接得自廷臣及疆吏的奏疏。由于皇帝喜怒无常，言事者动辄得咎，故臣下鲜有以实情入奏者。太平天国时期随钦差赛尚阿赴广西专办奏稿的军机章京丁守存，在《三朝恩遇记》中记载咸丰八年谨见时与咸丰帝的一段对话，颇能说明这一点：

　　　　上问："汝办折子是凭什么？"奏曰："所凭者各营禀报与大营专弁探报，方敢酌量入奏。"上问："禀报探报靠得住么？"奏曰："固知不能全靠得住，胜仗少有敷衍，败仗少有弥缝，亦体制不得不然。臣故不敢欺蒙皇上，然其中实情，亦只有

---

① 罗尔纲《清季兵为将有的起源》及《湘军兵志》等论著已经从军事角度对晚清"督抚专政"的原因做了系统分析，故本文较少涉及军事，而偏重从太平天国运动的作用方面，展开探讨。

八分。"上点首。①

　　因体制所限，皇帝难以获知外间情势，已足以使其迷蒙，加之情报传递手段原始，用驿站传递奏报，以每日六百里计，从广州送到京师，至少七八天，从南京而上也得四五天。因此，朝廷很难迅速准确地掌握外间情势。在此情况下，朝廷对政治、军事的控制指挥，不可避免地带有盲目性。这在太平天国运动初期表现尤为突出。我们知道，拜上帝会早在1844年便已成立，1847年已发展为两千多人，"阳为传教，阴谋造反"，声势日大。但是直到1850年8月，清廷邸抄才首次提到拜上帝会的活动。其部分原因在于风起云涌的会党起义的掩护，但专制集权政体下皇帝高高在上以及官吏们的"欺饰弥缝"，亦有以致之②。金田起义发生后，官吏以事既上闻，转而极力夸大之，企图委过于兵败之时。弄得朝廷不知虚实，如坠五里雾中，于张皇失措之中，调派重兵，抽拨巨款，叠更钦差。对付二万余太平军，居然抽调了近十万正规军；两年多时间，将户部多年积蓄的三千万两白银拨用殆尽；钦差大臣，竟一连更换五次之多。盲目张皇之态，由此可见一斑。

　　除了不知情势导致的指挥混乱，高度中央集权政体下的指挥系统本身也很成问题。以军事指挥系统为例。在中央集权政体下，

---

① 丁守存：《三朝恩遇记》，转引自罗尔纲《太平天国史事考》，北京：生活·读书·新知三联书店，1955年，第164—165页。
② 咸丰帝即位时，拜上帝会已在广西紫荆山一带闹得热火朝天，巡抚郑祖琛屡接奏报，初本具苟安畏事心理，置之不问，力事隐朦，不遽上奏。原只望乱事不致扩大，则其自身亦可免于罪戾。及修仁、荔浦等城为太平军攻陷，才不得不以实情上闻。然亦只是泛言会党作乱，而未专指拜上帝会造反之事。故朝廷对于广西之情势，直到金田起义之初，仍不甚了了。

军事指挥必须服从皇帝独裁的目的。为避免武臣拥兵自重，清廷采取了一系列防范措施。一是定期换防制度。这在顺治时期即开始实施，在康熙时完善为三年俸满加衔更调之制，以防武臣久任一地，人熟弊生[1]。二是提镇限年谨见制度，以使提镇"心知敬畏"[2]。三是规定武官照文职丁忧，此制一定，武官"自不致久任矣"[3]。四是分营抽调，临战组军之制。遇有战争，分别从前敌各省兵营零星抽调，拼凑成军，委钦差以指挥大权，仓促上阵。有此四条，提镇的军事指挥权实际上已被解除，而清朝的军事指挥系统便由从中央到地方层层递相管束的多层次体系，变为皇帝经由钦差直接指挥的单一体系。这对维护中央集权，防止统治阶级内变生不测，起了很大作用。但其弊病也十分明显。由于兵将皆临时从各地抽调，兵与兵不相知，将与将不相习，这就不可避免导致指挥系统内部矛盾重重，战略指挥不能统一，严重削弱军队的战斗力。

例如，太平军攻占永安之后，受到钦差大臣赛尚阿统率的六七万清军围攻。当时太平军合男女老幼不过两万人，困守永安这

---

① 王先谦：《东华录·东华续录》第1册，顺治朝卷二十七，顺治十三年十一月壬子，第415页。

② 康熙二十二年谕大学士等："边疆提镇，久据兵权，殊非美事。兵权久握，心意骄纵，故致生乱。常来朝见则心知敬畏。"王先谦：《东华录·东华续录》第2册，康熙朝卷三十一，康熙二十二年四月乙亥，第119页。

③ 王先谦：《东华录·东华续录》第2册，康熙朝卷三十六，康熙二十四年十二月丁亥，第166页。

一蕞尔山城，情势相当危险①。如果清方将各路兵马概行调集城北之外，联络扎营，并力齐攻，即不破城，太平军亦难突围北上。然而，由于向荣与乌兰泰两位大员各执己见，向荣主张全力强攻城北，一面突破；乌兰泰坚持四面合围，重点进攻水窦，二人皆各行其是，互不相让，而具有战略决策权的钦差赛尚阿又不懂军事，无所适从。这就致使清军陷入组织上的分裂和战略指挥的混乱，为太平军的防御和突围提供了有利条件②。

清军指挥系统上层矛盾重重，其基层营与营之间更是判若楚越，各自为政。曾国藩《与江岷樵》一函揭露说：

> 彼营出队，此营张目而旁观。哆口而微笑。见其胜则深妒之，恐其得赏银，恐其获保奏；见其败则袖首不顾，虽全军覆没，亦无一人出手而援，拯救于生死呼吸之顷者。③

时人龙汝霖尖锐指出，在如此混乱的指挥系统下挥师作战，

---

① 1983年7月，为写作硕士学位论文，我曾专程到广西师大参与太平天国史学术会，会后与钟文典教授及部分学者一道，前往永安州城（今蒙山县）做过遗址考察。发现清代历史上所谓"永安州城"，不过四围仅四百余丈的一座小山城，与我心中行政级别高于普通"县城"的"州城"，相去甚远，较之广西经济相对发展地区的"县城"亦有所不如。当时向荣、乌兰泰所部清军六七万人，包围永安，太平军男女老少不足两万人，困守一隅，形势险峻，可以想见。
② 方之光、崔之清：《太平天国初期向荣与乌兰泰关系研究》，《南京大学学报》（哲学社会科学版）1982年第4期，第59—68页。
③ 曾国藩：《与江岷樵》，《曾文正公全集·书札》卷二，第18—19页。

"不音驱乌合之众而致人之死"①，鲜有不彻底溃败的。

　　咸、同时期严峻的国内外形势不仅要求一个政权具有灵敏的信息系统和有效的指挥系统，而且要求大量的多方面的人才分投主持。然而，当清王朝统治下处处有人满之患时，国内人才却出现空前匮乏的局面。因为专制政体的原则"总的说来就是轻视人，蔑视人，使人不成其为人"②。它所需要的是绝对服从而不是独立思考，是"奴才"而非人才。它不但容不得作为异己力量的人才存在，就是统治阶级内稍有见地的人，也往往不为所容。因此，有识之士"皆怀入山恐不深，入林恐不密之志"③。人才匮乏，到了"左无才相，右无才史，阃无才将，庠序无才士，廛无才工，衢无才商"④的可悲地步。

　　太平天国运动发生后，清朝统治下需才孔亟与人才匮乏的矛盾日益突出。朝廷先是想利用林则徐的威望来平息事变，因委以钦差重任，但林却中道崩殂，未蒇其功。接着朝廷又用了周天爵、李星沅、徐广缙等人。谁知一蟹不如一蟹，几个钦差，都不中用，只好派改赛尚阿任钦差前往广西督战。赛尚阿为大学士，户部尚书，位居内阁首辅。他被任命为钦差，表明朝廷再也找不出才堪济事的人来应付局势。这一层，曾国藩窥见得最为清楚。他说："今日皇上

---

①　龙汝霖：《整顿营务议》，万士濬辑：《皇朝经世文续编》卷六十二，沈云龙主编：《近代中国史料丛刊》第75辑，台北：文海出版社，出版时间不详，第1577页。

②　中共中央马克思、恩格斯、列宁、斯大林著作编译局编：《马克思恩格斯选集》第1卷，北京：人民出版社，1995年，第441页。

③　曾国藩：《与胡泳芝》，《曾文正公全集·书札》卷五，第13—14页。

④　龚自珍：《乙丙之际著议第九》，《龚自珍全集》，上海：上海人民出版社，1975年，第6页。

之所以使赛尚阿视师者，岂不知千金之弩，轻于一发哉？盖亦见在廷他无可恃之人也。"①

　　太平天国运动造成的复杂形势在信息系统、指挥系统和人才方面对当时的清政权提出更高的要求，然而，三方面的条件在清朝原有的权力结构内都不具备。这就使清朝统治者面临两种选择：要么顽固不化，株守祖制，一成不变，坐以待毙；要么因时制宜，适量变通，以图生存。客观形势提出的这种严峻要求，是清朝权力结构变化的重要条件。

　　正因为既有权力体系造成信息不确，举措盲目，给清王朝的实际利益造成诸多损害，所以后来在不明情势时，朝廷便不敢轻易决断大事，而把裁决权交给处于利害关系之中，相对了解形势的疆吏，"朝有大政，咨而后行"②。咸丰末年的"借师助剿"决策，朝廷就是因未谙情伪，不晓利害，而委诸薛焕、曾国藩议决的。大量朝政均如是议决，则朝廷的议政权下移到疆吏手中。同样，正因为集权制度下指挥不灵，调度乖方，战争节节失利，所以到太平天国运动中后期，朝廷再不敢随意干涉疆吏所为，而委之以军事政治决断权，并一再声称"不为遥制"，"但于剿匪有裨，朕必不为遥制"③。而疆吏们则乘机各行其是，视朝令如具文。同治三年，太平军占领的苏、杭、宁先后被清军攻陷，天京成为一座孤城。清

①　王安定：《求阙斋弟子记》卷三《忠谠》，《近代中国史料丛刊》第6辑，第245页。
②　《曾国藩传》，《清史稿》卷四〇五，第11913页。
③　王先谦：《东华录·东华续录》第10册，咸丰朝卷九十九，咸丰十一年三月己酉，第132—133页；第12册，同治朝卷五，同治元年正月癸巳，第132—134页。

廷求胜心切，急令曾国藩亲往天京城外督战，以"速奏肤功"。曾
国藩心中自有算盘，他稳坐安庆，按兵不动。朝廷奈何他不得，转
而谕令李鸿章"迅调劲旅数千前往金陵会剿"。曾国藩生怕李鸿章
分了其弟曾国荃的功，因以金陵兵营缺粮，若来请"携饷相遗"为
词，抵触朝廷，吓得李鸿章裹足不前，朝廷只好听之任之[①]。

　　军事如此，其他亦然。同治二年发生了轰动中外的"白齐文事
件"。此案牵涉洋人，本应由总理衙门处理。但实际情形是，"白
齐文案悉由疆吏主持，总理衙门不能遥制"[②]。于是，朝廷处理涉
外事件的权力逐渐落入疆吏之手。同样，正因为咸、同以来，"世
变相寻而日多，人才分布而日绌"[③]，遇有变警，无策以对，朝廷
才不得不借重以研究"经世之学"著称的曾、胡、左、李之流，靠
他们出面，网罗一批有才干的人出而用事。而他们则乘机扩大自己
的势力，大量向朝廷"荐举"。朝廷因他无可用之人，但有荐疏，
皆屈从所请。于是，朝廷的用人行政之权也逐渐被疆吏分掌。

　　显而易见，咸、同时期复杂的国内外形势的客观要求，与清朝
权力结构变化存在一定的因果关系，它为清朝权力结构的变化提供
了可能条件。但是，这只是事变过程中复杂因果链条中的一环。除
此之外，满、汉民族间的差异，也为权力结构的变化提供了可能。
清朝权力结构的一大特点，在于满重汉轻，清代中央集权在某种程
度上也可以说是满洲贵族集权。满洲贵族把持国家主要权力，汉人

---

①　王先谦：《东华录·东华续录》第12册，同治朝卷三十四，同治三年五月
丁未，第411页；同治朝卷三十五，同治三年四月癸酉，第435页。

②　王先谦：《东华录·东华续录》第11册，同治朝卷十九，同治二年二月癸
卯，第594页。

③　曾国藩：《与左季高》，《曾文正公书札》卷七，第12页。

则居于附从地位。但是，这并不意味着满洲贵族具有相应的实力。分析满、汉实力，双方的主要差异在于人数与人才的众寡悬殊。满洲之众，"不敌一府"[①]，其人数之少，不待烦言。问题在于，人数少直接导致了人才缺乏。因为在正常情况下，人才之产生若沙里淘金：沙越多，金越丰；沙越少，金越贫。满族在近代人才匮乏，除人数较少，更主要的原因在于仕途太广，进身太易，缺乏历练。故太平天国时期满洲贵族为钦差者，多难当大任。这一点，连身为满洲贵族的肃顺也不得不承认："满族没有一个人中用，国家遇大变故，非重用汉人不可。"[②]尽管所谓人才匮乏是针对满、汉全体而言，并非专指满族，但汉族在人数与人才上优于满洲贵族则应当是不争的事实。

然而，在清朝既有权力结构中，两者的地位却恰恰相反：强者处在附从地位，弱者处在支配地位。这就产生了权力分配上的名实矛盾。我们知道，衙门中的席位与等级，不过是权力的形式与外壳，实力才是权力的内容与实质。当权力的形式与内容发生矛盾，有其名者无其实，有其实者无其名，就必然产生改变权力分配形式，使之名实相符的客观要求。这种客观要求，是清朝权力结构发生变化并呈现"满权汉移"这一显著特点的原因。

---

① 朱寿朋编：《光绪朝东华录》第2册，第1339—1341页。
② 范文澜：《汉奸刽子手曾国藩的一生》，《范文澜历史论文集》，北京：中国社会科学出版社，1979年，第167页。

四、权力结构变化的作用与影响

清朝权力结构发生变化的咸、同两朝，正是太平天国运动发生、发展和失败的时期。这一变化既以太平天国运动为背景而发生，就不能不反过来对之发生影响。这主要表现为，它使一度半瘫痪的清朝地方政权得以恢复重建，增强了清王朝对地方的控制力，改变了与太平天国的力量对比，给太平天国的存在和发展造成极大困难。

太平天国起义初期，清王朝并非没有各级地方政权，但因中央高度集权，地方权力有限。这种情况，直接影响到地方政权应付局面的能力。当太平军扫荡而至，地方官吏"不死即走"，地方政权因此陷于半瘫痪状态。以太平天国运动策源地广西为例。当时的广西巡抚郑祖琛，是个"年老多病，文武皆不知畏服"，"专事慈柔，工于粉饰"的无能官吏。掌握全省兵权的提督闵正凤，也是个"专讲排场，于纪律运筹一无所知"的人物[1]。平步青《霞外捃屑》曾这样描述他们统治下广西的情况：

> 言兵则省城仅有懦弱八九百名，言饷则藩库朝不继夕，言官则通省皆求参不得，言将则通省皆是石郎之将，言案牍则无一不是焚杀。[2]

---

[1]　《邹鸣鹤传》，《清史列传》卷四十三，第3380—3383页。
[2]　平步青：《霞外捃屑》卷二，第110页。

广西如此，它省亦然。太平天国起义初期，力量并不强大，其所以能在两年多时间里从广西直捣南京，所向克捷，除了太平军将士无所牵挂，勇猛无畏外，显然也与高度中央集权下的清朝地方政权多已名存实亡有关。

然而，随着权力结构发生变化，曾经被清中央政府一揽无遗的权力，又逐渐回到地方。从1854年起到1864年止，曾国藩集团先后掌握安徽、湖北、江西、浙江、四川、陕西、山西、福建、广东、广西、云南、贵州等省的督抚大权，黄河秦岭以南，四川云南以东的广大南部中国，几乎都入其权力范围。而太平天国的统治区域，除天京及半径很小的周围地区和后期开辟的"苏福省"外，只有长江一线几个军事据点。虽然在太平天国的打击下，清朝控制的不少地方曾得而复失，安徽、湖北、江西、浙江、江苏等省在很长一段时间内，都变成太平军纵横驰骋的战场，但从军事地理角度分析，太平天国处于清王朝各级地方政权四面包围的形势，始终没有改变；而其控制的几个根据地，也始终未能连成一片。这对太平天国运动的生存与发展，显然是一种极为不利的因素。

当然，权力下移并不意味着地方秩序的恢复。曾国藩集团从其前任手里接过来的只是一个破烂摊子，若不加以整饬，几个督抚职位到手，并没有多大实际意义。鉴此，曾国藩集团采取了一系列措施，以恢复和重建各级地方政权。

（一）整饬吏治官常

曾、胡、左等人凭借其政治经验，认识到吏治腐败与农民起义的关系。曾国藩毫不隐讳地指出：

今春以来，粤盗益复猖獗，西尽泗镇，东及平梧，二千里内
几无一尺净土。推寻本原，何尝不以有司虐用其民，鱼肉已久，
激而不复反顾？盖大吏之泄泄于上，而一切均废置不问者，非一
朝一夕之故矣。①

基于这种认识，他们对府厅州县各级官吏陟罚臧否，施行大
换班。例如在湖南，他们以"才品猥鄙""才质昏庸""居心污
鄙""舆情不协""年力衰迈"为理由，先后将澧州知州吕裕安、芷
江知县王士纶、黔阳知县张左清、道州知州陈敬曾、署桂阳知县陈济
均等一大批官吏参革。与此同时，又以"勤干廉明，民心畏慕""守
洁才长，政声素著"为由，保举朱孙诒、胡墉等一批官吏，使之升官
晋级②。这一措施，为恢复地方政权奠定了组织基础。

（二）清厘钱漕之弊

咸丰七年，骆秉章首先在湖南试行此项措施。《湘军志》载：
"秉章以军饷不给，始清厘漕粮浮折，减纳价，核官吏中饱，裁监
司例取。"随后湖北、江西、安徽、江苏、浙江等省陆续仿行。成
效最著者为湖北。胡林翼巡抚湖北，三次删减鄂省钱漕，其手法
为，"查通省南漕陋规，严汰州县浮收勒折，书吏胥役渔牟中饱之

---

① 曾国藩：《覆胡莲舫》，《曾文正公全集·书札》卷一，第27—28页。
② 《清实录》（文宗朝）卷八十二，咸丰三年正月癸亥，第33页；骆秉章：
　　《请留废员差委折》，《骆文忠公奏议》卷一，光绪四年刊本，第51页。

弊"。结果，每年共删减民间钱粮一百四十余万串，耗项银增加四十二万两，节省提存银三十一万两[①]。同治二年，曾国藩、李鸿章以苏、松、太地区浮赋太重，民不堪命，奏请裁减苏、松、太钱漕，奉旨准行。裁漕同时，曾、左、胡等人着手恢复农业生产。例如他们在控制皖南后，"亟派员散赈贫民，每县筹银数千两，采买耕牛籽种，颁给乡农，民大感悦，流亡渐复"[②]。这些措施，为清朝地方政权的恢复创造了经济条件。

（三）强化保甲与团练

曾、左、胡等人对团练本不以为然，但权力一朝到手，则一反故态，对团练倾注了极大的心力。他们制定章程，在各地推行。他们深知宗族主义的力量，在团练条规中规定，"团练不分大小，俱先练族，练团随之"，将团练分为"族团"与"乡团"两类。因同族聚居普遍，故"族团实远较乡团为盛"。他们按家族组办团练，利用宗法制度的粗大绳索，将属于不同阶层的各类人紧紧拴在一起。《同治湘乡县志》卷十五"团练"条称：

> 观今所定之章程，均极周密。练团必先练族，尤为扼要。盖根本既固，痛痒相关，即如以手足捍头目，以子弟卫父母，未有不急切奔赴者。

---

① 曾国荃纂辑：《胡文忠公遗集》卷首《本传》，上海：《图书集成》印书局，光绪二十七年，第5页。

② 黎庶昌：《曾文正公年谱》卷九，同治二年十月二十七日，上海：中华书局，1920年，第7页。

与此同时，他们还严密保甲法，"五家一保，十家一连"，"以一族之父兄，治一族之子弟"①，通过强制性的连坐处罚，来维持地方秩序。在他们筹划下，团练保甲不再徒有其名，而成为具有实际效用的统治工具。

（四）恢复地方文化教育事业

曾国藩等人极为注重这一点，视之为"收拾人心"的关键。早在湘军出师之时，曾国藩便写了一篇《讨粤匪檄》，鼓动读书人与太平天国的对立情绪。以后，湘军每占领一地，曾国藩等人都竭力恢复当地的文化教育事业。据黎庶昌记载，湘军攻下安庆后，曾国藩赶到省城，立即"招徕士人，修葺敬敷书院，每月按期课试，校阅文艺，其优等者捐廉以奖之。于嘉惠寒士之中，寓识拔才俊之意，皖中士人莫不感奋"②。在其他地区，曾国藩等人也有类似举措。很明显，这一措施在与太平天国争夺传统士绅以及恢复地方秩序方面，起了不少作用。

以上概述了曾国藩集团恢复地方秩序的主要措施。值得注意的是，这些措施以清朝权力结构变化为前提而付诸实施，又反过来赋予这种变化更为具体的内容：它使一度半瘫痪的清朝地方政权得以重建；使曾国藩等人从其前任那里接过来的职位，具有了相应的实质内容；使他们控制的省一级地方政权，获得府厅州县基层政权

---

① 曾国藩：《复彭丽生》，《曾文正公全集·书札》卷一，第17—18页。
② 黎庶昌：《曾文正公年谱》卷七，咸丰十一年十二月二十七日，第8页。

的支持，有了较为广泛的社会基础；使曾国藩集团真正摆脱了长期"客寄虚悬"，到处受人冷落的窘境。从此，曾国藩集团与太平天国作战的后方逐渐巩固。以湖南为例，由于曾国藩集团推行上述措施，境内起义农民便"次第歼除"，"除临阵擒斩不计外，其入会习教、潜谋不轨及稔恶最著之犯先后访获，讯明正法者，实亦不止数千之多"，"以故巨寇鸱张、邻疆鼎沸，而兵焚之后，境内尚觉肃然"①。后方稳固，使曾国藩的湘军在人力、物力、财力方面获得了源源不断的接济。以人力而言，在湖南，仅湘乡一县，十几年间便有六万人加入湘军；湖南通省加入湘军者，不下三十万人②。在粮饷方面，所获也颇为可观。湘军筹饷之法凡七种，以其中"请协济"一项为例。咸丰八年，骆秉章从江苏每月协济四万两，次年四月，协济二十二万两，十月，又解十七万两③。由于有了稳固的后方，有了兵源粮饷方面的接济，曾国藩集团势力大增。到同治初年，曾国藩集团不仅掌握了南部中国多数省区的督抚大权，而且将湘军发展成一支拥有十二万人的庞大的水、陆武装。曾国藩得意地说：

　　　　长江三千里，几无一船不张鄙人之旗帜……。四省厘金，络绎输送；各处兵将，一呼百应。④

---

① 骆秉章：《匪徒谋逆先期扑灭在事官绅量情鼓励折》，《骆文忠公奏议》卷九，第64—67页。
② 参见曾国藩：《请四川协饷片》，《曾文正公全集·奏稿》卷十，第74页；曾国藩：《沥陈饷绌情形片》，《曾文正公全集·奏稿》卷二十，第154—155页；黎庶昌：《曾文正公年谱》卷五，咸丰九年，第1—9页；卷九，同治二年，第1—17页。
③ 据《湘乡县志》《湖南省志》《曾文正公奏稿》卷十及《湘乡县建忠义祠折》等推算。
④ 曾国藩：《致李宫保》，《曾文正公全集·书札》卷二十三，第36—37页。

　　虽然此时的曾、左、李等人与太平军作战仍面临着各种各样的困难，有其新的难言苦衷，但其处境与出师之初相较，已不可同日而语。

　　随着权力结构变化，随着地方政权的恢复与重建，清朝方面的力量逐渐由弱转强。而太平天国方面，由于天京内讧及后期朝纲紊乱等原因，力量却由强转弱。对立统一法则认为，决定事物发展变化的因素包括正反两个基本方面。过去人们在探讨太平天国与清王朝成败利钝的原因时，多少忽略清朝统治阶级内部关系的调整变化。如果对之稍加研究并将这种调整导致的清方实力增强与太平天国方面势力的削弱加以比较，就不难发现，清朝权力结构的变化是清政府能够渡过统治危机的重要原因，也是致使太平天国失败的一个不可忽视的因素。

曾国藩集团与清廷的矛盾

咸丰九年，曾国藩年且五十，事功未竟，前途莫测，抑郁之中，乃择古今圣哲三十余人，命儿子纪泽绘其遗像，都为一卷，而为之作《圣哲画像记》。内中一段文字颇引人注目："陆敬舆事多疑之主，驭难驯之将，烛之以至明，将之以至诚，譬若御驽马登峻坂，纵横险阻而不失其驰，何其神也。"①此段文字，名为写人，实则状己，堪称曾国藩集团与清廷关系的绝妙写照。因尚承认朝廷居于"主"的地位，二者一致之处自不在少；因主上"多疑"，双方亦不免矛盾冲突。然而，在两者关系中，矛盾究竟居于何种地位？曾国藩等人是否萌发过取清室而代之的想法？双方最终妥协的原因何在？其历史影响如何？披阅时论，迄无满意答案。且至今论者多从曾国藩个人与清廷关系的角度理解问题，难免规模狭隘。本

---

① 曾国藩：《圣哲画像记》，《曾文正公全集·文集》卷二，上海：东方书局，1935年，第9页。

文拟从统治阶级内部两大利益集团对垒的角度对此略陈管见。同仁诸君，幸赐教焉。

一、剑拔弩张的君臣关系

　　研究曾国藩集团与清廷的矛盾自然要从曾国藩这一关键人物入手，而研究曾国藩则首先应认识他的双重政治人格。曾国藩出身卑微，科举得售之后，开始其仕宦生涯。他官运亨通，从道光二十年授翰林院检讨起，到二十九年升内阁学士兼礼部侍郎，十年七迁，连升十级。曾国藩认为，自己有此际遇，主要是"荷皇上破格之恩"。可见，曾国藩政治人格的一个重要方面，乃在谨念皇帝对自己的"圣恩"，具有驯服的特点。然而，曾国藩并非孤立的个人。自咸丰二年手创湘军后，他成了一个拔地崛起的新兴利益集团的总代表。这一集团的出现，导致清朝权力结构的变化，导致清朝既有的从中央到地方一以贯之的权力体系的相对分裂，导致清朝政治军事权力的再分配，这就使它与清廷之间始终存在着尖锐的利害冲突。作为集团的"总其成者"，曾国藩在处理与清廷的关系时，不能不将个人恩怨搁置一旁，而着重考虑集团利益的得失。因此，曾国藩政治人格的另一方面，乃在于集团性格的个性化，具有独立不羁的特点。弄清这一层，深入研究曾国藩集团与清廷的矛盾也就有了一个起码的前提。

　　曾国藩集团与清廷的矛盾始于咸丰初年湘军初创之时。当时，曾国藩集团刚抱团形成，尽管羽翼未丰，却在军事、政治、财政上表现出相对独立的集团意志。这就触动了清廷敏感的政治神经。咸丰帝即位不久，便流露出对曾国藩等人的无名忧虑。为抑制其势力的膨胀，清廷采取了三项措施：

其一，不轻易授曾国藩集团成员军政实权。曾国藩以在籍侍郎创建湘军，东征西讨，功勋卓著。唯其如此，他遭到清廷及朝廷内顽固势力的猜忌。早在湘军出师东征时，咸丰帝便因"心忧之"，特诏湖广总督台涌、贵州提督布克镇"会其师"，以监视曾国藩的行动。咸丰四年四月，曾国藩兵败靖港，湖南藩司徐有壬会同陶恩培揭其败状，请巡抚劾罢湘军。曾国藩惊恐万状，抢先奏请将自己交部治罪，以为此举可引来从宽发落，而咸丰帝却因"曾国藩一人统领重兵，朕心实深悬系"，想借机打他一顿杀威棒，乃谕"交部严加议处"。吏部遵旨议革曾国藩礼部侍郎衔，令"戴罪"领兵作战①。同年八月，湘军攻陷太平军占领的武昌，朝廷在论功行赏上的幡然变计，更是充分表明了咸丰帝对曾国藩集团的不信任。直到咸丰十年三月，侍郎的陈旧乌纱帽仍戴在曾国藩头上。尽管牢骚满腹，他朝思暮想的督抚位置始终如同镜花水月，可望而不可即。曾国藩集团其他二十余名重要成员的境遇亦大率如此。咸丰十年三月以前，除江忠源、胡林翼二人实授巡抚外，没有人得到巡抚以上的实权地位。即便偶有个别将领因战功被保举为副将、总兵，也是仅具虚衔，"徒有保举之名，永无履任之实"②。

<hr>

① 王先谦：《东华录·东华续录》第9册，咸丰朝卷三十三，咸丰四年三月二十八日，第31页。
② 曾国藩：《奏为沥陈微臣办事艰难恐误军务吁恳在籍终制事》，《曾文正公全集·奏稿》卷九，上海：东方书局，1935年，第60页。

其二，在军事部署上进行压抑。朝廷不仅长期不授曾国藩等人军政实权，还时刻提防其居功傲上。"咸丰帝的计划是湘军出力，江南江北大营收功。"[①]为此，朝廷将由绿营兵组成的江南、江北大营部署在攻占天京，夺取扫灭太平天国首功的战略位置，而让湘军去打那些疲于奔命、劳而无功的外围战，致使曾国藩等人时而援浙，时而赴闽，时而入川，客寄虚悬，难以取得大的成功。

其三，限制湘军粮饷。湘军非国家经制之师，其粮饷基本自筹，很少靠朝廷接济。然而，就是自筹粮饷，亦受到朝廷阻挠。在朝廷看来，湘军筹饷的某些办法，如拨丁漕、请协济、提关税等，名曰自筹，实为部拨，因而每每准地方官之奏，不让曾国藩等人遂愿。以拨丁为漕为例。咸丰十年，曾国藩以军营急需，奏请拨江西漕折每月五万两，朝廷却故意准江西巡抚沈葆桢之奏，截留不解。由于朝廷的限制和其他原因，截止同治三年六月，湘军历年欠饷高达4987500两。因为粮饷奇绌，湘军常常窘迫到数月发不出兵士饷银的境地。

除了遭到朝廷的控扼外，曾国藩集团还遭到秉承朝廷旨意的地方官吏的排挤刁难。曾国藩在江西数载，"人人以为诟病"，"后退守省垣，尤为丛镝所射"。不少地方官甚至从饷需上卡曾国藩的脖子，说他"系自请出征，不应支领官饷"[②]。弄得曾国藩捉襟见肘，度日维艰。曾国藩集团其他重要成员也多处逆境。咸丰九年，满总督官文借永州总兵樊燮京控案，对左宗棠"行构陷之计"。朝

---

① 范文澜：《中国近代史》上册，北京：人民出版社，1955年，第138页。
② 曾国藩：《复陈近日军情请催各省协饷片》，《曾文正公全集·奏稿》卷九，第47页。

廷严旨命钱宝青审理此案，"如左宗棠有不法情事，可即就地正法"①。左处境甚危，只因郭嵩焘、潘祖荫在上斡旋，曾国藩、胡林翼在下力保，方免于难。胡林翼巡抚湖北时，推美任过，虽大抵能左右总督官文，但识者皆知，"胡公之志，为官文扼者不少"，官、胡之交并非诚交，"彼此不过敷衍而已"②。

对所受压抑，曾国藩集团成员皆怒形于色。曾国荃在给其兄的信中大发牢骚，表示不愿"仰鼻息于傀儡膻腥之辈"。彭玉麟则发誓"必不受朝廷之官职"，"予以寒士来，愿以寒士归"。左宗棠尝为官文构陷，最恶官文，称之为"媪相"③。咸丰十年，绿营水师杀湘军杨载福部官兵，曾国藩得报批曰："此仇不可不报，若辈欺善怕恶。"④曾国藩集团的谋士更是怒不可遏。赵烈文大骂朝廷"纵虎食人"，他上书曾国藩曰："当今之世，王纲倾覆，民生几尽，忠臣腐心，义士切齿"，认为朝廷已不堪扶持，因恳请曾"雄略与时转移"，"稍以便宜割断"⑤，乘时以出，自谋善策。那位博通经史，精于帝王之学的湘绮先生王闿运，更是微语曾国藩，劝其当机立断，取清室天下而代之，并声称："及

① 郭振墉：《湘军志平议》，长沙：岳麓书社，1983年，第212页。
② 杨笃生：《新湖南》，光绪三十四年刊本，第10页；赵烈文：《能静居日记》，同治六年五月十八日，台北：学生书局，1964年，第1864—1865页。
③ 王定安：《求阙斋弟子记》卷二十五《家训上》，沈云龙主编：《近代中国史料丛刊》第6辑，台北：文海出版社，1973年，第1999页；稻叶君山；《清朝全史》下（二），但焘译，上海：中华书局，1920年，第126页；徐一士：《曾胡谭荟》，《民国笔记小数大观》，太原：山西古籍出版社，1995年，第34页。
④ 江世荣编：《曾国藩未刊信稿》，北京：中华书局，1959年，第327页。
⑤ 赵烈文：《能静居日记》，咸丰十一年八月初二日、初九日，第622—623页、636页。

今不取，后必噬脐。"①

　　曾国藩集团决策人物没有受其谋士支配，对清廷采取非分举动。但是，屡遭挫抑，使他们认识到权力对维护其集团利益具有何等重要性，认识到在权力问题上，对朝廷及顽固势力的压抑，绝对不能再事忍让。在此思想指导下，他们与朝廷及顽固势力展开了针锋相对的争夺。其手段五花八门，不一而足，兹略示一二，以窥其余：

　　一曰自固门户，以作争权夺利之本。曾国藩集团千方百计用各种社会关系维系内部团结，其主要头目之间，几乎都存在同乡、同学、师生及亲朋故旧关系。例如左宗棠、胡林翼、罗泽南三人为同学，一起受业于贺熙龄门下。王鑫、李续宾、李续宜是罗泽南的学生，曾国藩、江忠源同为吴文镕的门生，而曾国藩又是李鸿章的老师。兄弟戚族同任头目的现象也很普遍。各姓之间，又往往以联姻或其他方式，建立起更为复杂的社会关系。这样一来，曾国藩集团各魁首头目之间，彼此几乎都瓜连藤绕，沾亲带故。一人有急，往往倾巢出动，伸手相援。例如前举官文陷害左宗棠一案，曾、胡、郭等人都死力奏保，胡林翼甚至在奏疏中明言与左宗棠"同学又兼姻亲"②，大有生死同之、荣辱与共之慨，致使朝廷不敢轻易俯从官文，治罪左宗棠，一场政治风波终于化险为夷。

　　二曰抑人扬己，大造收拾局面舍我其谁的舆论。清廷与一般官吏的腐朽无能，人所共知。曾国藩等人不敢公开攻击朝廷，但在集

---

① 陶菊隐：《筹安六君子传》，北京：中华书局，1981年，第14—15页。
② 罗正钧：《清左文襄公宗棠年谱》卷二，第100—101页。

团内部，诸如"两宫才地平常，见面无一要语；皇上冲默，亦无从测之"①一类大不敬的话，并不讳言。至若为朝廷重用的顽固派官僚，曾国藩等人则肆无忌惮予以贬抑。例如胡林翼说胜保"满胸忌刻，其志欲统天下之人，其才实不能统一人"，并说："胜保当名败保。"郭嵩焘说僧格林沁"所部孱弱之兵，乃不足资一战"②。曾国藩说胜保"掉阖疑忌，好陵同列，本难与共事"。赵烈文说和春"素不能服其下"，其指挥作战，"败可立待矣"。他甚至借用歌谣攻击何桂清说："江南若遇人丁口，江南便是鬼门关。"③

贬人的目的在于扬己，在自我吹嘘上，曾国藩集团可谓不遗余力。如胡林翼说曾国藩"有武侯之勋名"，曾国藩则奏称："胡林翼之才胜臣十倍。"④俞樾对曾国藩更是竭力吹捧，说他"有葛、陆、范、马之长而无其短"⑤。胡林翼盛赞左宗棠："横览七十二州，更无才出其右者。"曾国藩亦称左"刚明耐苦，晓畅兵机，才

①　赵烈文：《能静居日记》，同治八年五月二十日，第2220页。
②　胡林翼：《致左季高》，何天柱：《三名臣书牍》卷三，上海：世界书局，1923年，第27—30页；徐一士：《曾胡谭荟》，第19页；《郭嵩焘日记》，咸丰十年八月初五日、九月十四、十五日，长沙：湖南人民出版社，1981年，第392—393、400页。
③　朱学勤：《钦定剿平捻匪方略》卷一四七，同治十一年刊本，第12页；《能静居日记》咸丰十年三月二十一日，第269—273页。
④　胡林翼：《致李希庵》，《胡文忠公遗集·书牍》卷十三，沈云龙主编：《近代中国史料丛刊续编》第34辑，台北：文海出版社，1979年，第3170页；曾国藩：《历陈胡林翼忠勤勋绩折》，《曾文正公全集·奏稿》卷十四，第178—188页。
⑤　俞樾：《曾涤生相候六十寿序》，《春在堂杂文》卷二，沈云龙主编：《近代中国史料丛刊》第42辑，第69页。按：葛、陆、范、马分别指诸葛亮、陆敬舆、希文、司马君实。

堪独当一面"①。舆论造开，自然上闻朝廷，在廷诸公惑于众议，以为曾国藩这帮人"偏裨皆可督抚"②，纷纷鼓噪于御前。天长日久，物望形成，遇有要缺，自然应选。即使遭到反对者的攻击，也可以"名满天下，谤亦随之"③为词，巧妙地搪塞过去。

三曰寸权必争，寸利必夺。曾国藩等人对"客寄虚悬"的处境极为不满，必欲揽到地方实权而后快。在这方面，曾国藩采取的是以屈求伸、以退为进的办法。咸丰七年三月，曾以父丧为名，委军奔丧，奏请守制终身。咸丰帝未解其意，不准其奏。曾国藩乃上奏直陈苦衷，声称自己"虽居兵部堂官之位，而事权反不如提镇"。明确提出："细察今日局势，非位任巡抚，有察吏之权，决不能治军；纵能治军，决不能兼及筹饷。"④公开向清廷摊牌：要么你给我督抚实权，要么就别指望我等效力。咸丰帝这才弄清他的用意，反正太平天国内讧刚过，力量削弱，暂时不要你曾国藩亦不足为虑，乃顺水推舟，谕"著照所请，准其先开兵部侍郎之缺，暂行在籍守制"。不但不给他督抚之位，还夺了他已有之权。曾国藩画虎不成反类狗，只好坐镇湘乡，遥控局面，并让其部众造言："涤公未出，

---

① 胡林翼：《致郭意城嵩焘孝廉》，《胡文忠公遗集·书牍》卷二十二，沈云龙主编：《近代中国史料丛刊续编》第34辑，第3638页；罗正钧：《清左文襄公宗棠年谱》卷二，140—141页。
② 王闿运：《湘军志》，《曾军后篇第五》，长沙：岳麓书社，1983年，第61页。
③ 罗正钧：《清左文襄公宗棠年谱》卷二，第140页。
④ 曾国藩：《奏为沥陈微臣办事艰难恐误军务吁恳在籍终制事》，《曾文正公全集·奏稿》卷九，第60页。

湘楚诸军如婴儿之离慈母"[1]，决不服从其他任何人的指挥调度。

　　曾国藩居家守制一年零四个月，复出之后，吸取教训，自处台后，让胡林翼跳到前台为本集团谋取权位。在这方面，胡林翼技高一筹。咸丰十年春，江南大营为太平军攻破，胡林翼看准时机，大造舆论："朝廷能以江南事付曾公，天下事不足平也。"并设法利用郭嵩焘等人打通肃顺的关节，终藏其事。胡林翼身为湖北巡抚，不仅自己包揽把持军政事务，让总督官文形同傀儡，还竭力怂恿他人放手揽权。曾国藩握两江权柄后，胡与之函曰："大局安危，只看丈之放手放胆耳，……有此一副大本领，而还不肯放手，吾且怨丈矣。江督之所患者，非不足于财也，丈何疑乎？不包揽把持，任人作主，则兵不能择，饷不能节，却又必乏财矣。"[2]

　　曾国藩集团就这样通过各种手段攫取权力，发展势力，与清廷抗衡。曾国藩集团与清廷的矛盾斗争属于什么性质？通常认为是封建统治集团的内部倾轧。此论诚是，然却过于表浅，不能揭示事物的深层意蕴。

　　鄙意以为，曾国藩集团与朝廷的斗争首先带有一定程度的改良进取与泥古守旧之争的性质。19世纪中叶，西学东渐，列强入侵，中国面临前所未遇的大变局，新的社会因素潜滋暗长，改良维新逐渐成为时代呼声。曾国藩等人认识到这一点，明确提出"变局"观和"趋时"论。曾国藩指出："天道五十年一变，国运从之，惟家

---

[1]　李续宾：《又上胡宫保》，《李忠武公遗书·书牍》卷上，沈云龙主编：《近代中国史料丛刊》第58辑，第188页。曾国藩：《李续宜病故遗书代陈折》，《曾文正公全集·奏稿》卷十九，第132页。
[2]　胡林翼：《致曾涤帅》，《胡文忠公遗集·书牍》卷二十一，沈云龙主编：《近代中国史料丛刊续编》第34辑，第3631—3632页。

亦然"，认为"礼俗、政教，邦有常典，前贤犹因时适变，不相沿袭，……岂有可泯之法，不弊之制？"既然时势变迁，就应"相时制宜"，锐意改革，"弥缝前世之失，俾日新月盛"①。曾纪泽亦指出："中西通商互市，交际旁午，开千古未曾有之局，盖天运使然。中国不能闭门而不纳，束手而不问，亦已明矣。"②李鸿章更是直截了当地提出"用夷变夏""求自强之术"的主张③。虽然从根本上讲，曾国藩等人的主张不过是一副促使业已衰败的清王朝苟延性命的方剂，但它毕竟多少触动了"祖宗成法"，触动了众多旧官僚的既得利益，这就必然刺激他们操戈执铖，以图自卫。这些人麇集在清廷的大纛下，与曾国藩集团抗争。这种斗争固然与一般的统治阶级内部倾轧无异，但在当时，中国新的社会力量还未产生，带有近代色彩的维新运动无以提上历史议程，以保存旧制度为前提的改良主张尚有存在价值，因而，曾国藩集团与清廷双方的矛盾斗争也就不能简单予以否定。

其次，双方的矛盾还带有浓重的满、汉民族矛盾的色彩。曾国荃不愿"仰鼻息于傀儡膻腥之辈"一语，凸显了这一色彩。所谓"膻腥之辈"，乃鄙视满人本为关外茹毛饮血、风餐露宿的未开化的游牧民族；所谓"傀儡"，乃讥讽官文一类满人，自己无力坐稳江山，却要靠汉人来维持。曾国荃言辞如此激烈露骨反映出一个事

---

① 曾国藩：《彭母曾孺人墓志铭》《金陵楚军水师昭忠祠记》，《曾文正公全集·文集》卷三，卷二，第27页，30页。
② 《曾纪泽集·日记》卷一，光绪四年十月初五，长沙：岳麓书社，2005年，第311页。
③ 李鸿章：《上曾相》，《李文忠公全书·朋僚函稿》卷一，光绪三十四年刻本，第26页。

实，即在清廷顽固地实行重满轻汉的民族歧视政策的情况下，满、汉矛盾已发展到不容掩饰的地步。

由于曾国藩集团与清廷的矛盾斗争具有上述性质，因而双方的明争暗斗异常激烈。从前举事例可清楚看到，自从咸丰初年曾国藩集团形成后，双方的矛盾斗争一直在升级，几乎终咸丰之世，双方的紧张关系没有改善。因而可以认为，咸丰后期，由于天京内讧、来自太平天国的威胁相对减弱，矛盾开始成为曾国藩集团与清廷关系的主要方面。

二、曾氏转而"谦卑逊顺"的原因

有学者认为，即使是在咸丰后期，曾国藩集团与清廷关系的主要方面也并非矛盾，而是和谐统一。你看，咸丰末年，朝廷不是已经授曾国藩以两江总督之职并使该集团主要成员纷纷升官晋爵吗？曾国藩对朝廷的态度不是变得"谦卑逊顺"了吗？咸丰驾崩，曾国藩不是还"恸哭失声"吗？其实，所谓"谦卑逊顺"和"恸哭失声"乃政治家的表演，不足具论。而朝廷转而"倚重"曾国藩等人的原因，却有理论一番的必要。

不容否认，朝廷授实权给曾国藩等人，是双方矛盾斗争的一种妥协。但对朝廷来说，妥协并非心甘情愿，而是在其"倚为长城"的政治军事力量被太平天国摧毁后迫不得已采取的一种剜肉补疮措施。请看下表：

表4　太平天国对清朝旧官吏的打击一览表 [①]

职官	满蒙		汉族		合计	备注
	伤毙自杀者	革职逮问者	伤毙自杀者	革职逮问者		
钦差大臣	5	7	3	2	17	
总督	1	5	4	3	13	含总督都统
巡抚	1	6	10	8	25	含钦差
阁学士	0	2	0	0	2	
尚书	0	1	0	0	1	含钦差总督
将军	6	2	0	0	8	
正副都统	18	6	0	0	24	
提督	6	2	0	4	28	含钦差
江南军总制	0	0	1	0	1	
总计	37	31	34	17	119	

由上表可见，太平天国对清朝腐朽势力的打击极为沉重。太平天国运动期间，受命为钦差大臣的清朝官吏共28名，其中伤毙自杀或革职逮问者便有17名，占钦差总数的61%。清制，全国除东三省外，设八大总督统摄，每省设一巡抚（个别设总督的省例外），遇有出缺，随时增补。在太平天国打击下，总督巡抚共有38名丢官殒命，武职位在提督以上者共有65名曝尸战场，堪称摧毁殆尽。

这种农民运动造成的摧枯拉朽形势，使清朝统治集团内的

[①] 据《东华录》、《清史列传》、《清史稿》、郭廷以《太平天国史事日志》等书统计。此表初由王介平先生以罗列全部被打击的清朝官吏的形式草创，笔者根据需要，简化成此表。恐有错漏，转引慎之。

腐朽势力惊恐万状。他们深感"冠下之物且不顾，冠上者又何足道"①，视官场为畏途，挖空心思求自全之道。浙江巡抚王有龄致函吴煦曰："弟思今日之办事，不过听其自然而已，不担重不出主意是为大本领。"②两江总督何桂清更是不乏锦囊妙计，他告诉密友"自娱山房主人"道：处今之世，"退字原不敢言，唯望人参而已"③。希望被参劾罢官而逃脱农民起义的打击。他们尤为不敢领兵作战，因为那将首当其冲遭遇覆没命运。对此，胡林翼曾不无讥讽地说："近年督抚以不带兵为自便之计，亦且以不知兵为自脱之谋，此所谓甘为人下而不辞也。"④

　　曾国藩集团与清廷的矛盾斗争就是在这样的背景下展开。虽然清廷视曾国藩等人为异己，认为曾国藩集团势力的壮大终"非国家之福"，时刻对之保持警惕与防范。但是，在咸丰末造，当太平军再度构成对清朝统治的根本威胁时，朝廷不得不忍痛割爱，以让出一部分重要权力为代价，换取曾国藩集团为镇压太平天国效力。赵烈文曾分析清廷让权与曾国藩等人的原因说：

　　　　迨文宗末造，江左覆亡，始有督帅之授。受任危难之间，盖朝廷四顾无人，不得已而用之，非负扆真能简畀，当轴真能推举也。⑤

---

① 震钧：《天咫偶闻》卷三，北京：北京古籍出版社，1982年，第72页。
② 太平天国历史博物馆编：《吴煦档案选编》（一），南京：江苏人民出版社，1983年，第219页。
③ 何桂清：《何桂清致自娱山房主人函》，《何桂清等书札》，南京：江苏人民出版社，1983年，第37—47页。
④ 胡林翼：《致左季高京卿》，《胡文忠公遗集·书牍》卷二十三，沈云龙主编：《近代中国史料丛刊续编》第34辑，第3730页。
⑤ 赵烈文：《能静居日记》，同治三年四月八日，第1347—1350页。

赵烈文乃曾国藩的机要幕僚，晓明利害，其说应当切近事理。正因为如此，当太平天国呈现颓势之时，双方关系又再度紧张。同治元年夏，湘军节节进逼，天京初现陷落之机，曾国藩致弟国荃一函，透出心中的隐忧：

> 古来成大功大名者，除千载一郭汾阳外，恒有多少风波，多少灾难，谈何容易？愿与弟兢兢业业，各怀临深履薄之惧，以冀免于大庚。[①]

同治三年六月，湘军攻陷天京，朝野上下，统治者为此欢欣鼓舞。深于世故的曾国藩却在"欣喜之余翻增焦灼"[②]。曾国藩何故"焦灼"？且看清廷之所为：

据薛福成《庸庵文续编》载，还在曾国藩实授江督不久，始有人向朝廷进言："楚军遍天下，曾国藩权太重，恐有尾大不掉之势。"为扼制这种势头进一步发展，朝廷加强了对曾国藩等人的防范。首先是继续严格限制湘军粮饷。同治元年至三年，曾国藩与沈葆桢为江西厘金发生争执，户部皆有意偏袒沈而压制曾，使江西厘金不能归曾征收。此外，各省协饷在朝廷默认下也很少解到。致使

---

① 曾国藩：《致沅弟、季弟》，《曾国藩全集·家书》，同治元年七月二十八日，长沙：岳麓书社，1985年，第852页；江世荣编：《曾国藩未刊信稿》，北京：中华书局，1959年，第214页。
② 曾国藩：《求阙斋日记类钞》卷上，北京：朝华出版社，2018年，第93—94页。

湘军"饷项奇缺，金陵营中竟有食粥度日者"①，难于壮大发展。其次是从军事上加强部署，预事防维。朝廷在指挥镇压太平天国的同时，调僧格林沁屯兵皖、鄂之交，富明阿、冯子材分守扬州、镇江，官文驻武昌，在长江中下游三大军事重镇陈兵屯粮，名为预防太平军在天京城陷后逸出，实则隐含控扼湘军之意，使其在攻下天京后不敢轻易倾师北进，反目叛上。复次是分裂曾国藩集团，以削弱其力量。曾国藩集团在内部关系总体尚佳的同时，也存在某种离心因素。王鑫自领一军，号"老湘营"，不受曾国藩统辖。左宗棠与曾国藩亦时有不和。曾、左之争本属内部矛盾，但朝廷有意扶持左，提升左为闽浙总督，使之与曾地位相埒，失去隶属关系，企图达到分而治之的目的。

　　朝廷的所作所为，使既有的与曾国藩集团的矛盾斗争骤然升级，双方关系发展到随时可能破裂的程度。这一层，就连太平天国方面亦有所察觉。天京城破之后，身处囹圄之中的忠王李秀成就曾企图利用这种矛盾，劝曾国藩称帝。曾国藩的后人在追述这一历史时曾明确指出：称帝一事，曾国藩不是"不干"，而是"不敢"②。所谓"不敢"，是因有所顾忌，暗藏欲行畏止的矛盾心理，这种心理的产生，充分说明曾国藩集团与清廷的矛盾发展到了何等地步。

　　正当曾国藩踯躅犹豫之时，清廷却先下手为强，着手宰割曾国

---

① 何良栋编：《十一朝东华录分类辑要》卷十八，上海：鸿宝书局，1903年，第2页。

② 罗尔纲：《一条关于李秀成学姜维的曾国藩后人的口碑》，南京大学历史系太平天国研究室编：《太平天国史新探》，南京：江苏人民出版社，1982年，第4页。

藩这根难以运掉的巨尾。同治四年春，一位曾为胜保幕僚、与旗将过从甚密且善揣上意的新任日讲起居注官蔡寿祺连上两道奏折，弹劾曾国藩等湘系人物并及恭亲王奕䜣，掀起大政潮。蔡寿祺历数曾国藩等人"破坏纲纪"的八条"罪状"后声称：

> 臣不避嫌怨，不畏诛殛，冒死直言，伏乞皇太后皇上敕下群臣会议，择其极恶者立予逮问，置之于法，次则罢斥，其受排挤各员，择其贤而用之，以收遗才之效。[1]

朝廷着将蔡奏交廷臣会议，慈禧太后宣布恭亲王罪过的口谕中有"王植党擅政"一语，若与蔡奏并览，则所谓"植党"之意甚明[2]。幸而廷臣会议避重就轻，于手握重兵的曾国藩无计可施，乃决定惩治与之沆瀣一气的恭亲王奕䜣，以此警告曾国藩。经议决并太后旨准，奕䜣被革去议政王及总理衙门差使。

铜山西崩，洛钟东应。恭亲王被参革，在曾国藩集团方面引起强烈的物伤其类之感。曾国藩在日记中写道：

> 是日早间阅京报，见三月八日革恭亲王差使谕旨，有目无君上，诸多挟制，暗使离间，不可细问等语，读之寒心惴惴之至。[3]

---

① 军机处折包原件。转引自吴相湘：《晚清宫廷实纪》，南京：正中书局，1957年，第160页。
② 吴相湘：《晚清宫廷实纪》，第176页。
③ 曾国藩：《曾文正公手书日记》，同治四年三月二十八日，南京：凤凰出版社，2010年，第3413页。

　　虽然恭亲王很快复入总署，曾国藩等人仍耿耿于怀。经反复筹思，决定对朝廷的攻势予以反击。出面人物为刘蓉，他精心炮制了一份为曾国藩大加赞赏的奏折呈递朝廷，指桑骂槐，怒斥蔡寿祺之奏为"诬劾"，并逐条"辩诬"①。由是双方关系更趋紧张，一场新的冲突就要爆发。然而，就在四月二十一至二十四日之间，朝廷和曾国藩集团方面分别发生了一件于己不利的重大事变。天京陷落后不久，太平天国遵王赖文光部与捻军会合，很快声势复振。四月二十日，曹州高楼寨一仗，清廷倚为干城的科尔沁郡王僧格林沁被击毙，此事"震惊畿辅"，朝廷为之深感不安。差不多与此同时，湘军悍将鲍超所部霆营两军在上杭、金口哗变之事闹大，曾国藩"为之忱然，忧念不已"。五月下旬之前，双方都面临极为严峻的形势。在这种情况下，朝廷自忖无力向曾国藩开刀，而曾国藩亦自顾无暇，不敢再纠缠于蔡寿祺参劾案掀起的政争，于是双方暂时偃旗息鼓。

　　霆营兵变是湘军由盛转衰、不可复振的标志。事后，曾国藩乃决意裁湘进淮，其直接指挥的十二万湘军，除酌留金陵湘勇四营，增募千人，合为六营以作亲兵外，"其余湘军在江南者全行撤遣回籍"。值得注意的是，在裁撤湘军之时，曾国藩反复强调："淮勇气力强盛，必不宜裁"，而应竭力发展。曾国藩的用心，可从他给李鸿章的信中窥见：

　　　　来示谓中外倚郿人为砥柱，仆实视淮军阁下为转移。淮军

---

①　曾国藩：《曾文正公手书日记》，同治四年五月十二日，第3464页。

利，阁下安，仆则砥柱也；淮军钝，阁下危，则仆如累卵也。①

由此可见，曾国藩裁湘进淮是与清廷矛盾斗争的产物，是在不得已的情况下采取的一种以退为进的自全之策。有学者说曾国藩裁撤湘军是为了"表示对清廷的耿耿忠心"，不知依据何在？

综上可知，在曾国藩集团形成后十几年里，除咸丰十年江南大营覆没后的一个短暂时间其与清廷关系较为和谐一致外，其余大多数时间关系均极为紧张。曾国藩等人起兵与太平天国对敌，完全是为形势所迫，其目的是维护中国故有的名教，"勤王"之宗旨并不明确。胡林翼曾毫不含糊地说过："盗贼充斥之时，非比叛国叛藩可以栖息，非我杀贼，即贼杀我。"②若其起兵意在"勤王"，发生"叛国叛藩"事件又岂能"栖息"？至若曾国荃、彭玉麟、王闿运、赵烈文等人，对清廷更是长着反骨，时存二心。曾国藩作为集团最高领袖，虽时常在集团与清廷间搞平衡，甚至不时向清廷让步，但是到了涉及本集团根本利益的关键时刻，却总是毫不迟疑地站在曾国荃、彭玉麟等人的立场上。就连与曾国藩时有龃龉的左宗棠，1863年以前在重大问题上还是与曾国藩同心协力，共赴艰难③。曾国藩集团在对待朝廷态度上的一致性，大大增强了自身的力量。罗尔纲指出："在当时太平天国与清朝两个阵营斗争里面，湘军隐然成为第三个势力。"罗先生的意见充分道明了矛盾在曾国

---

① 曾国藩：《致李宫保》，《曾文正公全集·书札》卷二十六，光绪三年刊本，第5—6页。
② 胡林翼：《致席砚香宝田太守》，《胡文忠公遗集·书牍》卷二十二，沈云龙主编：《近代中国史料丛刊续编》第34辑，第3636页。
③ 参阅拙文：《曾国藩与左宗棠的矛盾》，《文史杂志》1988年2期。

藩与清廷关系中的突出地位。我们纵然不认为矛盾在双方关系中始终居于主导地位，但对那种片面强调双方和谐一致的论点，实在不敢苟同。

三、双方矛盾对晚清政局的影响

曾国藩集团与清廷的矛盾对中国政局产生了复杂深远的影响，这种影响包括两个方面：一方面涉及太平天国，一方面关系清朝政局，两方面影响彼此交叉，内涵颇为丰富。

就其对太平天国的影响考察，首先可以发现，双方的尖锐矛盾至少向太平天国提供了两次彻底消灭湘军，成功反清事业的机会。

一次是在咸丰六年初曾国藩受朝廷压抑、地方官排挤而坐困江西之时。是时太平天国翼王石达开率部西征，继取胜湖口之后，又连克袁州、瑞州，一举奄有江西十三府中的八府五十四县，三面合围南昌。曾国藩坐困省垣，形同釜底游鱼。欲调罗泽南回援，罗却殒命武昌。另一位湘军悍将塔齐布亦因军事受挫，郁病身亡。接统其军的周凤山更是兵败樟树镇，全军覆没，无可凭借。留在身边的只剩下李元度统领的由贴身护卫扩充成的"平江营"。而此时石达开在江西的军队约有十万，众寡之势，不言可知。在这种形势下，曾国藩自救无力，呼援无从，"中宵念此，魂梦屡惊"。如果石达开并力围攻，则攻克南昌，生擒曾国藩，扫灭湘军，当易如反掌。

另一次机会是在咸丰八年秋至十年春之间。此时，湘军主帅曾国藩主眷日衰，被谤受忌，日甚一日。与此形成鲜明对照，太平天国在陈玉成、李秀成用事之后，很快度过天京内讧后的危难境地，重振雄风，声威大噪。趁此机会，太平军发起了围歼湘军李续宾部的三河战役。结果出师告捷，湘军精锐六千余人被一举全歼，李续宾自缢身亡，曾国藩的弟弟曾国华战死。太平军乘战胜之余威，夺回大片失地。三河一役，严重挫伤了曾国藩集团的军事力量。胡林翼、曾国藩为此发出的悲鸣哀叹，学者们反复称引，不庸赘述。值得一提的是，曾国藩在惨败之余，痛定思痛，已经悟出此番军事失利与咸丰帝对他的压抑有某种关系。他在家书中写道：

> 吾家自道光元年即处顺境，历三十余年均极平安。自咸丰年来，每遇得意之时，即有失意之事相随而至……，殊不可解。[①]

话虽说得隐曲，但他对咸丰帝的满腹怨气，却已宣泄殆尽。胡林翼于三河败后，更是清醒地认识到不摆脱朝廷的控扼，不结束"客寄虚悬"的状况，湘军终无可为。然而，尽管曾、胡等人劳神苦心，解数使尽，千方百计谋求实权，朝廷皆紧握权柄不放。很明显，从三河战后到咸丰十年江南大营覆灭前，是曾国藩集团最为失意因而与清廷的矛盾也最为突出的时期。如果此时太平军能集中力量对付湘军，曾国藩集团的命运当不难预卜。

然而，由于政治上的短视以及军事谋略的匮乏，太平天国没能正确分析和利用敌对营垒中的矛盾，而是舍远求近，趋易避难，两次都在胜利指日可待的关键时刻，转而谋取江南大营。

---

① 曾国藩：《致澄弟、沅弟、季弟》，咸丰八年十二月十六日，《曾国藩全集·家书》一，第449页。

　　于是曾国藩集团与清廷矛盾的影响发生戏剧性变化。本来于太平天国有利的条件经太平天国错误利用，一下子走到它的反面。咸丰六年太平军撤下行将就擒的曾国藩而击溃江南大营，第一个后果是使曾国藩集团绝路逢生，度过了生存发展中极为艰难竭蹶的时刻。第二个后果就是击溃江南大营，使天国领袖忘乎所以，因而酿成互相残杀的内讧悲剧。至于三河战后近两年内太平天国着力经营天京与苏浙，彻底击溃江南大营，更是做了一件曾国藩等人求之不得的蠢事。故江南大营一破，曾国藩集团成员皆喜形于色。胡林翼说：大营破灭，使"天下士气为之一振。"左宗棠更是毫不掩饰地说："此胜败之转机也！江南诸军，将蹇兵疲久矣，涤而清之，庶几后来者可措手乎。"①这样一来，清廷与太平天国的所作所为同时显示出某种南辕北辙式效果：清廷设江南大营，本意在控遏曾国藩集团发展，但清廷的部署却两次在关键时刻将太平军吸引到自己身边，使湘军意外获得生存发展的空间；太平天国数次扫灭江南大营，旨在保卫天京安全，但却于无形之中为湘军的生存发展削平了它本身无法逾越的障碍。两方面的作用均对曾国藩集团有利，曾国藩集团终于因此而根深叶茂，摇撼不动。咸丰十年四月，曾国藩膺任疆寄，掌握地方军政实权，湘军更是如虎添翼。此时，太平天国即便东王复生，翼王返旆，也无法与湘军抗衡了。

　　从清朝统治阶级方面考察，曾国藩集团与清廷矛盾的影响更为重大深远。在与清廷的矛盾斗争中，曾国藩集团是以汉族统治集团政治代表的身份出场的，双方满汉民族畛域极深。湘军初起时，曾国藩

---

① 赵尔巽：《曾国藩传》，《清史稿》卷四〇五，北京：中华书局，1976年，第11912页。

用心良苦，提拔满人塔齐布为湘军将领，意在松弛清廷紧张而敏感的神经。但塔齐布却被同族斥责，说他"谄曾国藩，坏营制"。塔齐布之后，除枢臣肃顺、文祥在几个汉人怂恿下做出一副"推服楚贤"的姿态，间或为曾国藩等人说几句好话外，绝大部分满人对曾国藩集团皆视同异己，心怀怨恨。自然，这种无名的怨恨情绪在面对曾国藩集团从事的洋务事业时亦有所表露。通观前清历史，满族本不乏贤明通达之士，是有可能应势趋时，接受近代文明的。但是，满、汉矛盾驱使满族统治集团中相当一部分人走上了一条有违自己民族优秀品性的道路。曾国藩集团主张改良，标榜"前世所袭误者可以自我更之，前世所未及者可以自我创之"，他们就偏要株守祖制，一成不变；曾国藩集团主张"用夷变夏"，师夷长技，引进西方近代科技文化以图自强，他们就偏要恢宏国故，光大旧物。

　　由于满族统治阶层中相当一部分人产生了这种逆反心理，在以后的中国近代历史上，改良维新似乎就成了汉人的事情。在洋务运动、戊戌维新、辛亥革命等重大历史事件中，人们几乎都可以看到明显的旧与新、满与汉的两军对垒。以戊戌维新为例。当时，满洲贵族中多数人都自觉或不自觉站到改革的对立面。据史料记载：当杨深秀奏请宗人府保荐王公贝勒出国考察以扩见识获光绪帝批准时，"亲贵大哗"，认为此举将"使满洲之权势处于危险地位"[1]。满族亲贵为何竭力反对变法？梁启超在《戊戌政变记》中记叙了清协办大学士、军机大臣满人刚毅的一段妙语，颇能说明此点，其语曰："改革者汉人之利，而满人之害也。吾有产业，吾宁

---

① 李剑农：《戊戌以后三十年政治史》，北京：中华书局，1965年，第22页。

赠之朋友，而必不使奴隶分其润也。"梁启超认为，此语道出了
"满洲全部守旧党人之心事"①。由于满洲贵族普遍存在这种与汉
人为仇的心理，这就必然促使既有的满汉民族矛盾不断发展，从曾
国藩时代，而李鸿章时代，而袁世凯时代，代代相复，愈演愈烈，
致使"满汉之见，深入人心"②。这就导致统治阶级两大政治集团
的公开决裂，为辛亥革命推翻清朝统治创造了条件③。

要之，近代满汉矛盾是从曾国藩开始逐渐激化的，李鸿章、
袁世凯与清廷的矛盾虽有另外的成因，但满汉矛盾却一脉相承。早
在同治年间，赵烈文就在其日记中写道："一统久矣，剖分之象盖
已滥觞。"他根据当时统治阶级内部矛盾重重的状况，预言清政府
气运将尽，不出五十年就会根本颠仆④。赵氏的预言不仅为历史证
实，而且说明曾国藩集团与清廷矛盾的影响是何等巨大深远。

---

① 梁启超：《戊戌政变记》（丁酉重刻），沈云龙主编：《近代中国史料丛刊》第1编第92辑，台北：文海出版社1973年5月，第117页。
② 张一麐：《心太平室集》卷八，王明根、焦宗德：《民国丛书》第3编第82册，上海：上海书店出版社，1991年，第37页。
③ 关于清末袁世凯与清廷的矛盾，参阅本书收录的拙文《汉满新旧：袁世凯与清廷关系论略》。
④ 赵烈文：《能静居日记》（第二十七），同治六年六月二十三日，台北：学生书局，1964年12月，第1898页。

近代中国地缘政治的变化与李鸿章的海防战略

"地缘政治"（geopolitics）是指由地理因素所决定的国家或国家之间的政治。一个国家或众多国家间的政治、经济、外交及国防政策在一定程度上受制于地理因素，并随着自然及人文地理因素的改变而发生变化，这就是"地缘政治"的基本内涵。地缘政治本是一种客观存在的国家政治或国际政治现象，但20世纪以来，对这一政治客体的研究已发展成"地缘政治学"这一专门学科。国外学术界对"地缘政治学"未能统一定义，但多数学者认为它是"探讨政治现象的空间分析"的一门学科。人所共知，在1950年代，国内曾对地缘政治学的理论与方法展开批判。本文无意卷入这场至今了犹未了的学术官司，也不准备沿用地缘政治学的基本理论和方法，只是想借用原始的"地缘政治"概念，来探讨近代中国边疆形势的重大变化与李鸿章海防战略之间的逻辑联系，并以此为基础，对作为合肥李公一生事功主要方面的海防事业做一番考察。

一、近代中国地缘政治的变化

中国历代边防均以抵御北部或西北之威胁为其要端，直到鸦片战争前夕，中国几乎都没有海防可言。明清以来为抵御倭人及西方入侵者而设置的屈指可数的船炮设施，分布在万里海岸线上，寥若晨星，形同虚设。1832年英国人乘"阿美士德"号间谍船对中国海疆进行侦探，得出一个并非言过其实的结论："由大小不同的一千艘船只组成的整个中国舰队，都抵御不了一艘战舰。"[①]这种状况，在鸦片战争之后20余年仍未发生变化。何天爵《中国的海陆军》一书写道：

> 1862年以前，中国没有海军，几只又小又笨的河船，目的只在海岸执行任务，装有小型铁铸的炮，这些炮只有对船上的水手们是危险的。这些船就是要逃亡也不够快。此外，又有一群桨划的小河船。各安有铁炮一尊，供镇压海贼与缉私之用。这就是中国战船的全部了。[②]

---

① 郭士立：《中国简史》，转引自胡思庸：《清朝的闭关政策和蒙昧主义》，宁靖编：《鸦片战争史论文专集续编》，北京：人民出版社，1984年，第111页。

② 何天爵撰：《中国的海陆军》，张雁深摘译，中国史学会主编：《中国近代史资料丛刊》第33册，《洋务运动》（八），上海：上海人民出版社，1961年，第473页。

与此形成鲜明对照，中国历代封建统治者对塞防却异常关注，为之倾注大量的人力与财力。以明朝为例。明朝统治者为防止蒙古的侵扰，"终明之世，边防甚重，东起鸭绿，西抵嘉峪，绵亘万里，分地守御"。最初在北方建置辽东、宣府、大同、延绥四镇，后又添设宁夏、甘肃、蓟州三镇，益以固原及山西之偏关，合为"九边"[1]，皆列重兵。此外，明朝统治者还在沿边修缮长城，在清水营至花马池间一千七百余地段"凿崖筑墙"，"连比不绝"，"每二三里置敌台、崖砦备巡警"，并在蓟东等地修边墙，建"空心敌台"[2]。其对西北塞防的重视，由此可以概见。

再以清朝为例。清朝因西北疆域拓展，更是注重塞防与东北的防务。清朝统治者除在东北及西北52处设旗兵驻防外，更于蒙古、西北和东北设置卡伦，用于防御。卡伦一般由参赞大臣、办事大臣和领队大臣管辖，重要地区的卡伦则由中央直接派员管辖，并建有严格的巡查会哨制度。清朝皇帝还亲自巡视北部及西北边防，仅康熙帝一人，在位期间，即57次出巡长城以北的东北、口北、套北及秦陇地区[3]。1681年春，康熙帝出喜峰口外，亲自踏勘地形，在原属喀喇心旗和翁牛特旗的牧地内划出周长一千余里、面积一万平方公里的土地，设置"木兰围场"，作为清军"习武绥远"之地。木兰围场"地当蒙古诸部道里之中，为曩昔枕戈擐甲战争之所"[4]，

① 张廷玉：《明史》卷九十一，《兵志三·边防》，北京：中华书局，1974年，第2235页。
② 张廷玉：《明史》卷一七八，《余子俊传》，第4737页。
③ 袁森坡：《康熙的北部边防政策与措施》，中国社会科学院历史研究所清史研究室编：《清史论丛》第4辑，北京：中华书局，1982年，第192页。
④ 玄烨：《驻跸兴安八首并序》，和珅等：《（乾隆）热河志》卷十三《巡典一》，台北：文海出版社，1966年影印本，第2页。

它的建立，大大加强了清王朝的北部边防，对国内分裂势力亦起到震慑作用。

中国历代王朝统治者视北部边防为整个国防的重心，在很大程度上是受自然及人文地理条件的制约，是符合近代以前中国国防实际的战略决策。如众所知，中国的边境线因河海山川、地势地貌之异，可自然区分为西北、东北、西南、东南四条，中国的边防则分为陆防与海防两类。以海防而论，中国的海岸线横亘东南，凡万余里。近海自古无强国，明朝以来的倭寇侵扰，不足构成对中国的根本威胁。远洋诸国，在轮船未创制之前，亦断不能兴师进犯中土。所谓"中国自古以海洋为大防"①，所谓"重洋之险，天所以限中外也"②，乃是对中国的海防状况及传统海防观念切近实际的反映。

边防则情形迥异。西南诸邦，或弱或小，对中朝类皆向慕归化，即偶有嫌怨，亦不足深虑。中国四边，唯西北多事。其原因有三：其一，西北之外多游牧民族。无论周之猃狁、汉之匈奴、唐之突厥及宋以后的女真、蒙古，皆善于骑射，骁勇能战。这些北方民族兵民合一的落后的社会组织在战时却显示出优于华夏社会组织的特点，其以大部骑兵运动作战的战斗方式又远比农业民族以步兵列阵对仗为主的作战方式机动灵活，故北方民族常依恃强悍，入犯中原。其二，北方游牧民族所居之地多苦寒，而中原则多膏腴之地，物产丰富。土地肥瘠、物产多寡的明显差异，是导致中国西北边境

---

① 马建忠：《上李伯相覆议何学士（如璋）奏设水师书（辛巳冬）》，《适可斋记言》卷三，北京：中华书局，1960年，第48页。
② 宝鋆编修：《筹办夷务始末·同治朝》卷九十一，光绪六年抄本，第14页。

多事的一个重要原因。其三，黄河以北无天然屏障。古人作战重地势，故常凭险进退。然黄河以北，茫茫黄土高原连接无边无垠的草原，鲜有天险可以凭借，这给"马背上的民族"迅速向南推进提供了便利条件。古代历史上，"胡人"常萌"饮马黄河""问鼎中原"之志，此其重要条件。这种特定的自然及人文地理因素，使中国历代王朝统治者不能不重塞防而轻海防。左宗棠在分析中国国防战略时曾说：

> 伊古以来，中国边患西北恒剧于东南，盖东南以大海为界，形格势禁，尚易为功。西北则广漠无垠，专恃兵力为强弱。兵少固启戎心，兵多又耗国用。以言防无天险可限戎马之足，以言战无舟楫转馈之烦，非若东南之险阻可凭，集事较易也。[①]

左氏此言，虽出自晚近，但却道出了历代王朝统治者制定国防战略时的全部思虑。

然而清道、咸以还，中国地缘政治的格局发生巨大变化。以鸦片战争为起点，海警纷至沓来，在近代百余年间，"来自海上的外国入侵竟达四百七十余次"[②]，海上的炮舰取代草原上的战马，成为中国面临的主要威胁。导致这一变化的原因有三点：首先是欧美资本主义列强相继崛起；其次是近代轮船航运的兴起；第三是来

---

① 左宗棠：《遵旨统筹全局片》，《左文襄公全集·奏稿》卷五十，沈云龙主编：《近代中国史料丛刊续编》第65辑，台北：文海出版社，1979年，第2018—2019页。
② 吴杰章等编：《中国近代海军史·序》，北京：解放军出版社，1989年，第1页。

自西北的威胁相对削弱。三条因素中，前两条因素显而易见，至于来自西北的威胁在近代是否削弱，倒是一个颇难获得共识的问题。清代北方少数民族政权对中原的威胁因统一的多民族国家的建立已不存在。此时所谓西北的威胁主要是来自沙俄。应当看到，第二次鸦片战争期间，沙俄曾割占中国大片领土。伊犁事件发生后，沙俄再次攫取中国大量权益。然而，研究中国近代史的学者往往忽略了克里米亚战争和俄土战争对沙俄的巨大影响。事实上，俄国国力的巅峰期在19世纪中叶便已过去，克里米亚战争是俄国走向衰落的标志。俄土战争中俄国以一庞然大国与弱小的土耳其争战尚且胜负参半，更是向世界昭示了沙俄江河日下的地位。在这种情况下，其领土扩张的欲望也不得不有所收敛。1867年3月，俄国将总面积为58万平方公里的俄属美洲，包括阿拉斯加和阿留申群岛殖民地出售给美国，售价720万美元，平均每英亩售价还不到两美分[1]。无论人们可以对此做出多少解释，都不能遮掩俄国已经衰落的事实。故在1870年代以后，俄国对华侵略只能维持在趁火打劫的水准，已经无力实施大规模的直接军事进攻。

　　然而，同期来自海上的威胁尤其是来自日本的威胁则与日俱增，远非沙俄在陆路的趁火打劫所能比拟。日本在明治维新之后迅速崛起，改变了远东地缘政治的格局。从明治天皇颁布《天皇御笔信》并制定"大陆政策"开始，中国面临的主要的侵略威胁，就已开始从西北转移到东南沿海；而来自海上的主要威胁，也已从西方列强转移到野心勃勃的日本。虽然其间发生的阿古柏入侵新疆事件

---

① 顾学稼：《沙俄出售阿拉斯加原因考析》，《四川大学学报》1987年第3期，第101页。

亦甚可虞，但毕竟没有构成对中国国家命运的根本威胁。

　　威胁所自方向的转移，要求中国统治者对国防战略重心做相应调整。然而，甲午战争之前，清朝统治者是否意识到这种转移，并对国防战略做出相应调整呢？

二、李鸿章调整国防战略重心的构想

　　同、光之际，能够清醒意识到近代中国地缘政治格局的巨大变化，并主张对国防战略重心做重大调整的并非无人。在洋务派官僚及洋务思想家中，像曾国藩、李鸿章、沈葆桢、丁日昌、薛福成、马建忠等人，都不同程度地意识到了这一问题并提出因应之策，而李鸿章则是近代海防战略重心论持之最力者。1874年11月30日。李鸿章在《筹议海防折》中详尽分析古今边疆形势的差异，提出因应变通主张：

　　　　历代备边多在西北。其强弱之势，客主之形，皆适相埒，且犹有中外界线。今则东南海疆万余里，各国通商传教，来往自如，麇集京师及各省腹地，阳托和好之名，阴怀吞噬之计。一国生变，诸国构煽，实为数千年来未有之变局。轮船电报之速，瞬息千里；军器机事之精，工力百倍；炮弹所到，无坚不摧，水陆关隘，不足限制，又为数千年来未有之强敌。外患之乘，变幻如此，而我犹欲以成法制之，譬如医者疗疾，不问何症，概投之以古方，诚未见其效也。……《易》曰："穷则变，变则通。"盖不变通则战守皆不足恃，而和亦不可久矣。①

　　李鸿章认为，历代统治者将国防战略重心放在西北，是符合当时中国边疆形势客观实际的战略决策。但是，近代以还，轮船交通日渐发达，中国自古以来视为天然屏障的东南万里海疆，成了各国商船兵轮往来自如的通道，且来自海上的列强，船坚炮利，迥非历史上乱华之"五胡"可比，是"数千年来未有之强敌"，因应之策唯有尽弃"成法""古方"，"大治水师"，将国防战略的重心转移到海防上来。李鸿章的主张，审时度势，因应变通，把握了近代中国地缘政治变化的基本特征，具有战略眼光。

　　值得注意的是，李鸿章不仅意识到近代以来中国面临的主要威胁已从西北转向东南，从陆路转到海路，而且将来自海上的敌国外患加以比较，得出日本是中国的最大隐患，海防应主要针对日本这一结论。1870年秋，日本遣柳原前光来华议通商事宜，朝廷命李鸿章妥筹覆奏，李于次年1月21日奏曰："日本近在肘腋，永为中土之患"，主张由南洋大臣遴选妥员，往驻日本东京或长崎，"藉以侦探彼族动静而设法牵制之"，以冀"消除后患"②。1871年11月"球案"发生，日本借机进犯台湾。在事件处理过程中，李鸿章进一步认清日本的侵华野心，再次强调指出：日本"诚为中国永远大患"，认为日本现虽勉强就范，与我签署和约，但"将来稍予间

---

① 李鸿章：《筹议海防折》，《李文忠公全书·奏稿》卷二，光绪三十四年刻本，第11—12页。
② 李鸿章：《遵议日本通商事宜片》，《李文忠公全书·奏稿》卷十七，第53—54页。

隙，恐仍狡焉思逞"，主张借"球案"之机"略修守具"，加强海防，以"绸缪牖户"①。光绪初年，随着日本海军力量的发展，李鸿章亦竭力发展北洋水师，并最终形成"以日本为假想之敌"②的思想。他毫不讳言地指出："今之所以谋创水师不遗余力者，大半为制驭日本起见。"③

　　李鸿章之所以将防御日本视作中国海防战略的重心，与他对日本的下列认识有密切关系：第一，日本"狡焉思逞"，具有向中国扩张的野心。李鸿章指出："今之日本，即明之倭寇也"④，历史上就曾多次侵犯中国，致使"东南各省，屡遭蹂躏"，"球案"以来，日本"恃强坐大，渐有窥伺台湾高丽之意"⑤，野心勃勃，不可不防。第二，日本人"诡谲而能自强，实为东方异日隐患"⑥。李鸿章曾多次揭露日本人狡黠贪婪的秉性："史称倭性桀黠"⑦，"倭人蛮不讲理"⑧，"倭人性情桀骜贪狡，为得步进步之计"，"日本

---

① 李鸿章：《覆宋雪帆司农》，《李文忠公全书·朋僚函稿》卷十四，第21—22页。
② 李守孔：《李鸿章传》，台北：学生书局，1978年，第174页。
③ 《光绪六年十二月十一日直隶总督李鸿章奏》，《中国近代史资料丛刊》第27册，中国史学会主编：《洋务运动》（二），上海：上海人民出版社，1954年，第498页。
④ 宝鋆编修：《筹办夷务始末·同治朝》卷二十五，第10页。
⑤ 宝鋆编修：《筹办夷务始末·同治朝》卷八十，第23页。
⑥ 窦宗一：《李鸿章年（日）谱》，杨云霖主编：《近代中国史料丛刊续编》第70辑，台北：文海出版社，1966年，第4967页。
⑦ 李鸿章：《遵议日本通商事宜片》，《李文忠公全书·奏稿》卷十七，第53—54页。
⑧ 李鸿章：《覆曾劼刚星使》，《李文忠公全书·朋僚函稿》卷二十一，第11—12页。

行事乖谬，居心叵测"①，"日本狡焉思逞，更甚于西洋各国"②。值得注意的是，日本近年来变法维新，"与西人定约，广购机器兵船，仿制枪炮铁路，又派人往西国学习各色技业"③，国势日渐增长。李鸿章预言："大约十年之内，日本富强必有可观。"这虽然是"中土之远患"，而非"目前之近忧"④，但也不可不早谋对策。第三，日本在地理上靠近中国，具有入侵中国的便利条件。李鸿章不止一次指出，日本"距中国近而西国远，笼络之或为我用，拒绝之则必为我仇"，虽然中日两国隔以大海，并不接壤，但轮船交通已夷平两国间的天然屏障。"长崎距中国口岸不过三四日程"，相对西方列强而言，"日本近在肘腋"⑤，"揆诸远交近攻之议"⑥，也应将日本的威胁放在首先考虑的位置。第四，日本资源有限，亟欲向本土之外拓展。李鸿章揭示了日本有限的资源与无限的扩张野心之间的矛盾，多次指出："日本国小财匮，其势原逊于泰西诸邦。"⑦然而，"日地褊小而有大志"⑧，"深心积虑觊觎我物产人

---

① 薛福成：《庸盦文集外编》卷三，《庸盦全集》，台北：华文书局，1971年影印本，第254—255页。案：此条见李鸿章1879年7月9日致朝鲜太师李裕元书，此书出自薛氏手笔。

② 《光绪六年十二月十一日直隶总督李鸿章奏》，《洋务运动》（二），第498页。

③ 薛福成：《庸盦文集外编》卷三，《庸盦全集》，第254—255页。

④ 李鸿章：《照会日使文》，《李文忠公全书·译署函稿》卷十七，第8—9页。

⑤ 李鸿章：《遵议日本通商事宜片》，《李文忠公全书·奏稿》卷十七，第53—54页。

⑥ 《光绪六年十二月十一日直隶总督李鸿章奏》，《洋务运动》（二），第498页。

⑦ 李鸿章：《议覆中外洋务条陈折》，《李文忠公全书·奏稿》卷三十五，第47页。

⑧ 窦宗一：《李鸿章年（日）谱》，杨云霖主编：《近代中国史料丛刊续编》第70辑，第4967页。

民之丰盛"①。由于上述原因，中日两国迟早会兵戎相见，虽然目前仅仅发生了琉球冲突，但在李鸿章看来，日本之意"固不专在琉球"②。1874年8月他在覆邵汴生的信中感叹道："倭意竟欲占踞番地，恐成不了之局，海患从此益深，可为焦虑。"③

　　正是出于这种苦思焦虑，李鸿章在《筹议海防折》中提出调整国防战略重心，竭尽全力加强海防，建立近代海军的国防战略新构想。这一新的构想，把握了近代中国地缘政治的变化，是有其合理性的。

　　然而，在相当长一段时间里。李鸿章的战略构想却被研究中国近代史的学者当作加强"塞防"的对立论调加以否定，这是不公正的。首先，应当看到，李鸿章呼吁加强海防并非始于1874年底西征提上议事日程之时，也未因几年后西征军鸣金凯旋戛然中止。前已述明，早在台事初起之时，他便主张发展海军以防范日本。西征结束后，李鸿章更是大声疾呼，吁请当轴"决一定计"，"添购船炮，多练水师，不可再缓"④。直到甲午战争爆发前夕，李鸿章都一直在为中国的海防建设殚思竭虑，规划筹谋，加强海防是他的一贯主张，岂能简单视之为加强塞防的对立主张而加以否定？其次，应当看到，李鸿章主张将西征之饷"匀作海防之饷"，并不是要放弃关外。在经费不足的情况下，他主张西征军"且屯且

---

① 李鸿章：《筹办铁甲兼请遣使片》，《李文忠公全书·奏稿》卷二十四，第26—28页。
② 李鸿章：《覆曾劼刚星使》，《李文忠公全书·朋僚函稿》卷二十一，第11—12页。
③ 李鸿章：《覆邵汴生中丞》，《李文忠公全书·朋僚函稿》卷十六，第23页。
④ 李鸿章：《覆曾劼刚星使》，《李文忠公全书·朋僚函稿》卷二十一，第11—12页。

耕"，"严守边界，不必急图进取"①，"非尽撤也，亦非举玉门以外弃之也"，"屯守现有边界，即是杜俄人蚕食，屏蔽西北各城及内地也"。而且即便是这样的主张，也并非李鸿章所情愿，他曾多次解释说，主张匀西征之饷以发展海防，是在国家财政极度困难，塞防海防势难兼顾，"西师不撤，断无力量谋东南"②，"二者兼营，则皆无成"③的情况下采取的"万不得已之谋"④。李鸿章的主张，连力主塞防的左宗棠也认为是出于"人臣谋国之忠"，非"一己之私见"⑤，学者研究中国近代史而不谅其苦衷，岂不是苛求前人？

或有人认为，19世纪70年代中期，日本不过是初露峥嵘，并不具备大规模入侵中国的能力。相较之下，塞外已狼烟四起，烽火蔽日。李鸿章在此时强调全力建设海防，显然没有把握住敌国外患的轻重缓急，是不合时宜的。这种意见也不能成立。因为持这种意见的学者仅仅看到事物的现状而忽略了它的变化发展趋势。如前所述，19世纪70年代中期以后，塞外的威胁特别是俄患是在削弱而不是加强，特别是英、俄矛盾日渐突出之后，俄患已经在一定程度上受到扼制。然而海疆的危机却与日俱增。琉球冲突虽和平解决，但日本对中国的巨大威胁并未解除。海防与塞防危机所呈现的这种此消彼长的变化趋势，是李鸿章强调海防建设

① 张侠：《清末海军史料》（上册），北京：海洋出版社，1982年，第221页。
② 李鸿章：《覆刘仲良中丞》，《李文忠公全书·朋僚函稿》卷十七，第2—3页。
③ 李鸿章：《覆鲍花潭中丞》，《李文忠公全书·朋僚函稿》卷十七，第8—9页。
④ 李鸿章：《覆丁雨生中丞》，《李文忠公全书·朋僚函稿》卷十七，第5页。
⑤ 张侠：《清末海军史料》（上册），第221页。

的重要因素。李鸿章从国际关系的动态中构思中国国防建设的发展战略，比较那些鼠目寸光，"有事则急图补救，事过则仍事嬉娱"①的清朝官吏，显然棋高一手。

此外，评价李鸿章的海防战略是否合乎时宜，还应充分考虑海防建设工程浩大，难以一蹴而就的特殊性。李鸿章正是在将陆防和海防各自的特点加以比较之后，才提出全力发展海防的主张。在李鸿章看来，陆防"或可布置于临时，补救于事后"，但"海上设防，船须预订，械须预购，人须预练，……全在绸缪于未事之先"②。他告诫同僚，"往不可谏，来犹可追"③，认为在"球案"发生，"海患从此益深"④的情况下，如果不早作谋划，加强海防，一旦海上生变，中国无御敌之具，后果不堪设想。李鸿章未雨绸缪发展海防的做法不是庸人自扰，中法战争特别是中日战争血与火的事实，证明将国防战略重心由塞防转移到海防主张的合理性，对学术界关于塞防与海防的研究，应当有所启迪。

三、李鸿章对近代海防的规划与建设

基于调整国防战略重心的考虑，李鸿章自"移督直隶"之日

---

① 李鸿章：《覆沈幼丹节帅》，《李文忠公全书·朋僚函稿》卷十六，第26页。
② 《光绪元年三月初一日直隶总督李鸿章奏》，《洋务运动》（二），第444页。
③ 李鸿章：《覆沈幼丹节帅》，《李文忠公全书·朋僚函稿》卷十六，第26页。
④ 李鸿章：《覆邵汴生中丞》，《李文忠公全书·朋僚函稿》卷十六，第23页。

起，便毅然"以防海设备作为己任"①。他认为"海防百年可不用，一日不可无备"②。其对于海防的规划与建设"殚竭血诚"，在短短十几年里，白手起家，赤地新立，使中国拥有一支粗具规模的近代化海军，为中国近代海防事业奠定了基础。

李鸿章对中国近代海防的规划与建设造端宏大，内容纷繁，综其内涵，约有以下数端堪备录存，兹征而言之：

（一）营建一支舰只构成多样化、能"决胜海上"的近代海军。近代海防筹办伊始，清朝统治者就在究竟应立足于战还是守的问题上出现分歧，统治集团中多数人都认为"破洋人唯有陆战"③，认为"我之土地、人民、货财皆在内地而不在大洋"，因而极力反对"与洋人争战于大洋"④，主张采取严防口岸的战术。李鸿章认为，这种以"守口"为基本内容的海防主张未识战守关系之玄机。他在给朝廷的奏折中指出：

> 夫军事未有不能战而能守者，况南北滨海数千里，口岸丛杂，势不能处处设防。非购置铁甲等船练成数军决胜海上，不足臻以战为守之妙。⑤

---

① 吴汝纶：《李文忠公事略》，沈云龙主编：《近代中国史料丛刊》第71辑，台北：文海出版社，1973年，第17—19页。
② 李鸿章：《覆刘仲良中丞》，《李文忠公全书·朋僚函稿》卷十六，第30页。
③ 翁同龢：《翁文恭公日记》第15册，光绪二年五月二十九日，台北：商务印书馆，1973年影印本，第57页。
④ 丁宝桢：《预筹海防情形片》，《丁文诚公奏稿》卷八，光绪三十三年刻本，第39页。
⑤ 《光绪五年十月二十八日直隶总督李鸿章奏折》，《洋务运动》（二），第420页。

为实现御敌海上的目的，李鸿章自19世纪70年代中期起，就力主购置铁甲舰。他多次指出："中国海军，非创办铁甲快船数只不能成军"[1]，"铁甲为海防不可少之物"[2]。日本吞并琉球后，李鸿章更是极力向朝廷呼吁购置铁甲舰，并托驻德公使李凤苞在国外详谘博考，参采各国最新且适合中国海面战守的船式，妥为订制。他在给李凤苞的信中说：

> 采购铁甲船一事，曾面托阁下在英查访，嗣因筹款维艰中止。日本恃有新购铁甲（半铁甲，引者注），肆意妄为，先向琉球阻贡，旋即吞灭其国，改为冲绳县。……议者恐其恃强坐大，渐有窥伺台湾高丽之意。中国需亟购铁甲数船，伐谋制敌。[3]

经过李鸿章多年的努力，1885年中国终于有了定远、镇远这两艘巨型铁甲舰。但李鸿章并不以此为满足，他认为中国东南洋面广袤万里，"非有四枝得力水师，万不敷用"，"每枝必有铁甲船两艘"[4]。按照李鸿章的规划，中国至少应有8艘铁甲舰才能应付海防之需。

值得注意的是，李鸿章在购置铁甲舰时，还十分重视海军舰种

---

① 李鸿章：《覆丁稚璜宫保》，《李文忠公全书·朋僚函稿》卷二十三，第2页。
② 李鸿章：《覆吴春帆京卿》，《李文忠公全书·朋僚函稿》卷十九，第17页。
③ 李鸿章：《覆李丹崖星使》，《李文忠公全书·朋僚函稿》卷二十一，第3页。
④ 《光绪六年三月初一日直隶总督李鸿章奏折》，《洋务运动》（二），第566—568页。

的有机构成，力图使之形成一种多元互补关系，以适应海战之需。他指导制定的《北洋海军章程》明确规定：

> 查海军战舰以铁甲为最，快船次之，蚊炮船为守口之用，鱼雷艇为辅助战守各船之用，至教练员弁兵丁，须有练船；转输饷械，须有运船；侦探敌情须有信船，皆所以辅战船之用者，缺一不可。[①]

至于各类舰只的数量，按照李鸿章规划，北洋、南洋、闽台、广东四支水师每支除必备铁甲船两艘外，还应有"快船四艘、捷报舸两艘、鱼雷艇二十只、运兵船两只"。合之每支水师初创阶段须配备30艘舰只，4支水师的舰只总数为120只。李鸿章企图以此"先立根基，徐图充拓"[②]，他认为发展海防事业，"规划久远，造端不可不宏"。按照他的规划，单是北洋水师就应有战舰16艘，益以鱼雷艇、守口炮艇、练兵船及运输船，共计43艘[③]。如果4支水师都达到同等装备水平，则中国的近代海军将形成一支由172艘各类舰艇组成的强大海上威慑力量。有了这支庞大的海上武装，李鸿章"决胜海上"的积极防御构想将不难实现。

（二）建造与海军舰队相互配合的全套陆上设施，为中国海

[①]　总理海军事务衙门编：《大清北洋海军章程·船制》，沈云龙主编：《近代中国史料丛刊三编》第27辑，台北：文海出版社版，1987年，第1—2页。

[②]　《光绪六年三月初一日直隶总督李鸿章奏折》，《洋务运动》（二），第566—568页。

[③]　总理海军事务衙门编：《大清北洋海军章程·船制》，沈云龙主编：《近代中国史料丛刊三编》第27辑，第1—2页。

军建设深植坚固不拔的根基。李鸿章深知海军基地建设在发展海防事业中的重要位置，因而主张在购置舰艇的同时，在沿海择形胜之地，建立海军驻泊、维修及物资供应口岸。他在1885年6月的一道奏折中道出自己的基本构想：

> 大抵海军专事游击，铁舰、快船吃水较深，本不能进浅水之口，亦不可任其久泊口内，渐致疲怯。是以西国无不于海外另立口岸为水师根本，有炮台、陆军依护，其船坞、学堂、煤粮、军械均于是屯储焉。中国如有四枝水师，则必择南北洋沿海形胜之地，分驻练泊。[①]

关于海军基地的选置，李鸿章主张"北洋"以旅顺口和威海卫为宜，因这两处"正当渤海门户"，可资拱卫。"南洋"则长江口外大戢山迤东南岛屿之处，或浙江定海舟山等处，"皆甚扼要"，若驻师舟山，上下逡巡，"敌断不敢遽犯吴淞，内扰镇海"。"闽洋"则以澎湖为最要，在那里建一水师口岸，"设坞储煤，近护台湾，兼控福厦，洵为得势"。"粤洋"则以虎门、沙角最为险要，若"择水深岛曲处为水师练泊之区，敌亦不敢正视"[②]。为建成海军基地，李鸿章除奏请朝廷迅做决策、拨款营建外，还亲自乘兵舰勘察渤海沿岸地理与水文。经过多年努力，终于率先为北洋舰队建

---

① 《光绪六年三月初一日直隶总督李鸿章奏折》，《洋务运动》（二），第566—568页。
② 《光绪六年三月初一日直隶总督李鸿章奏折》，《洋务运动》（二），第566—568页。

成以旅顺口为中心的舰只修缮地、以大沽为中心的军火供应地和以威海卫为中心的舰队驻泊地，从而形成横扼渤海咽喉、拱卫京师的三位一体防御体系。

在建设海军基地时，李鸿章十分重视炮台设置。他认为"水师以船为用，以炮台为体"。主张在购置舰艇时，"炮台极宜并举"。他强调海口炮台"须格外坚厚"，"凡敌船窥口，我必有三处炮台犄角击之"。他认为中国"沿海各口炮台多未合式"，主张简派大员，带同谙悉新式台工的外国技师，"遍勘要口炮台，令疆吏仿西式增拓改筑，乃可有备无患"①。在李鸿章督导下，北洋海军的海岸防御配置得以起步，旅顺、威海卫、大沽口等战略重地都建造安装西式炮台和大炮，增强了防御能力。

李鸿章早年曾亲历行伍，老于兵事，深悉兵贵神速的道理，知道快捷的军事情报对于战略指挥决策的极端重要性，因而在发展海防时，还主张大力发展电报通讯。他强调指出："电报之设，裨益军国甚大"②，"实为海防经久之规"③。在近代海战中，铁甲舰等作战舰艇日行千里，声东击西，莫可测度，"全赖军报神速，相机调援，是电报实为防务必需之物"④。鉴于电报对海防的重要性，李鸿章于1881年7月奏请架设津沪电报线。该电报线经旨准于

---

① 《光绪六年三月初一日直隶总督李鸿章奏折》，《洋务运动》（二），第566—568页。
② 《光绪九年八月十七日署直隶总督李鸿章奏》，《洋务运动》（六），第349—350页。
③ 《光绪十年四月二十四日署直隶总督李鸿章奏》，《洋务运动》（六），第355页。
④ 《光绪六年八月十二日直隶总督李鸿章片》，《洋务运动》（六），第335—336页。

次年4月开工，当年底即告竣工。津沪线架毕，李鸿章在天津设电报总局，在紫竹林、大沽口、济宁、清江、镇江、苏州、上海等七处各设分局，使"南北洋消息往来瞬息互答"①。由于李鸿章倡导，近代电报业在各地迅速发展起来。电报业的发展不仅使"商民之转输贸易者"获得实惠，而且使"沿海各省与京外筹商军国要事，调兵催饷，均得一气灵通"，"旋至立应"②，大大促进了中国海防的近代化建设。

（三）注重海军人才的培养造就。李鸿章对"选将储才之法"极为重视，视之为海防事业的根本。他认为选拔陆军将才颇不容易，但选拔"水师将才则尤难"③。同、光之际，当筹议在国外订购铁甲舰时，他便积极策划派生员出国学习，认为"期以数年之久，必可操练成才，储备海防之用"④，强调"出国实习造驶之举，实为中国海军人才根本"⑤。除了派员留学，李鸿章还致力于创建海军学堂。1880年，李鸿章仿效"西国成规"，创办天津水师学堂，以培养舰艇管驾人员。此举"开北方风气之先，立中国兵船之本"⑥，为培养海军人才做出了贡献。1882年，李鸿章又在天津

---

① 《光绪八年八月十六日署直隶总督李鸿章奏》，《洋务运动》（六），第337—338页。
② 《光绪八年十二月初八日前大学士李鸿章奏》，《洋务运动》（六），第339—340页。
③ 《光绪六年三月初一日直隶总督李鸿章奏折》，《洋务运动》（二），第566—568页。
④ 李鸿章：《闽厂学生出洋学习折》，《李文忠公全书·奏稿》卷二十八，第21页。
⑤ 李鸿章：《议选员管带学生分赴各国学习》，《李文忠公全书·译署函稿》卷六，第29页。
⑥ 李鸿章：《水师学堂请奖折》，《李文忠公全书·奏稿》卷五十二，第7页。

分设管轮学堂，专门培养轮机人员。1889年，因"现有各师船，需才甚殷，非多设学堂，不足以资造就"①，李鸿章又奏请添设威海水师学堂，专门为北洋水师培养驾驶人才。该校开办4年，培养毕业了一届驾驶班学员共30名。

　　不仅如此，李鸿章还十分注重海军人才的历练。他认为从学校培养的学生，虽于西国之船学操法略知门径，但于"战阵实际概未阅历"。为改变这种状况，李鸿章不仅要求水师官兵严格训练，"熟悉风涛"②，"讲求战阵攻取之略"③，而且千方百计寻找机会让学生亲历实际，增长胆识。1877年俄土战争爆发后，他曾致函驻英公使郭嵩焘，商议让留洋学生"随其兵船前往观阵，以长阅历"④，"练胆练技"⑤。此事虽未见下文，不知事成与否，但从中亦可见李鸿章为培养海军人才，用心良苦。1885年，中国从国外订购的定远、镇远铁甲舰交货，李鸿章力排众议，主张由中国留洋生员自己将船"管驾回华"。认为此举一则可锻炼海军学员的实际操作能力，二则可因"不另保险，省费数十万"⑥，三则可"免中外浮言，谓中土有其具而无其人"⑦。李鸿章注重人才的培养和历练，使北洋海军中涌现出一大批像丁汝昌、邓世昌、刘步蟾这样

① 张侠：《清末海军史料上册》，第405页。
② 《光绪五年十月十六日直隶总督李鸿章奏折附片》，《洋务运动》（二），第420页。
③ 《光绪十一年七月初二日直隶总督李鸿章奏》，《洋务运动》（二），第569页。
④ 李鸿章：《覆郭筠仙星使》，《李文忠公全书·朋僚函稿》卷十七，第12页。
⑤ 李鸿章：《覆吴春帆京卿》，《李文忠公全书·朋僚函稿》卷十九，第9页。
⑥ 池仲佑：《海军大事记》，光绪十三年条，沈云龙主编：《近代中国史料丛刊续编》第18辑，第13页。
⑦ 李鸿章：《覆沈幼丹制军》，《李文忠公全书·朋僚函稿》卷十八，第23页。

精通韬略战阵、矢志忠心报国的统帅与将领。甲午海战，中国虽败给了日本，但战后日本人自己亦说："中国海军之败，实由船炮不敌，非人才之咎。"可见李鸿章培养海军人才之效，"是敌国俱有公论也"①。

以上从三方面概述了李鸿章对中国近代海防的规划与建设，这三方面的内容远不能反映李鸿章海防事业的全部，但无疑是李鸿章海防规划与建设的最重要的方面。虽然海防主张并非出自李鸿章一人，但是正如刘铭传所言："自海防议起，环顾海内，唯李鸿章一人留心请求选将、造器，稍为可观。"②经过李鸿章多年苦心经营，在中法战争结束不久，北洋海军粗具规模，成为"远东数一数二"③的海上武装。

李鸿章发展海军的目的，是要"建威销萌"，建立一支强有力的海战力量，以震慑敌国，使之不敢轻举妄动。他在1882年10月给黎召民的信中表露了他的这一抱负：

> 海上如练成大枝水军，益以铁甲舰快船数艘，南略西贡印度，东临日本朝鲜，声威及远，自然觊觎潜消，鄙人窃有志焉。④

---

① 吴汝纶：《李文忠公事略》，沈云龙主编：《近代中国史料丛刊》第71辑，第17—19页。
② 刘铭传：《遵筹整顿海防讲求武备折》，《刘壮肃公奏议》卷二，《台湾文献史料丛刊》第9辑，台北：大通书局，1987年，第131页。
③ 窦宗一：《李鸿章年（日）谱》，沈云龙主编：《近代中国史料丛刊续编》第70辑，第5005页。
④ 李鸿章：《覆黎召民京卿》，《李文忠公全书·朋僚函稿》卷二十三，第29页。

北洋海军建成后，按照李鸿章的指示，曾多次出航日本、朝鲜。1894年春，丁汝昌还奉李鸿章之命，"率北洋舰队访问新加坡以及马尼拉、澳洲等处"①，朝着李鸿章的战略目标迈出了艰难的第一步。

四、李鸿章海防建设功败垂成的原因

然而，随着黄海及威海卫战役北洋舰队葬身鱼腹，李鸿章多年的海军梦不幸破灭了。李鸿章发展海军、"建威销萌"的目的不仅没有达到，他自己也因战争失败而背了一个世纪的骂名。甲午战争中国失败的原因究竟何在？李鸿章为何没能圆成自己的海军梦？过去，学术界已从政治、军事、经济及中外关系的角度进行了分析，得出的结论亦不无道理。然而，既有研究似乎都忽略了本文开篇便提出的近代中国地缘政治的变化以及与之相应的国防战略重心调整这一至关重要的问题。

在这个事关中国国防建设全局及国家未来命运的问题上，李鸿章始终保持着清醒的头脑，并明确提出加强国防当以"大治水师为主"②的主张。但是，清朝统治集团中的多数人对李鸿章的主张都不以为然。在19世纪70年代日本崛起并露出向中国扩张的野心

---

① 窦宗一：《李鸿章年（日）谱》，沈云龙主编：《近代中国史料丛刊续编》第70辑，第5009页。
② 《光绪十一年七月初二日直隶总督李鸿章奏》，《洋务运动》（二），第565页。

后，他们仍然"把自己囿于一种在早期不证自明的思想中，认为危及中国安全的威胁首先来自中亚细亚"①。通政使于凌辰指责李鸿章放弃传统的国防和守备之器、发展近代海军的做法是"直欲不用夷变夏不止"。他认为"外患莫大于俄夷"，"至布置一切防夷事宜，非不筒器，但修我陆战之备，不必争利海中也。……复不可购买洋器洋船，为敌人所饵取。又不可仿照制造，暗销我中国有数之帑币，掷之汪洋也"②。湖南巡抚王文韶主张"宜以全力注重西北"，认为"但使俄人不能得逞于西北，则各国必不敢构衅于东南"③。1873年7月礼部侍郎徐桐上奏朝廷，更是将反对发展海防的主张提到"理论"高度：

> 西洋各国海岛相距，或远或近，然非航海则不能至，是重洋之险，天所以限中外也。而惟俄罗斯一国，与中华陆路相通，逼处尤近。该夷处心积虑，视各夷为尤狡。故备夷之法，必自西北边防始。④

在传统国防思想指导下，清朝最高统治者始终把防范的眼光盯着西北，不惜投入重兵巨饷；对于海防，则"向来未甚措意"⑤。

---

① T.L.康念德著：《李鸿章与中国军事工业近代化》，杨天宏等译，成都：四川大学出版社，1992年，第107页。
② 《光绪元年二月二十七日通政使于凌辰奏》，《洋务运动》（一），第121—122页。
③ 宝鋆编修：《筹办夷务始末·同治朝》卷九十九，第61页。
④ 宝鋆编修：《筹办夷务始末·同治朝》卷九十一，第16页。
⑤ 李鸿章：《覆丁稚璜宫保》，《李文忠公全书·朋僚函稿》卷十七，第8页。

至于地方官吏，则更是"视海防为无足轻重"①。这就造成直到19世纪70年代中期，中国仍然"有海无防"的局面。

以购置铁甲舰而论。前已述明，李鸿章为加强海防，抵御外侮，特别是抵御日本侵略，主张购买8艘铁甲舰来装备中国水师。铁甲舰造价昂贵，"购一铁甲，其价需银百余万两"②。李鸿章清楚地意识到，铁甲舰昂贵的售价有利于我而不利于日本，因为"日本地窄财匮，近虽崛强东海之中，其力量亦断不能多购真铁甲"③。他认为只要中国多购铁甲舰，就能获得对日本的海上军事优势，使日本不敢轻举妄动。然而尽管李鸿章做了杜鹃泣血般的苦苦呼吁，统治集团中多数人仍无动于衷。就连左宗棠这样有见识的封疆大吏在西征结束之后，亦反对购买铁甲舰与敌人"争胜于茫茫大海之中"，认为中国的海防只需以自制的小兵轮，"专防海口扼要之地"④即可。百般无奈的情况下，李鸿章被迫让步，将订购8艘铁甲舰的计划削减为4艘，并声称，以中国南北海岸将及万里而论，4艘铁甲舰"断难再少"⑤。然而，由于反对派的抵制，直到中日战争爆发，中国都只有两艘铁甲舰，中国对日本的海上军事力量的优势地位始终没有建立。

---

① 《光绪元年三月初一日直隶总督李鸿章奏》，《洋务运动》（二），第444页。
② 《光绪七年一月二十六日惇亲王奕誴等奏折》，《洋务运动》（一），第217页。
③ 《光绪六年十二月十一日直隶总督李鸿章奏》，《洋务运动》（二），第500页。
④ 《光绪八年七月二十九日两江总督左宗棠等折》，《洋务运动》（二），第524页。
⑤ 《光绪六年十二月十一日直隶总督李鸿章奏》，《洋务运动》（二），第496页。

　　再以海防经费而论，李鸿章办海防经费不足乃是人所共知的事实，但经费何以不足则未必人皆详悉。光绪元年户部会议奏拨海防经费南北洋每年各二百万两，为数本不少，"讵知议拨以后，未几而抽分洋税一半抵还西征借款矣，未几而另立招商局轮船货税名目改解部库矣"①。1878年晋省告饥，"朝士议提海军款以济之"②。更有甚者，则为园工挪用。此事关涉帝后关系，非外臣所敢轻言。1874年恭亲王被革除世袭爵位，1890年御史吴兆有触"慈禧大怒，命交刑部严加议处"③，都是因为反对兴建颐和园。李鸿章无可奈何，只好听之任之④。这样，几番克扣盘剥之余，"实解北洋者，分年匀计，不过三十余万两，视原拨每年二百万之数，尚不及十成之二"⑤。李鸿章多次奏请增加经费，朝廷均不允准。百般无奈的情况下，李鸿章提出"仿西例，试行印花税，筹扩海军款"⑥的建

---

①　《光绪六年三月初一日直隶总督李鸿章奏》，《洋务运动》（二），第444页。

②　池仲祐：《海军大事记》，光绪四年条，沈云龙主编：《近代中国史料丛刊续编》第18辑，第6页。

③　窦宗一：《李鸿章年（日）谱》，沈云龙主编：《近代中国史料丛刊续编》第70辑，第4987页。

④　李鸿章不满朝廷借园工等事挪用海军经费，但以事涉帝后而无可奈何的心态，从下列文献中可以清楚窥见：李鸿章：《覆宋雪帆司农》，《李文忠公全书·朋僚函稿》卷十六，第21—22页；李鸿章：《覆张振轩中丞》，《李文忠公全书·朋僚函稿》卷十六，第23页；李鸿章：《覆丁乐山廉访朱云甫观察》，《李文忠公全书·朋僚函稿》卷二十，第4页；李鸿章：《覆宋雪帆侍郎》，《李文忠公全书·朋僚函稿》卷十六，第24页；周馥：《书戴孝侯死事传后》，《玉山文集》卷二，《周悫慎公全集》第9册，1922年秋浦周氏刊本，第3页；窦宗一：《李鸿章年（日）谱》，沈云龙主编：《近代中国史料丛刊续编》第70辑，第5006页。

⑤　《光绪六年三月初一日直隶总督李鸿章奏》，《洋务运动》（二），第444页。

⑥　李鸿章：《拟试行印花税》，《李文忠公全书·海军函稿》卷三，第33页。

议，也未获允准。这样，李鸿章建立一支强大的中国海军的宏伟计划，"终因款不应手，多成画饼"[①]。

很明显，造成海防经费严重不足的原因不能简单从国家财政状况上去寻找，也不能单纯归咎于清朝统治者的腐败。如果说财政状况不佳，西征时国家财政更加拮据；如果说腐败，则晚清统治者大多腐败。但是由于在国防战略上重视西北塞防，因而"西北一有催求，羽檄立至"[②]，又是提关税，又是借外债，数千万两白银很快便投了进去。在清代历史上，类似事例颇多，马建忠曾专门为中国有无能力每年为海防筹集500万两经费做过一番论证，他指出：

> 查我朝用饷之数：则大小金川首尾五年至七千万，川楚逾百万，准回两部三千三百余万，其时尚无洋关、厘金。自发捻内讧，人民凋弊之余，耗项近数万万，而自壬寅以来，历次赔款亦积至五千万。岂今日承平反不能筹此巨款乎？

马建忠认为，统治者说中国没有能力筹这笔款项是假，其不愿意筹款才是真，"苟欲有为，则中国何事不可以筹款，亦何在不可筹款"[③]。马建忠的分析，道出了问题的实质，清政府之所以没有拨巨款发展海防事业，是因为它不愿意这样做，而它之所以不愿意这样做，一言以蔽之，传统的重塞防轻海防的国防战略作祟其间，

---

① 《光绪六年三月初一日直隶总督李鸿章奏》，《洋务运动》（二），第444页。
② 李鸿章：《覆鲍华潭中丞》，《李文忠公全书·朋僚函稿》卷十八，第15页。
③ 马建忠：《适可斋记言》卷三，第1页。

有以致之。

由于上述原因，中日两国海军实力很快出现差距。1890年以后，日本的海军力量已超过中国。1890年4月，日本海陆军在东京演习，邀请各国使馆文武官员前往参观。根据观感，"各国武官预料中国将非其所敌"①。甲午战前，北洋海军右翼总兵刘步蟾亦多次警告说，中国的"海军战斗力远逊日本，添船换炮，不容少缓"②。根据刘步蟾的意见，李鸿章曾奏请拨款订购英国新制12生速射炮24尊，以更新北洋舰队装备。然而，即使是这一临阵购械的努力，也"未获照准"③。不唯如此，1891年4月，户部又节外生枝，奏请将南北洋购买船械事宜暂停两年，将所省价款解部充饷。李鸿章据理力争，指出这样做将使"积年之功堕于一旦"，表示"万难停缓"④。但朝廷仍然没有采纳李鸿章的建议。北洋海军之建设从此陷于停顿，终于导致中日战争北洋舰队因实力稍逊而失利的悲剧的发生。

五、结论

100年前，一位名叫寿尔的英国海军军官乘英国兵船"田凫

---

① 窦宗一：《李鸿章年（日）谱》，1890年10月28日，沈云龙主编：《近代中国史料丛刊续编》第70辑，第4985页。
② 池仲佑：《海军大事记》，光绪十七年条，第15页。
③ 张侠：《清末海军史料》上册，第351页。
④ 李鸿章：《复奏停购船械裁减勇营折》，《李文忠公全书·奏稿》卷二十七，第35—38页。

号"航行中国与日本进行考察，得出"中国没有海军国的传统"的结论。寿尔认为，中国如果不迅速改变这种状况，在未来的对外战争中，"它的军队将遭到比已往任何一次战役都凄惨和可耻的失败"[①]。无疑，寿尔是一位有预见能力的军人，他的话道明了中国国防建设的关键所在。事实上，李鸿章办洋务以来在军事上的全部努力，就是通要过调整国防战备的重心，加强海防，以避免寿尔所预见的那种凄惨可耻的失败。然而，传统的国防战略思想源远流长，蒂固根深，岂是李鸿章个人绵薄之力所能改变？甲午战争空前的惨败和耻辱，也许正是中国的封建统治者为改变传统国防战略免不了要付出的代价，不亦悲乎？！

---

① 寿尔撰：《田凫号航行记》，张雁深译，《近代中国史料丛刊》第33册，《洋务运动》（八），第376页。

太平天国的租赋关系

　　由于革命时代的政治与学术偏好，太平天国史研究一度成为中国近代史研究中的"显学"。在涉及太平天国经济史的研究中，地租与田赋素为学者重视。然而，迄今为止，学者仅仅孤立研究太平天国的地租与田赋，既忽略两者之间的关系，又未将其与太平天国的财政研究相联系。因之，一些长期以来让人困惑的问题始终没能得到合理解释：为何太平天国不能从根本上摆脱缺粮乏饷的困境？太平天国实施减租政策，何以最终却招致农民激烈反对？是什么原因致使太平天国始终不能放弃起义初期"打先锋"即掳掠农民的政策？鄙意以为，利用经济学理论研究太平天国经济结构中的"租赋关系"，或可寻得问题的答案，并进而对太平天国悲剧性的失败，做出真正具有解释力的基于"经济基础"的阐释。

一、太平天国区域内租赋关系的特点

　　太平天国建都金陵不久，即确立了"照旧交粮纳税"的政策。这一政策的确立，意味着天国领袖的思想已由空想逐渐转向现实，这对太平天国的反清事业来说，具有积极的意义。但是，在具体处理地租与田赋关系时，起义农民却暴露出治国无方、理财乏术的明显弱点。在太平天国区域内，租赋关系呈现出比例严重失调的状况。为说明这一问题，有必要确定一种大体正常的租赋关系，以资比较。

　　租赋关系是一个极其复杂的问题，它涉及国家、土地所有者、佃农诸方面的利益，其实质是农业剩余劳动如何进行再分配，使国家与土地所有者的利益相协调。在传统中国社会，"业户收租以供赋，佃户耕种以还租"，长期的历史发展，使租赋之间逐渐形成一种大体能为国家、业户、佃农共同接受的比例关系。这种比例一般表现为国家额定田赋与业户历年租额的平均值之比。以清季经济较为发达的苏、浙地区为例。其田粮正额加随征耗羡大致为每亩三斗（谷），赋银正耗约两钱，钱粮合计，则田赋约为每亩四斗左右[1]。

　　地租情况较为复杂。清刑部档案中收藏有嘉庆年间各地租额的

----

① 田赋正额见《钦定大清会典事例》（嘉庆朝）卷一三八，随征耗羡额见同书卷一三九，昆刚等：《大清会典事例》（嘉庆朝）卷一三八、一三九，光绪二十五年刻本，第1—10页，第9—15页。

抄件，据之得出以下数据，可供研究清代地租率参考：

表5　嘉庆朝各地租额与抄件统计表^①（1796—1820）

省别	抄件总数	各种租额的抄件数		
		不满 0.5 石（亩）	0.5—1 石（亩）	1.0 石以上（亩）
江苏	5	0	5	0
浙江	13	2	8	3
安徽	1	0	0	1
江西	7	0	3	4
福建	5	0	3	2
湖南	2	1	1	0
四川	4	2	2	0
广东	18	1	12	5
广西	3	1	2	0
总计	58	7	36	15

表列58个抄件中，租额每亩在0.5—1石的为36件，占抄件总数的62.07%；租额在1石以上者占15件，占抄件总数的25.86%；租额在0.5石以下者为7件，占总抄件的12.07%。其中太平天国一度占领的苏、浙、皖、赣4省共26个抄件，租额每亩在0.5—1石的为16件，占4省总抄件数的61.54%，租额在1石以上为8件，占4省总抄件的30.77%；不及0.5石者为2件，占4省总抄件的7.69%。鉴于表列多数抄件反映的租额均在0.5—1石之间，而1石以上的抄件数又远超过不及0.5石的件数，其差额可在一定程度上增加0.5—1石抄件中

---

① 李文治编：《中国近代农业史资料》第1辑，北京：生活·读书·新知三联书店，1957年，第73页。

的租额，由此可以推知，清代主要产粮省区平均每亩租额大致在
0.75—1石之间。就粮食产量而言，清代粮食亩产因地区不同而呈
现差异，其中苏、浙产量较高，达亩产2石左右，其他地区略低，
加之气候原因造成丰荒盈欠，中国主要粮食产区平均亩产大致在
1.5至2石之间[①]。根据地租与亩产量之比，以0.75—1除以1.5—2，
可以算出地租率约为50%。由于业主所得租额中有大约4成需作为
田赋上缴国家，综合核计，则清代嘉庆朝各主要产粮省区地租、田
赋及佃农所获之比大致为3∶2∶5。这一比例关系的内涵是，在全
部农产品的分配中，业户得三成，国家得两成，佃农得五成[②]。当
然，比例关系并非凝固不变。既然这一比例反映的只是一种平均
值，那么，实践中的租赋比例便必然会围绕它上下波动、此盈彼
虚[③]。但波动幅度不宜过大，否则就会引起租赋比例失调，造成严
重社会后果。

　　在未能找到更加准确数据的情况下，我们且视以上比例为"正
常"的租赋比例，并以此为参照值来研究与上列抄件截止时间仅30
余年之隔的太平天国统治下租赋关系的特点。先看田赋。前已述

---

① 在各粮食产区中，苏浙最称富庶，粮食亩产量也最高。《漏网喁鱼集》
　同治四年条："四月，麦歉薄，低区大丰，竟有二、三石不等。"同治
　六年条："幸低区禾稻尚称中熟，尚得二石许。"（柯悟迟：《漏网喁
　鱼集》，《近代史笔记丛刊》，北京：中华书局，1959年，第102、105
　页。）但两广、福建、江西、湖南及四川东部地区，粮食亩产量通常就只
　有1.0—2石之间。
② 此处之地租系扣除田赋后的净租。
③ 在实际经济生活中，佃户与业主的分配往往会考虑田地的肥瘠、种子耕牛
　是佃户出还是业户出而发生变化。通常，若种子耕牛均系业主出，且土地
　较为肥沃，则佃农与业主的分配比例可能是四六分成，即业户分六成，佃
　农分四成，个别地区甚至三七分成，不可一概而论。田赋出自地租，业主
　上缴国家的田赋，均从其收到的地租中支付。

及，太平天国确立了具有现实色彩的"照旧交粮纳税"政策。这一政策是否意味着天国的田赋额将仍以清政府的既定额度为依据？请看下列史料：

沈梓《避寇日记》卷四，同治二年二月初九日载：

> 有平湖人言辛酉平湖编田八折，每亩完粮三斗，至壬戌每亩七斗，益以银子七百五十，田捐每亩一年五十文。……嘉兴粮米每亩完四斗八升，过期者完五斗二升，银子每亩三千文。……秀水每亩粮米大斛四斗，银子每亩六百四十文，此正帐也。

汤氏辑《鳅闻日记》卷上，咸丰十年记：

> 伪师帅在本地（昭文）设局，征收当年钱粮。每亩完纳糙米三斗，折价七百二十文，附收下忙银二百文，外役费七十文。不论额之轻重，田之肥瘠。

佚名《避难纪略》称：

> 贼之征粮，（咸丰）十年之冬，花田每亩六七百文，稻田每亩三四斗，业户不得收租。后一年加一年，至（同治）元年份，花田每亩加至二千余，稻田每亩加至一石余，又两忙征银加至五百余，又有意外科派。①

---

① 佚名：《避难纪略》，茅家琦等编：《太平天国史料专辑》，《中华文史论丛增刊》，上海：上海古籍出版社，1979年，第61页。

何桂笙《劫火纪焚》（光绪刻本）载：

> 贼来正值秋收。是岁（1861）大歉，田家输租不过三分，而贼命乡官勒收，每亩索米三斗。

以上史料主要反映太平天国后期苏、浙地区田赋的情况。至于前期，史料虽少，但并非无从稽考。据张德坚记载，太平天国以"圣库"制度不能行，"遂下科派之令，稽查所设乡官，一军之地共有田亩若干，以种一石终岁责交钱一千文、米三石六斗核算，注于册籍"①。按当时耕作条件，"种一石"可播种田十余亩，十亩纳粮三石六斗，则每亩纳三斗六升。此外，沈懋良《江南春梦庵笔记》亦有一段类似的记载："伪定田赋之制，以男子十六岁以上五十岁以下为丁，每丁耕田十亩，纳税三石六斗六升。"②所谓耕田十亩，纳税三石六斗六升，与"种一石"交米三石六斗不过是同一事情的不同表述而已。

可见，太平天国"交粮纳税"的数额与清政府田赋原额加耗羡相差无几，一般在3.5—4斗之间。虽然有些地区乡官"给示收漕，每亩定六升，连条银共一斗"③，尚不及清政府定额之半，但这只

---

① 张德坚：《贼情汇纂》卷十《贼粮·科派》，北京大学馆藏抄本，第18—19页。
② 沈懋良：《江南春梦庵笔记》，中国史学会编：《中国近代史资料丛刊》第7册，《太平天国》（四），上海：上海人民出版社，1957年，第438页。
③ 龚又村：《自怡日记》卷十九，咸丰十年十月十七日，《太平天国史料丛编简辑》第4册，北京：中华书局，1963年，第377页。

是个别情形。这种情形与有的地区田赋逐年增加，以至"稻田每加至一石余"一类截然相反的情况正好构成此盈彼虚关系，可取长补短，而两者的中间值亦不过5斗出头，与多数史料反映的情形相去不远①。

我们再来考察地租收取情况。如众所知，由于太平天国实行严厉打击缙绅富户的政策，每至一处，必示以威猛，致使"富绅多受厄，难民逃遁似禽飞"②。及秩序稍定，乃令"业田者依旧收租，收租者依旧交粮"③。虽政策允许地主收租，但在不少地区，太平天国官员"犹倡免租之议"，"任佃农滋事"，"与示相反"④。在太平天国各级官吏的倡导下，各地"租风不佳之至"⑤。一位叫范城的业主在自订年谱中写道："去冬向佃户收租如乞丐状，善者给数斗，黠者不理或有全家避去者"，收租所得，"约食米即改日两餐亦仅三月粮"⑥。由此可见，在太平天国区域内，地主收租是很困难的。至于租额，各地参差不齐，笔者根据有关史料汇总成表，从中或可窥见一斑：

---

① 有学者以天王《减赋诏》及忠王自述中"苏州百姓应纳税，并未收足"一语，证明太平天国田赋较清时为轻。《减赋诏》颁于1860年秋，而本文所引史料大多反映此后三年的田赋征收情况，可证《减赋诏》并未认真贯彻执行。忠王自述则不详其数，无说服力。

② 归庆枌：《让斋诗稿·八月杂咏》，南京大学馆藏抄本。

③ 佚名：《静斋日记》，转引自郭毅生：《太平天国经济制度》，北京：中国社会科学出版社，1984年，第132页。

④ 龚又村：《自怡日记》卷二十，咸丰十一年三月四日，《太平天国史料丛编简辑》第4册，第391—393页。

⑤ 《柳兆薰日记》，咸丰十一年十月二十四日，《太平天国史料专辑》，《中华文史论丛增刊》，第151页。

⑥ 范城：《质言》，中国科学院历史研究所第三所：《近代史资料》总6号，北京：科学出版社，1955年，第78页。

表6　太平天国区域内地租数额表 ①

年代	地区	清方原额	太平天国租额	额差	资料来源
1860	常熟	十成	"业户不得收租"	十成	《避难纪略》
1861	昭文	一石	"新定六斗五升"	三斗半	《自怡日记》
1860	长洲黄埭	十成	"业主租收五成"	五成	《自怡日记》
1861	长洲	一石	"每亩三斗三升"	六斗七升	《琏天安……告示》
1861	常州新安	十成	"租钱减半"	五成	《蒙难琐言》
1861	吴江	一石	"实收七斗"	三斗	《柳兆薰日记》
1861	青浦	十成	"租籽不过十分之三"	七成	《小沧桑记》
1861	震泽	一石	"每亩四、五斗不等"	五、六斗	《庚癸记略》
1861	锡金	十成	"大抵半租而已"	五成	《平贼纪略》（下）
1861	会稽	十成	"半租"	五成	《微虫世界》
1861	山阴	十成	"亩入三分"	七成	《越州纪略》
1861	诸暨	十成	"田家输租不过三分"	七成	《劫火纪焚》
1863	福山	一石	"每亩约二斗五升"	七斗五升	《庚申避难日记》
1860	元和	一石	"每亩约四五、升"	五、六斗	《吴江庚辛记事》
1862	桐乡	一石	"乡人不肯纳租"	一石	《避难日记》
1862	石门	／	"一斗六升左右"	／	《便民预知由单》

　　由表可见，《自怡日记》所谓"业主租收五成"，《蒙难琐言》所谓"租钱减半"，《平贼纪略》（下）所谓"大抵半租而已"，反映的业户收租情况，带有较大普遍性。

① 表内清方原租额本不划一，有多至一石数斗者，有不及一石者，为便于统计，兹取长补短，一并以石或十成记。

前已述明，当时中国主要粮食产区粮食亩产量约1.5—2石，苏、浙一带粮食亩产约2石，以50%的租率计，苏、浙一带租额为1石，在"半租"的情况下，业户亩入租籽5斗。但5斗之中，尚须扣除4斗左右田赋。这样，业主净得地租仅1斗，而佃家如果不遭遇制度之外的盘剥，所得将高达1石5斗①。分成计之。则太平天国统治下租、赋及佃农所获之比约为0.5∶2∶7.5，即在全部农产品的分配中，业户得半成，天国政权得两成，佃户"理论上"可得七成半。与前面确定的"正常"比例3∶2∶5相比，这一比例具有两个明显特点：一是租轻佃重。以毛租计，业主所得不过占佃农所得的三分之一，扣除田赋后的净租，仅及佃农收入的十五分之一，差别悬殊。二是租赋比例失调。田赋量占毛租量的五分之四，纳粮之余，业户所剩无几。在这种赋佃关系中，业户的处境是极为艰难竭蹶的。咸丰九年，一位靠收租度日的乡绅有感自身遭遇，咏七律云：

沉沉烟雾锁天衢，哪得清风一旦驱；
架上衣冠严束带，案头灯火作痫迂。
略存旧画因无税，尽卖良田只为租；
我欲捕蛇邻笑毒，重阳还恐有茱萸。②

这种状况，若站在纳租佃农的立场，或许会视为"大快人心"之事。然而，造成这种状况，对于正与清廷逐鹿江南，胜负未卜，

① 佃户所得之数未计太平军"掠野"所受之损失，详后。
② 柯悟迟：《漏网喁鱼集》，《近代史笔记丛刊》，第35页。

亟欲在政治上和经济上弄出一番立国气象的太平天国农民政权来说，究竟是利还是弊呢？

二、太平天国租赋关系的扭曲变形

从上述租赋关系及其特点看，太平天国统治下地租额相当低，业户已难维持生计。如果遭此厄运，业户尚能安于本分，如数缴纳钱粮，太平天国的租赋政策便取得了成功。但问题并不这么简单。从经济学角度分析，地租乃田赋所由出，故地租额必须大于田赋额，而两者之差，至少应能维持土地所有者最低限度的生活，否则田赋征收就不可能如愿以偿，既定的田赋政策也必然扭曲变形。

讨论这一问题不应忽略的是太平天国基层政权特殊的社会构成。人们固然可以找到某种事例，如1861年初，浙江海宁袁花镇"里中无赖，从贼为乡官"，以及绍兴"柯桥军帅为赵某，……本一游民"，来证明有农民和其他劳动者充任乡官，但这毕竟只是个别现象。大量事实证明："太平天国各地的乡官，绝大多数是由地主阶级及其知识分子担任的。"[1]问题恰恰就出在这里。太平天国一方面"胁田亩多者充伪官"[2]，"以兵胁其乡之士人，污以伪

---

①　孙祚民：《试论太平天国政权的性质——三论关于"农民政权"问题》，中华书局近代史编辑室编：《太平天国史学术讨论会论文选集》第1册，北京：中华书局，1981年，第84页。
②　张德坚：《贼情汇纂》卷十《贼粮·贡献》，第7页。

职"①，让地主士绅充斥于自己的基层政权，企图通过他们来执行其租赋政策。另一方面，在实施交粮纳税政策时，又严格限制地主收租，使租赋比例严重失调，使"产户无所取给"②，"所得不偿所失"③，"几难糊口"④，甚至"饿死不少"⑤。这无疑是一个深刻的矛盾。两种互不相容的政治经济行为被太平天国施行在同一对象身上，这除了证明太平天国在治国理财上缺乏理智外，恐难找出更能自圆其说的解释。而这样做的结果，必然使乡官及业户萌发与太平天国离异的心理，使业户这一交粮纳税的中间环节与天国政权和佃户之间失去必要的联系，从而导致太平天国的田赋政策不能有效实施。

事实正是如此。在太平天国统治区域内，有许多隐匿地产，规避田赋，抗欠钱粮，浮收租赋的实例。

（一）隐匿地产，规避田赋

按太平天国之意，交粮纳税应"依旧例章程，扫数如期完

① 孙鼎臣：《苍莨文初集》卷十五《送姚熊二生序》，转引自王天奖：《太平天国乡官的阶级成分》，《历史研究》1958年第3期，第60页。
② 沈梓：《避寇日记》卷三，同治元年二月二十二日，《太平天国史料丛编简辑》第4册，第138页。
③ 《柳兆薰日记》，咸丰十年十一月二十一日，《太平天国史料专辑》，《中华文史论丛增刊》，第156页。
④ 龚又村：《自怡日记》卷二十，咸丰十一年十二月初二日，《太平天国史料丛编简辑》第4册，第420页。
⑤ 龚又村：《自怡日记》卷二十一，同治元年闰八月朔日，《太平天国史料丛编简辑》第4册，第460页。

纳"①，收租取赋都以清朝既有的田册租簿为依据。然而，由于
太平天国的打击，缙绅地主，纷纷逃徙，"殷富之家，十室九
空"②，"簿书契据，悉为灰烬"③。太平天国不得不加以变通，
命乡官赶紧清理丈量田亩，以作征粮依据，并颁发田凭，招业户认
田领凭收租。但是，由于太平天国的租赋政策使业户无利可图，这
一措施在实行中遭到抵制。史载：在苏南，"贼目出示，着师旅帅
重造田册，注明自、租名目，招业主认田，开呈佃户田亩细数，每
亩先缴米一斗，即给田凭，准其收租。（业主）无一应者"④。针
对这种情况，太平天国又规定："不领凭收租者，其田充公。"⑤
虽威猛严厉若是，应者仍复寥寥。业主不愿领凭收租，太平天国的
田赋政策也就徒有其名。

　　从乡官赶造田册来看，漏洞亦不少。1862年秋，太平天国嘉
兴郡七县总制章义群颁告示云："田赋，国之大计。民心刁诈，藏
匿规避，不可胜计。往岁所编田亩十不过一二，岂为民急公奉上之
道？今当与民更始，厘正旧章，著师、旅帅按户稽查，倘有一户隐
匿者，则十户同坐。"⑥严厉的连坐之法，也未将漏卮堵住。其原

---

① 《前玖圣粮刘晓谕粮户早完国课布告》，乙荣五年三月十七日，太平天国
　历史博物馆编：《太平天国文书汇编》，北京：中华书局，1979年，第
　118页。
② 余丽元：《石门县志》（光绪）卷十一《丛谈》，台北：文成出版社，
　1975年，第89页。
③ 杨福鼎：《高淳县志》（光绪）卷七《赋役》，光绪七年刊本，第8页。
④ 柯悟迟：《漏网喁鱼集》，《近代史笔记丛刊》，第55页。
⑤ 佚名：《庚申避难日记》，咸丰十一年十月十五、十六日，《太平天国史
　料丛编简辑》第4册，第514页。
⑥ 沈梓：《避寇日记》卷三，同治元年九月二十三日，《太平天国史料丛编
　简辑》第4册，第192页。

因除了乡官及业户的拖磨延宕，也与查田造册工作浩繁有关。时人记述查田的情形说：太平天国规定"各处田亩要每垃插旗细查，务要不能隐匿"。实际上，"长毛查田插旗，一日不过数十亩，而且不能各段同查，只在一图"①，故迟迟不能完毕。在这种情况下，弄虚作假自不可免。何桂笙记载浙江诸暨县的情形说："乡官赶造田亩册，按册征粮。……每以伪册应之，其粮仍从亩捐移补，盖亦变通之一法也。"②更有甚者，则趁编田造册之机，利用田册与地亩的额差，勒索农户，牟取暴利。据《避难纪略》记载：

> 贼初至时，派定伪乡官，责令将各图田地造伪册而收粮。伪乡官向佃户写取田数，佃户中每有以多报少，此亦理之应尔。后伪乡官造成伪册，计有成数以报贼中，又将佃户中以多报少者，危词赚出，收入皆以入己。③

类似情形尚多，兹不赘列。但仅此数例，已可窥见问题的严重性。

（二）抗欠钱粮，浮收苛派

据时人记载，在桐乡石门镇，尽管太平天国的司马、百长"日夜追索"，甚至将"居民不完粮者……杀七人以徇（殉）"。然而

---

① 佚名：《庚申避难日记》，咸丰十一年十月十七至二十四日，《太平天国史料丛编简辑》第4册，第514页。
② 何桂笙：《劫火纪焚》不分卷，光绪刊本，第11页。
③ 佚名：《避难纪略》，《太平天国史料专辑》，《中华文史论丛增刊》，第73页。

乡人竟不完纳"①。在常熟地区，业户不满太平天国的田赋政策。1861年初，常熟各乡谣传清军临境，"农民闻信，皆迟迟不肯完粮。乡官恐犯众怨，不敢催逼"②。

与普通业主软拖硬抗不同，身为乡官的业主则往往采取浮收苛派的办法来弥补地租收入的亏损。每当征集钱粮，乡官便"引用故衙门胥吏，一切仍用旧章，……仍用零尖、插替、跌斛诸浮收陋规"③。譬如常熟军帅归二，"家本殷实，腴田千亩"，1861年收粮议额之前，"召属下重征厚敛，勒索十万浮金，自谓无枉乡官之名"④。另据史载，在塘南，一位叫殳阿贵的乡官私设牢房，"凡乡人欠粮者械击之，完米限至初十而止，过期者照南粮额数完纳。计殳所供长毛局米六千提，而计其所编田额当收米万提，盖浮收者皆入己也"⑤。此外，乡官还常以助饷为名，苛派勒索百姓。如在苏属一带，同治元年，乡官"又借征下忙，以助军饷，各户无租，仍复苦派"，其所得"不归城主，均军、师帅取肥私囊"⑥。时人称太平天国乡官"生财之门颇多"⑦，收毕钱粮，"俱成富

① 沈梓：《避寇日记》卷四，同治二年十二月初三日，《太平天国史料丛编简辑》第4册，第288页。
② 汤氏辑：《鳅闻日记》卷下，《近代史资料》总30号，北京：中华书局，1963年，第117页。
③ 沈梓：《避寇日记》卷三，补遗，《太平天国史料丛编简辑》第四册，第208页。
④ 汤氏辑：《鳅闻日记》卷下，《近代史资料》总30号，第126页。
⑤ 沈梓：《避寇日记》卷三，同治元年十二月七日，《太平天国史料丛编简辑》第4册，第202页。
⑥ 龚又村：《自怡日记》卷二十一，同治元年七月二十七日，《太平天国史料丛编简辑》第4册，第453—454页。
⑦ 龚又村：《自怡日记》卷十九，咸丰十年十一月二日，《太平天国史料丛编简辑》第4册，第379页。

翁"①，并非夸大。

由于存在大量规避、抗欠及浮收之弊，前述太平天国统治下的租赋比例必然发生变化，其后果便是太平天国田赋收入锐减。因史料匮乏，太平天国的田赋岁入总额已无法统计，但以粮饷的盈虚，亦可推知其大概。众所周知，太平天国在后期曾占领了江苏及浙江大部，这一地区自五代以降，一直是中国经济的重心。太平天国既奄有如此富庶之区，若其额定田赋能悉数征收，粮饷绝不致发生困难。但实际情况是，这一地区的占领并没有给太平天国的粮饷带来起色。1860年太平军控制苏、浙后，粮荒便接踵而至（具体事例，本文论述太平天国粮食危机的恶性循环时将集中列举）。这表明太平天国的田赋收入极不景气。而造成田赋收入不景气的主要原因，显然在于太平天国租赋政策过于偏激。

对此，学界也许会有不同意见。笔者注意到，时至今日，人们依然习惯于从"地主阶级"对农民政权的敌视与破坏，或部分基层政权"蜕化变质"的角度解释太平天国田赋收入不景气。这样看问题固然有其道理，但却不免本末倒置。要害在于缺乏对"业户"这一阶层心理状态的了解。咸丰末造以后，为数不少的业户对清政府与太平天国均无特殊好恶。沈梓曾对包括业户在内的一般百姓的"政治立场"做过一番估计，认为在当时，"愿为长毛者十之三，不愿为长毛者十之三，其界于两可者十之四"②。1860年，一位叫杨笃信的英国传教士在太平天国区域内询问一位识字的"乡民"的

①　汤氏辑：《鰍闻日记》卷下，《近代史资料》总30号，第110页。
②　沈梓：《避寇日记》卷二，咸丰十一年九月，《太平天国史料丛编简辑》第4册，第81—89页。

政治倾向，得到这样的答复："不论咸丰或者天王做皇帝，对我们都没有什么关系，只要让我们过和平的安静的日子就够了。"杨笃信在给他的教会秘书戴德曼的报告中转述了这位乡民的答话并强调指出："我相信，这是一般人民的普遍意见。"①

杨笃信的判断是有道理的。因为尽管清政府统治中国已历200余年，但由于实施重满轻汉的民族歧视政策，它在汉族百姓和士大夫心目中的"正统"地位并非牢不可破。况且太平天国与清政府分庭抗礼已历十载，国内两个政权并存的政治局面已初步形成。在这种特定的形势下，"业户"最终是否顺从太平天国，很大程度上取决于太平天国的租赋政策是否适度。遗憾的是，天国领袖在减轻地租剥削时，却没有把握住租赋间合理的量的比例及其伸缩限度，也没有意识到自己既以"田亩多者"充任乡官，又不为业田之家预留生路这两种行为的自相矛盾性质。他们实行偏激的租赋政策，断绝为数众多的业户的生路，无形中将依违两可的中间力量推向自己的对立面，而太平天国赖以实施其田赋政策的社会基础也就随之丧失。在这种情况下，指望业户与太平天国合作，指望太平天国田赋收入如愿以偿，也就无异缘木求鱼，其结果可想而知。

三、太平天国田赋政策的补充形式

太平天国能够摆脱因租赋比例关系失调造成的迫在眉睫的粮饷

---

① 《杨笃信牧师给戴德曼牧师的报告》，呤唎：《太平天国革命亲历记》上册，王维周译，北京：中华书局，1961年，第230页。

危机吗？在当时的条件下，可供选择的出路有两条。

一条是大规模实施"着佃交粮"并改变乡官的社会构成。"着佃交粮"的内涵在于："着旅帅卒长按田造花名册，以实种作准，业户不得挂名收租，……完（纳）现年漕米。"[1]可以说，这是一个更为激进的政策。但是，由于这一政策抽掉了田赋所由产生的中介——地租，直接向佃农征取农业税，其数额虽不免高于昔日的田赋，却大大低于佃户过去承担的地租，在乡官的社会构成改由佃农为主的前提下，仍不失为一种可行的自救办法。事实上，在一些实行了"着佃交粮"的地区，"乡农既免还租，踊跃完纳速于平时"[2]，亦证明这一措施的可行性。

另一条出路是采取调和贫富的折中办法，一方面允许并保护业户收租，使之具备纳粮的条件，一方面又限制地租恶性膨胀，以保护佃农利益。在太平天国统治下的个别地区，这种措施亦偶有所见。如吴江东南芦墟镇的业主柳兆薰，有田地数千亩，1861年在太平天国地方政权认可下自定租额，立限收租。"一五租额，让头限一斗，飞限三升，实收八斗四升；一四租额，实收七斗，八升飞限。"年底结账，共收租一千三百余石。柳兆薰在十二月的一则日记中写道："诸佃踊跃而来，知佃心尚未涣散。……自飞限至今，共收五百六十八石。乱后如此光景，亦非易致，余已满愿，敢不平心？"[3]因为租米有着，所以柳兆薰很快向太平天国地方政权完纳

① 顾汝钰：《海虞贼乱志》，《中国近代史料丛刊》第8册，《太平天国》（五），第370页。
② 汤氏辑：《鳅闻日记》卷下，《近代史资料》总30号，第110页。
③ 《柳兆薰日记》，咸丰十一年十一月六日至十五日，《太平天国史料专辑》，《中华文史论丛增刊》，第220—222页。

了钱粮。此例说明：1. 当地租额在七斗左右时，佃农的支付能力尚存，否则便不会"踊跃而来"；2. 业主虽未收到全租，但已超过"半租"二成左右，纳赋之后，尚有盈余，故能"满愿"。如果这种折中办法能推广实施，业主同太平天国离异的心理与行为便可能缓和，太平天国的田赋收入也就有了切实保证。

可惜，天国农民计不出此。为摆脱有如燃眉之急的粮饷危机，他们采取了更为不利于自己根本利益的手段，作为既有租赋政策的补充。

（一）继续"打先锋"

起义之初，"打先锋"主要是掠夺富户财产，范围主要在城镇。太平天国一位首领宣称："吾以天下富室为库，以天下积谷之家为仓，随处可以取给。"张德坚称太平军"始则专虏城市，不但不虏乡民，且所过之处，以所攫得衣物散给贫者。布散流言，谓将来概免租赋三年，乡民德之"[1]。但到太平天国统治中后期，城中富户大多沦落，太平军仍不愿意放弃"打先锋"的政策，并且将前期施行的"掳城"发展为"掠野"，目的在于抢割稻麦。以故这一时期有关"长毛""刈稻"之记载充斥于史料，其中以《沈梓日记》言之最详。据该日记记载：咸丰十一年八月，太平军攻湖州，"久驻南浔，下乡掳掠。……其田之无水者，则稻子早被贼割去，居民处无以食"。同治元年复记："有大股贼过陡门而东，船数百号，皆满载所掳人及所割稻头无算，闻皆自余杭一带打先锋而

----

① 张德坚：《贼情汇纂》卷十《贼粮·贡献》，第9页。

来。"越明年，又记："刻下乡镇财物被掳罄尽，百姓渴望秋收为生计，贼复四处刈割稻头，靡有孑遗，连稻尚青，未及实粒，亦割以饲马。"①除了《沈梓日记》外，张宿煌《备志纪年》、蓼村遁客《虎窟纪略》亦有类似记载②，《吴煦档案》中还保存有太平天国为与百姓争割稻子，在早稻成熟地区，"插旗为识，不许乡人刈割"③的事例。

从太平军与百姓争割稻麦的大量事例可以看出，太平天国中、后期仍然不放弃初期"打先锋"的政策并将"掳城"发展为"掠野"的原因，显然是由于田赋收入不足，粮饷匮乏。但太平天国领袖却没料到，这种以"掠野"为特点的"打先锋"，直接损害了包括佃农在内的农民的利益，使他们在太平天国租赋政策下本来可以得到的实惠付诸流水，使太平天国统治下的租赋及佃农所获之比例再次为之改变。佃农实际上不但没有得到政策规定的每亩一石五斗收入，反而常常在惨遭"掠野"之后，颗粒未收。考虑到这层因素，也就不难理解为什么太平天国实施减轻地租剥削的政策，到后来却遭到广大农民的反抗。

（二）苛捐杂税

田赋收入不能满足军政之需，各种捐税也就成为太平天国的重

---

① 沈梓：《避寇日记》卷二、卷三、卷四，《太平天国史料丛编简辑》第4册，第78页。
② 张宿煌：《备志纪年》，《近代史资料》总34期，北京：中华书局，1965年，第193页；蓼村遁客：《虎窟纪略》，《太平天国史料专辑》，《中华文史论丛增刊》，第30页。
③ 太平天国历史博物馆：《吴煦档案选编》（一），南京：江苏人民出版社，1983年，第426页。

要财源。其捐税略分三类：一为工商税，在车马辐辏、商贾云集之
地设关榷税以分商人之利，并对工业作坊颁发执照，规定税额，限
期完纳。二为各种捐款，如田捐、军需捐、柴捐、房捐、丁捐等。
三为各类杂费，如门牌费、船凭费、店凭费、田凭费、塘费等。太
平天国为谋求自身的生存与发展，以捐税补田赋不足，本无可非
议。但是，在太平天国中后期，这些捐税的种类与数量已超过正
常范围，超出人民的负荷能力。以征税关卡而言，太平天国初期仅
于天京郊外与沿江一线分设数关，各关上下间隔二三十里设一卡，
派头目分守，税率亦不高，征收对象主要为粮盐商贩。但发展到后
来，关卡愈设愈密，以至时人有"十里三关，一年八课"[1]之叹。
征收对象也不断扩大，到同治元年，"守卡之贼对乡农布一匹，麦
一斗，皆要捐税，粪船柴担亦然"[2]。又如杂费中的门牌费，本为
设置乡官制度必不可少的一项安民措施，领得门牌张贴门外，即表
示效顺天朝，可免军队滋扰。然而，因此项收入为地方政权经费，
不解中央，各地乡官乃借机多取。如在长兴县，乡官"按户给与
门牌，索钱五百至二千文不等"[3]。在吴江，门牌费本不高，但很
快调价，"每张增价二千六百文，托名经费"[4]。在浦江，"户给
门牌，劝出钱三千"[5]。在海宁县花溪镇，咸丰十一年初办门牌，
每张一元四角，但时隔一年"遍发门牌"，则涨为"每张两元五

① 柯悟迟：《漏网喁鱼集》，《近代史笔记丛刊》，第53页。
② 柯悟迟：《漏网喁鱼集》，《近代史笔记丛刊》，第70页。
③ 胡长龄：《俭德斋随笔》，《太平天国》（六），第760页。
④ 汤氏辑：《鳅闻日记》卷上，《近代史资料》总30号，第94页。
⑤ 《浦江县志》，转引自简又文：《太平天国典制通考》（中），香港：简
氏猛进书屋，1958年，第673页。

角"①。按市场行情，当时石米约值钱二千三四百文，业户完纳钱粮，每亩亦不过数百文。而上引门牌费，最低者亦与一亩地岁纳钱粮相当，高者则可买米一石而有余，超过一亩地应纳田赋的数倍，视之为苛捐杂税，实不过分。有学者为这些杂费辩解，称之为"酌收经办费用和成本费"，未免言之过轻②。

（三）超经济强制

太平天国差役繁多，因田赋与捐税有限，经济拮据，捉差派役多未付庸值，构成人民的一大负担。前面提到的那位叫殳阿桂的乡官，就曾大兴土木，"取乡人才木造屋造船，泥工木工皆捉官差，骄横颇盛"③。另据李召棠称，在安徽池城、汇镇一带，"常有贼众往来，诛求饭食，勒派差役。……近市居民，不胜其苦，渐避深山"④。这种情况不仅使供役的农夫工匠深受其累，而且耽搁农时，造成严重后果。有林大椿《役农夫》诗为证：

城中飞檄来诸乡，卡官奉令奔走忙；

力役之征有成例，农夫挥汗走且僵。大村十人小村五，筑城

---

① 海宁冯氏：《花溪日记》卷下，同治元年四月初一日，《太平天国》（六），第703页。

② 据吴承洛：《中国度量衡史》，清代一石为320斤，清斤约折今1.2市斤。一张门牌取费值今384市斤米，其远远超出成本费与经办费明矣。又：虽太平天国在个别地区有"分大小户""量力多寡"征收门牌费之举，但并未推广这种做法，不足以证明普遍实施了富者多取，贫者少纳的原则。吴承洛：《中国度量衡史》，上海：上海书店出版社，1984年，第284—294页。

③ 沈梓：《避寇日记》卷三，同治元年十二月七日，《太平天国史料丛编简辑》第4册，第202页。

④ 李召棠：《乱后记所记》，《近代史资料》总34号，第181页。

凿濠均辛苦；

　　手足拮据腰瞥疲，慎莫告劳樱箠楚。鹁鸪声急农事兴，私忆
妻孥中情忼；

　　但求力作早竣工，远避豺狼脱网罟。①

　　诗序云："贼目招农夫入城供役，各乡自敛钱米以偿庸值。有
役毕即归者，有一入不能出者。"庸值由各乡"自敛钱米以偿"，
表明太平天国并不支付差役报酬；力役人有入而不能出，表明服役
期间农夫已丧失人身自由。

　　上述三项措施，前两项旨在开源，后一项旨在节流，用意本未
可厚非。然而，由于太平天国将这些政策措施滥用到杀鸡取卵、竭
泽而渔的地步，事情也就趋极而反。它激化了太平天国政权与人民
的矛盾，引发此伏彼起的抗租抗粮斗争，使太平天国不但未能摆脱
因租赋比例失调造成的威胁自己生存的粮荒与财政危机，反而使这
种危机趋向恶性发展。

　　结合这一时期民心向背的变化考察，可以明白看出这一点。太
平天国起义初期，人民仇视清政府的专制暴虐，拥戴支持太平天国
的事例不胜枚举。所谓"贼至则争迎之，官军至皆罢市"，即当时
民心向背的生动写照。1860年前后，百姓开始在太平天国与清政府
之间观望徘徊，前引一位"乡民"给杨笃信牧师的答话即为明证。
1861年以后，形势迅速逆转。这时，不少文献出现"人心之望官兵

---

① 林大椿：《粤寇纪事诗》，《太平天国史料丛编简辑》第6册，第453页。

如大旱望云霓"①，百姓闻"官军且至，争先剃发"②，太平军所到之处"市廛罢歇，阛阓阒寂"③，居民"迁徙一空"④的记载。

反抗太平天国的斗争很快兴起。起初，这些斗争多因不满太平天国的租赋政策而爆发。典型的事件发生在常熟东乡，据《鳅闻日记》卷下记载：

> 时又闻东乡旅帅暗嘱长毛增加钱粮，追比抗欠。有医士王姓特起义愤，百亩田产，首创不完粮饷。自备酒筵，盟约乡里，从者千人。捉打伪官，立拆馆局。四乡闻风来聚，二万余人。于是梅里、珍门庙等坐局长毛，皆吓得弃馆而逃。口呼"不干我事，皆乡官不好"。百姓亦不追杀，但拷问伪官，聚众拒敌。……以后一图竟霸不完粮，乡官亦无奈何，终寝其事。⑤

1862年以后，斗争进一步升级，以经济目的为主的斗争逐渐染上政治色彩，演化为规模巨大的反抗太平天国的武装起义。太平天国侍王李世贤在一封信中透露，这些起于萧墙的祸乱已经严重到"非十万精兵不足以平之"⑥的程度。

---

① 沈梓：《避寇日记》卷二，咸丰十一年九月二十七日，《太平天国史料丛编简辑》第4册，第88—89页。
② 沈梓：《避寇日记》卷三，同治元年五月四日，《太平天国史料丛编简辑》第4册，第155—156页。
③ 汤氏辑：《鳅闻日记》卷下，《近代史资料》总30号，第126页。
④ 吴大澂：《吴清卿太史日记》，《太平天国》（五），第323页。
⑤ 汤氏辑：《鳅闻日记》卷下，《近代史资料》总30号，第126页。
⑥ 王崇武、黎世清编译：《太平天国译丛》第1辑，上海：神州国光社，1954年，第33页。

在这种情况下，太平天国租赋政策的实施条件完全被破坏，早已存在的粮饷危机全面加深。具体事例，俯拾即是。《庚申避难日记》记载湖州的情况说："潘家浜吴观明自湖州逃回，云湖州长毛每日吃粥一餐，甚是苦况。"①在杭州一带，太平军将士食不果腹。一位太平军士兵在"打馆子"时对众人说："长毛做不得，不如行乞。我从头子在杭州打仗一月矣，不曾吃得一顿饱饭，至今方得果腹。"②1862年，太平军镇守安徽某郡将领余安定因"军粮不济"，穷蹙到俯首乞求朝秦暮楚的苗沛霖"拨发熟米四百石，接济军食"③的地步。1863年秋，天京开始处于普遍的饥荒之中。天王令"合城俱食甘露"。"甘露"乃草上露珠，以之充饥，当然无济于事。李秀成只好将十几万饥民放出天京，让其自谋活路，以减轻负担。年底，洪仁玕奉旨到丹阳、常州、湖州等地催兵以解京围，"各路天兵惮于无粮，多不应命"，"京粮益缺，而京困益无所恃"④，终于导致次年天京的失陷和太平天国运动的失败。

天京失陷后，《北华捷报》发表社论指出："如守军非因粮绝饥荒，而且断绝一切军用接济，则天京城垣虽被轰倒，恐亦与以前数月之曾被轰倒同样无效耳。"⑤李秀成事后追述天国败亡原因，

---

① 佚名：《庚申避难日记》，同治元年八月十日，《太平天国史料丛编简辑》第4册，第534页。
② 沈梓：《避寇日记》卷二，咸丰十一年十一月六日，《太平天国史料丛编简辑》第4册，第93页。
③ 《余安定上筹天义梁等禀》，《近代史资料》总30号，第21页。
④ 《洪仁玕自述》，太平天国历史博物馆：《太平天国文书汇编》，北京：中华书局，1979年，第546页。
⑤ *North China Herald,* No. 755, January 14, 1865.

更是不止一次提到"无银无米"①，并为之痛心疾首。由此可见，太平天国的失败与其租赋政策上的弊窦以及由此而造成的粮饷匮乏，关系何等密切。

四、结论

唯物史观强调经济基础对上层建筑的决定作用，将赋税视作国家机器运作的重要条件，认为"捐税体现着表现在经济上的国家存在"②。在以农业立国的近代中国，捐税主要是田赋。田赋对国家的兴衰关系极大。田赋源源不断，则国家有以兴盛；田赋来源枯竭，则国家难免衰亡。决定田赋荣枯的因素很多，但地租与田赋之间的比例是否适度无疑是其中最紧要的因素。在这个问题上，太平天国的政策及实践措施显然过于偏激。天国领袖们未能意识到，在与清廷的生死决战中，尽量减少自己统治区域内的离心力量，扩大政权的社会基础是何等重要。他们呈快一时，不顾后果，采取极端手段打击缙绅富户，断绝他们的生路，将地租额限制到了清代历史上的最低点，但却没料到，这一行为最终反过来殃及自己。因为地租是田赋得以兑现的前提，地租没有保证，田赋也必然随之落空。由于田赋落空，太平天国通过浴血奋战建立的政权也就失却赖以支撑的经济基础，大厦倾覆，在所难免。

---

① 罗尔纲：《李秀成自述原稿注》，北京：中华书局，1982年，第314、324页。
② 马克思：《道德化的批评与批评化的道德》，《马克思恩格斯全集》第4卷，北京：人民出版社，1965年，第342页。

汉满新旧：袁世凯与清廷关系述略

　　袁世凯是继曾国藩、李鸿章之后在近代中国政治舞台中心位置扮演重要角色的政治家。这位凭借强大军政实力和高明政治手段跻身高位的新、旧时代混血儿，在继承曾、李政治衣钵的同时，也继承了曾、李与清廷的矛盾[①]。不过，由于与曾、李辈"起家的资格不同"[②]，也由于时代差异，袁世凯与清廷的矛盾在性质和表现方式上均发生变化。曾、李等人与清廷固然有难解难分的利益冲突，客观上却辅佐清室，促成同、光中兴，成为清朝皇帝赐予殊荣的一代"功臣"。而袁世凯却毁掉清廷维持了267年的一统江山，成为清朝遗老遗少切齿痛恨、莫不以为该杀的"乱臣贼子"。在清末民初历史研究中，袁世凯与清廷的关系是一个绕不开的话题，但既有

[①]　参阅本书收录之拙文《曾国藩集团与清廷的矛盾》。
[②]　张国淦：《北洋军阀的起源》，杜春如：《北洋军阀史料选辑》上，北京：中国社会科学出版社，1981年，第1—73页。

研究形成的认知却差异甚大。尤其是袁世凯与清廷矛盾的性质，言人人殊，而不同的性质判定又直接关系到对两者矛盾当下及长远政治影响的认知。这一极为重要却又未能取得学术共识的研究课题，自然引发笔者的浓厚兴趣。

一、日渐升级的"两造"①冲突

袁世凯与清廷的矛盾经历了由隐到显的变化。从1881年5月投靠淮军统领吴长庆，开始其政治生涯起，到1901年升任直隶总督兼北洋大臣，是袁世凯实力的膨胀时期。这期间，袁世凯以平定朝鲜"壬午兵变"崭露头角，继而以练兵小站为日后势力扩展奠定基础；接着以"出卖"（迄无定论）戊戌变法扶摇直上；最后以绞杀义和团而位极人臣。总的说来，庚辛以前，袁世凯与清廷的关系表现相对和谐一致。两者之间也不无矛盾摩擦，但由于李鸿章的存在，小巫大巫，彰较之下，这一矛盾还不够突出。1901年11月7日李鸿章去世，临终口授遗疏保荐袁世凯继任直督，内有"环顾宇内人才，无出袁世凯右者"之语。西太后迫于内外压力，依议令袁世凯署理直督，兼摄北洋，半年后改为实授。袁世凯与清廷的矛盾从此趋于表面化、尖锐化。

---

① "两造"通常是指诉讼案件中的原被告双方，但鄙意以为，历史研究犹如替古人打官司，与诉讼颇为相似。就本文研究的袁世凯与清廷的矛盾而言，要知其事实，断其性质，明其影响，均有类法官断狱。故借用"两造"之说，目的在于简约文字，非不知其原始意义也。

　　矛盾首先在练兵处的设置上暴露出来。1903年底，清廷颁谕设立练兵处，派庆亲王奕劻总理练兵事务，袁世凯派充会办练兵大臣，并着铁良襄同办理①。练兵处设置之议，本出于袁世凯。1903年春，袁氏上奏朝廷，建议设立这一机构。同年冬秋之际，袁氏两次入京觐见，面陈主张。袁世凯之意，盖欲一手把揽练兵处，使全国新军"整齐化一"，置于自己麾下，以便"操纵指麾无不如志"。而清廷则另有如意算计。其时袁世凯权倾上下，举国瞩目，清廷岂能听之任之。清廷之所以允准设置练兵处，是企图在"新政"名义下统一军权，将地方督抚手中的兵柄收归中央，"其重点很明显的在将北洋所练新军收回中央"②。关于这一点，铁良的谋士厢黄旗士官生良弼曾露骨表白："我们训练军队，须打破北洋武备势力，应当找士官作班底，才能乱得过他。"③故练兵处甫建，立马调吴禄贞、哈汉章、易遁谦、沈尚濂等各省士官数十人晋京，供职练兵处，担负草拟各项编制饷章及有关教育训练并国防计划等军政要务，企图将练兵处据为士官派的大本营。

　　然而事与愿违，此番权力角逐，败北者不是袁世凯，而是清廷。因为庆亲王奕劻"分尊事见，素不典兵"，名为总理练兵大臣，实际形同傀儡。奕劻贪财好色，袁世凯投其所好，以重金赚

---

① 上谕称："前因各直省军制、操法、器械，未能一律，迭经降旨，饬下各督抚认真讲求训练，以期划一。乃历时既久，尚少成效，必须于京师特设总汇之处随时考查督练，着派庆亲王奕劻总理练兵事务，袁世凯着派充会办练兵大臣，并着铁良襄同办埋。"朱寿朋等编：《光绪朝东华录》第5册，光绪二十九年十月十六日，北京：中华书局，1958年，第5108页。

② 张国淦：《北洋军阀的起源》，杜春如：《北洋军阀史料选辑》上，第1—73页。

③ 同上。

其欢心，以女色博其动容，使之非但不能承旨朝廷排挤袁世凯，反而成为袁的工具。至于襄办大臣铁良，虽曾参与京旗训练，但才具资望尚浅，不能放手活动。于是袁得以"会办"名义独揽练兵处大权，在权力天平的自己一方，加上一尊新的砝码。

对此，清廷岂会甘心，故不久即有御使王乃徵奏参袁世凯之事发生。该御使指出：练兵处"大权在握者，固惟独袁世凯耳"；袁以所练之军作禁卫之用，"是其爪牙布于肘腋也"；荐举杨士琦为参议、陈世昌为阁学，"是其腹心置于朝列也"；托庆亲王保荐那桐入值外部、荣庆入军机，"是其党援置于枢要也"。总之，袁世凯之心，是"欲举吏、户、兵、工四部之权，一人总摄"①。王乃徵一纸奏折，当然不能撼动袁世凯，却留下了袁与清廷矛盾斗争的真实记录。这一矛盾一日不解决，遇到适当条件又会以另外的方式表现出来。

日俄战争之后，立宪之议在朝野兴起。1906年秋，考察政治大臣载泽等回国，主张立宪。袁世凯受召进京，在海淀朗润园参与讨论改革官制。他指使孙宝琦、杨士琦等，提出取消军机处，设立责任内阁，遭到载沣、铁良等人激烈反对。袁世凯毫不退让，据理力争。载沣等舌战不敌，几致动武。据袁世凯与其兄世勋函云：

> 本月初六奉诏入京，在政务处共议立宪。弟主张立宪必先改组责任内阁，设立总理，举办选举，分建上下议院，则君主端拱于上，可不劳而治。不料醇王大起反对，不辨是非，出口谩骂。

---

① 刘锦藻撰：《清朝续文献通考》卷二一九，《十通》第10种，北京：商务印书馆，1955年，第9659页。

弟云："此乃君主立宪国之法制，非余信口妄议也。"……醇王
闻言益怒，强词驳诘，不胜，即出手枪拟向余射放。幸其邸中长
史深恐肇祸，紧随其后，见其袖出手枪，即夺去云。就此罢议而
散，弟即匆匆反津。[①]

袁世凯出京后，西太后拍板定下"新官制"，否定了袁世凯
以责任内阁取代军机处的建议。更重要的是，"新官制"宣布兵
部改为陆军部，将练兵处并入，铁良为陆军部尚书，毓朗和廕昌
为侍郎。军权由此"集于中央"，满人由此重掌军权。此外，邮传
部的增设，亦削弱了袁世凯的财权，使之不能继续督办电政、山海
关内外铁路及津镇铁路路政。对此，袁世凯极为恼怒，百般运筹，
不得妙计。他曾派心腹杨士琦入京运动，希图转圜，但未成功。按
照"新官制"，陆军部既已成立，北洋所练新军，应统归该部管
辖。无可奈何之下，袁世凯只好以退为进，于同年11月18日连递两
道奏折，忍痛割爱，声称"为大局计"，"臣兼差八项拟请旨一并
开去"，一、三、五、六各镇新军亦交"陆军部直接管辖"，却以
"直境幅员辽阔，控制弹压须赖重兵"[②]为由，要求将防区在直隶
境内的二、四两镇仍留他"统辖督练"。清廷不敢过于激怒袁，同
意了他的请求，但不久又生一计，明升暗降，调袁为军机大臣兼外
务部尚书，使之失去对北洋六镇的直接控制。对此，袁世凯心里十
分明白，却隐忍不发，他在等待时机，以图转败为胜，扭转受制于

---

① 《项城书札择抄》，转引自张国淦：《北洋述闻》，上海：上海书店出版
　　社，1998年，第17—18页。
② 朱寿朋等编：《光绪朝东华录》第5册，光绪三十二年十月五日，第5588页。

人的局面。

1907年庆亲王奕劻领袖军机，袁世凯深与结纳，相倚为重。西太后对袁又起戒心。与奕劻同值枢垣的瞿鸿禨揣摩太后旨意，对北洋力主裁抑。时四川总督岑春煊补邮传部尚书，屡言奕劻贪黩误国，清太后将其罢黜，于是瞿、岑相合。这对庆、袁的地位构成严重威胁，二人乃力谋排斥异己之道。近代历史上著名的"丁未政潮"由是而起，时间是在1907年4月（光绪三十三年丁未三月）。当是之时，舆论方为徐世昌督东三省及唐绍仪、朱家宝、段芝贵巡抚奉、吉、黑大哗，御使赵启霖又严劾段芝贵献天津歌妓杨翠喜与载振并借商人王竹林十万金贿奕劻一案。赵启霖特别强调，段芝贵"无功无纪，无才可录"，倒不足为虑，关键在于奕劻之流"尤可谓无心肝"，非示儆惩不可。疏入，西太后为之震怒，立即撤去段芝贵的布政使御，毋庸署理黑龙江巡抚，并派载沣等人严加查办。

此事牵一发动全身，奕劻、袁世凯的行迹眼看要暴露，大为震惊，以为非去掉瞿、岑不可。然而，"瞿岑眷隆，动摇匪易"。奕、袁乃派人将杨翠喜送回天津，卖与他人作为"使女"，致使载沣等查无实据。奕、袁在躲过参案危机后，便开始出击，危言耸听，造言瞿、岑暗通报馆，谋翻戊戌旧案，请太后归政。案戊戌之前，瞿、岑曾与康有为、梁启超暗通款曲，瞿于辛丑年犹力请解除党禁，宥康、梁之罪。此时，京、沪及海外报纸纷纷贬斥奕劻，所言与瞿、岑如出一口，奕劻乃持以耸动太后。适逢此时瞿鸿禨门人汪康年将瞿密告他的宫廷内幕向报界披露，太后遂信瞿、岑确有私通报馆事。事态出现转机，奕、袁又趁热打铁，将蔡乃煌伪造的岑春煊与康有为"合影"的"若两人聚首密有所商"[1]的照片密呈太后，并指使恽毓鼎奏参岑春煊等"暗结康有为谋为不轨"。丁未五月，朝廷终以恽毓鼎之参劾将瞿"开缺回籍，以示薄惩"。7月，岑在改任两广总督3月后，亦落得与瞿同样的下场。

至此，大波轩然的"丁未政潮"终告结束。此次政潮袁世凯以运用权术大获全胜，但并未解决其与清廷的矛盾。所以过不多久，新的冲突再次发生。

1908年11月光绪帝和西太后在两天内先后晏驾。驾崩前太后留下懿旨，立载沣之子溥仪继承大统，载沣授为摄政王，"所有军国政事，悉秉承予之训示，裁度施行，俟嗣皇帝年岁渐长，学业有成，再由嗣皇帝亲裁政事"[2]。载沣摄政，使袁世凯顿时"不安于位"，盖载沣乃光绪之弟，对袁世凯愤疾已久。当时，举国汹汹，谓光绪帝之死，乃袁见太后病笃，惧其驾崩后光绪修戊戌旧怨，特贿通李莲英先一日将光绪毒死。康有为等人也在海外呼应鼓噪。不仅如此，康氏还上书摄政王，历数袁世凯揽权纳贿，植党营私，欺君罔上，钳制人民之种种罪状，要摄政王将袁世凯"肆诸东市"，以"为先帝复大仇，为国民除大蠹"[3]。

这一切，使袁终日惶惶，无可奈何地等待大祸降临。然而，出乎意料，清廷并未对袁采取极端措施，而是以"袁世凯现患足疾，

---

① 胡思敬：《国闻备乘》卷三，第12页，上海：上海书店出版社，1997年，第65页。
② 朱寿朋等编：《光绪朝东华录》第5册，光绪三十四年十月二十一日，第6021—6022页。
③ 康有为：《上摄政王书》，汤志钧编：《康有为政论集》上册，北京：中华书局，1981年，第639页。

步履维艰，难胜职任"为词，令其开缺回籍"养疴"①。此事内幕，铁良子穆瀛记载綦详：

> 项城放归事，闻诸吾父云，隆裕召军机领班独对，摄政在侧，庆邸入，后出"先帝手敕办袁世凯"。庆伏地无言，后怒气问："汝何意？"庆回奏请"召汉大臣议"，并陈"张之洞在位未退"。后即斥退庆，召张入，示以此旨，张回奏大意："主幼时危，未可诛戮重臣动摇社稷，可否罢斥驱逐出京？"后默许。遂有回籍养病之谕。②

张之洞的幕僚许同莘亦说，当载沣以杀袁询张之洞时，张"反复开陈"，谓"此端一开，为患不细，吾非为袁也，为朝局计也"。载沣无可如何，只得如议③。许同莘之说与穆瀛所言略同，可见袁世凯得免于难，张之洞实与有力焉。

袁谢过"世叔成全"之恩后，即日赴津，不久便迁回河南彰德，开始为期3年"蓑笠垂钓"的隐居生活。袁世凯在彰德之所为，述论颇丰，无须赘述，仅录袁世凯《自题渔舟写真》诗一首，以窥其心境。诗云："百年心事总悠悠，壮志当年苦未酬；野老胸中负甲兵，钓翁眼底小王侯。思量天下无磐石，叹息神州

---

① 《宣统政纪》卷四，沈云龙主编：《近代中国史料丛刊三编》第18辑，台北：文海出版社，1987年，第70页。
② 张国淦：《北洋军阀的起源》，杜春如：《北洋军阀史料选辑》上，第1—73页。
③ 许同莘：《张文襄公年谱》卷十，台北：商务印书馆，1944年，第228页。

变缺瓯；散发天涯从此去，烟蓑雨笠一渔舟。"①诗写得如何且不评价，却道尽作者虽退居山水之间，但不甘寂寞沉沦的心境，而辛亥年再度出山后逼宫剧的导演，似乎也可从这首诗的字里行间，寻得几分解释。

二、言人人殊的矛盾定性

袁世凯与清廷的矛盾已略述于前。由于袁世凯一生言行多变，翻云覆雨，出尔反尔，人们不免为袁氏与清廷矛盾斗争的性质感觉困惑。一些学者习惯性运用"阶级分析"的理论与方法，率尔以"封建统治阶级的内部倾轧"，作简单定性。

然而，这一曾被形象表述为"狗咬狗"的矛盾定性未必恰当。应当看到，晚清国家动荡不宁，社会分化激剧。自洋务运动以来，随着近代工商业的发展，"封建统治阶级"已开始分化，出现了一批具有近代资本主义倾向的官僚兼工商业者。经过半个多世纪的生长发育，到20世纪20年代，官僚资本在中国初步形成。在官僚资本形成过程中，20世纪头10年极为重要。在此时段中，由于清政府实施"新政"，官僚资本激剧膨胀。1894年，民用企业中的官僚资本共计为2796.6万银圆，到1913年则增长为14887.5万银圆，增长率高

---

① 袁静雪：《我的父亲袁世凯》，吴长翼编：《八十三天皇帝梦》，北京：文史资料出版社，1983年，第15—16页。

达530%[1]。像盛宣怀、周学熙、张謇、张謇、许鼎霖、沈云沛、王丹揆、严信厚、严子均、孙多森等人，既当官治世，又经商办厂，一身二任，左右逢源。仅盛宣怀一人，辛亥革命前对近代企业的私人投资便多达一千万元[2]。其他官僚投资近代企业也如同八仙过海，各显其能。当时曾有人指出：中国有一种"外国所不能见之资本家，盖即官吏是也，东西诸国，官吏而富裕者，未始无之，……惟中国之号为大资本家者，则大商人、大地主，尚不如官吏之多"[3]。

随着官僚资本迅速发展，辛亥前10余年间，官僚资本家群体作为一个在政治经济上具有相对独立地位的阶层已处于形成之中。而袁世凯则不仅是这个阶层中的一员，而且是这个阶层政治经济利益的代表。

经济上，袁世凯虽在彰德、汲县和辉县拥有数万亩田产，但在他价值"逾两千万"[4]的全部资产中，地产份额并不大。袁世凯自担任直隶总督始，便大力经营路矿企业及金融事业。除了运用手段把盛宣怀经营的轮船招商局、电报局的经营权以及关内外铁路、津镇铁路等铁路的督办权据为己有外，袁世凯还派周学熙等人创办银圆局、铜圆局、天津银行、北京自来水公司以及著名的滦州煤矿

① 复旦大学历史系、《历史研究》编辑部、《复旦学报》编辑部编：《近代中国资产阶级研究》，上海：复旦大学出版社，1984年，第129—139页。
② 黄逸峰：《旧中国的买办阶级》，上海：上海人民出版社，1982年，第113页。
③ 经济学会：《中国经济全书》第1辑，1910年，第119页。
④ 沃丘仲子：《徐世昌》，上海：崇文书局，1918年，第131页。

公司和"执我国水泥界之牛耳"①的唐山启新洋灰公司。这些新创办的企业作为北洋集团的利薮，虽非袁世凯一人所有，但其中也有他的大量投资。他和他的儿子袁克定都是这些企事业的大股东，袁克定甚至还自任开滦矿务总局的董事长。可见袁在作为政府官吏的同时，已成为近代意义的资本家。

袁所具有的双重身份，使其身上带有明显的官僚资产阶级属性，成为这一阶级（或社会集团）政治上的代言人。这在日俄战争之后尤为突出。人所共知，日俄两国交战后，"海陆交绥，而日无不胜，俄无不败"。当时的有识之士，都认为这不是日俄之战，而是"立宪专制二政体之战"。日本以立宪胜而俄国以专制败，无疑对中国是一次强烈刺激。从此，"立宪之议，主者渐多"②。袁世凯就是最早主张实施宪政的官吏之一。

早在1905年7月，袁世凯就曾奏请朝廷简派大员，分赴各国考察政治，以为立宪张本。次年8月，袁世凯再次上奏朝廷，提出作为立宪的必要准备，宜使中央五品以上官吏参与政务，以为上议院之基础；使各州县名望绅商参与地方政务，以为地方自治之基础。逮及朝廷派王公大臣筹议立宪事宜，袁世凯等人更是慷慨陈词，据理力争，致使诸朝廷意见趋向相同，遂有1906年9月1日宣示预备立宪的上谕颁行天下。预备立宪上谕公布后，立宪派领袖张謇写信称赞袁世凯说：

① 颜惠庆：《周止庵先生事略》，周叔媜：《周止庵先生别传·后记》，周谷城主编：《民国丛书》第3编第73册，上海：上海书店出版社，1991年，第205页。
② 《立宪纪闻》，《东方杂志》1906年第3卷临时增刊《宪政初纲》，第1—10页。

　　自七月十三日（旧历）朝廷宣布立宪之诏，流闻海内，公之功烈，昭然如揭日月而行。而十三日以前，与十三日以后，公之苦心毅力，如水之归壑，万折而必东。下走独心喻之，亿万年宗社之福，四百兆人民之命，惟公是赖。[①]

　　甚至有人认为，"此次宣布立宪，当以泽公等为首功，而庆王袁制军实左右之，洵然。吾知他日宪政实行，则开幕元勋之称，如日人之所以赞美伊藤博文者，固将舍是莫属矣"[②]。

　　如果说，张謇等人所言溢美过甚，袁世凯本人的言论亦不能充分表明其政治主张，那不妨就袁世凯1907年7月28日的一道奏折再做一番分析。在这道奏折里，袁世凯针对朝廷有令不行，故意延宕的情况，催促朝廷赶紧实施立宪并胪陈十事：

　　一、昭大信：皇帝亲诣太庙，昭告立宪；二、举人才；三、振国势；四、融满汉；五、行赏罚；六、明党派；七、建政府：采内阁会议制度；八、中央设资政院，省设咨政局，州县设议事会；九、办地方自治；十、实行普及教育。[③]

---

① 张謇：《为运动立宪致袁直督函》（光绪三十二年丙午），《张季子九录·政闻录》卷三，上海：中华书局，1931年，第13页。

② 《立宪纪闻》，《东方杂志》1906年第3卷临时增刊《宪政初纲》，第1—10页。

③ 朱寿朋等编：《光绪朝东华录》第5册，光绪三十二年十月五日，第5702—5703页。

　　从袁世凯胪陈各条可知，他对君主立宪制的理解虽算不上深刻，却也并不肤浅。其主张侧重点，并不像搞立宪骗局的清廷枢要那样一意强化君权，而是企图通过组内阁、设总理、办选举、建议院来安邦治国，皇帝虽继续存在，但只是"端拱而上"，有名无实。这种认识，应该说已大体把握住立宪政治之真谛，反映了他为发展资本立言的政治立场。

　　有学者认为，袁世凯主张立宪，究其心迹，不过是在搞政治投机，因而不能以主张立宪来判断其政治立场与阶级归属。这种意见也不公允。应当承认，袁世凯对立宪政治的认识经历了一个过程，在此过程结束前，他对宪政的态度尚属"依违两可"[①]。1904年7月，当张謇写信要他体察世界大势，效法日本明治维新时的重臣伊藤、板垣等人，主持立宪，"成尊主庇民之大绩"时，袁复之以"尚须缓以俟时"[②]六字，可见其态度未明。但是这一过程并未持续多久。1905年7月以后，袁世凯开始参与立宪政治的鼓吹与实施。而当是之时，君臣上下，持立宪之议者为数寥寥。对于立宪主张，"顽固诸臣，百端阻挠，设为疑似之词，故作异同之论，或以立宪有妨君主大权为说，或以立宪利汉不利满为言，肆其簧鼓，淆乱群听"，致使主张"立宪"的考察政治大臣载泽、端方等回国后少有知音，"地处孤立，几有不能自克之势"[③]。

①　张孝若：《立宪运动及咨议局成立》，中国史学会主编：《中国近代史资料丛刊》第43册《辛亥革命》（四），上海：上海人民出版社，1957年，第159页。

②　张謇：《啬翁自订年谱》卷下，台北：文海出版社，1926年，第16页。

③　《立宪纪闻》，《东方杂志》1906年第3卷临时增刊《宪政初纲》，第1—10页。

处于这样的氛围，如果袁世凯真要投机，他为何不投机顽固守旧而偏偏要投机立宪？政治投机者都异常看重个人利益得失，获取利益是一切投机者的共同动机。但是，袁世凯鼓吹立宪之初，立宪并不时髦，立宪运动的前景更是难以逆料，如果袁世凯选择"投机"立宪，岂非过于冒失？退一步言，即便袁世凯是投机立宪，也不能因此改变他形成中的官僚资产阶级的政治属性。投机属于政治道德问题，而不全是政治立场问题。一个人在政治上做出弃彼取兹的选择，很大程度上是其阶级归属、政治态度决定的。因此我认为，袁世凯投身立宪，是其形成中的官僚资产阶级的政治属性使然，而非见风使舵的权宜之计。

就秉性而论，中国的"官僚资产阶级"具有资产阶级的质性，同时又拖着一根封建尾巴，形成中的官僚资产阶级的封建尾巴或更粗更长，是具有"两重性"的阶级。袁世凯正是这个阶级的代表。国外一些学者鉴于袁政治举止无常，依违两可，无以名之，称之为"怪杰"。其实，用"形成中的官僚资产阶级"来为其定性，就会不诧之为"怪"。因为具有资产阶级的本质属性，袁才会对资产阶级性质的君主立宪政制发生兴趣，并为之奔走呼号；但是，由于又夹着一根粗大的封建尾巴和旧制度赐予的官帽，所以，当解决了与守旧的清朝廷的矛盾之后，袁又随时可能重温封建旧梦，倒行逆施。这样解释，恐怕比简单斥之以"投机"，更符合袁世凯的思想和政治立场实际。

探究袁世凯的政治归属，不应忽略列宁对袁世凯的研判。在《中国的民主主义和民粹主义》一文中，列宁曾明确指出：袁世凯是"自由资产阶级"的"活动家"，是"刚从自由君主派变成自由共和派的资产阶级代表人物"①。列宁对袁世凯的定性与本文做出的"形成中的官僚资产阶级"的定性虽略有差异，但因系马克思主义"经典作家"的论述，对研究袁世凯与清廷矛盾的性质，无疑具有重要的启迪作用。

从国内民族关系维度观察，袁世凯与清廷的矛盾还在很大程度上表现为满、汉矛盾。这一矛盾虽由来已久，但在甲午战争之前，却并未到达你死我活的尖锐程度。甲午战后，清政权的腐朽暴露无遗，资产阶级革命派以民族主义相号召，鼓动革命排满，使"满汉之见，深入人心"②。这种状况极大刺激了清朝贵族，其对汉人的敌对情绪急剧膨胀，使清朝统治集团内部中央与地方的权力角逐印上了深刻的满、汉民族之争的烙印。练兵处的设置，表面上是为"培植铁良以代替袁世凯"，"实际上是思削除汉人庞大的兵权"③。此举失败后，清廷又借改革官制之名，任命满族亲贵铁良为陆军部尚书，掌握中央军权，迫使袁世凯交出大部军权，于是满族亲贵"联翩而长郡务，汉人之势大绌"④。上文提到的"丁未政潮"表面上是庆、袁与瞿、岑之争，实际上，庆王不过是袁的傀儡，瞿、岑不过是太后的爪牙，这场政潮不过是前两次斗争的演化，仍然带有强烈的满、汉民族矛盾的色彩。章太炎曾一针见血指

① 列宁：《中国的民主主义和民粹主义》，《列宁选集》第2卷，北京：人民出版社，1975年，第423—428页。
② 张一麐：《心太平室集》卷八，周谷城主编：《民国丛书》第3编第82册，上海：上海书店影印本，出版时间不详，第37页。
③ 张国淦：《北洋军阀的起源》，杜春和：《北洋军阀史料选辑》上，第1—73页。
④ 恽毓鼎：《崇陵传信录》，《笔记小说大观》第12编第1册，台北：新兴书局，1976年，第313—336页。

出："目下满洲政府正有中央集权的意思，要把财政兵权，都归几个满员掌握，外省督抚不过留个空名。"[1]章氏的论述，充分揭示了这一系列斗争的奥秘。

讨论这一问题时，有一个现象常掩盖袁世凯与清廷矛盾的满汉色彩，即在与清廷的矛盾斗争中，袁常拉拢满族亲贵以为奥援。最初他倚荣禄为靠山。荣禄死后，"庆亲王之倚信之反十倍于荣禄者"。而与袁世凯作对的也不尽是满人，汉人亦大有人在。这给人造成一种错觉，似乎上述一系列斗争并非导源于满汉畛域。其实，利用满族亲贵中的某些人只是袁世凯与清廷斗争时玩弄的伎俩，这种伎俩，不过是曾国藩、胡林翼、李鸿章与清廷矛盾斗争中自卫手段的翻版[2]。曾国藩练湘军尝力荐满将塔齐布，胡林翼巡抚湖北曾设法交欢满总督官文。然而。曾、胡等人与满人并无真诚交谊，"彼此不过敷衍而已"，"其心亦止容身保位"[3]。袁世凯与荣禄、奕劻的关系显然带有同样的性质。其与奕劻的关系以金钱美女维系，即此说明。

综之，袁世凯与清廷的矛盾既有形成中的官僚资产阶级与封建顽固势力斗争的性质，又有浓烈的满、汉民族矛盾色彩。这一定性，源于事实，且与马克思主义"经典作家"的结论大致吻合，应该可以成立。

---

① 章太炎：《民报一周年纪念会演说辞》，《章太炎政论选集》上，北京：中华书局，1977年，第330页。
② 参阅拙著：《曾国藩集团与清廷的矛盾》，《四川师范大学学报》1989年第2期，第68—77页。
③ 赵烈文：《能静居日记》，同治六年五月十八日，台北：学生书局，1964年，第1864—1865页。

三、复杂深刻的政治影响

袁世凯与清廷的矛盾对清末民初政局发生了重要影响。值得注意的是，这种影响与双方矛盾的性质相关，导源于袁世凯"形成中的官僚资产阶级"的双重政治秉性。

如前所述，作为形成中的官僚资产阶级一员，袁世凯同时具有资产阶级和封建地主阶级双重政治属性，在转型中的近代中国，两种属性的内涵与外延具有不确定性，均属变量而非常量。由于特定利益或条件驱使，在袁的身上，有时资产阶级属性更突出，有时候封建主义质点更鲜明。列宁认为袁世凯"最善于变节"[①]，无疑抓住了袁政治思想与行为的基本特征。而袁世凯与清廷矛盾的影响恰恰产生于这个"变"字。

在清末立宪运动中，由于清廷欲褫夺袁世凯的权力，袁表现出明显的资产阶级政治倾向，致使国内主张君主立宪的工商阶层人士纷纷引为同调，希望借重其军政实力，张大立宪运动的声势。而袁世凯则"以在朝大官僚的身份和在野的立宪派一唱一和，遥相呼应。国内立宪派视他为宪政运动的中坚"[②]。袁世凯与立宪派的结合产生了两大后果：其一，壮大了立宪派的力量，为武昌起义后地方政权大部落入立宪派手中做了铺垫。其二，激化了袁世凯与清廷

---

① 《中国的民主主义和民粹主义》，《列宁选集》第2卷，第423—428页。
② 李宗一：《袁世凯》，北京：中华书局，1980年，第134页。

的矛盾。这一矛盾愈演愈烈，加上满汉畛域牢不可破，清朝统治阶级中不同集团之间的倾轧愈见公开化、白热化，使1905年以后的中国政局呈现极度动荡不宁的局面，清王朝因此陷入空前统治危机，大大削弱了它的统治力量，为辛亥革命成功提供了有利条件。

从政治学维度分析，革命要获成功至少须同时具备两方面因素：一是人民不能照旧生活下去，产生了革命的要求；二是统治阶级不能照旧统治下去，具备了革命条件。两个"不能照旧"，缺一不可。甲午战后尤其是"庚子国变"之后，清政府对人民超乎寻常的政治压迫与经济剥削，已铸就革命成功的第一个条件，而袁世凯与清廷的矛盾则造就了清朝统治者"不能照旧统治下去"的政治形势，没有后一个条件，辛亥革命成功的希望将十分渺茫。比较辛亥时期资产阶级革命派的力量与太平天国反清革命力量和两者的成败，可证此点。人所共知，太平天国起义声势浩大，这场起义延续14年，纵横18省，建立起与清廷对峙的政权，拥有一支号称"百万"的庞大军队。其起义规模，达到中国历代农民武装起义的顶峰。而辛亥时期革命派的力量与之相较，差距何止倍蓰。武昌起义发生前，革命派主要在海外活动，没有自己的军队，缺乏独立的经济来源，虽然在运动会党与新军方面做了一些工作，但成效甚微，辛亥以前革命派历次武装起义，留下的都是失败记录。然而，两次"革命"的最终结果却截然相反："强大的"太平天国以失败告终，而"弱小的"辛亥志士却赢得推翻清王朝的胜利。

人们不禁要问，造成这两次革命一胜一败的原因究竟何在？鄙意以为，一个重要原因在于，太平天国时期，清朝统治营垒尚未从内部崩解，在共同敌人面前，统治阶级中的不同集团还可通过调整内部关系达到暂时一致。而辛亥时期，清朝统治者因内部矛盾闹得四分五裂，无力应对局面，自己掐断了王朝的命脉。正如杜牧"灭六国者，六国也，非秦也；族秦者，秦也，非天下也"[1]揭示的道理一样，清王朝的灭亡，很大程度上是"统治阶级不能照旧统治下去"这一内在因素使然。如果没有这一因素，辛亥革命的最终结果如何，或难逆料。武昌起义后，袁世凯率师南下，驻军汉口，将革命党人控制的武昌直接置于其火炮的有效射程之内。这一严峻形势让南方军事领袖黄兴忧心如焚，担心袁世凯"像曾国藩替满室出力把太平天国搞垮一样来搞垮革命"[2]。尽管黄兴为之忧心的事最终没有发生，但他对当时敌我双方力量对比的权衡，却于无意中道出辛亥革命能以弱小军事力量完成反清大业的一个不容忽视的原因，即袁世凯没有在决定革命党人命运的关键时刻为清廷效力。而袁世凯之所以这么做，其与清廷根深蒂固的尖锐矛盾，实有以致之。

　　当然，袁世凯与清廷的矛盾对辛亥革命之后中国的历史进程也产生了严重的负面影响。袁世凯作为形成中的官僚资产阶级的政治代表，不仅代表工商业者的利益，同时也代表土地所有者及部分外国资本的在华利益。袁世凯身上，在表现出一定的追求"现代性"的同时，也体现出较为浓厚的封建性和对外国资本的依赖性。袁世凯固然最终做出与清廷分道扬镳的政治抉择，但他所走的路与辛亥志士乃至真正以西方现代政治为鹄的立宪派人士

---

① 杜牧撰，朱一是等评：《杜樊川集》，吴氏西爽堂刻本，国家图书馆藏，第2页下。
② 李书城：《辛亥前后黄克强先生的革命活动》，《辛亥革命回忆录》第1集，北京：文史资料出版社，1981年，第200页。

都有区别。这种区别在他登上临时大总统位置后，愈益明显。可以说，在彻底解决与清廷的矛盾之后，袁世凯已不再续唱"立宪"与"共和"高调，而更多表现出其"传统"的一面。某种意义上，袁世凯已再次"变节"。

然而，势单力薄的革命党人还时刻纪念着当初袁世凯与清廷斗争难解难分的历史场面，记着他的宪政承诺，对他充满幻想。孙中山在辛亥革命成功后曾表示对袁"绝无可疑之余地"①。袁就任临时大总统后，孙中山在上海国民党为他举办的欢迎会上说：

> 余与袁总统相晤谈，讨论国家大政策，亦颇入于精微。故余信袁之为人，很有肩膀。其头脑亦甚清楚，见天下事均能明彻，而思想亦很新。不过作事手腕稍涉于旧，盖办事本不能全采新法。……故欲治国民，非具新思想、旧经验旧手段者不可，而袁总统适足当之。故余荐项城，并不谬误。②

由于有此认识，孙中山甚至致电袁世凯："国民属望于公，不仅在临时政府而已。十年以内，大总统非公莫属。"③孙中山哪里知道，此时的袁世凯已开始酝酿他的君宪帝国皇帝梦。黄兴对袁世凯虽心存疑虑，但也对他存在不切实际的幻想。武昌起义甫一月，

---

① 孙中山：《致黄兴电》，中国社会科学院近代史研究所中华民国史研究室等编：《孙中山全集》卷二，北京：中华书局，1982年，第450页。
② 孙中山：《在上海国民党欢迎会的演说》，中国社会科学院近代史研究所中华民国史研究室等编：《孙中山全集》卷二，北京：中华书局，第484—485页。
③ 孙中山：《致袁世凯电》，中国社会科学院近代史研究所中华民国史研究室等编：《孙中山全集》卷三，北京：中华书局，1984年，第68页。

他就致函袁世凯，希望他"以拿破仑、华盛顿之资格，出而建拿破
仑、华盛顿之事功"，诚如是，则"非但湘鄂人民戴明公为拿破
仑、华盛顿，即南北各省亦无有不拱手听命者"①。袁世凯就任临
时大总统后，黄兴以为革命事业大功告成，把精力更多转移到利用
既得的社会地位从事实业活动，一心在湖南筹办矿务，丧失了对袁
世凯政治行为的警惕性。

　　袁世凯与清廷的矛盾不仅模糊了孙、黄等革命党人的政治视
觉，也给梁启超等戊戌政变时便与袁结怨的立宪派造成错觉，以为
袁世凯老谋深算，虽其心迹千孔百窍，难以捉摸，最终还是自己实
施宪政的同路人，于是纷纷释去前嫌，与袁握手言和。梁启超甚至
发表演说称：

　　　乙未（1895年）夏秋间，诸先辈乃发起一政社，名强学会
　　者，今大总统袁公即当时发起人之一也。彼时同人固不知国有所
　　谓政党，但知欲改良国政，不可无此种国体耳，而最初着手之事
　　业，则欲办图书馆与报纸，袁公首捐金五百。②

　　戊戌旧怨至此完全烟消云散，而"六君子"似乎也被宣布死
得甚是无谓。至于那些早与袁世凯走得很近的国内立宪派如张謇之
流，更是一心拥袁。武昌起义不久，他们便明确向袁表示："甲日

① 《黄兴致袁世凯书》，《近代史资料》1954年第1期，北京：知识产权出
　　版社，2006年，第71页。
② 梁启超：《鄙人对于言论界之过去及将来》，《饮冰室合集》第4册《文
　　集》之二十九，北京：中华书局，1989年，第1页。

满退，乙日拥公，东南诸方，一切通过。"①袁世凯到临时政府走马上任，接替孙中山中华民国临时大总统职位后，张謇等人更是急不可耐地表态拥袁，将变实施立宪政治和发展实业的希望，寄托在袁身上。

由于革命派和立宪派都惑于袁世凯与清廷的矛盾，对其心存幻想，袁稍后借口"二次革命"镇压革命派，颠覆辛亥革命成果，进而改变国体，恢复帝制，也就成为顺理成章的事。

---

① 张謇：《劝告袁内阁速决大计申》，《张季子九录·政闻录》卷四，第1页。

政治思想的转型与制度变革的艰难实践

科举制度革废与近代军阀政治兴衰

　　1905年9月，清廷准袁世凯、张之洞等联衔所奏，谕令自丙午（1906年）科始，停罢科举。至此，清季持续多年、为中外人士深切关注的科举存废之争，终以近代学校教育取代科举制度宣告结束。科举制度的废除意义重大，影响深远。严复尝称此举"乃吾国数千年中莫大之举动，言其重要，直无异古之废封建、开阡陌"[①]。美国学者罗兹曼（Gilbert Rozman）视废科举为"新旧中国的分水岭"，认为它是"比辛亥革命更加重要的转折点"[②]。近年来，国内学者亦纷纷从文化及社会制度新陈代谢角度，论说科举制度废除的意义，相关成果不胜枚举，其中肯定性质评价居主导地位。

---

①　严复：《论教育与国家之关系》，张枏、王忍之编：《辛亥革命前十年间时论选集》第2卷上册，北京：三联书店，1963年，第367页。
②　吉尔伯特·罗兹曼主编：《中国的现代化》，《海外中国研究丛书》，南京：江苏人民出版社，1988年，第335页。

鄙意以为，清季为发展近代学堂教育、培养人才而废除科举制度，其推动中国社会向前发展的作用毋庸置疑。但也应看到，科举制度毕竟与西方以专业人才培养为特征的近代教育制度不同，其主要内涵在于以公开的竞争性考试选取政府官员并以此维系"文治"社会的存在，若轻易将其完全否定而又善后乏术，结果将是灾难性的。事实上，民初军阀混战、黩武主义盛行即与此有关。为证明此点，本文拟就清季废除科举制存在的认识误区展开分析，并将同期中、西方对考试制度的不同取向做横向比较，以证其偏颇。以此为基础，文章将以科举废除后传统的重文轻武观念被尚武精神取代这一价值转换作为切入点，考察科举废除与近代军阀政治兴起的逻辑联系。由于这一问题颇为复杂，穷尽其内涵殊非易事，本文所论，只是解决这一问题的初步尝试，至于探幽发微的研究，尚须俟诸来日或来者。

一、科举革废之议及其认识误区

批评科举制度者，唐宋以还，历代均不乏其人。季明以后300余年，"封建"统治渐入末造，社会矛盾尖锐，国家需才孔亟，而真正能够匡时济世之人才，九州之内，每难其选。由是朝野人士对这一制度的批评渐趋激烈，革废之议见诸文牍章奏者，比比皆是。

科举制度历1300余年的发展演变，积久弊生，遭受批评，良有以矣。像顾炎武那样对科举制度持激烈批评态度的著名思想家，洞悉几微，识力超群，所言诚不可谓无见。然而，稍加留意亦不难发现，截止科举制度废除，国人对该制度的批评大多局限在教育这一特定层面：对"时文"的批评主要是从内容和形式两方面表达对科考的不满，用非所学，学非所用，不利于培养及选拔人才，尤为锋镝所指；而对科举压抑新式学堂的指控，则主要着眼于新式教育发展。这类批评显然有失偏颇，存在明显的认识误区。因为就内涵而言，科举制度不仅是传统教育制度中的一个环节，而且是一种体现文治精神的政府官员考选制度。纯从教育角度审视，科举制度确实难以适应近代社会的需要。然而从以公平考试的形式来选拔国家文职官员的角度审视，在未找到这一制度的功能替代物之前，率尔将该制度全盘否定，并非明智之举。

　　讨论这一问题须把握中国政治文化的基本特征以及不同时代对于教育的特殊需求。传统中国社会是以宗法制为基本特征的农业社会，政治上表现为君权至上，君主统治"万世一系"；思想文化领域自汉"罢黜百家"之后，儒术独尊，成为官方意识形态。科举制度正是适应中国社会基本特征，在总结隋唐以前官吏荐举制度利弊的基础上，逐渐建立并发展起来的。科举考试注重儒家经典的阐释并不偏颇。正是通过以"四书文"为特定内容的考试，学子们普遍认同了儒学包含的纲常名教，从而使作为四民之首的"士"在入"仕"之前与官方意识形态保持一致。加之科举制度所造成的虽数量不大、却客观存在的社会不同阶层的上下流动，限制了类似西方中世纪那样的特权阶级的产生，对中国社会的稳定起到明显的作用[1]。1733年雍正帝颁布上谕指出："国家以制科取士，所以觇士

----

[1]　余英时尝著文讨论这一问题，详见氏著：《钱穆与中国文化》，上海：上海远东出版社，1994年，第47页。

子所学；而士子所学，关乎世道人心。"①亦道明了以"时文"为主要测试形式的科举取士制度对维系世道人心的作用。那种以为"时文"不过雕虫小技，与国家治乱兴衰初无关涉的见解，于中国传统的政学关系，实在还蒙着一层隔膜。

科举制度注重学子对于"性命之学"的修养功夫，以为安身立命的根本既定，一技之长则可置诸可有可无之列。这种取舍标准若是迟至工业化社会才提出，固应引为诟病。然而，科举时代的中国尚处农业社会发展阶段，社会分工还接近原始，专门之学少有成熟者，专门之业也多未形成。民国初年，社会分工有了一定发展，相当一些在新式学堂获得文凭的"知识分子"都还在为谋取一份能够发挥一技之长的工作犯愁，被迫"改行"的人为数不少。试想，在清或清以前时代，若将科举变成专业人才考选，这些专业人才到何处去寻找用武之地？质言之，科举是前工业化时代政府官吏的考选制度，而不是一般意义上的专业人才选拔制度。既是考选官吏，考试内容当然不能过于专业化。清末以学贯中西著称的辜鸿铭在与端方讨论中国官吏是否"亟须讲求专门学问"时，说出一段令端方无法辩驳的高论：

> 窃谓学问之道，有大人之学，有小人之学。小人之学讲艺也，大人之学明道也。讲艺，则不可无专门学以精其业；至大人之学，则所以求明天下之理，而不拘拘以一技一艺名也。洎学成理明以应天下事，乃无适而不可，犹如操刀而使之割，锋刃果

---

① 《钦定大清会典事例》（雍正朝）卷三三二《礼部·贡举·试艺体裁》，光绪二十五年刻本，第3页。

利，则无所适而不宜。以之割牛肉也可，以之割羊肉也亦可，不得谓切牛肉者一刀，而切羊肉者又须另制一刀耳。[①]

辜氏在清末民初每被目为"怪人"，也许正因为"怪"，他才看透了一般人看不透的事理。这并不意味着无须讲究专门之学。就学用关系论，科举取士注重艺文楷法，但为官治事则需要诸如法律、农桑、水利、盐铁等方面的知识，非科目之学所能济事。故一般士子仅将"时文"当作敲门砖，仕途之门打开后，还得研习为官之道及相关学问，这在一定程度上可以弥补科举制度下学用分离的缺憾。

另外，批评科举制度"学非所用、用非所学"的人还有一个严重的疏忽，即忽略了幕府制度的存在为科举获售却不懂专门知识者在官场立住脚跟可能提供的臂助。幕府制度是中国官僚制度的一种补充形式，各级官吏周围都结集着一定数量的幕僚。幕僚的作用类似现代秘书，但地位比秘书高，故民间有"师爷"之称。为人师爷须具备足够的专业知识，或工于谋划，或精通律令，或擅长赋税关权之征，或善为章奏疏表之文。由于专业性很强，学为师爷也就成了一门学问，有专门的授业之师。清代浙江绍兴以出师爷闻名，正像湖南盛产吃苦耐劳的兵士一样，故有"绍兴师爷湖南兵"一说。专业化的"师爷"进入幕府，使作为"幕主"的官员得以从各种专门之学中超脱出来，使"外行管内行"不仅成为必要，而且成为可能。在晚清，一些著名的封疆大吏都千方百计罗致幕僚。像曾国藩、张之洞等官吏，幕府人才均盛极一时。曾国藩从政的20余年

① 辜鸿铭：《督抚学堂》，冯天瑜标点：《辜鸿铭文集》，长沙：岳麓书社，1985年，第35页。

间，幕僚总数超过400人[1]。举凡政治、经济、军事、洋务、外交、科技、文化等各方面的人才，均汇聚曾氏幕府。曾国藩幕府能集中如此多的人才，按照李鼎芳的说法，并不是由于曾氏专业知识超群，而是由于他"道德足以感人"，"令名足以信人"，"性情足以近人"，"才能足以服人"[2]。曾氏在近代历史上的事功表明，在幕府制度存在的前提下，以辜鸿铭所说的"大人之学"考选官吏，并非毫无道理。

至于科举阻碍新式学堂的发展一说，看似符合客观事实，其实也有认识误区。在科举尚存的时代，士子多不愿到新式学堂肄业，故清末朝廷广兴学堂的谕令，每成空文。但深入探究则会发现，对于新式学堂不克发达而言，科举不过是扮演了替罪羊的角色而已。

科举与学校教育内涵不同，从社会功能上看，两者并非不能互补，因而本来是可以并行不悖的。问题出在国家的"政策导向"上。传统中国社会奉行"重农抑商"政策，把农业视为"本"业，把工商视为"末"业。新式学堂讲授各科，农学而外，多属"末技"，囿于传统，学子自然裹足。此乃政策及传统观念之过而非尽关乎科举之不良。更重要的是，国家"政策"给予科举士子诸多好处。朝廷命官，科举出身方为"正途"，其他则系左道旁门；读书人一旦获得功名，即便不入"仕途"，亦可享受免却钱粮劳役的优待，成为有社会地位的士绅。利禄所在，众必趋奉。连严复这样的

---

[1] 朱东安：《曾国藩幕府研究》，成都：四川人民出版社，1994年，第15页。另外，Jonathan Porter, *Tseng Kuo-fan's Private Bureaucracy*, Berkeley: University of California, 1972, 也可供研究这一问题参考。

[2] 李鼎芳编：《曾国藩及其幕府人物》，长沙：岳麓书社，1985年，第84页。

杰出人才也未能免俗，留学归国后仍以没有科举功名为憾，多次参加乡试[1]。等而下之者，自然更难脱俗。陶模将"利禄之途仍在科目"[2]视为学子不愿舍弃科举的原因，是颇有见地的。如果国家广开利禄之途，俾新式学堂出身者亦可享受各种殊荣与实惠，按照沈毓桂设想，"此假八股取高第，彼亦以格致取高第"[3]，则学堂未必不能与科举比肩并立。

事实上，在1895年之后的10年间，朝廷已开始谋求变更科举的形式与内容，试图让科举与学堂能互补共存，在科举考试上表现出吸纳或包容西学的倾向。戊戌正月，朝廷开经济特科，分内政、外交、理财、经武、格物、考工6门，"按西制凡由公学卒业者，给以文凭作为出身，盖合制科于学堂也"[4]。值得注意的是，考卷中引用西学也开始成为时髦。传教士明恩溥在《中国的农村生活》一书中描述说：

> 在一段时间里，考试的题目明显染上了西学的色彩。那些能够在答卷中多少显示一点西学知识的考生，几乎都可以确保获得功名。对于极为简单的数学、地理或天文问题的正确回答

---

① 严复屡试不售，直到1909年才获得了朝廷赐予的"进士出身"。参阅本杰明·史华兹：《寻求富强：严复与西方》，叶凤美译，南京：江苏人民出版社，1996年，第28页。

② 《粤督陶模奏图存四策折》，见杨凤藻编：《皇朝经世文新编续集》卷一，收入沈云龙主编：《近代中国史料丛刊》第79辑，台北：文海出版社，1973年，第121—124页。

③ 沈毓桂：《养贤能论》，转引自易惠莉：《西学东渐与中国传统知识分子：沈毓桂个案研究》，长春：吉林人民出版社，1994年，第128页。

④ 中国史学会主编：《戊戌变法》（四），《中国近代史资料丛刊》第37册，上海：上海人民出版社，1961年，第304页。

据说也可以得到某种成功的回报。甚至有人言之凿凿地说，某地的一位考生因为写出了摩西十诫，称之为西方的法典，也获取了功名。①

当时还是童生的吴玉章参加了1902年的科考。他后来回忆说：开考后，"我便把学到的'新学'尽量地塞进考试的文章中"，结果县试和府试均成绩甚佳，府试还得了第一名，并得到阅卷人"此古之贾长沙，今之赫胥黎也"的批语②。

显而易见，近代国人就废除科举所做的讨论存在严重的认识误区，对科举制度弊端的认识基本局限在教育这一特定范围，并没有认真考虑在教育之外，同时具有铨选政府官员这一政治功能的科举制度在维系传统社会稳定和发展方面究竟扮演了什么角色，是否存在通过变通适应时代发展的潜在可能。

由于庚子以后国人思想的激进化开始加速，谋求问题"根本解决"逐渐成为时代的呼声，于是局部改良也就被认为于事无补。1901年八股取士废除后，科举制度受到的攻击非但没有减少，反而有增无已。1903年冬，张之洞、张百熙等奏请"递减科举，注重学堂"，主张自丙午科起，递减科举中额，期以10年，"取士概归学堂"，"破"与"立"均在考虑之中，尚不失稳重。1904年春，日俄战争爆发，日本获胜，国人大感意外。论者咸谓日胜俄败乃立宪战胜专制，于是立宪之议腾起，而立宪人才培养则被视为立宪能

① Arthur H. Smith,D.D. , *Village Life in China: A Study in Sociology*, New York: Fleming H. Revell Company, 1899, p.135. 此书承秦和平教授借阅，谨致感谢。
② 吴玉章：《吴玉章回忆录》，北京：中国青年出版社，1978年，第15页。

否成功的关键。在这种情况下，递减科举中额的办法也被认为缓不济急。1905年秋，立停科举之议提出并获朝廷允准。于是，甲辰（1904年）恩科也就成为中国科举制度史上最后一场科试。而沿袭千年的科考制度，也随着教育制度的新陈代谢，被"现代化"浪潮彻底淹没。

二、西方国家对中国考试制度的借取

值得注意的是，与中国酝酿废除沿袭千年的科举制度几乎同时，西方国家却因意识到中国这一古老制度的价值，而加以引进，并在学校教育和官吏铨选方面加以推广，使之逐渐制度化，规范化。限于篇幅，要在此就中、西方在这方面的取舍做全面比较分析几乎不可能，但即便是极为简略的对照，亦可反观国人在废除科举时表现出的偏颇。

西方国家是"近代化"的策源地。然晚清志士从事改革，受民族主义情感的影响，常常把包括议会民主制在内的许多西方近代制度，说成是中国古已有之，"西学中源"，即此之谓，这当然是缺乏根据的。然而，在中国各种传统制度中，并非没有真正的"出口货"，至少考试制度可以享此"殊荣"。

不过，与中国不同的是，西方学者在"进口"这一制度时，一开始就十分注重教学性质的考试与官吏考选的区别。1861年4月，发表在 *Cornhill Magazine* 上的一篇文章指出："竞争性考试可分为学校测试和官员考选两大类。至于文官考试制度的起源，则很清楚与学校考试的普及有关。"①就学校考试而言，据学者研究，西方国家在认识中国的科举制度之前，不但没有文官考试制度，甚至带有"测试"（test）含义的"examination"一词，也出现甚晚。一种意见认为，12世纪是西方国家近代大学制度的起源时期，考试制度几乎同时出现。然而，正如保罗·孟卢（Paul Monroe）指出的那样，直到18世纪，西方国家大学里的考试方式主要是口试，其具体做法要么是口头问答，要么是讲演，要么是论文答辩②。有学者在研究牛津大学的考试制度时曾指出，直到1802年，真正意义上的B.A.学位考试才开始。1821年，欧洲开始有了其他荣誉学位（Tripose）。50年后，即1872年，西方学位发展史上的14个荣誉学位仍然不完全。因而，可以较为肯定地说，欧洲的近代学校考试制度是18和19世纪才发展起来的③。

　　以考试来铨选文职官员的制度出现在西方更属相当晚近的事。文官考试在法国建立并付诸实施的时间可以追溯到1791年，但不幸只维持了10年便夭折。这一制度在法国的重建至少推迟了40年。后来，有部分曾用于缅甸和印度的英国文官考试制度被法国人采纳，用于印度中国殖民地，该地区的一些国家过去与中国存在着"宗藩"关系，曾经实施过科举制度④。19世纪中叶以后，法国的教育和官吏铨选中才借鉴中国的科举制，最终确定竞争性考试制度。一

---

① S.Y. Teng （邓嗣禹）, "Chinese Influence on the Western Examination System" (Hereafter as CIWES), *Harvard Journal of Asiatic Studies,* Vol. 7 (1942-43), p. 271. 此节尚有多处转引S.Y. Teng文中资料，限于篇幅，以下不一一注出。

② Paul Monroe, *A Cyclopaedia of Education*, New York：Macmillan Company Press, Vol. 2, 1931, p. 532.

③ CIWES, pp.271-275.

④ CIWES, p.283.

位法国革命的批评者对中国的"民主"构成法国革命的基础甚为不满，他写道：

> （在法国），除了中国的东西之外一无所有，这场革命组织起了体制，但它的原理是由"哲学"确定的，而那些哲学家则钦佩和称赞中国。一切都是竞争性的考试，不偏向任何东西，而尤其是对世袭制"不置一顾"，他们的艳美的灵魂已被满清人的观念勾去了。①

对这一批评所包含的价值判断或可不必理论，但它反映的中国考试制度在很大程度上影响了法国，则是应当承认的事实。

在英国，由于存在着像亚当·斯密、边沁等在不同时期、不同程度上仰慕中国文化的思想家，采纳中国的考试制度以用于文官铨选的呼声亦十分高涨。亚当·斯密与受中国哲学及政府体制影响甚深的法国百科全书派颇多接触，其著作《原富》就传布了应当在印度和不列颠文官制度中实施竞争性考试的观念。而边沁则被认为是倡导在英国建立公开考试制度的第一人②。1755年，一篇介绍中国统治艺术的文章发表在《绅士杂志》上，它让英国公众读到下面一段文字：在中国，"书面考试是唯一的测试方法，通过书面考试，一个人的才识得到检验……。每一位作者均同

---

① 费迪南·布伦蒂埃：《法国文学批评史》，第199页，转引自H.G.Creel：《孔子与中国之道——现代欧美人士看孔子》，高专诚译，太原：山西人民出版社，1992年，第362页。
② 王德昭：《清代科举制度研究》，北京：中华书局，1984年，第249页。

意，在统治艺术方面，中国超过了所有其它国家……。他们的荣誉和头衔不是世袭的，……清朝官吏在中国的大都市考选，每年一次"[①]。英国人将中国的考试制度用于文职人员选拔可能肇始于英国驻广州领事馆翻译密迪乐（Thomas T. Meadows），时间大约是在1847年。当时，在征得英国领事马额峨（F. C. Macgregor）同意之后，他对准备受聘于广东的英国职员以竞争性的考试方式做了最后铨选。同年，密迪乐在伦敦出版《中国政府和中国人散论》，建议英国政府采纳中国的文官考试原则。1854年密迪乐回到英国后发现，文职官员考试制度已经引起人们极大的兴趣。以后，密迪乐用了十几年时间来推进采纳中国的考试制度，到1869年去世时，他认为他已完成这一使命。

与密迪乐差不多同时，英国还有许多有识之士在做着同样的工作。早在1835年，尹格里斯（R.Ingles）就曾赞扬中国的考试制度，并提到这一制度对英属印度的影响。1836年，穆尔莱（Hugh Murray）在《中国：历史的和描述性的分析》一书中指出："中国政府的特殊优势主要在于，在不同的政府行政部门中，它都与获取智者的功能发生了联系。"1838年，岛林（C. T. Downing）评论说："整个中国可以说类似一所巨大的大学，它被学者统治着，而统治它的学者都曾在校园内接受过教育。"牛津大学的一位汉学家甚至断言，建立在考试制度基础上的中国的政府体系，是迄今东方世界所存在过的最好的政府体系。鸦片战争前后，英文杂志《中国丛报》（*The Chinese Repository*）刊载了大量介绍中国科举制度的

---

① *Gentleman's Magazine or Monthly Intelligencer 3* (March 1755), p.112.CIWES, p.289.

文章，其中一篇甚至以《中国的文学制度是政府稳定的支柱》为题，分析科举制度与中国政治的关系。从1570年到1870年，用英文出版的介绍中国考试制度的著作和文章多达70余种（篇）。

由于密迪乐及英国其他朝野人士的努力，1853年，英国国会通过一项法令，取消总督议事会（Court of Directors）"任命"英印殖民地文职官员的特权；1855年，国会通过文官考试的原则；1870年6月4日，英国枢密院颁布了关于文官制度改革的命令，规定"一切文官职位的任命，都必须根据文官制度委员会委员们的规定，通过公开竞争考试"。文官考试制度终于在英国所有官僚机构中付诸实践[①]。

美国的文官考试制度建立稍晚。一般认为美国的文官考试制度是间接受到英国的影响，因为1877年海斯总统执政后，曾派员到英国调查文官制度改革后的状况[②]。此虽事实，但并不排斥中国的直接影响的存在。在美国，文官服务制度改革的建议提交到众议院的时间是在1868年，提交建议的人是柬克思（Thomas A. Jenckes），其建议中就包含一章讨论"中国的文官服务"的内容。同年，当波士顿市政当局举行盛大仪式接待中国皇帝派来的使者时，埃默森（Emerson）赞扬中国的考试制度并就教育问题高度评价中国人。他说：

> 此时，就政治而论，中国使我们发生了浓厚的兴趣。我确

---

① CIWES, pp.289-291；滕藤主编：《开创现代文明的帝国：英国百年强国历程》，哈尔滨：黑龙江人民出版社，1998年，第149页。

② 滕藤主编：《开创现代文明的帝国：英国百年强国历程》，第151页。

信，在我周围的绅士们心中将会酝酿出一个法案，该法案曾经由罗得岛可敬的束克思先生两次试图在国会通过，要求政府官员首先应该通过文学资格考试。在纠正不文明的（政治）习惯方面，中国已经领先于我们，英国、法国也是如此。对教育的同样高度的尊重出现在中国社会生活中，对于中国人来说，这是获取尊严和荣誉的必不可少的护照。[①]

1870年，威廉·斯比尔写了一部名为《最古老与最年轻的帝国——中国和美国》的书，他在书中赞扬中国的考试制度，并催促美国政府采纳这一制度[②]。以后，经过几度反复，体现了竞争性考试原则的"文官制度法"终于在1883年获得通过。

西方国家采纳中国的考试制度对其文官铨选制度进行改革，与马可波罗著名的游记发表以来，特别是与18世纪以来由伏尔泰、卢梭、黑格尔等思想家对中国文化与制度的推崇掀起的"中国热"有关。例如黑格尔就曾撰文介绍中国的考试制度，他写道：

（在中国），那些想成为国家官吏的人必须通过几次考试，通常是三次。凡是以优良成绩通过第一次和第二次考试的人才被批准参加第三次，即最后一次考试。这一次皇帝亲自出席。奖励是：谁幸运地通过考试，立即批准他进入最高的政府内阁。……

---

① CIWES, p.306.

② William Speer D.D. , *The Oldest and the Newest Empire: China and the United States*, San Francisco: Hartford , etc. , 1870. 对中国科举制度的介绍见该书第114—120页，催促其政府采纳考选文职官员制度的言论见该书第538—541页。

内阁是最高机关，是由最有学识和才智的人组成的。其他各部的部长均从内阁挑选。政府事务极为公开。

黑格尔还特别介绍了中国的文武关系。指出中国有两种类型的官吏即文官和武官，"后一类即我们的军官。文官的品级高于武官，因为中国的文明程度高于军事水平"，"文官享有高得多的威望"①。黑格尔的言论实际上已触及国家如何维系"文治"这一科举制度最具价值的内容方面，它把西方人对中国科举制度的认识提到一个新的高度。其他西方思想家尚有许多称赞中国科举制度的言论，恕不赘引。总之，有理由认为，在18世纪至19世纪初，中国成了英、法等西方国家文学、哲学以及政治艺术的灵感的源泉。

然而，西方人仰慕中国文化的时间并没有维持多久。19世纪中叶以后，随着工业革命完成，西方逐渐强盛，西方人对中国文化的看法也随之变化。这时，批评中国文化落后、制度腐败的意见占据上风。例如，在美国，国会通过文官服务制度改革议案甚迟的原因，除了民族情感的因素，认为它是"非美国的"（un-American）之外，还因为一些美国人认为，"在中国，官吏极端腐朽，臭名远扬，只要有钱，任何官职皆可买到"，因而对将这一制度移植美国是否具有实践意义表示怀疑。一些英国人则将"小脚、鸦片和科举"并列，视为中国文化落后的表征。另外，也有人从纯粹技术层面对此展开分析，认为考试制度不具有可行性，或者认为

---

① 黑格尔：《东方世界》，夏瑞春编：《德国思想家论中国》，陈爱政等译，南京：江苏人民出版社，1995年，第122页。

教育将成为考试制度的牺牲品①。

这种情况使西方国家在采用中国的考试制度时不能不采取谨慎态度，进行一番理性的审视。然而在认真比较了中、西方有关制度之后，西方国家的思想家普遍认为，中国的考试制度在"理论上"无懈可击，其公平竞争的原则无与伦比。一位英国作者在鼓吹实施文官考试制度时从五个方面对中国科举考试的价值做了阐释：

> 首先，那些因懒惰而可能走向腐败的年轻人，将会因经常性的接受考试而从病态中改造过来；其次，学习造就并磨砺了他们的聪明智慧……；第三，所有官员均由能人充任，如果他们不能避免因官场贪污腐败的影响而导致的不公正，至少他们可以避免因无知和缺乏道德而引起的不公正；第四，既然官职是通过考试授予，那么皇帝也就可以（以同样的方式）撤换掉那些不称职的官员，以表示其最大的公正；……最后，人们无需为公正的行政管理付费。②

这位英国作者的分析其实并不全面，它漏掉了黑格尔所强调的科举制度下文武官员的关系及地位这一至关重要的方面，另外，对于考试制度体现了公平竞争原则，有利于突破世袭制度，也未提及。如果加上这两个方面，则何以西方社会思想精英要在走向"近

---

① CIWES, p. 299; CIWES, pp. 306-308, Appendix 1, *Chinese Influence on the Civil Service Examinations of the United States;* 滕藤主编：《开创现代文明的帝国：英国百年强国历程》，第145页。
② *The Chinese Traveler,* London, 1775, 1, pp.109-110. CIWES, p.285.

代化"的过程中从中国"传统"中掎取思想资源，也就有了较为圆满的解释。

　　具有讽刺意味的是，几乎发展到唯西人之马首是瞻的近代国人在谋求"教育"改革时，其做法却与西方社会对考试制度的取径截然相反。西人对科举制度的内容未见得称许，却能取其形式，注入新的内容，以为己用。近代国人不慊于科举制度，因而将这一传承千年的制度视若敝屣。然其所批评的科举制弊端大多集中在制艺之术学非所用，用非所学，以及妨碍新式学堂的发展上。对于一些深层次的弊端，例如后来钱端升所指陈的在体制上文职官员任免、奖惩大权操之于吏部，而考试却完全由礼部控制的问题，当时几乎无人提及[①]。更有甚者，则是政、教不分，在谋求教育改革的时候，将属于政治范畴且从政治技术角度分析具有"近代化"意义的官吏考选制度一并抛弃。

　　比较中西方考试制度，需要注意辨析异同。将西方近代文官制度等同于中国传统科举制度是缺乏说服力的。两者的实质性区别在于，西方近代的文官制度考选的只是"事务官"（中国传统词汇中的"吏"），其真正掌权的"政务官"（中国传统词汇中的"官"）则由选举产生。在中国，"官"通过考试选拔，而那些在西方文官制度下应该参加考试的"吏"却无须过此关卡。这一重要区别，凸显了近代"民主"制度与传统"专制"制度的本质特

---

① Chien Tuan-sheng, *The Government and Politics of China*, Cambridge: Harvard University Press, 1967, pp. 37-38.

征[①]。然而无论是考"官"还是考"吏"，中国传统的科举考试能够向现代民主制度提供思想资源，应当毋庸置疑。

对于科举制度，中、西双方直可谓"人取我弃"。两种不同做法，结果自然相去甚远。我们固不能说近代国人废除科举带来的都是"弊"，但如同下文将要讨论到的那样，至少在黑格尔关注文武官员关系层面，1905年废科举这一"改革"留下的教训是极为深刻的。

三、科举废除后文武地位的变化

废除科举的影响首先表现在文武地位的弛张变化上。传统的中国社会是一个强调"文治"的儒教社会。历代开国之君虽以"马上"得天下，但毫无例外都反对在"马上"治天下，而主张偃武修文。这虽然不过是一种"治术"，表里是有区别的，但客观上却提高了知识阶层的地位与作用，并在社会上形成"尚文"的价值取向。科举制度的建立，使"文"与"武"在价值高下上的区划更加明显。尽管就内涵而言，科举制还包含"武举"。但诚如学者所言，中国的兵学，很大程度上已被儒学包容，就是作为武科考试基本参考书的《武经七书》，也被纳入儒家文化体系，其内容虽不

---

① 秦晖：《科举官僚制的技术、制度与政治哲学涵义——兼论科举制与现代文官制度的根本差异》，《战略与管理》1996年第6期，第62页。

乏兵家观点，但儒家理论则明显居于"统领性地位"①。在科举时代，"以文制武"被国家制度化，从而形成明显的"文疆武界"，社会心理亦愈益重文轻武。即便是在晚清，流风所被，读书做官仍被视为十分荣耀的事。陈独秀家乡流行的两句谚语，"去到考场放个屁，也替祖宗争口气"②，通俗而质直地说明了这一点。这种价值取向决定了"文人"在社会地位上要高于"武夫"。朱德儿童时代被家人送去上学，用他自己的话来说，就是因为当时"收税人、官吏和士兵尊重或害怕受过教育的人"③。然而，科举废除之后，文弛武张，变化也就在所难免。

清末朝廷宣布废除科举，尝议及"新旧递嬗办法"，企图替"旧学举贡生员另筹出路"④。但是这种"出路"对于在传统的"仕途"上已走了一大段路程的士子来说并不光明。数年甚至数十年孜孜以求制艺之学，一旦尽弃旧业，心中的失落感，可想而知。特别是其中尚未取得举人功名的那部分士子，高不成，低不就，科举制度的废除，首先使他们的社会地位一落千丈。即便是已经取得举人、进士学衔的科场得意之士，其地位也开始动摇。一是因为科举废除，国家选取官吏不再讲论科考资格，入仕已无"正途"与左道旁门之分。二是因为他们已面临新式学堂毕业及留学归国"知识分子"的严峻挑战。1905年以后，国内学子以为"科举已废，进取

---

① 参阅皮明勇等：《科举兴衰与中国军事的演变》，《战略与管理》1996年第5期，第31页。
② 陈独秀：《实庵自传》，转引自任建树《陈独秀传》上册，上海：上海人民出版社，1989年，第18页。
③ 吉尔伯特·罗兹曼主编：《中国的现代化》，第249页。
④ 许同莘：《张文襄公年谱》卷九，上海：商务印书馆，1946年，第192页。

仕禄之阶，惟留学最捷"[①]，纷纷负笈留洋，不几年便学成归国。在社会风气已转换到唯新是尚的清朝统治最后几年，归国留学生已成为不可忽视的存在，科举时代"士"的社会角色，开始在很大程度上被其分担。1906年以后，清政府制定考验出洋学生章程，规定每年8月在学部举行考试，分学成考试与入官考试两种，考试合格者分别给予举人、进士出身，并量才授予翰林院编修、检讨、主事、中书、知县各职。至宣统年间，录取者每次竟多达三四百人，用为翰林者累计达百余人，用为知县者亦为数不少。旧日的留学生如詹天佑、严复、辜鸿铭、伍光建、魏瀚、邝荣光等人，亦免试赏以进士出身[②]。留学生的登进，必然将一部分举人、进士挤出官场[③]。清末一些已获得举人、进士甚至翰林学衔的人也到东、西洋留学。如康有为的弟子陈焕章1904年中进士之后，复负笈西行，到美国留学，并在哥伦比亚大学获取博士学位[④]。这种状况的成因十分复杂，未可一概而论，但"士"的地位下降无疑是原因之一。

逮至民初，传统士绅的地位更是每况愈下。不愿与新政权合作的守旧士绅自然是在淘汰之列，愿意"弃旧图新"的士绅也很难

① 胡适：《非留学篇》，载《留美学生季报》1914年第3期。转引自罗志田：《失去重心的中国：清末民初思想权势与社会权势的转移及其互动关系》（稿本，承罗先生惠赠，谨致谢悃），第7页。
② 商衍鎏：《清代科举考试述录》，北京：三联书店，1958年，第181—184页。
③ 据台湾学者张朋园研究考证，1909年各省谘议局召开时，议员中在国内或国外新式学堂接受过现代教育的人已经高达三分之一的比例。参阅张朋园：《清季谘议局议员的选举及其出身之分析》，《思与言》，5.6（1968年3月），第1439—1442页，转引自费正清编：《剑桥中华民国史》上册，杨品泉等译，北京：中国社会科学出版社，1993年，第291页。
④ 韩华：《陈焕章与民国初年的儒学复兴运动》，硕士学位论文，四川师范大学历史系，1998年，指导教授杨天宏。

遂愿。民国初年是标榜革新的时代，各种各样的"新人"确实风光了一阵子。在政权机构里，充斥着众多西装革履的人。美国公使柔克义在分析南京临时参议院的人员构成时指出，在参议院中议政的"只是一批刚刚从美国、日本或英国留学回来的戴着眼镜、身穿大礼服的年轻空想家，脑子里装满了马上进行全面改革的乌托邦梦想等"①。尽管所言不一定能推而广之，用来概括各级各类政权机构的人员构成状况，但传统士绅"参政"这一社会角色已在很大程度上被知识界的新人分担则是事实。

　　更有甚者，传统士大夫"代圣贤立言"的地位也被攘夺。一段时间里，古圣先贤尚在打倒之列，遑论其代言人！于是新人应运而出。民初指点江山，激扬文字，在各种场合争当国人导师的差不多都是新式"知识分子"。新文化运动中，新文化人激烈地反传统，本来应当充当传统文化卫道士的士绅皆缄口不言，成为社会学意义上的"失语群体"（the voiceless），以致在讨论"文学革命"时，《新青年》杂志找不到对手，不得不自演双簧，由钱玄同以"王敬轩"的化名，写出攻击《新青年》的信，再由刘半农"复信"回击②。在后来的新旧之争中，新派人物仍然没有可以分庭抗礼的对手。大概此时的士绅，除了哀叹"黄钟毁弃，瓦缶雷鸣"，已经找不到更好的办法解嘲。

　　可悲的是，新式"知识分子"也并没有能够风光多久。科举制

---

① 骆惠敏编：《清末民初政情内幕——〈泰晤士报〉驻北京记者袁世凯政治顾问乔·厄·莫理循书信集》上册，刘桂梁等译，上海：知识出版社，1986年，第962页。
② 王敬轩、刘半农：《文学革命的反响》，《新青年》1918年第4卷第3期，第265—285页。

度的废除固然使传统士绅社会地位江河日下，但是这一行之已逾千年的制度一旦废除，影响所及，就不会仅仅限于几个已经落伍的士绅。科举制度不仅是一种官吏考选制度，而且是一种包含着对知识阶层的作用、价值及地位积极认同的制度，是一种在实践上保证知识阶层作为社会精英受到政府重用、受到社会普遍尊敬的制度。现在这一制度不复存在了，受这一制度维系的一切也必然随之而去。以前的"士"被视为"四民之首"，负责延续儒学"道统"；一旦步入仕途，则须维系王朝"政统"，地位与作用都十分显赫。在新旧交替的清朝统治的最后几年里，新式知识分子沾改革的光，尚可将自己的学历换取一个相应的科举出身，必要时也可以派上用场，显示一下自身的价值。民国建立后，他们的社会地位完全失去制度保障。一些留学生虽然可以利用国人的崇洋心理和自己的一技之长在各级政权内谋取到一官半职，但多数人却不得不因科举废除后"道统"与"政统"两分而被疏离在政治权力的圈子之外。

这时候，怀抱经世目的、现实政治关怀极强的知识分子是颇为痛苦的。胡适、傅斯年、丁文江都曾有这样的体验。胡适满怀政治热情归国，但现实的一切却使他不得不宣称"二十年不入政界，二十年不谈政治"[1]，后来只是因为"忍不住"，才出而议政。不议政而需要"忍"，而且常常"忍不住"，其内心的苦痛，可想而知。傅斯年学生时代亦关怀政治，五四运动中曾冲锋在前，但

---

① 《胡适致江冬秀函》，1938年7月30日，转引自杜春和辑：《胡适家书选》（续完），《安徽史学》1990年第1期，第75页。

后来却对政治"屡起反感"，并立志"要以教书匠终其身"①。以后傅氏虽然有时候也忍不住要蹦出来大骂诸如孔祥熙、宋子文一类官僚，但基本上没有直接为官参政。丁文江政治意识最为强烈，曾公开宣称"认定了政治是我们唯一的目的"，并以"治世之能臣"自喻，也曾尝试出来在孙传芳治下当了一回淞沪总办，但他终究没有成为一位"政治家"。正如傅斯年评论的那样，"他若做politician的生涯，必焦头烂额而后已"，所以最后还是"回到地质学来"②。至于那位介于旧时士绅和新式知识分子之间、参政意识更加强烈的梁启超，归国后历尽宦海风波，壮志难酬，最后被迫发表宣言，"毅然中止政治生涯"，只是议政的癖好，终生不改③。

　　大抵这个时候知识分子的社会定位，就政治方面而言，不过仅仅是评论家而已。既然不能直接参政，当然只好发挥坐而论道的长处，希望能影响政治，间接参政。即便如此，他们的日子也并不好过。胡适1929年与罗隆基、梁实秋等人在《新月》杂志上发起人权与约法问题讨论，批评国民党践踏人权，无视约法的种种行径。按胡适之本意，不过是想做国民党的"净友"，殊不知当政者却体会不了这份苦心。胡适的文章发表不久，国民党地方党部便呈请中央谘教育部将胡适撤职查办。教育部奉命警告胡适，称"为政府计，为学校计，胡适殊不能使之再长中国公学"，逼使胡适辞去中国公

① 岳玉玺：《国民参政会期间的两件事》，聊城师范学院历史系等编：《傅斯年》，济南：山东人民出版社，1991年，第156页。
② 胡适：《丁文江传》，海口：海南出版社，1993年，第54—103页；傅斯年：《丁文江一个人物的几片光彩》，见胡著丁氏传记附录，第185—188页。
③ 丁文江、赵丰田编：《梁启超年谱长编》，上海：上海人民出版社，1983年，第868页。

学校长职务①。胡适是信奉"宽容"的自由主义知识分子，言论并不怎么激进，却遭此"礼遇"，那些激进知识分子如陈独秀者流，境遇也就更加悲惨。政治评论家当不成，许多人只好放弃经世目标，苟活于世。民国时期于右任尝对冯玉祥感叹说："在中国，只有在要作对联、祭文、通电时，才想到文人，平时哪个把他们瞧在眼里。"②寥寥数语，道尽了中国知识分子的无限悲哀。

在知识阶层地位急剧下降的同时，军人的地位则扶摇直上。首先是重文轻武的观念发生变化。当然，这一变化并不自科举制度废除始。太平天国时期，湘淮士绅便已出现"嚣然喜言兵事"的倾向。谭嗣同尝评论说："中兴诸公，正孟子所谓'服上刑者'，乃不以为罪，反以为功，湘人既挟以自傲，各省争慕之。"③李鸿章在凭借淮军实力而发达之后游孔林，所说"孔子不会打洋枪，今不足贵也"④一语，更是透露出文武弛张的消息，只是当时变化尚不明显。甲午战争后，民族主义逐渐在中国兴起。在稍后的改良主义运动中，"鼓民力"开始与"开民智""新民德"一样受到重视，开启了20世纪初国人鼓吹"力本论"的先河。1903年以后，梁启超在《新民说》《过渡时代论》等论著中将"尚武精神"视为铸造一代新民的重要方面，系统批判了重文轻武的传统观念。他甚至断言，处过渡时代，"当以军人之魂，佐以政治家之魂"，

---

① 杨天宏：《论胡适的人文主义思想》，《四川大学学报》1993年第3期，第70—80页。

② 冯玉祥：《我的生活》，哈尔滨：黑龙江人民出版社，1981年，第474页。

③ 谭嗣同：《忠义家传》、《仁学》，蔡尚思、方行编：《谭嗣同全集》，北京：中华书局，1981年，第41、345页。

④ 刘体仁：《读〈曾文正公日记〉·眉批》，转引自杨国强：《曾国藩简论》，《历史研究》1987年第6期，第100页。

方能治国安邦①。差不多与此同时，由留日学生组织的军国民教育会在东京成立。该组织以"军国民主义"为宗旨，其成员对统治者标榜"文治"的做法，进行了有力的抨击②。梁启超的学生、后来成为著名军事家的蔡锷、蒋百里等人此时亦开始因鼓吹"尚武"而赢得声誉。值得注意的是，此时正好是清廷酝酿废除科举之际，它与科举制度的革废之议显然已形成某种互为因果的关系。科举废除后，观念进一步转换。1907年，鲁迅在《摩罗诗力说》一文中，曾借介绍尼采的思想，鼓吹尚"力"思想③。鲁迅虽是从文学的角度来讨论这一问题，但他将文、野关系喻为果与花的关系，将"蛮野"视为"文明"之母，应可视为观念的转变。1908年《民报》刊出汤增璧所写的《崇侠篇》，标新立异，不崇儒，而尚侠。认为"儒为专制所深资，侠则专制之劲敌"，"侠之不作，皆儒之为梗"④，并讴歌了具有武勇之风的侠士精神。1910年由胡汉民所写的一篇文章更是将军人捧到了一个前所未有的高度。文章以英、法历史为例指出，"从来军人具有左右一国政治之能力"；文章批

---

① 梁启超：《新民说·论尚武》，《饮冰室合集》第6册《专集》之四，北京：中华书局，1989年，第108—117页；《中国之武士道》，《饮冰室丛著》第7册，上海：商务印书馆，1924年，第1—100页。具体分析详见杨天宏：《新民之梦——梁启超传》，成都：四川人民出版社，1995年，第156—164页。

② 该组织指出："中国数千年之政体，专制政体也。历代英君雄主，恐民之起而抗己也，乃为种种防民之术。于是挟弩有禁，佩剑有禁，饰其词曰偃武修文，美其名曰重文轻武，务使人尽病夫，国无壮士，而心始甘焉。"脱羁：《军国民主义》，《萃新报》1904年第6期，第1—3页。

③ 鲁迅写道："尼采（Fr. Nietzsche）不恶野人，谓中有新力，言亦确凿不可移。盖文明之朕，固孕于蛮荒，野人狂獉其形，而隐曜即伏于内。文明如实，蛮野如华，上征在是，希望亦在是。"鲁迅：《摩罗诗力说》，《鲁迅全集》第1卷，乌鲁木齐：新疆人民出版社，1995年，第29页。

④ 揆郑：《崇侠篇》，《民报》1908年第23期，第27—36页。

　　判了被视为"社会公论"的民谚"好人不当兵，好铁不打钉"，大声疾呼"军魂兮归来"①，产生了广泛的影响。

　　"军魂"终于被召唤回来。科举废除之后，入伍当兵一度成为时尚。不少在后来中国历史上颇具影响的"大人物"都在这段时间加入行伍。朱德在1909年进入云南武备学堂，尽管其家人最初曾希望他成为包括军人在内的人敬畏的"文人"。后来因指挥淞沪抗战，屡败日军而享誉中外的蒋光鼐，最初在广东东莞师范学堂念书，科举废除翌年才投笔从戎，进入军校，成为一名职业军人②。李宗仁在科举废除两年后进入广西陆军小学堂学习，此前他曾在广西"省立公费纺织习艺厂"学纺织。他之所以改习军事，是因为军校"待遇甚优"。据说当时陆小准备录取134名学员，但"投考的青年极为踊跃，报名的不下千余人"。入伍后看到总办蔡锷来校视察，有"人中吕布，马中赤兔"之感，更是羡慕不已，坚定了学习军事的决心③。同期考入广西陆小的还有白崇禧。

　　国外军事学堂肄业的留学生数量也急剧增加。以留日学生为例。1901年，在日本21所陆、海军高等院校毕业的中国留学生为39名，1902年为25名，1904年为93名，但是在科举废除之后的1907年则迅速上升为254名，相当于科举制度废除前3年全部毕业生人数的1.6

①　汉民：《就土尔其革命告我国军人》，《民报》1910年第25期，第1—25页。
②　王俯民编：《民国军人志》，北京：中国广播电视出版社，1992年，第545页。
③　李宗仁口述、唐德刚撰写：《李宗仁回忆录》上卷，上海：华东师范大学出版社，1995年，第23—32页。

倍①。在科举废除后的一段时间里，日本士官学校成了培养中国近代军人的重要基地，蒋介石、何应钦、徐树铮、孙传芳、李根源、李烈钧等都是这一时期该校的毕业生。文人投笔从戎的也逐渐增多。20世纪20年代初湖南军界及政界有"三个秀才携手合作，可以统一中国"②之说，"三个秀才"指的是吴佩孚、赵恒惕和陈炯明，三人都曾在科举制度下获取功名，后来都加入行伍。此说虽不免夸大三人作用之嫌，却从侧面透露出科举废除后文武弛张的消息。

　　官方文件为价值取向变化提供了证据。1906年4月，学部奏请宣示新的教育宗旨，将"尚武"与忠君、尊孔、崇实列在几乎同等重要的地位，明确规定："凡中小学堂各种教科书，必寓军国民主义，俾儿童熟见而习闻之；国文历史地理等科，宜详述海陆战争之事迹，绘画炮台兵舰旗帜之图形，叙列戍穷边使绝域之勋业……以造成完全之人格。"③在朝廷的鼓励下，国内各教育团体纷纷提倡尚武。1911年北京召开全国教育联合会，提出的第一项建议就是要在所有公私学校推行"军国民教育"④。进入民国后，尚武之风益烈。1914年11月12日，原先只是为民间崇奉的关羽、岳飞正式被北

---

① 董守义：《清代留学运动史》，沈阳：辽宁人民出版社，1985年，第242—243页。本文选择日本为例是因为这一时期自费留日学生数量急剧增加，清政府已难以从整体上对留日学生的专业选择做出明确的规定。但同期赴欧美留学却多为官费，专业是清政府规定的。如1909年清政府规定庚款留美为："以十分之八习农工商矿等科，以十分之二习法政、理财、师范诸学。"

② 陶菊隐：《记者生活二十年》，北京：中华书局，1984年，第55页。

③ 朱寿朋编：《光绪朝东华录》第5册，北京：中华书局，1958年，第5493—5497页。

④ 《各省教育总会联合会议决案》，《教育杂志》1911年第3卷第6期，附录第2页。

京政府尊为"武圣"，与"文圣"孔子同列，让人供奉。由此可见时尚变化之大。

要之，科举废除后，随着观念的变化，知识阶层地位明显下降，军人地位急剧上升。从历史上看，在中国这样一个尊崇文治、却总是免不了军事上受到"野蛮人"羞辱的国家，发生文弛武张的观念变化应当不是绝对的坏事。韩非云："上古竞于道德，中世逐于智谋，当今争于气力。"[1]韩非说的是先秦世道变化，其实"弱肉强食"被国人视为"天演"定律的近代才是真正"争于气力"的时代。生当斯世，强调"尚武"，显然有利于与外力竞争[2]。不过对"尚武精神"的提倡应适度，且应有相对一致的目的性。清末不同的社会集团纷纷主张"尚武"，提高军人的社会地位，但目的各不相同[3]。由于不同的社会集团异口同声呼吁改变传统社会重文轻武的观念积习，"尚武"观念很快得到社会普遍认同。然而，出于不同的目的呼唤出来的"尚武"精神，内涵迥异，结果造就出一代乃至数代具有不同政治关怀的军人和军事集团。在清末，这些军人和军事集团虽大多贴着清朝"新军"标签，但相当一部分已蜕化成王朝统治的离心力量。

从历史结局上看，清末废除科举制度并提倡尚武，对清政府而

---

① 韩非：《五蠹》，陈奇猷编著：《韩非子集释》，上海：上海人民出版社，1974年。

② 后来林同济将当时中国所处的时代看作是"战国时代的重演"，主张"'倒走'二千年，再建起'战国七雄'时代的意识与立场"，以解决中国面临的内外问题。林氏的说法极具象征性，而他所说的新的战国时代，亦包括清末民初一段。详见氏著《战国时代的重演》，《战国策》1940年第1期，第1—8页。

③ 这几乎无须论证，清末革命派、改良派、清政府在提倡"尚武"时，所悬之"的"如果同一，倒是一件不可思议的事。

言，实在是有些事与愿违：废科举使它失去传统士绅的支持，从而导致"士"所代表的民心的离散；而提倡尚武，编练新军，却不能使新军具有武举出身的军人那种对君上的忠诚。清朝统治的大厦最终因同时失去文、武两方面社会力量的支持而坍塌，这对反清革命来说当然是幸事。不幸的是，近代军阀政治的形成亦与此有关。反清革命成功后，新政权亦时有军队反侧之虞，盖此时之军队大多不属国家，军人也无军队应当国家化的现代概念。袁世凯时代如此，后袁世凯时代也是如此。清末国人提倡"尚武精神"而忽略军事力量归属，就像打开了希腊神话中的"潘多拉盒子"，一旦恶魔出来肆虐，善后之道是很难谋求的。

四、"黩武主义"与近代军阀政治的兴衰

学者讨论近代中国军阀政治的产生常追溯到清咸、同时期，以为曾国藩手创湘军，导致"兵为将有"，乃中国军阀政治的始作俑者。其实这并不完全符合事实。盖曾氏在以武力镇压太平天国后，最担心的恰恰就是在权力结构上出现类似军阀割据的"外重内轻"局面。此时，他完全有实力跋扈不臣，却猥自枉屈，将麾下12万湘军除酌留数营以为亲兵外，悉数"遣撤回籍"。这不应当仅仅视为谋求自全之策，其间显然还有为国家政治谋求长远的宏谟在[1]。可以说，曾国藩不仅不是近代军阀政治的"鼻祖"，而且是传统文官

---

[1] 萧一山：《曾国藩传》，海口：海南出版社，1994年，第116—117页。参阅本书收录的拙文《咸同时期清朝权力结构的变化》。

政制的忠实捍卫者。正是因为曾国藩在军事上自抑，并极力倡导"文治"，传统的文官政治体制才没有因湘、淮军崛起而坠落于咸、同之际。

严格地说，近代军阀政治的兴起应该是在清末新政各省编练新军之时。讨论这一问题需要对"军阀"做一番定义。依照中国传统，军人的定位在"执干戈以卫社稷"。《诗·国风·周南·兔罝》曰："赳赳武夫，公侯干城；赳赳武夫，公侯腹心。"《诗·国风·秦风·无衣》曰："王于兴师，修我甲兵，与子偕行。"《诗·小雅·彤弓之什·六月》曰："王于出征，以佐天子。"都把军人视为国君及国家政治的工具而不是相反。可见军队的归属以及是否干政是判别军阀政治的关键，至于军人是否为"赳赳武夫"倒还在其次。近代军阀中有不少人（如吴佩孚）曾受过良好教育，从个人素养上看，不仅没有武夫气质，反倒十分儒雅。但如果拥兵自重，不服从中央调遣，也就认同了军阀的身份地位。从历史上看，军阀政治往往在王朝更迭之际，当普遍认同的政治权力中心不再构成中心时，应运而出。清末民初正是这样的时代。在近代军阀政治的形成过程中，科举制度的废除明显起到催化剂的作用。

在科举时代，统治者提倡"文治"，文疆武界，划然区别，加之官吏诠选制度化，军人很难秉政。清末国人在废科举时，主要着眼于培育人才功能的丧失，却忽略了科举制度维系文官统治的政治功能。当时人们以为学校可以取代科举制度，其实可以取代的仅是前者。科举制度在未能找到维系文官统治政治功能的替代物的情况下被废除，其结果必然为军人参与政治，执掌政权大开方便之门。这从民初各省都督集军政民政大权于一身可以得到证明。

　　据学者统计，1914年，全国22个行省的都督职位有15个被军阀占据，以"士绅"身份登进者仅有5人；1917年全国各省的民政长官省长，也大多由军阀出身的督军兼任[①]。像吴佩孚、阎锡山、孙传芳等出身军事学堂的军阀且不论，等而下之者大有人在。不仅如此，中央政权也在很大程度上受到军阀控制，美国学者白鲁恂（Lucian W. Pye）在对军阀时期每个内阁成员的身份及教育背景进行研究后得出结论说："在一段时间内，曾经受过军事训练或者有过军事经历的人攫取了除司法和财政之外的所有内阁职务。"[②]

　　近代军阀分属不同派系。在派系林立、彼此攻战杀伐激烈频繁的情势下，为维持生存，各军阀派系势不能不拼命发展自身的军事实力，拥兵自重。这使中国在科举制度废除之后的几十年里，军队数量、武器装备水平一直呈直线上升的趋势。清末编练新军，到辛亥前不过练成20余镇，每镇将弁兵役1.2万人，合计不过24万余人。1916年，军队数量增加到50万人；1928年，配备武器的人数则已达到或超过了200万人[③]。武器装备也不断更新。清末新军不过是用普通热兵器替换了旧时使用的刀矛箭戟而已，武器装备并不可观。进入民国以后，武器装备不断推陈出新。到第二次直奉战争时，战争双方的武器装备、作战方式和技术都已达到或超过了第

---

①　章开沅、罗福惠主编：《比较中的审视：中国早期现代化研究》，杭州：浙江人民出版社，1993年，第729页。
②　Lucian W. Pye, *Warlord Politics: Conflict and Coalition in the Modernization of Republican China,* New York: Praeger Publishers, 1971, pp. 142-143.
③　费正清主编：《剑桥中华民国史》上册，第321页。

一次世界大战的水平①。军队数量及装备水平的提高，必然导致军费开支的增加。据统计，1913年至1919年，中央军费一直维持在一亿一千万元至一亿五千万元之间；1928年，中央军费则上升为两亿一千万元②。庞大的军费开支已经到了国民经济无力支撑的地步。

随着军事力量的增强，"黩武主义"开始在中国政治中居于支配地位。袁世凯就公开宣称："公法非御人之具，铁血为经国之谋。吾自握兵符，常持此旨。"③由于奉行铁血政策，公理公法自然受到蔑视甚至践踏。1913年发生的宋教仁血案，就被认为是北洋军阀公然践踏公理公法的行为。地方军阀也奉行铁血政策，张宗昌在统治山东时，曾公开宣称"刑乱国用重典"，用武力整饬言论机关，以"宣传赤化"的罪名，将用笔墨嘲讽自己和潘复的关系的《社会日报》主笔林白水枪决④。这种在光天化日之下刺杀政治家、非法处决知识分子的事，在科举时代几乎是不可能发生的。

军人"干政"亦频频发生。民初虽然仿效西方，设置内阁，建立起诸如立法、施法、行政等各类政权机构，但却很难正常运作。军阀都紧握兵符，把干预政治看作理所当然之事。内阁的更迭，每

---

① 林蔚：《战争、民族主义与基督教高等教育：1924—1925》，章开沅、林蔚主编：《中西文化与教会大学》，武汉：湖北教育出版社，1991年，第89页。

② 陈志让：《军绅政权——近代中国的军阀时期》，北京：生活·读书·新知三联书店，1980年，第122—123页；张公权：《中国通货膨胀史（1937—1949年）》，杨志信摘译，北京：文史资料出版社，1986年，第73页。

③ 张一麐：《古红梅阁笔记》，转引自章开沅、罗福惠主编：《比较中的审视：中国早期现代化研究》，第699页。

④ 习五一：《张宗昌的"四维主义"》，杨天石主编：《民国掌故》，北京：中国青年出版社，1993年，第182页。

以军阀的意志为转移。甚至议会选举，也有军人插手干预。例如在1912年初省议会选举中，四川军阀为对抗国民党，迫使省议会选民主党的胡骏为议长，竟不惜"令会场内外罗列军警，枪上刺刀，封门威迫"[①]。到段祺瑞的时代，军人干政或政客利用军人干政更是成为司空见惯之事。在对德参战问题上，段祺瑞的国务院一方之所以成为胜利者，就是因为段派出由军队组成的"公民团"包围了国会，困在国会内的议员们除了通过"参战案"之外，别无选择。段祺瑞还通过组织"督军团"，频频干涉中央行政事务。国内政治斗争一趋激烈，便有督军或督军团出面"调停"。1917年"府院之争"闹到不可开交之时，黎元洪请张勋出面"调停"，引出一场复辟闹剧，更是军人干政的典型事例。

　　然而科举废除后所兴起的"尚武"之风就像是一把双面刃，它既给民初的中国社会带来深重的灾难，又为后来解灾消厄提供了精神和物质的前提。1926年以后，总兵力超过百万的军阀武装在不到两年时间里便被国民革命军北伐部队击败。其原因究竟何在？从某种意义上说，南方革命政府能战胜军阀，完成"统一"大业，亦与科举废除之后"尚武"精神的发扬有关。因为正是这种"尚武"精神，在使军阀走上穷兵黩武发展道路的同时，也让南方的革命者意识到军队的价值和意义。孙中山在20世纪20年代初总结以往革命失败的经验教训时指出："中国革命所以迟迟不能成功的原因，就是没有自己的革命武装，……现在为了完成我们的革命使命，所以我

---

① 李新、李宗一主编：《中华民国史》第2编第1卷（1912—1916年）上册，北京：中华书局，1987年，第184页。

才下决心改组国民党，建立自己的革命军队。"[1]孙中山虽然没能亲眼看到革命成功，但他改变依靠军阀打军阀的做法，创建自己的革命军队，已为北伐成功奠定了基础。

但是从更深层次分析，北伐并不是一场单纯的军事角逐，在北伐的刀光剑影背后，还隐伏着一场激烈的政治上的高下之争，这就是近代的"黩武主义"与传统的"文治主义"的较量。南方打败北方，并非以暴易暴。若论军事力量，北伐军实远逊于军阀部队。以孙传芳的部队而论，"其装备之先进，在国内军队中无与伦比"[2]。有人在比较了孙传芳与南方革命政府的军事力量之后指出："孙传芳的军队无论在质量上还是数量上都比南军占绝对优势。"[3]北伐在军事力量不及敌军的情况下获胜，其克敌制胜的因素显然主要是非军事的。在这些因素中，"打倒军阀"这一政治口号向国人展示的用"文治主义"取代"黩武主义"的政治前景，以及它所造成的人心向背，应当是南方取胜的重要因素。

中国的文官政治传统源远流长。"在中国历史上，以前许多世纪的改朝换代时期都有许多和近代军阀很相似的人物，但他们最后都为统治统一国家的中央集权的文官政府让了路。"[4]由于历史惯性的作用，即便在科举制度被废除之后，文官政治的影响还会如同幽灵一样存在于中国人的政治生活之中。1914年，当政治统治基本

---

[1] 转引自宋平：《蒋介石生平》，长春：吉林人民出版社，1987年，第80页。
[2] J.B.鲍威尔：《鲍威尔对华回忆录》，邢建榕等译，上海：知识出版社，1994年，第145页。
[3] A.B.巴库林：《中国大革命武汉时期见闻录》，郑厚安等译，北京：中国社会科学出版社，1985年，第22—23页。
[4] 费正清主编：《剑桥中华民国史》上卷，第355页。

稳定之后，袁世凯出于维护统治之需，经黎元洪等人吁请，曾尝试实施"军民分治"，举办了三次"县知事试验"。三场考试一共录取了1921名考生，但参与竞争者，仅北京一地便多达四万余人[①]。袁世凯举办的县知事考试虽然不过是集权中央的一种手段，但它能吸引如此众多的人参与，亦从一个侧面折射出了传统文官政治的余晖。中国传统政治中的"文治"精神，以及它所邀结的民心，在客观上给民初政治家造成了顺之者存、逆之者亡的社会环境。

孙中山对中国政治的这一特征有较为明确的认识，从事反清革命之初，就曾提出"五权宪法"的政治构想，主张在立法、司法、行政三权之外，加上官吏考选权与纠察权。1920年代初，这一思想得到进一步发展。值得注意的是，孙中山明确承认自己考选官吏的思想乃是源于传统的科举制度。他指出："我们中国有个古法，那个古法就是考试。在中国，从前凡经过考试出身的人算是正途，不是考试出身的人不算正途。"[②]"至于历代举行考试，拔取真才，更是中国几千年的特色。……我们现在要集合中外的精华，防止一切的流弊，便要采用外国的行政权、立法权、司法权，加入中国的考试权和监察权，连成一个很好的完璧，造成一个五权分立的政府。像这样的政府，才是世界上最完全、最良善的政府。国家有了

---

① 试验分考试和保举两种。考试条例规定，曾任简任或荐任官满三年以上者，以及在国内外大学或专门学校学习法律、政治、经济学三年以上有文凭者等，均有资格参加考试。《远生遗著》卷二，第45页，转引自李新、李宗一主编：《中华民国史》第2编第1卷（1912—1916年）上册，第520页。

② 《五权宪法》，1921年3月20日，《孙中山选集》，北京：人民出版社，1981年，第487页。

这样的纯良政府，才可以做到民有、民治、民享的国家。"①孙中山这一主张，反映了国人对"文治"的向往与追求，与同期军阀奉行的"黩武主义"形成鲜明对比，在新的政治基础上肯定了科举制度所维系的文官政治。

既然要恢复"文治"，以孙中山为代表的南方革命政府就不能不致力于建立一支承认中国的文官统治传统，在体制上从属于文官政府的军队，将"武功"视为恢复"文治"的手段。为区别于军阀单纯的军事力量，"民军""党军"乃至"国军"的概念在反军阀的战争中被提出来。曾担任国民革命军总司令部政治部主任的邓演达对此做了明确表述。在1927年2月的一次演说中，他强调要"使军队受党的指挥，使军事的训练和政治的训练并重，使革命的武力与民众结合"。在稍后发表的一篇文章中，他再次强调军人必须"无条件的听从党的决定，接受党的制裁"②。曾经潜迹军阀行列，1926年转而投身国民革命的冯玉祥，亦表示要"将国民军建立在民众的意义上面，完全为民众的武力，与民众深相结合"③。李宗仁1926年12月在九江牯岭与蒋介石讨论革命方略时，亦强调这一问题的重要性。主张"扫除中国军队传统以个人为中心的恶习，使全国军队一元化，使革命军成为单纯党的军队，庶几将来可蜕变为国家的军队，为三民主义建国而奋斗"④。为实施党对军队的领

---

① 《三民主义·民权主义》，广东省社会科学院历史研究所等编：《孙中山全集》第9卷，北京：中华书局，1986年，第353—354页。

② 转引自曾宪林等著：《北伐战争史》，成都：四川人民出版社，1991年，第207页。

③ 独秀：《对于国民军再起的希望》，《向导》1926年第177期，第1837页。

④ 《李宗仁回忆录》上卷，第310—311页。

导，国民革命军推行党代表制度和政治工作制度，设立了政治部。廖仲恺、汪精卫先后担任国民革命军各军党代表和总党代表，周恩来、李富春、林祖涵、李朗如等被分别任命为一至七军副党代表，从而建立起"党领导军队"的政治体制。虽然在国民党统治下，军队始终未能真正如李宗仁所愿，由"党军"蜕变为"国军"，但"党军"较之军阀时代的私人武装，差异亦是实质性的。

此时，尽管一些在政治上有先见之明的人尚对蒋介石可能实施军事独裁抱有某种忧虑，一支与旧军阀武装不同的新型军队至少在形式上建立起来。这样，在经历长达10余年的军阀统治之后，老百姓心中又朦胧升起重见"文治"的一线曙光。北伐推进过程中，民众皆箪食壶浆，以迎南军。在湖南，由于"历来受北军的祸很大，人民衔恨。每逢北军过境，居民便逃避一空"；对于北伐军，老百姓则"设茶水，送粥饭，探消息，指迷路，亲如家人"①。在民众支持下，长沙重镇，不攻而克，以至于前敌将领胡宗铎也不得不表示："唯以此次经过情形而言，进驻长沙，并未战争，完全民众力量得到。"②寥寥数语，道出南北胜负的关键所在，即体现了人文精神的文官政治理想终于战胜了现实中军阀的"黩武主义"。

南京国民政府建立后，很长一段时间内，国人向往的"文治主义"并未出现，相反，人们却看到蒋介石军事独裁统治倾向日益发展。在反军阀的战争中，蒋介石通过主持黄埔军校，聚集了一批"天子门生"③，为日后的军事独裁奠定了基础。后来的事实

---

① 《李宗仁回忆录》上卷，第271页。
② （广州）《民国日报》，1926年7月30日。
③ 《李宗仁回忆录》上卷，第310页。

进一步表明，蒋介石奉行的同样是强权政治，科举废除后军人干预政治的局面并无大的改观。对此，胡适曾著文指出："其实今日所谓'党治'，说也可怜，哪里是'党治'，只是'军人治党'而已"；如果国民党不"觉悟宪法的必要"，如果国民的人权没有保障，"国民党也休想不受武人的摧残支配"[①]。胡适所言，点明了蒋介石实行军事独裁的实质。

不过这并不能证明广东国民政府的北伐是以暴易暴，是单纯军事力量的胜利。因为北伐前后，蒋介石的政治思想曾发生变化，其军事独裁倾向并非一开始就表露无遗。另外，还应看到，南京国民政府毕竟是在反军阀的战争中建立的政权，因而不可能不做出一些恢复文官政治的努力，兑现一些政治承诺，由此构成其与军阀统治的区别[②]。1928年，国民政府在宣布"训政"的同时，开始试行考选、铨叙政府员吏的"公务员制度"，并相继制订《考选委员会组织法》《考试法》《襄试法》《典试规程》等一系列法规。这些努力的客观效果当然值得考究，但一个政权能够以法律形式肯定官吏考选制度，不能不说是中国传统的"文治主义"的一大胜利[③]。

---

① 胡适：《人权与约法》，《人权论集》，上海：新月书店，1930年，第18—19页。
② 关于国民政府统治时期的军事独裁与北洋军阀时期的"黩武主义"的区别，可参阅Chi His-sheng, *Warlord Politics in China 1916-1928*, Stanford: Stanford University Press, 1976, pp. 232-235.
③ 参阅 Chien Tuan-sheng, *The Government and Politics of China*, pp.234-238.

五、结论

科举制度行之千年，积久弊生，明季以来，受到众多有识之士批评。晚清西学东渐，学堂兴起，在清朝统治的最后十年，人们开始寻找科举制度的功能替代物。斯时一般人以为新式学堂可取代科举制度，加之日俄战争的刺激，终于导致这一制度被最后废除。科举制度废除有利于近代教育制度的发展，但以培养专业人才为基本特征的近代学堂教育并不能完全涵盖旨在选拔政府官吏的科举制度，更不能替代科举制度维系文官统治的政治功能。科举制度的废除，导致传统的重文轻武价值观念发生变化，知识阶层地位下降，军人地位急剧上升。更重要的是，科举这一维系文官政治制度的废弃，为军人秉政大开方便之门。民初延续几乎一代人的军阀统治，成因固然复杂，但科举废除而又无术以善其后，显然是一个不可忽视的重要原因。军阀奉行"黩武主义"，给近代中国历史留下黑暗的一页。军阀之祸，实质上是军事力量脱离文官政治制约之祸，是单纯军事力量肆虐之祸。广州国民政府政治家意识到军阀政治的症结所在，在反对军阀的斗争中，根据传统的科举制度，结合现代民主精神，重新描绘出文官政治蓝图，力图将武装力量纳入文治轨迹。这在相当程度上决定了人心向背，北伐缘此而取得成功。

近代中国文武弛张变化的历史呈现出一条清晰的运动轨迹：从清季国人酝酿废除科举到实际将这一制度化为历史陈迹，到呼吁尚武精神，到民初备尝军阀祸害之后的掀起"废督裁兵"运动，再到北伐成功之后重建考试制度，经过差不多一代人的探索之后，历史似乎又回到它的起点。这种在形式上周而复始的历史运动，表明科举制度中的一些因子仍然有其存在价值，如果经过类似西方国家在引进科举制度时所做的改造，对于中国的现代化事业，或许会产生与当初力主将其废除的国人的主观设想不尽相同的社会作用。

论《临时约法》对民国政体的设计规划

南京临时政府颁布实施的《中华民国临时约法》是中国近代历史上一部具有共和民主性质、可以"伦比宪法"的文件。以孙中山为代表的革命派人士将它悬为国典，以国家根本大法形式，宣布废除君主集权制度，确立刚刚诞生的共和国的国体和政体，促成中国社会政治制度的根本变革，厥功甚伟。然而，以当时国人仰慕仿效的美国宪法，制定之后，尚且提出数十次修正案，很难设想，作为共和民主制度的初步尝试，中国年轻的共和国缔造者操作伊始，匆迫之中，便设计出完美无缺的共和国宪法图式。经过长期的研究探讨，对《临时约法》存在缺陷这一问题，学术界已达成共识，并无轩轾。但《临时约法》的缺陷究竟何在？既有论述却不无偏至。质言之，迄今有关研究大多局限在约法所设定的中华民国的性质即

"国体"层面①，对约法规定的国家政权组织形式即"政体"层面的缺陷却殊少措意，对民初政争与这一缺陷之间的逻辑联系，更是鲜有论及。本文有感于斯而作，经心注目者，自在后一层面。由于笔者是在承认《临时约法》的"革命性"与"进步性"，承认民初政争的基本性质是"国体之争"的大前提下立论，以下行文不重复学术界的既有论述，应当不算一种偏颇。

一、政体选择：因人而异

《临时约法》规定中华民国实施责任内阁制，这一政体选择，带有明显的"因人立法"因素。为证明这一点，有必要对孙中山等人在政体方面的一贯主张做一番考察。

中国在辛亥革命成功后建立的民主共和国应当选择何种政权组织形式，是一十分重要而又异常复杂的问题。在当时的形势下，如果君主立宪不在考虑之列，可供选择的政体只有两种：一种为美国式的总统制，一种为法国式的责任内阁制。在这一问题上，尽管革命派内部有不同的取舍去就，多数人无疑主张效法美国。早在1894年兴中会成立时，孙中山提出"驱除鞑虏，恢复中华，创立合众政府"的入会誓词，所谓"合众政府"，在当时乃是特指美国式的共

---

① 对于《临时约法》国体层面的缺陷，国内学术界多从它的"资产阶级性"这一角度展开批评。有人批评它规定"主权在民"，不过是资产阶级把自己打扮成"全民代表"，用"全民国家"掩盖资产阶级专政的实质。有人批评分权制的约法是资产阶级意志的集中体现，对人民来说，"根本不存在什么权力的分立"。类似言论尚多，毋庸赘列。

和政府。1903年孙中山在檀香山对华侨演说，明确指出要"效法美国，选举总统，废除专制，实行共和"[①]。1906年秋冬之际，孙中山与黄兴等人在日本制定《中国同盟会革命方略》，提出分三个时期实施革命纲领的构想，提出在第三期即"宪法之治"时期，须由国民"公举大总统及公举议员以组织国会；一国之政事，依于宪法以行之"[②]。可见，效法美国，实施总统制，乃是孙中山等人蓄之已久的政治主张。

　　武昌起义发生后，各省响应，未逾一月，清政府三分天下失其二，中国的政治重建提上议事日程。1911年11月底至12初，独立各省代表以大局粗定，汇集汉口，商议组织中央政府事宜。与会代表拟定的《临时政府组织大纲》亦决定依照美国的政体模式，实施总统制，选举临时大总统统摄全国军政事务。但是在酝酿临时大总统人选时，因利益冲突，鄂、浙对峙，一时未能产生可为各方接受的人选。12月25日孙中山从海外归国，打破了临时政府组建中的僵持局面，但同盟会内部却为临时政府的政体选择发生一场争执。孙中山素来主张总统制，自然不改初衷。出来唱对台戏的是宋教仁。宋氏在临时政府组建前的政体主张殊难捉摸。武昌起义后，当独立各省初感缺乏领导指挥中枢之时，他曾有拥戴黄兴为总统的想法[③]，

① 《檀香山华侨》，第14页，转引自中华书局编辑部编：《纪念辛亥革命七十周年学术讨论会论文集》上册，北京：中华书局，1983年，第70页。
② 广东社会科学院历史研究室等编：《孙中山全集》第1卷，北京：中华书局1981年，第298页。
③ 《胡汉民自传》云："钝初居日本，颇习政党纵横之术，内挟克强为重……，欲戴为总统。"见胡汉民：《胡汉民自传》，近代史资料编辑组编：《近代史资料》总45号，北京：中国社会科学出版社，1981年，第54页。

于总统制政体，似无不慊。但当孙中山准备应选临时大总统时，他又改变口径，力主责任内阁制。居正《辛亥札记》记曰：

> 同盟会于1912年12月26日假哈同花园公宴总理（孙中山），宋钝初自宁赴会。席次，克强与英士、钝初密商，举总理为大总统，分途向各代表示意。计已定，晚间复集总理寓所，会商政府组织方案。宋钝初主张内阁制，总理力持不可。克强劝钝初取消提议，未决。克强定期赴宁，向代表会商定。[①]

文中提到的晚间所开之会，即"讨论总统制与内阁制之取舍"的同盟会"最高干部会议"。与会者除孙中山外，尚有黄兴、汪精卫、陈英士、宋教仁、马君武、居正、张人杰等。孙中山在会上明确阐述了自己的意见：

> 内阁制乃平时不使元首当政治之冲，故以总理对国会负责，断非此非常时代所宜。……余亦不肯徇诸人之意见，自居于神圣赘疣，以误革命之大计。[②]

这次会议虽未能说服宋教仁放弃责任内阁制主张，但同盟会核心领导层多数人的意见已经趋同。会后黄兴前往南京，同正在那

---

① 陈旭麓主编：《宋教仁集》上册，北京：中华书局，1981年，序言第9页。
② 《在上海召集同盟会最高干部会议上的发言》，1911年12月26日，陈旭麓、郝盛潮主编：《孙中山集外集》，上海：上海人民出版社，1990年，第47页。

里筹建临时政府的各省代表会商推举孙中山为临时大总统。12月29日，17省代表开会选举临时大总统，孙中山以16票当选，3天后宣誓就职。不久，临时参议院也在南京成立。于是，中国历史上第一个总统制共和国政权得以诞生。

南京临时政府实施总统制并非权宜之策。这一抉择不仅反映了以孙中山为代表的同盟会多数成员的意志，而且符合社会其他阶层及政治派别中多数人的愿望。武昌起义之后，以主张"美利坚合众国之制度当为吾国他日之模范"①得到广泛响应的《组织全国会议团通告书》，其发起人包括张謇、汤寿潜、伍秩庸、于右任、高梦旦在内的苏、浙、赣、皖、粤、鄂、湘等14省的18位颇具影响的人士，即为明证。

那么，独立各省在决定采择总统制政体时是否考虑过具体的总统人选？当《临时政府组织大纲》制定时，不同政治集团及地域集团容或有自己准备推举的偶像，但未来的临时大总统位置最终将由谁来占据还是一个未知数。慑于袁世凯的军事压力，担心他"像曾国藩替清室出力把太平天国搞垮一样来搞垮革命"②，独立各省代表会议曾有虚位以待袁世凯反正的承诺。但当时袁世凯尚为清政府的内阁总理大臣，大权在握，统摄军政，北洋军正在前线与民军对峙，他能不能"反正"亦难逆料，因而总统制绝非为袁而设。那么，组建临时政府之初是否有将总统位置属之孙中山的考虑？也没

---

① 傅德华编：《于右任辛亥文集》，上海：复旦大学出版社，1986年，第218—219页。

② 李书城：《辛亥前后黄克强先生的革命活动》，中国人民政治协商会议全国委员会文史资料研究委员会编：《辛亥革命回忆录》第1集，北京：文史资料出版社，1961年，第200页。

有。尽管多数同盟会成员衷心拥戴孙中山，但是，当武昌起义，各省响应之时，孙中山尚在海外，而各省代表均亟亟于临时政府之组织。虽有马君武、黄兴等人极力为孙中山运动，但多数代表之意，最初并不赞成孙，而偏向推举黎元洪。谭人凤《石叟牌词叙录》对此有详细的记载：

> 各省代表之在南京者，亟亟临时政府之组织，又拟以临时总统推克强。时马君武为中山运动甚力，克强知中山之将至也，亦意存推让，惟余则极力反对之。盖因黎既冒首义功，自应俾之过渡，而后可移湖北地位于党人。加以中山不悉国内情形，临时政府初起事艰，决难胜任，不如以全权大使历聘列国，备为异日正式选任。比赴南京商之各议员，亦多然余者。主黎者十之六，主黄者十之三，主孙者十之一二而已。[①]

谭氏称"主孙者"仅十之一二，未必确当，但孙中山最初并未成为多数人心中的总统人选则应当是事实。章太炎就曾公开表示："若举总统，以功则黄兴，以才则宋教仁，以德则汪精卫"[②]，并未提到孙中山，可为这一结论之佐证。孙中山尽瘁国事20余年，声望夙著，但政治权力的分配往往并不看重声望。孙中山最终获选临时大总统，手握民军兵权且有谦让美德的黄兴疏通运动，实有以致之。

---

① 谭人凤：《石叟牌词叙录》，《近代史资料》1956年第3期，第59页。
② 《胡汉民自传》，《近代史资料》总45号，第54页。

　　由于临时大总统人选较多，在《临时政府组织大纲》确定总统制政体时，各省代表在具体总统人选上意见尚有分歧，临时政府在尔后一段时间里亦一度经历难产的阵痛，因而可以断言，南京临时政府选择总统制政体没有也不可能有因人立法、视人建制的因素掺和其间。

　　以上述史实为参照，对比分析《临时约法》的政体抉择，也就不难窥见个中弊端。与《临时政府组织大纲》相较，《临时约法》做出的一个重大修正，即是将南京临时政府已开始运作的美国式总统制改为法国式的责任内阁制。这一重大改动与宋教仁的极力鼓动不无关系。宋氏在临时政府建立后被委以"法制院总裁"[①]一职。"在临时约法制定过程中，宋教仁扮演了中国的杰佛逊的角色"[②]，"临时政令，多出其手"[③]。不过，尽管宋教仁可以在约法制定中发挥一定的作用，但他个人的身份地位尚不足以决定约法通过。只有立法机构参议院才具有这样的能力。而参议院同意变更政体则显然与总统人选的变更有关。前已述明，南北议和时，各省代表曾有虚位以待袁世凯反正的承诺，孙中山就任临时大总统时，亦曾表示一旦清帝退位、袁世凯表示赞成共和，便辞去所任之职。约法制定之时，清帝退位已成定局，袁世凯也已承诺赞成共和。在此情势下，孙中山不能不然诺让位于袁。然而，袁世凯之心，殊不

---

① 《太炎自订年谱》称：孙中山原拟任宋教仁为内务部长，因"府中粤人与钝初不协，恶其豫政，用为法制院总裁"。汤志钧编：《章太炎年谱长编》上册，北京：中华书局，1979年，第370页。

② John K·Fairbank, *The Great Chinese Revolution,1800-1985,* London: Chatto and Windus, 1987, p.172.

③ 李法章：《梁溪旅稿》，转引自《纪念辛亥革命七十周年学术讨论会论文集》中册，第1513页。

可测。从他戊戌以后的政治表现来看，任何一个站在维护民主共
和立场的政治家都不能不对他心存戒备。孙中山领导中国革命历17
载，其间革命志士为建立民主共和制度付出巨大代价，岂会甘心将
已经打下的江山拱手让出？但由于力量对比悬殊，又不得不让，只
好在让的同时设法防范。防范措施，首在立法改制，而同盟会员在
参议院中占居多数席位，也为出此一策提供了便利条件。这是孙中
山等人不得不犯"因人立法"之忌，毅然改变政体的主、客观原
因。对此，李剑农曾分析说：

> 从前修改临时政府组织大纲时，宋教仁想把它变为责任内
> 阁制，那些对于宋教仁怀疑忌心的代表先生们，因为要打击宋教
> 仁的原故，拼命的反对，使责任内阁不能实现。现在所制定的约
> 法，预备在袁世凯临时总统任内施行，又因为要抑制袁世凯野心
> 的原故，竟把总统制改为责任内阁制了。[1]

李剑农的话说对了一半：将从前包括孙中山在内的大多数革命
派及独立各省人士主张总统制说成是为了反对宋教仁，显然不符合
实际；但将已经实施的总统制改为内阁制的原因归结为限制袁世凯
的需要，则是符合事实的。

值得注意的是，身为临时大总统并一贯主张总统制的孙中山也
曾参与制定约法的会议。尽管约法"具体规定的政治体制不完全符

---

① 李剑农：《中国近百年政治史》，上海：商务印书馆，1947年，第384页。

合他的思想体系"①，他却没有表示异议，并亲自将它公之于世。这说明孙中山此时已放弃自己在政体选择上的既有立场。1913年春孙氏语涉政体的一次演说，颇能让人看出这一变化，他说：

> 至于政府之组织，有总统制，有内阁制之分。法国则内阁制度，美国则总统制度。内阁若有不善之行为，人民可以推倒之，另行组织内阁。总统制度为总统担负责任，不但有皇帝性质，其权力且在英、德诸立宪国帝皇之上。美国之所以采取总统制度，此因其政体有联邦性质，故不得不集权于总统，以谋行政统一。现就中国情形论之，以内阁制为佳。我的国民，莫不主张政党内阁。②

孙中山显然不至于忘了他不久前还说过内阁制"断非此非常时代所宜"，但此时却又说出上述这番话，可见其思想中的实用主义色彩。这种实用主义表现在法制建设上，就是"因人立法"，是法律家引为大戒的。或有人认为，袁世凯乃一代枭雄，具有帝制自为倾向，改变政体作为革命策略，未尝不可？此论昧于约法性质者殊甚。盖约法系国家根本大法，事关国家基本制度，应根据国情、民意及社会发展趋势慎重采定，而不应以一时最高行政长官的人选更迭为转移。一个国家终不至于奸雄长期当道，若谓奸雄当道，不妨姑行此道以制之，当时过境迁，贤能的统治者执政时，是否又要再

---

① 朱宗震：《孙中山在民国初年的决策研究》，成都：四川人民出版社，1991年，第82页。
② 孙中山：《在神户国民党交通部欢迎会的演说》，1913年3月13日，《孙中山全集》第3卷，第44页。

次"因人立法"，改变体制呢？中国乃一大国，政体选择是为国家政制的基本建设，须从有利于长治久安去考虑。国家不是政治家的试验场，政体制度更不容许反反复复如弈棋，这样做国家和人民都将不堪其累。况且限制袁氏专权须以相当的政治军事实力为后盾，若实力不足以震慑政治对手，使之有所顾虑，而徒以一纸约法去要求对方遵守，这在政治上不啻是幼稚的想法。

对于南京临时政府参议院"因人立法"这一做法，当时的革命党人大多讳莫如深。谷钟秀在解释政体变更原因时说：

> 各省联合之始，实有类于美利坚十三州之联合，因其自然之势，宜建为联邦国家，故采美之总统制。自临时政府成立后，感于南北统一之必要，宜建为单一国家，如法兰西之集权政府，故采法之内阁制。[1]

这种解释，诚如时人早已指出的那样，不过是为掩盖其"对人立法"[2]的真实用意而已，是难以自圆其说的。为什么单一国就不可实施总统制？法国不是单一国实施总统制的先例吗？为什么联邦国就不能实施内阁制？英国乃联邦制国家，实施的不正是内阁制吗？谷钟秀所言是根据何种宪法原理，他自己没有说清楚也不可能说清楚。因为以革命派为主体的参议院议员在制定约法改变政体时，用心所在，是要限制袁世凯专权，似乎还未想到应当从法理上

---

[1]　李剑农：《中国近百年政治史》，第348—349页。
[2]　李剑农：《中国近百年政治史》，第348—349页。

为变更政体寻找几条有说服力的理由。

二、权力体系：异构多元

《临时约法》的制定者"因人立法"，为限制袁世凯的权力将总统制改为内阁制。但已经建立的制度改动起来殊非易事。南京临时参议院的议员们不得不寻求平衡，在赋予内阁行政权力的同时，保留了总统制政体下国家元首享有的若干权力，致使总统府与国务院权限不明，混淆了总统制与责任内阁制的界限，将临时政府规划成了一种畸形的政治体制。

如前所述，南京临时政府创建之初，实施的是总统制。总统为最高行政长官，政府各部总长由总统任命，对总统负责，斯时并无"总理"一职。《临时约法》在总统之外，复设总理，是为总统制改为责任内阁制的标志。但《临时约法》规范的责任内阁制并不完备，要害在于改制之后，未能确定总统府与国务院孰为最高行政中枢。约法规定："临时大总统代表临时政府总揽政务，公布法律"，"统帅全国海陆军"，"制定官制、官规"，"任免文武官员"。约法涉及内阁权限的规定主要有两条：一、"国务员辅佐临时大总统，负其责"；二、"国务员于临时大总统提出法律案、公布法律，及发布命令时，须副署之"[1]。从约法条文上看，既然国务员对总统只是起"辅佐"作用，而总统却被赋予"总揽政

---

[1]　《中华民国临时约法》，中国史学会主编：《中国近代史料丛刊》第47册，《辛亥革命》（八），上海：人民出版社，1954年，第34—35页。

务"之权，则总统府应为最高行政中枢。然而问题并非如此简单。总统虽可"总揽政务"，但国家实际政务需要通过政府各部门推进实施，加之"副署"权的规定，这就赋予国务院以巨大的权力。同盟会的一份通电亦承认："民国约法，采法国制。参议院为最高之机关，而国务院为责任之主体，总统所发布之法制、命令及一切公文，皆须国务院副署，始能发生效力，其实权握在国务员之手。"①由于总统府和国务院都被赋予相当的行政权，而《临时约法》又"并未说明内阁是对总统或是对议会承担责任"②，于是导致一国之内两个行政中枢并存的政体格局。根据约法"总揽政务"的规定，总统府有理由要求国务院居于辅佐及从属的行政位置；但是根据约法"副署"权的规定以及责任内阁制国家总理及各部部长身当行政要冲的通例，总理也有理由要求总统赋闲，居于类似君主立宪国君主虽至尊荣，却无与实政的地位。在这种情况下，临时参议院把"新内阁由袁世凯总统而不是由国务总理选定一事作为例外情况"③处理，试图以屈就一方的形式来区分府院权限，但这并没有使临时政府的政体结构有所改善。《中国民治主义》一书的作者鲍明钤（Mingchien Joshua Bau）分析说：

（在此政体结构内），如果议会较为强大有力，内阁和总

① 朱宗震、杨光辉编：《民初政争与二次革命》上册，上海：上海人民出版社，1983年，第54页。
② 陈志让：《乱世奸雄袁世凯》，傅志明、鲜于浩译，长沙：湖南人民出版社，1988年，第125页。
③ 《朱尔典爵士致格雷爵士函》附件《伟晋颂领事致朱尔典爵士函》，1912年3月21日，《英国蓝皮书有关辛亥革命资料选译》下册，胡滨译，北京：中华书局，1984年，第543页。

理将被引向对议会负责的方向，否则他们就要对总统负责。副署权及政府预算表决权的设置似乎表明临时约法的制订者最初的动机是要建立一种责任内阁制。然而事实上，围绕权力的争斗以及责任在总统和总理之间和转移，使这一体制既非内阁制亦非总统制，而勿宁是责任不明的双重行政体制。这种体制除了在总统和总理之间产生经常性磨擦，则一无所能。①

这一分析应当是有道理的。从民初政治的实践上看，政争不断，虽然政争的性质极为复杂，但至少"府院之争"②可以作为上述政体结构缺陷的例证。"府院之争"是民初政治史上一种独特政象。这一政象从民国第一届内阁建立起便已出现，直到责任内阁制在中国寿终正寝，其间只要国务总理不甘寂寞，要求履行《临时约法》赋予的权力，便会以某种形式表现出来。

以唐绍仪内阁与袁世凯总统府的关系为例。袁、唐相识，始于袁在朝鲜总理营务之时。当时唐为北洋派驻朝鲜帮办税务的局员，颇受袁器重。后袁升任山东巡抚，唐以道员随往山东，办理外交。袁调任直督时，特保在东抚任内出力人员，称唐"才识卓越，谙练外交，请记名简放"。到任后，即奏请以唐署津海关道。从此唐绍仪与赵秉钧一道，成为袁世凯的左右手，并逐渐在政界崭露头角。由于袁世凯对唐绍仪有提携扶持之恩，加之二人有近30年的私交，

---

① Mingchien Joshua Bau , *Modern Democracy in China,* Shanghai: The Commercial Press Limited, 1927, p.94.

② "府院之争"有广狭二义，狭义者特指黎元洪的总统府与段祺瑞的国务院围绕对德宣战等问题展开的争斗，广义者则泛指一切府院政争。本文从广义上使用这一概念。

一般认为，让唐出任总理，府、院之间不致有互相龃龉之事[1]。然而，由于政体结构的缺陷以及其他因素的影响，唐、袁之间亦未能避免冲突。上任伊始，"国务总理唐绍仪毅然主张内阁制，设国务会议，以为执行职权之枢纽"[2]，府院之间便形成对峙。以后，唐凭借《临时约法》赋予的权力，"对于袁的行动，处处不肯放松"[3]。袁世凯第一次到参议院发表的宣言书稿，"中间多经唐氏改窜，乃行发表"[4]。总统府的职官，"以总统府发一议、出一令，必须经国务院之阶级，且有时驳还，深病之"。唐绍仪却坚持己见，不稍假借。"有时白总统持异议，抗争座上不稍屈"。总统府的侍从武官，每侧目视之，见唐到来，便私下议论："今日唐总理又来欺侮我总统耶？"袁世凯则出以至可惊骇之言："吾老矣，铃。铃铃少川，子其为总统。"[5]

终于，唐、袁之争围绕王芝祥督直问题而尖锐化。王芝祥是曾经依附革命党的军政要员，直隶民党运动直省议会公举王为直隶都督，隐含以王牵制在北京就不肯南下的袁世凯之意。唐绍仪一度同情革命，在南京组阁时，颇赞同以王督直之议。唐入京后，面见袁世凯，以王督直之事相商，"世凯雅不欲，颇相持"[6]。不久唐电召王芝祥入京，引起直隶五路军界通电反对。袁遂以军界反对为

① 李剑农：《中国近百年政治史》，第373页。
② 白蕉：《袁世凯与中华民国》，中国社会科学院近代史研究所近代史资料编辑室编：《近代稗海》第3辑，成都：四川人民出版社，1985年，第41页。
③ 李剑农：《中国近百年政治史》，第374页。
④ 远生：《政界内形记（二件）》，《民初政争与二次革命》上册，第30页。
⑤ 谷钟秀：《中华民国开国史》，章伯锋、李宗一主编：《北洋军阀》第2卷，武汉：武汉出版社，1990年，第2页。
⑥ 林长民：《参议院一年史》，《北洋军阀》第2卷，第12页。

由，委任王赴南京遣散军队。对此，唐拒绝副署，认为政府不应漠视直省议会之议。袁世凯早对《临时约法》赋予国务员"副署"权不以为然，遂以未经唐副署的委任状，"直接交王芝祥拜领"[1]。唐绍仪怒不可遏，于次日提出辞呈，同盟会阁员随之辞职，其他阁员亦不安于位，唐绍仪内阁由是瓦解。

不难看出，就性质而言，唐绍仪任内阁总理时的"府院之争"在相当程度上是属于政体之争而非国体之争。事实上，在不少情况下，唐绍仪是自恃"与袁总统有旧"[2]才无所顾忌，犯颜抗争的。虽然王芝祥任直督曾是革命派设计的限制袁世凯的一项措施，但当袁委任王赴南京遣散军队，唐绍仪拒绝"副署"时，王已被袁世凯收买，此时即便让他督直，也不能贯彻革命派的初衷。在这种情况下，王芝祥督直之争也就失去政治斗争色彩，变成府院之间的权限之争。而这类争执之所以发生，明显与《临时约法》未能划清府院权限有关。

《临时约法》另一缺陷在于未能在规划政体结构时妥善处理立法与行政的关系。在现代民主制度下，立法与行政的关系殊难把握。自1748年法国思想家孟德斯鸠著《法意》以来，三权分立学说，风靡欧美政治学界。举凡代议制国家，无论是以共和还是以君宪为政体，莫不采择分权体制。《临时约法》的制定者本此以为规划政体结构的理论依据，固无可訾议。然而仅仅明白分权的道理尚远远不够，关键在于如何处理各权力机构尤其是立法与行政之间

---

[1] 谷钟秀：《中华民国开国史》，《北洋军阀》第2卷，第2页。
[2] 谷钟秀：《中华民国开国史》，《北洋军阀》第2卷，第2页。

的关系，找到一种既能彼此制衡，又能保证双方协调动作的运行机制。如果政治家"过分拘泥于他们将予以说明和检验的国家制度形式"，而"不去揭示它们的职能的奥妙"，这将是一种"严重过失"①。

《临时约法》的制定者明显忽略了这一道理，他们"狃于三权分立之说，好持异议"②，设计出一个并不能依其初衷限制袁世凯，却足以引发立法行政冲突的政治体制。《临时约法》最显著的特征在于赋予立法机构——参议院以广泛的权力，在利用立法权来束缚行政权的时候，却没有想到立法部门的权力也应当有所制约。这集中表现在"同意权"的设置上。《临时约法》第33条规定，临时大总统有任命文武官员的权力，"但任命国务员及外交大使、公使，须得参议院之同意"③。有此规定，本来属于行政方面的人事权也就在相当程度上转移到立法方面。或有人认为，这不过是效法英、法等责任内阁制国家的做法，何足为怪？其实英、法等国立法机关对行政部门任免官吏的"同意权"是极为有限的。"英、法的责任内阁，不过是以内阁总理取得国会多数的信任为条件，总理以外的国务员，全由总理择人组织。"④英、法等国之所以采取内阁总理择人组阁、对总理以外的阁员无须议会"同意"的做法，是因为议会对行政首脑的信任理应包括对他用人行政能力的信任。后来曾担任美国总统的政治学者威尔逊在研

①　威尔逊：《国会政体——美国政治研究》，北京：商务印书馆，1986年，第6页。
②　《胡汉民自传》，《近代史资料》总45号，第57页。
③　《中华民国临时约法》，《辛亥革命》（八），第34页。
④　李剑农：《中国近百年政治史》，第384页。

究国会政体运作机制时曾指出：

> 如果说有一条比较明确的原则的话，那就是无论做什么事情，不管是政治性的还是商业性的，都必须信任一个人。……为了使生意能按你所希望的速度发展并获得成功，你必须毫不怀疑地信任你的主要管理人员，赋予他可以使你破产的权力，因为这样才能给他为你服务的动力。……最好的领导人总是一些委以重任、并使其感到，如能以国家为重，秉公用权，必将得到甚多荣誉和好报；同时也应使其明白，滥用一分权力，必将不能逃脱应得的惩处。①

威尔逊阐述的这一"原则"，孙中山等人并非没有认识。在组建临时政府时，孙中山曾提出："吾人不能对唯一置信推举之人，而复设防制之法度。"②稍后，当《民立报》记者就政治问题征询其意见时，孙中山亦表示："鄙意欲握政权者既大有人，似尽可使之肯负责任。设时局竟不可为，余固不能坐视。"③黄兴也曾主张给政府首脑以较大的权力，不赞成过分束缚政府的手脚，认为"苟有强力之政府，以统治国家财政兵力，互相贯注，可收指臂之效"④。类似言论在章太炎、刘揆一、于右任等人的著作中

---

① 威尔逊：《国会政体——美国政治研究》，北京：商务印书馆，1986年，第156页。
② 《孙中山集外集》，第47页。
③ 《在上海与〈民立报〉记者的谈话》，1912年6月22日，《孙中山全集》第2卷，第381页。
④ 黄兴：《在国民党湘支部大会上的演讲》，1912年11月3日，湖南省社会科学院编：《黄兴集》，北京：中华书局，1981年，第294页。

亦可读到。

　　但是，在制定《临时约法》时，由于"因人立法"因素掺和其间，理论与实践之间呈现出强烈的反差。此时以同盟会成员为主体的参议员一心要限制行政首脑的权力，也就考虑不到政府在此体制下能否有所作为；只看到眼前上任的可能是一位暴君，却想不到以后登台的可能是一位贤人；只意识到行政的权力应当受到制约，却不知道应当把握制约的力度，更不知道立法机构的权力也不能过于膨胀。于是一方面产生较之英、法等国限制行政权力的措施更为"变本加厉"[①]的同意权，另一方面，对行政如何反过来制约立法，却没有一条具体的规定。这显然是说不过去的。所谓分权制衡应该是双向互动的。西方责任内阁制国家寻求立法行政制约之道，除规定议员可对政府"动议指摘"（Motion of Censure），以及对政府提出"不信任投票"，迫使其倒阁或借以纠正其为政之弊外，大多同时规定行政首脑在必要时有依法解散国会并限期重开国会的权力[②]。《临时约法》只有"同意权"而无"解散权"，揆诸临时参议院议员之本意，大概是想操政治上之主动，制人而不受制于人。殊不知这种做法却因与自己鼓吹的分权制衡理论不相吻合，不但不能收限制行政首脑之效，反而授人以柄，引起反对派人士的激烈辩驳，认为这样做不仅会造成权力结构上的"畸轻畸重"，在"法理上"难以成立，而且使政府丧失"独立机关之性质"[③]，无

---

① 李剑农：《中国近百年政治史》，第348页。

② 参阅邱昌渭：《议会制度》第3章"议会职权"，上海：世界书局，1933年，第246—247页。

③ 梁启超：《同意权与解散权》，《饮冰室合集》第4册《文集》之三十，北京：中华书局，1989年，第1—5页。

以发挥应有的效能。

　　从政治实践角度考察，"同意权"是否有必要设置也值得商榷。主张"同意权"的参议员的用意，不过是担心总统所用非人，故立此以为防范。但他们忽略了一个重要问题，即若要防之而有效，必假定国会之多数党和总统为异党。《临时约法》制定时，同盟会成员虽暂居议会多数，但在政党分化组合异常迅速的政治形势下，同盟会成员岂能始终稳操胜券？若国会形势改变，多数党变为总统的同党或立场一致，则总统提出的国务员安有不予通过之理？若是，则约法中国会的"同意权"形同虚设，不过于形式上多一手续而已，存之何宜？若总统与国会多数党为异党，则国会完全可以采取否定政府提出的法案或动用弹劾手段达到制约行政的目的，大可不必以非常手段，以"同意权"来制其手脚，俾其驯服。况且"同意权"能否发生作用还得视实施对象而定。按临时政府参议员之意，是要限制袁世凯，认为袁既为责任内阁制度下的总统，就应该养尊赋闲，垂拱而治，不负实际行政责任。他们显然忽略了，袁世凯的总统头衔虽系通过参议院推选的形式获得，但其实际权力并非《临时约法》赋予，而是来源于北洋军队的实力和各种社会势力的支持。一个手握重兵且长期居于政治要津的风云人物，岂能甘于寂寞？诚如袁氏所言："世凯既负国民之委托，则天下兴亡，安能漠视？"[1]在这种情况下，寄希望以"同意权"来限制袁世凯的所作所为，显然不切实际。梁启超在《同意权与解散权》一文中分析道：

---

[1]　《民初政争与二次革命》上册，第56页。

　　谓必有同意权，然后国会始得有所凭借以坊总统，其暗于政治作用亦甚矣。总统而遵政治之常轨以遇国会耶，则虽无同意权，而多数党之操纵，绰绰有余地……；总统而不遵常轨以遇国会耶，则如克林威尔之以铁骑闭锁国会，权力所在，何施不可？而谓区区法文上之同意权遂足以为坊，宁非谵呓。是故同意权之为物，从法理方面观察之，其不完也既若彼；从政治方面观察之，其无用也又若此，论者必龈龈然争之，吾不知其何取也。①

　　如果说梁启超作为与革命党人对立的思想家，他的政论每多感情色彩，未必在理，我们不妨考察一下其他各界人士对这一问题的认识。

　　最早明确指出《临时约法》在政体规划上的缺陷并将它与民初政争联系在一起分析的恐怕要算熟悉近代责任内阁制的英国人。《临时约法》刚刚炮制出来，英国驻南京领事伟晋颂便在致朱尔典的一封信中明确指出："《临时约法》中对总统、各部和参议院的权力都规定得很不明确，将来很可能是经常产生争议的根源。"②稍后，美国驻京公使柔克义也对《临时约法》赋予立法机构过大的权力提出批评，认为该约法致使国家行政机构"受制于看来似乎是

————————
①　梁启超：《同意权与解散权》，《饮冰室合集》第4册《文集》之三十，第2页。
②　《伟晋颂领事致朱尔典爵士函》，《英国蓝皮书有关辛亥革命资料选译》下册，第543页。

真正管事的机构参议院"，而参议员的构成则大有问题①。

对于《临时约法》在政体规划上的缺陷，革命派中一些人也有所认识。谭人凤在《石叟牌词》中就曾指出参议院被不适当地赋予"干涉军事计划之大权"，认为以参议员操持军务政务，正所谓"筑室谋道，安有成功之冀望"②。一度比较激进的陈英士，在时过境迁之后，写信给黄兴回顾革命失败的教训，也承认民国初建，以革命派为主体的参议院"时有干涉政府用人行政之态度，卒至朝野冰炭，政党水火，既惹袁氏之忌，更起天下之疑"③，已多少悟出《临时约法》未能合理划分立法行政权限的问题。曾是革命队伍中一员的章太炎更是明确指出，临时政府建立后，在政治建设方面表现得无能为力，了无建树。"政府之无能力，在参议院之筑室谋道，议在锥刀，破文拆字。用一人必求同意，提一案必起纷争，始以党见忌人，终以攻人利己"，因而提出尽快"改定约法"④的建议。

后来的学者中，也有不少人对《临时约法》这一缺陷提出批评。谢彬在《民国政党史》一书中指出："南京参议院制定之《临时约法》，伸张国会权，制限政府行动，胥有过当之处。"⑤鲍明铃在《中国民治主义》一书中指出："当国家从绝对专制转为民主

① 《威·伍·柔克义来函》，骆惠敏编：《清末民初政情内幕——〈泰晤士报〉驻北京记者袁世凯政治顾问乔·厄·莫理循书信集》上册，北京：知识出版社，1986年，第962页。
② 谭人凤：《石叟牌词》，兰州：甘肃人民出版社，1983年，第132页。
③ 《陈英士致黄克强书》，《孙中山全集》第6卷，第217页。
④ 李剑农：《中国近百年政治史》，第378页；《章太炎之政见》，《时事新报》1912年5月7日，第2版。
⑤ 谢彬：《民国政党史》，《近代稗海》第6辑，成都：四川人民出版社，1987年，第13页。

共和，缺乏议会民主的实践经验和程序，立法机构便立即获得了任命总理、内阁部长、大使等的同意权，这给议会干涉国家行政以众多机会。"鲍氏甚至认为，《临时约法》的这一缺陷，"使中国付出了内战的沉痛代价"[1]。

以上历史事件当事人及学者的论述未必尽当，例如鲍明钤的论述便有将中国内战原因简单化的嫌疑。但如此众多的人在不同时间，出于不同动机立场，却得出近乎一致的结论。这对研究《临时约法》在政体选择和规划上的缺陷，应有参考价值。

三、实施条件：顾此失彼

《临时约法》的制定者在孙中山辞去临时大总统职位之后，将民国政体由总统制改为责任内阁制，企图以此限制袁世凯专权，可谓用心良苦。然而，南京的参议员们在改变政体时似乎没有注意到责任内阁制的实施条件，缺乏对不同的代议制政体优劣利弊的权衡，只看到责任内阁制的优点，却看不到责任内阁制的弊端和不足，为中华民国的政体建设留下又一个遗憾。

为宋教仁写传略的徐血儿（徐大裕）曾说，宋教仁等人主张实施责任内阁制，乃是"内审国情，外察大势"[2]的结果。事实上，

---

[1] Mingchien Joshua Bau, *Modern Democracy in China,* Shanghai: The Commercial Press Limited, 1927, p. 98.

[2] 《宋渔父传略》，徐血儿等编：《宋教仁血案》，蔚庭、张勇整理，长沙：岳麓书社，1986年，第6页。

宋教仁以及南京临时参议院的参议员们在制宪改制时，并没有真正深入体察国情时势。他们主张责任内阁制的主要理由，宋教仁言之甚明：

> 盖内阁不善而可以更迭之，总统不善则无术变易之，如必欲变易之，必致摇动国本，此吾人所以不取总统制而取内阁制也。①

宋教仁等人申述的理由能否成立，这里姑且不论。问题在于，他们显然是从消极的立场来考虑如何设法建制，而没有从积极的建设性立场来考虑究竟什么样政体制度更适合中国社会的稳定与发展。

其实，就是从消极立场考虑，宋教仁等人的看法也未必在理。总统变更可能动摇国本，此论诚是。但内阁频频更迭又何尝不会动摇国本？宋教仁等人主张以法国的责任内阁制为楷模，然而在英、美、法、德等近代代议制国家中，法国恰恰是政局最为动荡不宁的国家。从1848年宪法制定开始，法国先后经历了秩序党的议会专制、路易·波拿巴政变、第二帝国的崩溃、布朗热事件等一系列政治动荡。在1870年至1914年这45年间，法国更换了52届内阁，平均每届内阁执政时间仅10个月，最短的还不足2个月。对于法国的政治体制，近世学者，每多訾议；对于法国政局动荡与法国政体的关系，国人亦多所论及②。对此，熟悉代议制历史的宋教仁等人不会

---

① 陈旭麓编：《宋教仁集》下册，第460页。
② 《统一党之政务讨论会》，《震旦》第1号，1913年2月北京统一党政务讨论会印行，《近代稗海》第6辑，第200页。

不知道；知道而出此一策，其决策之欠深思熟虑，则可断言。

从民初责任内阁制的实践来看，选择责任内阁制以避免国本动摇的想法也不切实际。据学者统计，民初内阁从唐绍仪任总理时开始，到1927年潘复的内阁，15年间，走马灯似的更换了46届，平均每届任期不到4个月[①]。如果将袁世凯改制的两年扣除不计，则任期更短。从内阁更换的频度来看，民初的中国与法国倒是颇为相似。然而，是不是每当政府不良，都有相对良好的政府取而代之，国家政治也因此获得转机，逐步走上健康发展的轨道呢？事实上，民初的内阁政治，即便不是每况愈下，也很难说有什么起色。宋教仁等人试图通过责任内阁制来维持的"国本"，无一日不在风雨飘摇之中，这不能不使人疑惑，《临时约法》制定者所做变更政体之举究竟有何意义。

更为重要的是，《临时约法》的制定者将总统制改为责任内阁制，似乎并没有想到诸如政党发展状况等实施这一政治体制的必备条件。人所共知，责任内阁制是以政党的相应发展为前提的。成熟的责任内阁应当是政党内阁，由在议会中居于多数席位的政党领袖出而组阁。内阁的更迭实际上反映的是议会中党派势力的消长变化。内阁政治只有在一个国家形成两大主流政党互相竞争制衡的机制时方能走上正轨。《临时约法》的制定者也曾设计政党内阁的政治蓝图。1912年6月28日同盟会本部召开全体职员大会，曾正式议决"绝对主张政党内阁"[②]。但当时中国的政党发育状况究竟如何

---

① 章熊：《中华民国的内阁（1912—1928）》；闻黎民编：《北京政府历届内阁国务员更迭简表》。均转引自《北洋军阀》第1卷，第188—212页。

② 《同盟会之宣言》，《正宗爱国报》，1912年7月2日。

呢？在1911年10月30日清政府宣布解除党禁之前，中国几无政党可言。当时分散各地的只是民间秘密会社，国人大多不知何为政党。民国建立后，"结社自由"载在《临时约法》，各种各样的政党及社团如才风起云涌，大量出现。截止1913年底，国内新成立的公开团体共有682个，其中政治团体就有312个[①]。然而，政党太多亦难以实践政党内阁，所谓"政党少则国事举，政党多则国事废"[②]，清楚道明了这层道理。民初所谓"混合内阁""超然内阁"的出现以及围绕这些类型内阁发生的政争，莫不与当时政党发展状况尚十分幼稚有关。

自章士钊在《民立报》上首倡"毁党造党"之说，并得到章太炎、宋教仁等人响应后，民初政党林立的格局开始改观。不久，以同盟会成员为主体的中国国民党和以立宪派人士为主体的进步党先后建立，国会内初步形成两大政党对垒的政治格局。但即便此时，中国的政党发育仍然极不成熟，这主要表现在三个方面：

其一，缺乏共同的政治信仰。虽然每个政党都标举自己的党纲，却没有成为党员的共同信仰。为争取议会中的多数席位，各党都拼命拉人入党，丝毫没有考虑到政党事业需要共同的理想信念来维系。以国民党及其前身同盟会为例。南北议和期间，南方提出国务总理须由同盟会员担任，但袁世凯坚持提名自己的亲信唐绍仪，双方一度争执不下。最后达成一个"双方兼顾"的协议：唐绍

① 张玉法：《民初政党的调查与分析》，张玉法主编：《中国现代史论集》第4辑，台北：联经出版事业公司，1980年，第35页。
② 冬心：《论政党变动与民国前途之关系》，《近代稗海》第6辑，第197页。

仪出任内阁总理，同时加入同盟会①。这无疑开了一个滥招党员的先例。国民党建立后，情况一发不可收拾。为造成大党声势，黄兴等国民党要人千方百计拉人入党。像程德全、张謇、梁士诒、赵秉钧、朱启钤等"思想政见枘凿不相入者"②，都成为黄兴的争取对象。黄兴甚至"劝袁世凯出来作国民党的领袖，说要如此，政府方有后援，政局才能安定"③。袁世凯老谋深算，当然不会入其彀中，但却发现可以借此将自己的人打入国民党内部，使之反过来为其所用。到1912年9月赵秉钧任总理组阁时，终于出现"府方授意一体加入国民党"④这一政党史上奇特的现象。

其二，缺乏对异党的宽容精神。实施政党内阁不能只有一个党，必须有与之对立的党。既有对立党，则主张、利害必有差异。在这种情况下，"政党对于他党，必有优容之气量"，自己发达，则"尤必望他党之能发达"，"譬若弈棋，必求高手对弈，棋势始有可观"⑤。对此，民初不少政党领袖均津津乐道。但在实际政治生活中，人们看到的则是完全相反的情形。国民党骂进步党为"官僚党"，喋喋不休；进步党则反唇相讥，骂国民党为"暴民党"，没完没了。两党议员在国会开会时经常大打出手，国会大厅成为党

---

① 刘厚生：《张謇传记》，上海：龙门联合出版社，1958年，第196—197页。
② 谭人凤：《石叟牌词叙录》，《近代史资料》总10号，北京：中华书局，1956年，第67页。
③ 李剑农：《中国近百年政治史》，第381页。
④ 张国淦：《中华民国内阁篇》，《近代史资料》总40号，北京：中华书局，1979年，第159—160页。
⑤ 梁启超：《莅民主党欢迎会演说辞》，《饮冰室合集》第4册《文集》之二十九，第21—22页。

人的斗殴场所①。更有甚者，则公开主张杀人。不仅袁世凯该杀，就是唐绍仪、熊希龄、章炳麟也都在该杀之列②，丝毫没有政治上宽容异己的精神，使人们对政党政治大失所望。

其三，缺乏广泛的社会基础。政党应当植根于社会，植根于广大民众之中，这是政党力量的源泉。然而，民初的政党组织差不多成了"读书绅士阶级的专用品"③。进步党系旧日的立宪派人士所组成，他们当中多新、旧制度下的既得利益者，其疏于与社会各阶层的联系自不待言。就连同盟会和后来的国民党的成员，除了孙中山和少数几个人外，都相当保守。"他们不仅很少关心改进下层民众的状况，保障妇女的权利，甚至对要求这些权利的民众实施镇压。"④这就使民初政党缺乏社会根基，如水上浮萍，稍遇风雨，便会被打得七零八落。

显而易见，民初的政党"是不能与它们亟欲效法的欧洲政党相提并论的"⑤。当时中国的大多数政党"充其量只是聚集在某个著名人物身边的集团或宗派，这位著名人物乃一群追随者的赞助人，他们通过个人委托赞助的关系组织起来，没有一个共同的党纲"⑥。中国的政党要发展成熟，短期内将难藏其功。在这种情况

---

① 《参议院大冲突内幕报道》，1912年8月，《民初政争与二次革命》上册，第145页。
② 天仇：《杀》，《民权报》，1912年5月20日，第3版。
③ 李剑农：《中国近百年政治史》，第371页。
④ Eto Shinkichi and H·Z·Shiffrin, *China's Republican Revolution,* Tokyo：University of Tokyo Press,1994, pp.89-90.
⑤ Jean Chesneaux, *China from the 1911 Revolution to Liberation,* New York：Pantheon Books, 1977, p.9.
⑥ J·K·Fairbank, *The Great Chinese Revolution, 1800-1985,* London: Chatto and Windus, 1987, p.171.

下，责任内阁怎么可能正常运作呢？《临时约法》的制定者在改变政体时未能充分考虑责任内阁制与政党发育状况的关系，这不能不说是一种失策。而民初围绕内阁权力展开的争斗，相当一部分都与内阁政体过早将尚未发育成熟的政党引入政治权力中枢有关。

《临时约法》的制定者将总统制改为责任内阁制，主张加大立法的权力，其理论依据在于议员是为民选，议会乃代表人民立法的机关，民主国家应当体现主权在民的原则。然而，由于《临时约法》对参议员资格规定不明确，参议员能否代表人民，也成问题。《临时约法》有关参议员资格及产生办法的规定十分简单，仅载明参议院由"各地方选派之参议员组织之"，"其选派方法，由各地方自定"[1]。"自定"出来的办法当然不尽是公开选举，结果参议员由推举产生者有之，由地方行政委派者有之，甚至有按军方意志产生者。于是，本来应该自下而上产生、代表民意的参议员在很大程度上丧失了应有的代表性。美国公使柔克义曾批评说，以这种方式产生的参议员，"只是一批刚刚从美国、日本或英国留学回来的戴着眼镜、身穿大礼服的年轻空想家，脑子里装满了马上进行全面改革的乌托邦梦想等"，"没有人确有经过考验的才干"[2]。这一批评应当说是中肯的。

1912年夏秋之际，第一届国会选举即将开始，《临时约法》

---

[1] 《中华民国临时约法》，《辛亥革命》（八），第32—34页。

[2] 骆惠敏编：《清末民初政情内幕——〈泰晤士报〉驻北京记者袁世凯政治顾问乔·厄·莫理循书信集》上册，第962页。另外张朋园的研究表明，"百分之九十的同盟会成员年龄在17岁至26岁之间"（见张朋园著 "The Background of Constitutionalists in Late Qing China"，Eto Shinkichi，*China's Republican Revolution*, p.72.）。由此可推知同盟会成员占多数席位的参议院年龄构成。

有关参议员产生办法的规定不再适用，乃制定国会议员选举法，以取代约法中有关议员资格及产生方式那部分内容。于是国会议员选举法也就构成了国家根本大法的一部分。然而这个选举法也存在很大问题。这突出表现在众议员选举人财产资格的限制上。选举法第四款规定，选举人必须具备下列资格之一方为合法："一、年纳直接税二元以上者；二、有值五百元以上不动产者，但于蒙藏青海得就动产计算；三、在小学校以上毕业者；四、有与小学校以上毕业相当之资格者。"[1]这一规定的要害在于，它实际上将革命后亟盼与闻政治的广大工商业者排斥在众议员选举之外。当时，中国尚未开征所得税和营业税，所谓"直接税"只有田赋一项，工商业者缴纳了大量关税、厘税等间接税，却不具备选举人资格。另外，500元不动产仅限于房产和田产，工商业者用以从事经营的地皮与房屋"大抵均租赁而来"，他们可能拥有数以万计的动产，却往往没有500元的不动产，因而被剥夺众议员选举人的资格[2]。

值得注意的是，在这个问题上，出面充当工商业者代言人的却是袁世凯。选举法出笼未及一月，袁世凯即应各地工商业者要求，咨请临时参议院重新解释"直接税"和"不动产"的范围，建议凡直接向官府纳税，官府给印票为据在二元以上者，即可视为年纳税二元以上者，不动产也应包括所有权、典当权、租赁权等。以后，袁世凯又多次向参议院提议修改众议院议员选举法，表示"无论如

---

① 《众议院议员选举法》，《申报》1912年8月13日，第2版。
② 参阅张亦工：《第一届国会建立及阶级结构》，《历史研究》1984年第6期，第114页。

何困难，非再行提案复议实无以对我国民"①。袁世凯的提议，遭到参议院否定，这就致使工商业者在第一届国会中所占席位极少。在后来袁世凯与国会发生的一系列冲突中，工商业者明显站在袁世凯一边，对于革命派发起的"二次革命"，工商业者也较少热情，这都是有原因可寻的②。

以上用了大量篇幅论证《临时约法》在政体选择及规划上存在的种种缺陷与不足，这些缺陷与不足的产生，除了因人立法等因素外，尚与南京的参议员们对总统制与责任内阁制的利弊得失缺乏权衡有关。

作为政体形式，总统制与责任内阁制各有利弊。一般而言，责任内阁制的长处在于它比总统制更能反映民众的意愿，且比较容易调整立法与行政之间的冲突。因为一旦冲突发生，要么政府辞职，要么议会解散，结果都可能产生立法与行政重新协调的局面。《临时约法》规划的责任内阁制不在此例，因为它未作"解散权"的规定。但责任内阁制的缺陷也十分突出。第一，在此政体下，议会内的党争将异常激烈；第二，由于党势变化，内阁更迭势必频繁，每届内阁短暂的存在时间使执行长期建设计划成为困难；第三，内阁制比总统制难于操作，因为"内阁制要求选民和政党具有高度的政治经验"和民主意识。然而在当时的中国，"人民之不识字者，实居大多数，更不知民主政治为何物"③，"内阁制所需要的观念理

①　《十月三十日临时大总统名令》，《申报》1912年10月31日，第2版。
②　参阅朱英：《中国早期资产阶级概论》，开封：河南大学出版社，1992年，第294—295页。
③　《胡汉民自传》，《近代史资料》总45号，第67页。

想或特殊条件在中国几乎都不存在"，这势必对实施内阁制造成诸多限制。

当然，总统制也有缺陷。主要表现为，它几乎无力调整立法与行政的冲突，在立法与行政分别为两个不同政党控制时，表现尤为突出。美国在威尔逊任总统期间，立法与行政就曾为巴黎和平协定而产生矛盾。是时政府与国会恰好分别为民主党和共和党控制，结果在两年时间里，政府与国会经常冲突，有时甚至出现政治僵局，致使国家机器难以正常运转。另外，在有效的监督制约机制未能具备的情况下，总统制有可能冒政府首脑"帝制自为"的危险。总统制的长处在于，它对政党发育状况、选民政治经验等实施条件没有太多的依赖性，议会是由两党抑或多党成员构成对它都无关紧要，因为总统是对选民负责而不是对国会负责。与责任内阁制相较，"总统制最大的长处在于它能提供一个稳定而强有力的政府"①。另外，它操作起来也比较容易。

由于两种政体各有利弊，《临时约法》的制定者在规划政体时陷入两难：顾及眼前，则很难绸缪长远；念及此处，又难以兼顾他方。出于限制袁世凯的考虑，他们选择责任内阁制。然而他们又实在无力造成一个垂拱而治的国家元首，只好在两种政体之间寻求平衡，希望兼取两者之长而弃其短。但是这样做的结果，却将孙中山之后民国政府的政体弄得非驴非马，成为一种畸形的政治体制，未得其利，却先睹其弊了。

---

① Mingchien Joshau Bau, *Modern Democracy in China,* pp.167-173.

四、结论

　　《临时约法》从1912年3月制定颁布，到1914年5月为"袁记约法"取代，存在时间仅两年零两个月。1916年袁世凯死后虽一度恢复，但仍不断遭到军阀践踏，以致名存实亡。孙中山曾发起护法运动，但未著成效。袁世凯及袁身后的中华民国实际上是一个没有宪法的国度。《临时约法》被撕毁的原因，从根本上讲在于北洋军阀的专制暴虐，目无国宪。然而仅从军阀所作所为去探索，尚不能充分说明问题。事实上，《临时约法》在政体规划上的缺陷也是它遭受非议以致最终被毁的不可忽视的因素。李剑农在《中国近百年政治史》一书中指出："约法的屡遭破毁，半由于袁氏和北洋军阀的跋扈，亦半由于约法本身的不良。"[①]李氏将《临时约法》被毁的原因剖为两半，如果拘泥于严格的定量分析法，其结论未必允当。但他能敏锐地发现《临时约法》的缺陷并透过这种缺陷找寻约法被毁的原因，应当说还是很有见地的。而民初复杂激烈、层出不穷的政争，从围绕《临时约法》存废所展开的各种论说中，也可获得某些新的诠释。

---

① 李剑农：《中国近百年政治史》，第378页。

梁启超与宋教仁的议会民主思想

中国在民元共和民主制度建立之前，并无严格意义上的政党。政党依托代议政制生存，没有代议制，政党自难成立。清末立宪运动时，惑于宪政的空头许诺，立宪派人士曾有组建政党的尝试，政闻社因之产生。然而政闻社并没有如同其创立者希望的那样，成为日本"鸚鸣社"一类近代政党前驱。清政府既然搞的是假立宪，当然也就一假到底，容不得在政党组织方面有真实内容存在。政闻社成立不过10个月，其存在便成为非法，遭到清政府查禁，从此不复存在。同盟会也算不上是政党，充其量只是"革命党"。在真正理解"政党"的真实含义之后，以孙中山为代表的革命派人士对此并不讳言①。直到民初党禁开放，结社自由载在约法之后，中国才有

---

① 宋教仁在1913年的一次演讲中说："吾党昔为革命团体，今为政党……革命党与政党，本非同物。"宋教仁：《国民党交通部公宴会演说辞》，1913年3月18日，《宋教仁集》下册，北京：中华书局，1981年，第486页。

了真正的政党，中国的政治家们才开始了以议会民主制为存在前提的政党政治实践。

　　然而，中国早期政党政治和它的载体政党一样，极不成熟，中国政治理论家的政党政治理论也十分幼稚。如果说这反映了一种普遍的状况，那么，宋教仁和梁启超则是两个难得的例外。宋教仁在民国初年极力主张议会民主制，并组建国民党以实施这一政制，被后人讥为"议会迷"。但是，人们却很少用同样的眼光来看梁启超。事实上，梁启超对议会民主制的迷恋并不比宋教仁逊色，两人至少是在伯、仲之间。由于宋教仁和梁启超分别是革命派和改良派的代表，因而对宋、梁二人思想的比较研究也就可以上升为对当时中国最重要的两大政治集团的政治思想和政治行为的比较研究，价值不言而喻。

　　宋教仁的议会政治思想产生于何时，从宋氏身后留下的文字中已很难考证。1905年8月，《醒狮》刊出一篇题为《清太后之宪政谈》的文章，这很可能是宋氏最早一篇讨论宪政的文字。但这篇文章的立足点在于揭露那拉氏玩弄的伪立宪骗局，未曾就立宪正面立论，难以让人看出宋氏的主张究竟如何[1]。事实上，当时多数革命派人士急切关心的问题是以反满为基本内涵的民族革命，在民主革命层面，虽然"建立民国"已确定为政治目标，但这一口号的意蕴并未充分揭示。在未来的"民国"，议会应当居于什么地位，作为一种政治制度，它应当怎样架构和运作，其与政党的关系如何，当时革命派营垒中明达睿智如孙中山，似乎都还没来得及考虑，也就

---

[1]　宋教仁：《清太后之宪政谈》，《醒狮》1905年第1期，第125—126页。

不必苛求宋教仁了。

相比之下，梁启超在这方面的思想主张产生较早，也较为成熟。梁启超主张实施议会制度的时间最早大约可以追溯到甲午战后中国国内改良主义思潮高涨之时。在《古议院考》一文中，梁氏提到了议会制度，认为在这种制度下，"君权与民权合"，其情易通；"议法与行法分"，其事易就。这一分一合，是泰西各国强盛的重要原因，主张待中国教育事业发展、民智开发之后实施议会制度①。虽然梁氏作为改良主义者，在传统势力十分顽固和强大的政治环境中，尚有所顾虑，其思想主张的表述方式还带有乃师康有为惯用的托古改制痕迹，但他能悟出西方国家政治结构上的分合奥秘，在当时也算得上是慧眼独具了。值得注意的是，梁启超还较早意识到政党与议会制度的关系。戊戌时期，他曾批评中国传统的"群子不党"观念，将古代"朋党"与近代"政党"做了明确区划，进而指出政党与议会制度相辅相成，密不可分。两者之间的关系"犹如鸟有双翼，非有立宪之政，则政党不能兴；若立宪之政，无政党兴起，亦犹鸟之无翼耳"②。

对于政党与议会制度的关系，宋教仁亦有所认识，不过时间稍晚。在辛亥之前宋氏的文论中，我们还没有检阅出直接讨论这一问题的文字③。以革命派对社会变革进程的理解，斯时的任务在于改

---

① 梁启超：《饮冰室合集》第1册《文集》之一，北京：中华书局，1989年，第94页。
② 谷成贞吉译：《政党论》，《时务报》1896年第17期，第45页。
③ 1911年6月23日至7月15日，宋氏在《民立报》上发表了《近日各政党之政纲评》一文，内有"凡立宪国不可无政党而可以利用之"一语，已经涉及政党与宪政的关系。因该文笔锋所向，是要批评宪友会、帝国宪政会一类"政党"的政纲，故未就此展开论述。

变国体，自然无须讨论属于政体范围内的问题。武昌起义发生后，天下云集响应，清政府三分天下去其二。革命派面临的攻守之势大变，"马上"打天下焉能"马上"治天下？于是，"革命军起，革命党销"的口号被提出来，"毁党造党"成为民初一个引人注目的政治动向。在同盟会的核心领导当中，宋教仁也许是最早为适应这一形势变化调整自己的政治行为的政治家。过去，学术界对于宋教仁政治行为的"转轨"曾多所非议，认为这是从革命立场上向后倒退。殊不知这正是宋氏的高明之处，政治家的政治行为与时转移，何足为怪。

"毁党造党"的结果，导致国民党诞生，宋教仁功不可没。按宋氏的设想，共和革命成功后，中国应仿效法国，实施责任内阁制。责任内阁理应由议会中居于多数席位的政党或政党联盟组成，但是，在北京临时参议院中，同盟会并非能左右形势的多数党①。这正是宋氏亟亟联合它党以组建国民党的原因所在。国民党建立后，政党政治的实施提上革命派的议程。不过，在革命成功后选择什么样的政体问题上，革命派内部存在争议。在孙中山可能被推举为总统的情况下，美国式的总统制曾一度被视为最佳选择，宋教仁的主张遭到否定。但当袁世凯取代孙中山出任临时大总成为定局后，出于限制袁氏专权的考虑，孙中山最终接受宋教仁的主张，并将其主张明确写进《中华民国临时约法》，使之成为法定制度。这一变更意味着后来者认识评价当时政治家政治

---

① 在参议院拥有的120个议席中，同盟会只占有40余席，合并后的共和党也占有40余席，颇有分庭抗礼之势。见谷钟秀著：《中华民国开国史》，上海：泰东图书局，1914年，第100页。

行为时不能不考虑的一个重要前提的建立。既然《临时约法》将
责任内阁制确定为中国的基本制度，对宋教仁为实践这一制度所
做的努力就应予以肯定。学者肯定孙中山后来发起的护法运动，
便是基于这一认识。如果研究者一方面赞扬孙中山的护法，另一
方面却对宋教仁实践《临时约法》规定的议会政制的政治行为持
贬抑态度，将会使自己陷入政治逻辑尴尬的境地。

　　梁宋二人均是政治实践家，不尚空谈。武昌起义是依照宋氏
"发难宜居中"的革命方略[①]，由中部同盟会策划取得成功的，这
为宋教仁在民初政治舞台上施展才华提供了资本。当宋教仁为实践
其政治主张而奔走呼号时，梁启超却远在国外。戊戌时期靠舆论宣
传挣来的声誉已经不够享用，必须在政治上有新的建树。然而此
时梁任公视为圭臬的仍是君主立宪政制，只是名称稍有变化，叫作
"虚君共和"。为鼓吹这一政体制度，他殚思竭虑，设想出"就现
皇统而虚存之"，以及将孔子后裔衍圣公的公爵爵位"加二级"，
尊为皇帝，但不与实政等"虚君"办法。由此出现一个重要的政治
分野，即宋教仁主张的是法国式的制度，而梁启超却企图以英国的
制度作为效法楷模。梁启超对此表现出非凡的自负，声称其主张
乃是"积十年之研索，加以一月来苦思极虑"的结果[②]。从纯学理
角度分析，梁启超的主张并非毫无道理。包括宋教仁在内的革命党
人当初在和梁启超论战时，曾提出要用世界上最好的制度来改造中

① 张相文：《宋教仁传》，《南园丛稿》卷八，北京：中国地学会，1929
　　年，第19页。
② 梁启超：《新中国建设问题》，《饮冰室合集》第4册《文集》之二十七，
　　第29—30页。

国，梁启超颇不以为然。两者的分歧，其实在于究竟英、法两国的政体谁更先进。今天看来，英、法两国的政体应当是各有优劣，两种制度同属议会民主制度范畴，其差异远没有各自的鼓吹者想象的那么严重，在此问题上抑梁扬宋，显然有失公允。

　　然而，梁启超的主张也有可议之处。因为从政治实践角度分析，虚君共和在当时的中国并无可操作性。正如梁启超自己所言，清朝皇帝以民为仇，民心丧尽，已不堪扶持；"虚"立孔子后人为"君"亦不免外交、宗教及民族方面的麻烦。此亦不是，彼亦不是，梁启超只好叹曰："乌呼，以万国经验最良之虚君共和制，吾国民熟知之，而今日殆无道以适用之，谁之罪也？是真可长太息也。"[1]

　　1912年11月，梁启超度过14年流亡生涯，回到故国。14年的变化直可谓沧海桑田。当初梁启超为选择改造中国的道路与革命派笔舌交锋，以为革命派浅薄，不屑与之为伍。但在肇建民国基业时，革命派却捷足先登，无可争议地居于首功位置。无论梁启超有多么辉煌的过去，此时他都不能没有社会认同上的危机感（crisis of identification）。归国之初，他在不同场合将自己和孙中山、黄兴等人归国时的情景进行比较，反复强调自己所受欢迎"视孙、黄来京时过之十倍"[2]，其实正是感受到认同危机，在潜意识支配下做出的反应。

[1]　梁启超：《新中国建设问题》，《饮冰室合集》第4册《文集》之二十七，第29—30页。
[2]　丁文江、赵丰田编：《梁启超年谱长编》，上海：上海人民出版社，1983年，第656—658页。

　　不过梁启超毕竟没有完全落伍，他既然有不惜"以今日之我向昨日之我宣战"的本领，也就不难在民国初年的政治舞台上为自己找到一个角色位置。当然，这需要机会。某种意义上，梁启超归国后施展政治才华的机会是宋教仁给予的。宋氏联合五党建为国民党后，党势大张，使国民党一跃成为占据参、众两院800多个席位中近二分之一席位的大党，甚至赵秉钧内阁的总长也被吸引进来，成为"挂名党员"。相形之下，立宪派的处境却十分尴尬。梁启超寄予厚望的民主党在参、众两院选举中总共只获得24个席位①。这不仅使袁世凯极为恐慌，也极大地刺激了立宪党人谋求改变处境的愿望。

　　立宪党人清楚地看到，国民党的成功是多党联合的结果，要发展党势，使之足以同国民党分庭抗礼，也得走多党联合的路。但联合众党必须有能为各党共同接受的领袖主持其间。国民党的名义领袖是孙中山，实际主持人是宋教仁。在当时立宪党派的众多领袖中，声望地位堪与孙中山、宋教仁较量高下的唯有梁启超。于是梁启超别无选择，被推上民初政党政治的前台。

　　梁启超和宋教仁都是政治上自恃极高的人。梁启超曾有"非国务大臣不做"的豪言壮语，宋教仁则从不讳言有志于国务总理之任，两人在政治上算得上是棋逢对手。宋教仁主张实施纯粹的政党内阁，认为"欲建设良好政府，则舍政党内阁莫属"②，企图以多

---

① 彭怀恩：《民国初年的政党政治》，台北：洞察出版社，1989年，第66—67页。
② 《国民党沪交通部欢迎会演说词》，1913年2月29日，《宋教仁集》下册，第463页。

数党领袖资格组织由国民党执政的内阁。当唐绍仪内阁颠仆，"混合内阁""超然内阁"之议萧艾杂进之时，宋氏因所抱理想一时难以实现，决然挂冠而去，归隐桃园。然龙蛇之蛰，终有尽时。宋氏挂冠，不过是他再次与闻政治的序曲而已。以后数月，宋氏四出演讲，日以近代西方政治理论诏示国人，极力鼓吹实施政党内阁，充分发挥了自己的议会民主思想。

宋教仁议会民主思想最具特色的方面在于强调立法的权力。在民国的法制建设方面，宋氏建树良多，堪称中国的杰弗逊[1]。其参与起草的《临时约法》，在规划民国的政体结构时，赋予立法机构国会对于政府任命国务员的"同意权"，以及国务员对于总统所颁命令的"附署权"。这是当孙中山与袁世凯妥协，被迫将政治权力让与袁氏之后设想出的补救办法，用心良苦。宋氏以为中国自民元1月至3月乃"造成共和统一"的时代，为达此目的，总统可易，参议院可改选，临时政府所在地可迁。但当共和统一之目的达到后，则进入革命党人"对于国家负担义务的时代"[2]。此时唯有锐意进取，方能担当革命党人对国家应尽之责。

宋教仁加强立法权力的主张体现了鲜明的"民权主义"政治倾向。西方社会政治学理论有"主权在民"之说，"民权主义"的理论张本即在于此。在宋教仁看来，既然"主权在民"是现代民主政治的基本原则，而议会又产生于民选，是代表民意立法的机构，它

---

[1] John K. Fairbank, *The Great Chinese Revolution 1800-1985,* New York: Harper and Row, 1986, p.172.

[2] 《同盟会本部一九一二年夏季大会演说辞》，1912年7月21日，《宋教仁集》下册，第409页。

就应当享有至高无上的权力，不必拘泥于分权制衡的说教。

　　与宋教仁在政治权力结构上强调立法权正相反对，梁启超则十分注重加强行政权力，反对以"同意权"等手段来束缚政府手脚。他专门写了一篇题为《同意权与解散权》的文章，对《临时约法》关于总统任命国务员须获参议院同意的规定提出异议，并主张总统有依法解散议会的权力。梁启超认为，议会对于总统任命官员的有限制的同意权与总统对于议会的解散权是一个问题的两个不同方面。《临时约法》仅规定前者而将后者付之阙如，这种权力结构上畸轻畸重安排，在"法理上"碍难成立。就"同意权"而言，西方代议制国家虽然也有类似规定，但一般都有所限制，即仅限于对任命总理表示是否赞成，对总理以外的其他国务员，均听任总理任命，不加干涉。《临时约法》赋予议会一切国务员任命的"同意权"，这在西方议会制度史上是无例可循的。梁认为，限制行政的权力本无可厚非，但手段须得体，否则不但达不到制衡的目的，反而会使政治陷入混乱[①]。

　　梁启超的主张体现了"国权主义"的政治取向，用他自己的话来说，就是要"稍倚重国权主义，以济民权主义之穷"[②]。与宋教仁注重"民意"因而强调加大民选议会的权力不同，梁启超经心注目的是如何建立"强有力的政府"。在中国近代思想史上，梁启超算得上是真正深层次地思考过群体与个体、国家与民众关系的思想家。站在反对专制制度的民主主义立场，他可以为民众的个人利

---

① 《饮冰室合集》第4册《文集》之三十，第2页。
② 梁启超：《宪法之三大精神》，《饮冰室合集》第4册《文集》之二十九，第100页。

益、为个性自由大声疾呼，甚至不惜赞扬鼓吹一毛不拔、天下以治
的魏国思想家杨朱[1]。但是，梁启超一生更多时间是站在民族主义
或国家主义的立场上说话。他注重个人利益，但他认为个人利益必
须服从国家民族的根本利益。两者的关系有如毛之与皮，"皮之不
存，毛将焉附"。故设法保存"皮"，使"毛"有所附丽乃当务之
急。学者张灏将他的思想表述为"激进的集体主义"[2]，虽未必准
确，但与梁氏思想亦相去不远。

出于建立"强有力的政府"的愿望，梁启超一反宋教仁用立法
钳制行政的做法，主张阁、会之间协调统一。其办法在于阁员出自
议会，或得到议会支持。他写道：

> 行政人员自立法府出，而与立法府融为一体者，其最强有力者
> 也；虽非自立法府出，而能得立法府之后援者，其次强有力者也；
> 与立法府划然而对峙，而于立法事业丝毫不能参与者，其强有力者
> 也；并行政事业犹须仰立法府之鼻息者，其最非强有力者也。[3]

阁、会协调一致涉及建设什么样的内阁这一问题。西方议会
政治的实践表明，在实施政党内阁的情况下，内阁和议会比较容易
趋向一致。梁与宋一样，亦主张政党内阁，认为中国"非采政党内

---

[1]　梁启超在《新民说》中指出：所谓"人人不利天下，固公德之蟊贼；其所谓人人不损一毫，抑亦权利之保障也"。梁启超：《新民说》，《饮冰室合集》第6册《专集》之四，第50—54页。

[2]　张灏：《梁启超与中国思想的过渡》，《海外中国研究丛书》，南京：江苏人民出版社，1992年，第123页。

[3]　梁启超：《中国立国之大方针》，《饮冰室合集》第4册《文集》之二十八，第50页。

阁制，无以善治"①，二人在此问题上本不致发生龃龉，然而分歧
却发生了。症结在于当政党内阁实施时，是否还需对政府采取诸如
"同意权"一类的制约防范措施。在这个问题上，梁启超更多考虑
的是民族国家的统一，而宋教仁则更多考虑的是民主制度的安全。
对于中国政治的急务，应当说两人各有所见。两种处于截然对立
位置的政治思想有时可能具有同等的真理性，这种政治上的二律背
反，本属政治学常识。但在政治情绪与政治手段日趋激进的民国初
年，政治家的政治理性普遍为高昂的政治情绪掩盖，谁也不愿意承
认对方的合理性，两人以及双方所属党派之间的政争由是产生。

　　在中央与地方的关系上，梁、宋二人亦立于正相反对的地位。
宋教仁认为，武昌起义各省反正以来，地方都督多由省议会选举，
因而宜维持省长民选制度，待以后条件成熟，再过渡到到中央委
任②。当时，左翼的"民权派"拟效法美国，组建联邦政府，实行
地方分权，故有省长民选之议。宋教仁提出的乃是一种折中方案。
梁启超不仅反对基于地方分权的省长民选，对宋氏的折中方案，亦
不以为然，而主张省长由中央任命。这里，他考虑的仍是如何建立
"强有力的政府"的问题：

　　　　地方之权，由中央赋予者，政府之强有力者也；中央之权，
　　非由地方赋予者，其非强有力者也；中央能实行监督权于地方

---

① 　梁启超：《中国立国之大方针》，《饮冰室合集》第4册《文集》之
二十八，第70页。
② 　《代草国民党之大政见》，约1913年3月，《宋教仁集》下册，第489页。

者，其强有力者也；而不然者，其非强有力者也。^①

梁启超的"强有力的政府"需通过"强有力"的人来实现。在当时，唯有袁世凯堪称强人。袁氏乃旧时代的最后人才，"如果他的行为，不顽强地抗拒新纪元的开展，他的才能必然有助于新旧的交替"^②。事实上，当清末民初满权汉移、新旧制度嬗变之倾，袁世凯以其政治实力及弃旧图新的表现，在客观上确实为这种交替做出了重要贡献，这也正是梁启超寄希望于袁世凯的原因所在。但袁氏之变，仅为权变，如果对当时的政治家做一番政治营垒划分，在立宪党、革命党、旧官僚三大政治集团中，袁世凯只能划归旧官僚营垒。梁启超与袁世凯有戊戌前嫌，当不至松懈对袁氏的警惕^③。但他不惜做出一种真诚地相信袁世凯的姿态，去谋求与袁的"合作"，可见他对建立"强有力的政府"是何等关注。中国自甲午战争以来，外患日亟，亡国、亡种、亡教的危机迫在眉睫，"救亡"成为国人政治生活中压倒一切的主旋律。要挽救民族危亡，离却强有力的中央政府无以为功。然而，梁启超的手段却不免让人感到政客嫌疑。为实现自己的主张，他不惜一再在袁世凯咄咄逼人的政治攻势面前让步，甚至主动迎和袁世凯，提出"开明专制"主张。在

---

① 梁启超：《中国立国之大方针》，《饮冰室合集》第4册《文集》之二十八，第51页。
② 张朋园：《梁启超与民国政治》，台北：食货出版社有限公司，1978年，第3页。
③ 武昌起义后，梁启超曾就归国与袁氏"合作"向康有为做了一个明确的交代。康反对与袁合作，说袁氏怀抱野心，迟早要做皇帝。梁启超则表示，共和既立，帝制殊少可能，倘袁氏果真称帝，誓必讨之。毛以亨：《一代新锐梁任公》，台北：河洛图书出版社，1979年，第99页。

致袁世凯的一封信函中，他几乎是用教唆的语气告诉袁世凯：

> 善为政者，必暗中为舆论之主，而表面自居舆论之仆，夫是
> 以能有成。今后之中国，非参用开明专制之意，不足以臻整齐严
> 肃之治。①

这当然是袁世凯求之不得的。循此以进，"专制"务了实，而
"开明"却停留在口头上。梁启超诱导、控制袁世凯之初衷非但没
能实现，反而弄巧成拙，不自觉地为袁氏所用，在自己的政治生活
史上留下了一段不堪回首的历史记录。

当然，异中也有同。梁启超与宋教仁政治上最大的相同之处
在于，他们都认同了议会民主制，并且都真诚希望通过发展现代意
义上的政党，推进政党政治，以实现议会民主制这一政治目标。梁
启超的政党政治思想产生于戊戌时期。戊戌政变之后，梁氏亡命海
外，在日、美等国考察政治，对西方近代政治学说有了进一步认
知，开始意识到健康的政党政治必须以不同政党之间的竞争制约为
前提，为此他提出了将来在中国建立多党政治的基本构想：

> 政党政治，凡国必有两党以上，其一在朝，其他在野。在野
> 欲倾在朝党而代之也，于是自布其政策，以抨击在朝党之政策，
> 曰：使我党得政，则我所施设者如是如是……。民悦之也，而得
> 占多数于议院。而果与前此之在朝党易位，则不得不实行其所布

---

① 丁文江、赵丰田编：《梁启超年谱长编》，第617页。

之政策，以孚民望而保大权，而群治进一级矣。[①]

辛亥时期，梁启超进一步将多党制主张发展为两党制主张。在《莅民主党欢迎会演说辞》中，梁启超指出：

> 各国政党之潮流，皆有两派：一激进，一渐进。中国十余年来，亦本有此两派，使各一心为国，团我二派，各自发达，则中国之进步，尚可限量乎？[②]

梁启超的政治理想，是要把国内主张渐进的立宪政党改组合并成一个大党，与主张激进的国民党在未来的国会中竞争制衡，以便在中国形成类似英、美那样的两大主流政党，将中国的政党政治，引上正常发展轨道。

在政党建设的理论方面，宋教仁贡献于国人者亦复不少。作为革命党人，宋教仁当然希望国民党能主宰议会形势，希望出现"民国政党，唯我独大"的局面[③]。但政治理性告诉他，这种国民党独尊独大的政党格局，并非维持民主政治的妙法善道。健康的政党政治应当是不同政党共同组成的对立统一的政治。鉴此，宋教仁明确提出"政党宜二大对峙"的政治主张[④]。

---

① 《新民丛报》第10号，第34—35页。
② 梁启超：《莅民主党欢迎会演说辞》，《饮冰室合集》第4册《文集》之二十九，第21页。
③ 《同盟会本部总务部通告海外书》，1912年8月13日，《宋教仁集》下册，第419页。
④ 《致北京各报馆书》，约1912年9月，《宋教仁集》下册，第421页。

　　梁、宋二人关于政党政治的主张是符合当时中国政党发展的趋势的。从政党发展历史看，各国政党大多曾经历派系纷立、两极分化、拓展扩张以及确立制度四个阶段[①]。中国也不应该例外。民国初年，由于结社自由载在《临时约法》，加上内阁政治前景的引诱，各种各样的政党组织如雨后新笋，大量涌现。截至1913年底，国内新成立的公开团体共有682个，其中政治团体就有312个[②]。但是，政党太多亦难以实践政党政治，所谓"政党少则国事举，政党多则国事废"，清楚说明了这层道理。梁、宋二人能顺应中国政党发展的趋势，将中国的政党政治从极端幼稚的生成状况中引导出来，促使其朝着成熟方向发展，这是二人高出于同时代其他政治家的地方。然而中国的政党政治尚未进入相对成熟的第三和第四阶段，便因袁世凯及北洋军阀的摧残提前进入蛰伏期。制度化的政党政治始终没有在中国出现，给民国政治史留下几分遗憾。

　　主张多党政治涉及政党关系处置，这离不开政治伦理的调解。人所共知，西人追求的近代价值是自由，但容忍比自由更重要。容忍是政治涵养，包容政治对手是政党领袖应当信守的基本政治伦理。正如房龙所言，追求自由的人，无论彼此如何不同，有一点却始终是一致的："他们的信仰总是伴随着怀疑，他们可以诚实地相信自己正确，却又从不能使自己的怀疑转化为坚固绝对的信

---

① Samuel P. Huntington, *Political Order in Changing Society*, New Haven & London: Yale University Press, 1968, p.412.

② 张玉法：《民初政党的调查与分析》，《中国现代史论集》第4辑，第35页；冬心：《论政党变动与民国前途之关系》，《近代秘海》第6辑，成都：四川人民出版社，1987年，第197页。

念。"①换言之，他们对自己也保留着那么一点怀疑，这就要求对异己的思想行为持一种宽和容忍的态度。这种态度扩而大之，便是对社会不同种族、不同阶层、不同宗教、不同政见、不同政党并存的合理性承认，它构成了现代民主制度的基石。历史上一切形式的专制统治，都是以不能容忍异己为特征。因此，近代追求民主自由的人无不信奉宽容。梁启超、宋教仁也不例外。

梁启超自1912年底自海外归国后，受各立宪党派拥戴，肩负起将分散的立宪党联合为一个大党的任务。在民主党举行的欢迎会上，梁启超提出一个"真正政党"必须具备的6个条件，其中之一便是"宽容"。他强调指出，议会民主不能只靠一个政党来推进，必须有与之对立的政党，既有对立党，则主张、利害必有差异。为了议会民主制能正常发展，从事政党政治者，对于他党"不可有破坏嫉忌之心，且尤必望他党之能发达"，彼此竞争角逐，共谋政治进步。他以弈棋喻曰：

> 譬若弈棋，必求高手对弈，棋势始有可观；若与劣者相弈，则所成之棋局尚可观乎？故政党对于他党，必须有优容之气量，主张虽绝相反对，亦各自求国民之同情，以谋政治之进步耳。②

仿佛是在彼此唱和，宋教仁也鼓吹"宽容"，不遗余力。他认

---

① 亨德里克·房龙：《宽容》，迮卫、靳翠微译，北京：生活·读书·新知三联书店，1985年，第193页。
② 梁启超：《莅民主党欢迎会演说辞》，《饮冰室合集》第4册《文集》之二十九，第21页。

为，在实施政党政治的情况下，一个政党希望自身发达，固无可非议，但也应当"希望反对党亦发达，能至旗鼓相当而后已。诚以政党须有道德，其态度固应如是也"①。1912年7月，宋教仁在一次演讲中表示，同盟会的目标是建立政党内阁，"如不能达政党内阁，宁甘退让；如可改组政党内阁，虽他党出为总理，亦赞助之"②。在实际的政治生活中亦表现出宽容精神。

　　梁、宋二人的政治思想合于现代民主政治原则之处甚多，但二人在政党政治方面的实践却不尽如人意。梁启超的立宪党在第一届国会选举中了无建树，也就不必多提。就国民党而言，虽然获得国会参、众两院过半数席位，但它为此付出的代价也实在过于高昂。质而言之，国民党党势的扩张，在很大程度上是以牺牲主义为代价。为扩张党势，宋教仁除谋求联络各党外，还千方百计拉人入党，像程德全、张謇、梁士诒、赵秉钧、朱启钤等"政见枘凿不相入者"，都成为国民党争取的对象③，甚至连袁世凯也在争取之列④，国民党的构成状况也就可想而知。这当然可以用政治策略来加以解释，但这一策略的运用，却使国民党从坚持政治理念的"教士型"政党，转变成功利主义的"掮客型"政党⑤。致使改组合并后的国民党政客官僚充斥其间，失却革命精神，忠忱之士，为之叹息。就连与宋教仁生死与共、关系甚密的谭人凤亦对此深感不满：

---

① 《致北京各报馆书》，《宋教仁集》下册，第421页。
② 《同盟会本部一九一二年夏季大会演说辞》，《宋教仁集》下册，第409—410页。
③ 谭人凤：《石叟牌述录》，《近代史资料》总10号，第67页。
④ 蔡寄鸥：《鄂州血史》，上海：龙门联合书局，1958年，第221页。
⑤ 彭怀恩：《民国初年的政党政治》，第65—66页。

"吾当日对于国民党，始终置身局外，不表赞成，在京在湘，且以狐群狗党目之。"[①]国民党的政治实力与党员数量之不成比例，不难由此概见。

1913年第一届国会召开前夕，宋教仁踌躇满志，期待着政党内阁的实现。但他没有料到，在沪宁车站，光天化日之下，竟有人出以卑劣残忍的手段对他行刺。宋教仁胸部中弹，救治无效，含恨死去。临死之际，犹授意黄克强代拟致大总统电文一通，希望袁世凯"开诚心，布公道，竭力保障民权，俾国会得确定不拔之宪法，则虽死之日，犹生之年"[②]。宋教仁至死也没有认清自己的死与政局变化的因果关系，这是他作为一个政治家的最大悲剧；然而宋教仁一生追求民权主义政治理想，矢志不渝，又是他生前事业能取得一定成功的原因所在。

宋教仁被刺身亡，作为同样主张议会民主制的政治家，梁启超不免有物伤其类之感。然而，梁氏所伤感的远不止于此。在追究凶犯及主谋时，梁启超作为国民党的对立党领袖，自然被义愤填膺的国民党人当作怀疑对象。为表明自己与此案无关，梁启超发表了《暗杀之罪恶》一文，极力称赞宋氏为在中国推进议会民主制所做的努力，视之为一流政治家，认为宋氏之死，是中国民主政治"不可规复之损失"，明确表示，"暗杀者如驯狐如鬼蜮，乘人不备而逞其凶，壮夫耻之"[③]。然而，这种表白除被看作是欲盖弥彰，没

---

①　谭人凤：《石叟牌词叙录》，《近代史资料》1956年第3期，第67页。

②　徐血儿等编：《宋教仁血案》，蔚庭、张勇整理，长沙：岳麓书社，1986年，第28页。

③　梁启超：《暗杀之罪恶》，《庸言》第1卷第9号，1913年4月1日，第78—83页。

有别的作用。终于，梁启超也成为暗杀对象。不过，这次举枪行刺的不是袁世凯的爪牙，而是充满复仇心的革命党人。1915年5月，梁启超回家乡新会为父亲做寿，途中险些为"乱党"所刺。梁氏自记此事说：

> 吾此行返乡有极危险事。……盖有乱党九人，多挟爆弹，拟到乡"祝寿"。为侦探所尾，在漓江门一站之车中破获，兵官死一人，伤八人。[①]

梁所说的"乱党"，按照张朋园的理解，乃是对革命党的贬称[②]。如果张先生的理解没有错，那么，展现在我们面前的就是中国民主政治史上一出令人椎心泣血的悲剧：曾经为中国的民主事业做出巨大贡献的本来应该携手共进的革命、改良两派政治势力，在共同的敌人尚十分强大的情况下，却不识大体，阋墙争斗，有时甚至弄到你死我活、水火不容的地步，丝毫看不出梁、宋二人宽容的政治主张获得了各自党人的认同。

革命党人寻梁启超复仇，不过是意气用事而已。对于梁启超来说，"宋案"之后所面临的真正威胁并非来自革命党，而是来自袁世凯。宋教仁是为鼓吹和实践议会民主制而死，他的死预示了包括梁启超在内的鼓吹议会民主制的后继者可能遭受的命运。在专制独裁者的淫威面前，梁启超没有当懦夫。"宋案"发生不久，梁启超

① 丁文江、赵丰田编：《梁启超年谱长编》，第713页。
② 张朋园：《梁启超与民国政治》，第43—45页。

进入熊希龄任总理的"第一流人才内阁"，成为这届内阁大政方针的制定者。正是在梁启超的极力主张下，熊希龄上任伊始，便强调"鄙人承乏内阁，首以责任为前提"[1]，企图建立名实相符的责任内阁制。也正是在梁启超的极力主张下，进步党开始谋求与留在国会内的国民党人合作，以抵制袁世凯戕残国会的阴谋。盖"二次革命"发生后，袁世凯采取种种手段迫害留在国会内从事合法政治活动的国民党议员，致使国民党议员急剧减少，这构成对国会本身的威胁。因为按照《临时约法》规定，像选举总统、制定宪法等重大问题，分别须四分之三及三分之二的多数票通过方才有效。国民党议员因袁世凯的迫害而人数骤减，使国会议事时达到法定多数票的希望变得渺茫。梁启超对此深感忧虑，他意识到，如果问题不能在国会内解决，则"其势非假院外势力以解决之不可"。换言之，若解决之道不是出自两党协商，则势必由某个强有力人物越俎代庖，结果"非变立宪而为专制不可"[2]。为抵制袁世凯对国民党的进一步迫害，他甚至致函正告袁世凯，不要以为"兵威既振，则国会政党不复足为轻重"，指出凭借武力维持的局面，终究难以长久[3]。

　　梁启超的所作所为，从某种意义上可说是对宋教仁未竟事业的护持与发展。不过由于前车之覆，梁启超对袁世凯不能没有防范。因而在尔后一年左右时间里，人们发现，梁启超与袁世凯的关系呈现出一种相对和谐一致的状况。其实，这时的梁启超已在谋求摆脱袁世凯之道。政治手段灵活而恰当的运用，此乃梁启超在与袁世凯

①　《熊总理演述施政方证》，《盛京时报》1913年9月2日，第3版。
②　毛以亨：《一代新锐梁任公》，台北：河洛出版社，1979年，第102页。
③　丁文江、赵丰田编：《梁启超年谱长编》，第675页。

的角逐中最终成为胜利者的一个原因，也是梁氏在政治上比宋氏棋高一着之处。

　　然而，护国战争胜利之后的梁启超也没有能够实现其议会民主制的政治理想。他一度想利用段祺瑞，但段并非他所想象的可以通过引导步入近代民主政治轨道的人。不惟如此，段祺瑞在很多方面与袁世凯一样，表现出独裁者的秉性。在他的统治下，议会民主制仍是一纸空言。到1918年前后，梁启超终于完全失望。几度闭门反思之后，决定退出政坛，专心从事著述。他宣称：

> 欲效忠于国家社会，毋宁以全力尽瘁于著述。为能尽吾天职，故毅然中止政治生涯，非俟著述之愿略酬，决不更为政治活动。①

　　在生命的最后10年里，梁启超实践了自己的诺言。然而，对于毕生以议会民主政治为鹄的的梁启超来说，尽管后来的著述活动为他创造了生命中的又一段辉煌，但他当时被迫忍痛割爱，放弃理想追求，心中的苦痛，也是难以掩饰的。

　　梁启超与宋教仁议会民主制的思想主张反映了同时代"先进的中国人"对于西方近代民主政治的因应与追求，尽管表现方式不同，但二人都未能取得最后成功却是一致的。人们已经并且很可能还将就此做出种种不同的诠释，但不管怎样去认知中国议会政治在凄风苦雨中漂浮游荡的过去，有一个基本的认知应当不至于在研究者之间形成分歧，这就是，梁、宋二人都相互忽略对了实施议会民

---

① 丁文江、赵丰田编：《梁启超年谱长编》，第868页。

主制的社会条件。像政党政治、责任内阁这类政治上的时髦货，虽曾给一些西方国家带来政治上的成功，但能否在民国肇建之初即直接移植到中国来而不受南橘北枳之讥，实在是一个不容忽略的问题。西方国家实施这些制度有自身独具的条件，有些制度是在历史演进过程中自然形成的，非人为的矫揉造作所能构成。像英国的内阁政治，至迟在12世纪诺曼君主设立元老院与吏治院作为辅政机关时，便已呈现雏形。1640年革命之后在君主立宪政体下实施的责任内阁制，事实上早有其政治母本，其政党组织也经历了相应的历史发展，因而孕育生产时没有那么多的阵痛①。梁、宋二人在鼓吹责任内阁制时，似乎更多地看到这一制度好的方面，忽略了这一制度赖以生存的历史背景及现实社会环境，这是责任内阁制建立后举步维艰，梁、宋二人均未能遂其心愿的一个不容忽视的重要原因。

通过以上比较可知，梁、宋二人的政治主张与政治行为在主要之点上是相反相成的：他们建立了各自的政党，彼此竞争角逐；他们对在中国实施议会政治应该注重"民权"还是"国权"持截然不同的主张；他们对中央与地方的权力分配也有着完全不同的理解。然而，由于他们都认同清廷覆没之后中国业已建立的共和民主制度，在国体建置这个事关国家千秋基业的重大问题上，两人的取舍是一致的；在政体问题上，由于梁启超归国后已放弃君主立宪主张，赞同在共和制前提下实施责任内阁制，两人也并不存在原则分歧。因此，有充分的理由认为，梁、宋二人在政治上的同一性远远大于他们之间的差异。

---

① 邱昌渭：《议会制度》，王云五：《民国丛书三编》第21册，上海：上海书店出版社，1991年，第270—271页。

这一判断自然引出对梁、宋二人政治思想及实践的评价问题。一个显而易见的事实是，过去人们就此做出的评价并不完全公允。在政治主张与政治情绪日趋激进的近代中国，由于历史表现出某种特殊的指向性，人们更倾向于褒扬革命，贬抑改良，这无可厚非，但历史学家却不应该作如是观。历史研究应当无偏无党。过去人们批评梁启超为代表的改良派，将其归入"保守主义者"的政治范畴。姑不论批评者本身是否染上激进的思想情绪，单就分类而言，也经不起推敲的"保守"是相对"革新"而言，在近代历史上，梁启超无疑应划归革新者的范畴。梁、宋二人的区别，与其说是"保守"与"革新"的区别，不如理解成"缓进"与"激进"的差异。退一步说，即便是站在相对主义立场把前进过程中多少表现出老成持重态度的改良派视为"保守"，这种"保守"亦有其存在价值，未可简单否定。英国政论家塞希尔（Hugh Cecil）在谈到议会制度下的"保守主义"时曾告诉人们，这一主义虽然在政治实践上是自由主义的对立物，但作为一种思想政治体系，它与后者并不构成冲突。事实上，议会制度下的"保守主义者"对于自由始终是极力维护的，因为如果它不去维护自由的原则，它就没有力量去保护既有的制度[1]。塞希尔这一见解，对认识梁启超与宋教仁的议会民主思想，乃至对认识评价中国近代思想史上的革命与改良，都应当有所启发。

---

[1]　休·塞西尔：《保守主义》，杜汝楫译，北京：商务印书馆，1986年，第153页。

孙中山经济思想中的所有制模式

民生主义是孙中山思想体系中最具特色的部分。从同盟会成立时期到辛亥前后，从护国护法运动到北伐准备阶段，孙中山都竭力宣讲，可谓矢志终身，至死不渝。对于孙中山如此看重的其思想体系中这一精华，学者们自然异常重视，倾注了巨大心力从事研究，在许多问题上已取得共识。但是，还有一些重要问题，或因理论方法歧异，或因史料不足，或因其他条件制约，至今仍未达成共识。孙中山经济思想中的所有制模式就是这类悬而未决的研究课题中较为突出的一个。这一课题的研究，不仅具有重要的学术价值，对于今日转型中的中国经济所有制模式探讨，亦不无借鉴意义。

一、孙中山的土地所有制构想

孙中山民生主义的核心内容是"平均地权"，其要旨在于平均地税的承担义务，使"土地皆有税"①。"平均地权"的具体办法是让地主自报地价，国家照价抽税，涨价归公，实施前提是实行"土地国有"政策。孙中山在其论著和各种讲话中，曾不遗余力地宣传"土地国有"，认为"此种方法最适宜于我国社会经济之改革"②。这使学术界不少人认为，孙中山宣传"土地国有"，是要建立一种单一的以土地公有制为基础的社会经济模式。其实，将孙中山有关土地所有制的设想完全框定在公有制范围，是一种将内涵丰厚的孙中山经济思想简单化的做法，有可能并且实际上已导致对孙中山民生主义思想体系的片面理解。那么，孙中山的实际主张究竟如何呢？

（一）从"土地国有"的实施范围上考察

孙中山主张"土地国有"，视之为"平均地权"的先决条件。然而，孙中山并不主张将一切土地都收归国有。且看孙中山本人的论述。

1912年5月4日，当辞去临时大总统不久，孙中山在广东发表演说指出："土地国有之法，不必尽收归国有也，若修道路，若辟市场，其所必经之田园庐墓，或所必需之地亩，即按照业户税契时之价格，国家给价而收用之。"③同年6月9日，孙中山在广州行

① 《广东都市土地税条例草案理由书》，《给廖仲恺的指令》附一，《孙中山全集》第8卷，北京：中华书局，1986年，第302页。
② 《同盟会四大纲领及三民主义溯源》，冯自由：《革命逸史》第3集，北京：中华书局，1981年，第213页。
③ 《在广州报界欢迎会的演说》（1912年5月4日），《孙中山全集》第2卷，北京：中华书局，1982年，第355页。

辕与各界人士谈话时又明确指出："世界学者多主张地归国有，理本正大，当可采取；惟地不必尽归国有，收取其需用之地，斯亦可矣。"①两个月后，孙中山在山西同盟会欢迎会上发表演说，再次重申："至土地国有一层，亦非尽土地而归之国家也，谓收其交通繁盛之地而有之耳。"②孙中山如此不厌其烦地强调土地不必尽归国有，表明其土地国有政策的实施范围是有限的。

为什么不对一切土地实施国有政策？原因很简单：没有必要。孙中山的目的是要发展近代资本主义工商业，这些事业须占用的土地有一定的限度。从地理位置上看，这类土地大多集中在城市及其近郊；从数量上看，在当时全国业已开垦的十几亿亩土地中，这类土地所占份额很小。为征用少量土地而将一切土地都收归国有，显然是小题大做，无此必要。退一步讲，即便工商业的发展已提出将全部土地收归国有的要求，也还得考虑政府上否具备大规模实施土地国有化的经济实力。我们知道，孙中山是不赞成无偿征用私有土地的，他主张"按照业户税契时之价格，国家给价而收用之"③。根据有偿征用原则，将全国土地收归国有，必然耗资甚巨，非政府之力所能为。对此，孙中山有着十分清醒的认识。他在南京同盟会饯别会的演说辞中指出："求平均之法，有主张土地国有的。但由国家收买全国土地，恐无此等力量。"④

---

① 《在广州行辕对议员记者的演说》（1912年6月9日），《孙中山全集》第2卷，第370页。
② 《在山西同盟会欢迎会的演说》（1912年9月19日），《孙中山全集》第2卷，第474页。
③ 《在广州报界欢迎会的演说》，《孙中山全集》第2卷，第355页。
④ 《在南京同盟会会员饯别会的演说》（1912年4月1日），《孙中山全集》第2卷，第321页。

在这种情况下，唯有将土地国有政策的实施范围做必要限制。孙中山的追随者冯自由在论述土地国有的范围时，有一段值得细心品味的话，可供研究孙中山思想参考。他说：解决民生问题，"惟有实行土地国有之政策，不许人民私有土地而已。森林、矿山及交通机关应为国有，可无俟言，即都会耕地，亦万不可不收为国有"①。冯自由在这里提到"都会耕地"的归属问题，却缄口不谈农村耕地，这并非疏忽所致，而是土地国有政策的实施对象，本来就不包含农村耕地。关于这一点，孙中山的另一个追随者朱执信有更为明确的说明。在《土地国有与财政》一文中，朱氏再三强调："吾人所以主张以土地为国有者，其主要之目的全在宅地。"②冯、朱二人乃孙中山的忠实信徒，他们写的不少文章，都曾"就正于孙先生"③，其中有关民生主义的资料，不少都是"由总理所口授"④。因此，他们的言论在一定程度上可视为孙中山思想的折射。从上引冯、朱二人的言论可以看出，土地国有的范围主要是城市宅地与城郊耕地。如果这一概括能够成立，那么，在孙中山所设计的土地所有制模式中，国有土地的份额也就十分有限。

（二）从单一税与土地国有的关系上考察

"平均地权"的具体措施除有偿征用土地外，主要还有征收

---

① 冯自由：《录中国日报民生主义与中国政治革命之前途》，《民报》1906年第4期，第114页。
② 《土地国有与财政》（1907年7月），广东省哲学社会科学研究所历史研究室编：《朱执信集》上集，北京：中华书局，1979年，第85页。
③ 民意：《告非难民生主义者》，《民报》第12号，第120页。
④ 冯自由：《革命逸史》第3卷，北京：中华书局，1981年，第209页。

"单一税"。因此，讨论孙中山"土地国有"政策的实施范围，还须对单一税与"土地国有"的关系做一番考察。

单一税的理论是亨利·乔治用以实施土地国有并借以"把自己同鼓吹土地国有化的社会主义者区别开来"[①]的一种理论，盛行于19世纪末叶的欧美社会。按照亨利·乔治等人的学说，实施单一税之所以可以废除个人对于土地的所有权，实现土地国有，是因为地价不过是资本化的地租，是土地所提供的地租的购买价格；由于土地在通常情况下并不买卖，所以当谈论地价时，人们所想到的往往是按照平均利润率所推出来的地租量，而地租又与土地所有权紧密联系。因此，当单一税付诸实施，一切土地都必须依照所定地价，"将土地上之地租"全部"把来充公"，并"把将来地租的增价收归国家"[②]，土地私有权也就在事实上化为乌有，不复存在。迄今为止，学术界认为孙中山主张完全的土地国有，其理论根据即在于此。

亨利·乔治的学说就其理论的周密和逻辑的严谨来说是否无懈可击，今天看来已值得怀疑。但即便人们用肯定的目光来看待其学说，也不能用以说明在中国实施单一税，便能彻底废除土地私有制。

首先，这是因为亨利·乔治的学说虽一度盛行于欧美，却未必适用于近代中国。19世纪末的欧美，农业资本主义有了长足发展，

---

① 柯尔：《社会主义思想史》第2卷，何瑞丰译，北京：商务印书馆，1978年，第370页。
② 佐治：《进步与贫困》第4册，樊弘译，收入王云五主编《万有文库》第1集第1000种，上海：商务印书馆，1930年，第90页。

其地租的性质属于资本主义地租，是租地资本家或农场主为取得土地使用权而交给土地所有者的超过平均利润的那部分剩余价值，体现的是土地所有者、农业资本家和农业工人之间的三角关系。其地租形态主要有级差地租和绝对地租两种基本形式。级差地租主要与土地等级相联系，绝对地租则是土地所有者凭借土地私有权获取的由农业劳动者创造的农产品价值高于生产价格的余额。土地私有权是形成绝对地租的根本原因。按照亨利·乔治的理论，实施单一税便可废除土地私有制的奥秘，在于当全部地租收归国有时，土地所有者占有绝对地租的权利也同时被剥夺，从而使土地私有权丧失原初意义上的存在。

但是，在当时的中国，封建地租仍然占据统治地位。由于近代中国地租所具有的封建性，因而它不可能是租地资本家付给地主的超过平均利润的那部分剩余价值，而是农民的全部剩余劳动或剩余产品，不存在资本主义制度下作为土地私有权特定标志的绝对地租。因此，判断单税制能否在中国废除土地私有权，关键得看能否将地主利用土地所有权榨取的佃家全部剩余劳动收归国有。

实施单一税能否做到这一点呢？不能。因为一旦任何人企图在中国实施单一税时，他都将不可避免面临这样一种麻烦，即无法处理实施单一税与实物地租的矛盾。在近代中国，地租形态基本上仍为实物地租。一份1921—1925年的调查资料指出：

　　（在中国）半自耕农与佃农的田场里边，交租的种类分为三种：其中最普通的，要算纳租谷制，就是佃农每年向地主缴纳一定数量的租谷，或将租谷折成相当的金钱。但是在安徽宿县与河南新郑县，分租制比纳租谷制更为通行。……所调查的各地，只有江苏江宁县（太平门）一个地方，稍有采用纳租金制度的佃农，可是并不普遍，不过只有纳租谷制的一半。[①]

　　该调查资料反映了安徽等六省十一处的地租分类，当可概括当时中国农村地租分类的一般状况。试想，主张单一税的人能屈就中国社会的经济现实，征收实物地租吗？显然不可能。但如果要地主将地租全部折合成货币上缴政府，在中国农产品商品化程度低下、农产品市场规模狭小的情况下，势必面临将实物地租转化为货币所必然遇到的无法克服的困难。更重要的是，如果硬要在中国农村实施亨利·乔治的单一税，要迫使地主因无利可图而放弃地租征取，在国家并未向地主提供转而发展新式资本主义农业条件的情况下，也就无异于直接剥夺他们既有的土地所有权，无异于以强力改变现存的产权体系，这又与亨利·乔治等人和平改良社会的初衷相违背。在这种情况下，在中国实施单一税以实现土地国有化的可行性也就不复存在。

　　在中国实施单一税不能改变土地所有制关系的另一原因在于，孙中山的单一税法虽然源于亨利·乔治学说，但又与之存在较大区别。这主要反映在税率上。前已述明，亨利·乔治学说的原则是"土地上之地租，通应把来充公"，至少充公部分的地租与地价之比不能低于平均利润率。这使考察中国地租与地价比成为必要。从有关历史资料可知，"中国所谓田租，……其百分比，山东

[①]　章有义编：《中国近代农业史资料》第2辑，北京：生活·读书·新知三联书店，1957年，第90页。

占地价之百分之十八，广东占百分之五至二十，江苏占百分之八，安徽一带普遍占百分之五至十五"[1]。然而孙中山规定的单一税税率大大低于这个百分比。他主张收百一税，即确定地税与地价之比为1∶100，并强调说："这是各国通行的地价税，我们现在所定的办法，也是照这种税率来抽税。"[2]显而易见，1%的地税根本不能将上引资料中相当于地价8%至20%的地租囊括进国库。若以1%的税率向地租与地价之比为8%的江苏地主抽税，则江苏地主在纳税之余，还将保留相当于地价7%的原租；若以同样的税率向地租与地价比为18%的山东地主抽税，则地租将保留相当于地价17%的原租。总之，在这两种情况下，地主从佃农那里获取原租中的绝大部分，仍然握在地主手中。学术界有人认为定地价之后"立即照价抽税"，地主便不能占有原租额[3]。这种脱离定量分析纯靠学理论证得出的结论，明显缺乏说服力。

那么，"涨价归公"措施能否弥缝孙中山确定的低税率在改变土地私有权方面的不足呢？同样不能。首先，原租额中的大部分或一部分继续为地主占有，也就部分保留了地主对于土地的私有权。至于"涨价归公"，虽意味着土地增价带来的地租增值部分不再为地主拥有，却不可能因此改变地主占有大部分原租的状况。况且地价增长相对匀速缓慢，只要绝大部分土地仍然用于农事，只要土地的生产物主要是粮食，地价的增长幅度就是有限的。以江苏南通

[1]　陈翰笙：《中国农业经济研究的重要》，《劳大论丛》1929年9月，第5—6页。
[2]　孙中山：《三民主义·民生主义》（1924年8月10日），《孙中山全集》第9卷，北京：中华书局，1986年，第388页。
[3]　谢刚：《论孙中山的"平均地权"》，《历史研究》1980年第4期，第73页。

"田价"变动为例。有关资料表明，从1905年到1924年，20年间，其上田每亩由39.28元涨至98.98元，中田由28.06元涨至67.96元，下田由19.32元涨至49.23元。若将1905年的田价指数定为100，则三种田20年的平均增长指数为249[①]。这样的增长数值看似很高，但若扣除通货膨胀因素，实际增长指数将大大低于这一数目。

我们姑且将通货膨胀因素忽略不计，认定南通地价之增长是10年左右翻一番，再假定平均利润率不变，则地租也就相应在10年左右增长一倍。按照"涨价归公"原则，这部分新地租全部用来充实国库。然而，即便在这种情况下，也仅仅意味着地主所占原租额与上缴的地税之比例的变化，并不能改变原租的大部分为地主占有的情况，因而也不能完全废除土地私有，充其量只能改变土地的私有化程度，如是而已。

（三）从孙中山等人的社会实践上考察

判断孙中山的土地所有制主张，言论固然是重要依据，却不是唯一的依据。一个人的社会实践活动往往比他在各种场合发表的言论，更能说明其实际思想主张。

孙中山一生在政治风云变幻、社会动荡不宁的环境中度过。复杂的政治斗争和军事斗争，使孙中山难有充分的时间从事改造社会的经济建设活动。然而，当1921年5月孙中山就任广州国民政府总统，广东形势相对稳定之后，除旧布新的建设事业也就提上日程。以后几年间，除为北伐做军事准备外，孙中山亦从事了一些社会经

---

① 根据章有义编：《中国近代农业史资料》第二辑第61页所提供的资料统计。

济建设实践，涉及土地所有制的改造问题，可供研究参考。

我们不妨先看一看以孙中山为首的广州国民政府对都市土地的政策。1923年10月18日，经广东省长廖仲恺呈请，孙中山发布指令，同意颁布《广东都市土地税条例》，准其在广州市试行。该条例附有实施理由书及说明，理由书重申孙中山"平均地权"之说，根据"土地皆有税"的原则及中国"田亩有赋，而其它土地不征租税"，而"纳税能力，宅地远胜于田亩"这一情况，明确提出应对"都市土地"课税。《条例》凡5章37条，其有关所有权者明显体现出三个特点：

（1）地税率低。《条例》第7条规定"有建筑宅地"征地价千分之十，"无建筑宅地"征千分之十五，农地征千分之八，旷地征千分之四。各类土地的平均税率仅及地价的千分之九点二五。如果考虑到市郊农地及旷地的面积大于宅地面积，则其平均税率还要低。这就意味着地主在纳税之余，仍将保留较大比例的原租，继续拥有相当的土地私有权。（2）涨价不完全归公。《条例》第31条载明土地增价税率如下：土地增价在10%至50%范围内者，课税10%；增价为50%至100%者，课税15%；增价为100%至150%者，课税20%；增价为150%至200%者，课税25%；增价超过200%者，课税30%。实际上，这只是对涨价土地征收累进税，其税率递增幅度明显低于地价增长幅度。它证明孙中山等人事实上已承认地主对大部分增值地租的占有权，从而证明"涨价归公"并不能导致土地私有权完全丧失。尤为值得注意的是，《条例》第32条还规定了有关土地增价免税条款：凡土地增价在10%以下，农地或旷地每亩地价200元以下及宅地全段地价在500

元以下者，均可获免。这更是给"涨价归公"原则打了一个大折扣，从而为土地私有权的继续存在提供了条件。（3）征地给补偿。《条例》所附"说明"规定："政府征收土地，其权利关系人直接或间接必受有一种损失，应按申报地价增加些少，以为弥缝。"①如果土地按法定原则不归私有，政府征用土地付给地主原地价已十分宽厚仁慈，岂有担心地主蒙受损失之理？然而，以孙中山为首的广州国民政府却承认当事人受到损失并决定适当补偿，这不是对地主土地私有权的承认又是什么？

如果把探究目光从广州国民政府控制的都市移往乡村，同样可以得出类似结论。孙中山等人试图在中国发展资本主义，千方百计为之创造条件。但是，他们却相对忽略了农业资本在中国的发展。他们在为中国城市资本主义工商业发展竭尽全力奔走呼号的同时，却为中国农业选择了一条小农经济发展道路。他们在《民报》上著文说："新农学家言，农业异于他事，比较以分耕为利……。而机器用之反绌。"②从理论上讲，他们反对土地私有权的高度集中，反对大地主土地所有制，但他们认为，中国实际上"没有大地主"③，因而用不着废除中国农村既有的土地所有制关系。为扶持小农经济的发展，他们实施的是承认并保护既有土地所有制、维持农村租佃关系现状的一系列政策措施。

1923年10月27日，广东财政厅长邹鲁针对"迩来物价腾贵，

---

① 《给廖仲恺的指令》（1923年10月18日），《孙中山全集》第8卷，第301—310页。
② 民意：《告非难民生主义者》，《民报》第12号，第120页。
③ 《三民主义·民生主义》，《孙中山全集》第9卷，第382页。

田价因以日昂，业主无故加租及佃户藉端霸耕之事时有所闻"的情况，向孙中山呈请设置"广东田土业佃保证局"，并拟定《广东田土业佃保证章程》12条。《章程》第1条开宗明义，指出该章程订立之目的，是为了"保障农民承佃权利，及维持业主所有权之安全"。各类农田，凡依章程向保证局交纳"照费"领取执照者，其承佃权和土地所有权都在保护之列。《章程》明确规定：佃户承佃，"租项无论上期下期，分年分季，佃户须依约缴交，不得拖欠霸佃"。对于地主，《章程》亦规定："非俟佃户批租期满，不得易佃及加租"；无论业佃何方违反规定，都要受到"主管机关究追"。很明显，《章程》虽关注佃农利益，但它是在承认既有租佃关系即业主有权收租的前提下实施保护佃农措施的。在这里，土地所有者收取地租已合法化，并受到有关当局"保证"。

　　值得注意的是，孙中山高度重视这一《章程》，他在给邹鲁的指示中说："呈及章程、简章均悉。所请设置广东田土业佃保证局，系为保障农民业佃双方利益起见，事属可行，应予照准。"[①]除承认农田私有外，对国民政府建设部颁行《国有荒地承垦条例》，规定具有中华民国国籍的个人或法人，在交纳地价税的前提下，对所承垦的国有荒地，享有土地所有权，"官署应按其缴纳之亩数给以所有权证书"这一做法，孙中山亦给予肯定[②]。由此不难看出，孙中山在农村土地所有制问题上，究竟持什么态度。

---

① 《给邹鲁的指令》（1923年11月6日），《孙中山全集》第8卷，1986年，第370—375页。
② 《给林森的指令》（1923年11月26日），《孙中山全集》第8卷，第446—451页。

　　通过以上三方面考察可知，孙中山在土地所有制问题上的主张并不单一。对于占土地面积绝大多数的耕地，他基本主张且实际执行的是维护既存所有制关系现状的政策；但是对城市宅地和城郊耕地，他却主张有偿收归国有。如果我们用"因地制宜，公私并存"来概括孙中山对土地所有制模式的构想，应当与孙中山思想的实际，相去不远。

二、孙中山的企业所有制构想

　　与土地制度问题呈现的错综复杂、经界难明的状况相比较，孙中山关于企业所有制的构想则显得较为明了清晰。

　　孙中山在宣传民生主义时曾反复强调"节制资本"，主张用国家的力量来发展对国计民生有直接影响、容易形成垄断的企业。一部《实业计划》勾勒的几乎完全是国营企业在中国发展的宏伟蓝图，对此，每个研究中国近代史的学者都应当耳熟能详，不必更多措辞。孙中山之所以主张在中国发展国营企、事业，是因为他深刻地洞悉了私营资本所具有的弊病。在《民生主义》讲演中，孙中山指出："在那些私人资本制度下，生产的方法太发达，分配的方法便完全不管，所以民生问题便不能解决。"[1]有鉴于此，孙中山提出节制私人资本和发达国家资本的补救措施，认为近代工矿企业"如果不用国家的力量来经营，任由中国私人或外国商人来经营，将来

---

[1] 《三民主义·民生主义》，《孙中山全集》第9卷，第409页。

的结果也不过是私人的资本发达，也要生出大富阶级的不平均"①。

　　然而，孙中山主张发达国家资本，并非要用来取代私人资本。在孙中山所设计的企业所有制模式中，国家资本的实施范围是有限的。孙中山曾明确指出：

　　　　凡本国人及外国人之企业，或有独占的性质，或规模过大为私人之力所不能举办者，如银行、铁道、航路之属，由国家经营之，使私有资本制度不能操纵国计民生，此节制资本之要旨也。②

　　在此，孙中山将国营企业限制在两个范围：（1）具有独占性质即容易形成垄断的企业；（2）规模过大为私人力所不能及的企业。表面看来，这种业经限制的由国家经营的企业的范围并不狭窄。但这里有两个值得注意的问题：一是所谓"私人之力"并不是一个常量而是一个变量。中国国弱民穷，民族资本财力有限是事实，不庸讳言。但是随着资本增殖，现在私人无力举办的大型企业，将来未必仍然让私人资本视为畏途，裹足不前。况且私人资本也并不纯粹是本国的，外国人也可以在中国经营近代工矿企业。这一层，孙中山曾多次申明过。1912年，孙中山曾经把"任外国资本家建筑铁路"作为中国发展铁路交通的三条主要途径之一③。而外国资本家多资本雄厚，这就必然大大拓宽私人资本的经营范围。二

---

① 《三民主义·民生主义》，《孙中山全集》第9卷，第391页。
② 《中国国民党第一次全国代表大会宣言》（1924年1月23日），《孙中山全集》第9卷，第120页。
③ 《中国之铁路计划与民生主义》（1912年10月10日），《孙中山全集》第2卷，第490页。

是所谓"独占性质"的企业是一个内涵与外延都模糊不清的概念。在近代复杂的社会经济生活中，任何一类企业都具备发展为独占即垄断的可能性，这是经济生活中的自由竞争机制决定的。但事实上，也没有哪一类企业能具有完全的排他性。这一层，一般人尚不难窥见，以孙中山之过人识见，又岂会料不及此？因此，可以认为，孙中山在主张发达国家资本的同时，仍然给私人资本在中国的发展，预留了广阔的生存空间。

此外，还应当看到，即使是在孙中山规定的国家资本的活动领域内，私人资本也仍然占有一席之地。例如，银行是孙中山列为应由国家经营的事业，但正是孙中山自己，在辞去临时大总统后，准备创办一个"中华振兴商工银行"，拟招股本二十万股，其中银币一千万元，金币一百万镑。商民凡占有两百以上股份，皆有被举为董事部及顾问团成员的资格。孙中山在拟创办该银行的说贴中宣称："本银行之性质，纯系商办处理中国商界上之银市与财政，与政府毫无干涉。"[1]到1913年，孙中山更进而主张创办"中西合资的银行"，以"中华银行"为基础，"联合世界上之大资本家而成"。银行采取"招股"方式集资，纯属私营。孙中山为创办该银行曾致函邓泽如，要他"在南洋竭力鼓吹"华侨资本家入股，声称自己之所以赞成并发起创办各种银行，是因为"中国地大物博，银行愈多愈好"[2]。

---

[1]　《拟创办中华振兴商工银行说帖》（1912年6月11日），《孙中山全集》第2卷，第376页。

[2]　《致邓泽如函》（1913年1月23日），《孙中山全集》第3卷，北京：中华书局，1984年，第7页。

不仅银行，就连在孙中山看来于国计民生影响极大、最容易形成垄断经营的铁路交通业，私人资本亦可侧身其间。孙中山曾受命督办全国铁路，欲以10年工夫修筑20万里铁路。1912年8月28日，孙中山就此事接受《亚细亚日报》记者采访，问答之际，谈到该铁路的性质。

> 记者问："此项铁路归国有乎？抑民有乎？"孙中山答道："初办宜定为民有，便于竞争速成，国家与以保护，限四十年后收为国有。"问曰："路归民有，将由国家借债，抑任人民自行借债？"答曰："二十万里铁路，可分为十大公司办理，得各以公司名义自行借债。"记者诘难道："此十大公司得毋为托辣斯乎？"孙中山语之曰："至托辣斯亦可预防。若国家见某路获利最多，亦可于未至期限前，随意择其尤者，用款收买之。"①

银行、铁路尚且允许私人资本经营，孙中山设想的国营企业的实施范围也就十分有限了。

为什么孙中山要对国营企业的实施范围做出种种限制？因为恰如私营企业的弊病是与生俱来、难以克服的一样，国营企业也有其固有的弱点与缺陷。在孙中山看来，这种弱点和缺陷突出表现为缺乏竞争机制、生产经营不善、劳动效率低下。他指出：

> 盖凡百事业，公办不如私办之省时省费。私人之经营，往往

---

① 《与〈亚细亚日报〉记者的谈话》（1912年8月28日），《孙中山全集》第2卷，第415—416页。

并日兼程，晷之不足，继之以夜。官之经营，则往往刻时计日，六时办事，至七时则以为劳，一日可完，分作两日而犹不足。吾敢断言，借款六十万，必先消耗三十万。故往往一种事业，有官办之十年不成，私办之五年可就者。[①]

这番议论出自1912年9月。到第一次世界大战期间，各国因战时非常之需，纷纷大规模实施国有化政策，用国家的力量集中经营大、中型企业。这对应付战争是必要的，但国家资本的弊病亦因此暴露无遗。孙中山对此做了深入研究，发现国家资本更深层的病因在于国家指令性盲目生产与市场经济实在是方枘圆凿，难以吻合。1922年12月9日，孙中山与《日本记事报》记者约翰·白莱斯福谈话，涉及所有制问题，其中一段议论尤为引人注目：

有许多事业可由国家管理而有利，亦有必须竞争始克显其效能者。余并不固执，经验之教训自不可漠视。但试观大战中各国多以大规模行国有事业，各项实业逐一归国家管理，以期得较大之效能。其中自不免许多耗废，但此泰半因其目的纯在尽速尽量生产，不顾费用之多寡，对于获利与否或供过于求与否，皆未尝措意耳。[②]

---

① 《在北京招待报界同人时的演说和谈话》（1912年9月14日），《孙中山全集》第2卷，第466页。
② 《与约翰·白莱斯福的谈话》（1922年12月9日），《孙中山全集》第6卷，北京：中华书局，1985年，第636页。

　　然而，孙中山毕竟是一个能够全面看问题的政治家，他在客观指出公有制经济病症的同时，也看到了它的优越性。孙中山认为，公有制经济最大的优越性，在于能避免私有制度下贫富悬殊之弊，"使富源之分配较为公平"。此外，在公有制经济下，个人都是"为公共利益作工，不为私利作工"，这与"天下为公"的社会理想正相符合。至于国营企业"耗费而乏能"的原因，孙中山认为，这是由于"国有事业归政府主管，经验尚浅，非私人事业可比。私人事业如合资公司当其初兴时亦有困难。中国今日合资公司往往失败，因缺乏西方已具之经验故。由此推之，国家社会主义在最近的将来亦将遭遇许多阻力，迨经数十年之经验后，阻力自可渐消"①。

　　基于对公私两种所有制经济优劣利弊的认识，孙中山在设计中国社会经济发展的所有制模式时，便力图避免单一化倾向，力图利用两种所有制经济优劣利弊的短长互补，将二者熔为一炉，以国营匡私营之偏颇，以私营补国营之不逮。在《实业计划》第一计划里，孙中山开宗明义，将其发展实业的所有制设想和盘托出：

　　　　中国实业之开发应分两路进行：（一）个人企业，（二）国家经营是也。凡夫事物之可委诸个人，或其较国家经营为适宜者，应任个人为之，由国家奖励，而以法律保护之。今欲利便个人企业之发达于中国，则从来所行之自杀的税制应即废止，紊乱之货币立需改良，而各种官吏的障碍必当排去，尤须辅之以利便

────────────

① 《与约翰·白莱斯福的谈话》（1922年12月9日），《孙中山全集》第6卷，第636页。

交通。至其不能委诸个人及独占性质者，应由国家经营之。[1]

　　孙中山主张在中国发展实业要分公、私"两路进行"，但他并不主张公、私两路同时并举，不分主次。孙中山是一个以务实著称的政治家，在构思中国社会经济发展的所有制模式以及处理公私两种经济的关系时，他的思想注意力一丝也没有离开让人伤心惨目的中国社会的现实。在孙中山眼里，"中国乃极贫之国"[2]。他不止一次地说："中国人大家都是贫，并没有大富的特殊阶级，只有一般普通的贫。中国所谓'贫富不均'，不过在贫的阶级之中，分出大贫与小贫。其实中国的顶大资本家，和外国资本家比较，不过是一个小贫，其他穷人都可以说是大贫。"[3]中国不仅民穷，整个社会经济也已濒临绝境。孙中山满怀忧虑地指出：

　　　　环顾国内，自革命失败以来，中等阶级频经激变，尤为困苦；小企业家渐趋破产，小手工业者渐致失业，沦为流氓，流为兵匪；农民无力以营本业，至以其土地廉价售人，生活日以昂，租税日以重。如此惨状，触目皆是，犹得不谓已濒绝境乎？[4]

　　严峻的现实，使孙中山在权衡轻重缓急之后，把"求富"即摆

---

① 《建国方略之二·实业计划（物质建设）》，《孙中山全集》第6卷，第253页。

② 《在上海中华实业联合会欢迎会的演说》（1912年4月17日），《孙中山全集》第2卷，第339页。

③ 《三民主义·民生主义》，《孙中山全集》第9卷，第381页。

④ 《中国国民党第一次代表大会宣言》，《孙中山全集》第9卷，第115页。

脱贫困的问题放在优先考虑的位置，而将"求均"的任务暂时搁置一旁。究竟哪一种所有制形式更为适应"求富"的迫切需要？在孙中山看来，私人资本的长处在于生产的方式"发达"，"便于竞争速成"，其弊病在于"分配的方法便完全不管，所以民生问题便不能解决"。而国营资本则矫枉过正，适得其反：虽然注重社会产品公平合理的分配，生产上却劳师糜饷，事倍功半。为适应中国资本主义经济的起步和发展，为了脱"贫"，在一定时期内主要选择私有经济的发展模式更能产生立竿见影之功效。所以，尽管孙中山在《实业计划》中宣称发展中国的实业应分"两路进行"，但按照孙中山对公私两种经济对于中国现实适应性差别的理解，与其认为孙中山主张公、私两套马车并驾齐驱，倒不如说他选择的是一条先私后公，私中有公，以公辅私的发展道路。

当然，私有经济可能造成的贫富悬殊前景还是要预事防维。所以，孙中山在适应贫穷落后的中国社会现实需要，主张全力以赴，先期发展私有经济的同时，又提出要"定以期限"，期限内可任由私人创办各类企业，期满则酌情将那些容易形成垄断的企业收归国有。以铁路为例，创建之初，孙中山主张采取私营形式，其具体办法或由中国商民集股，或中外合资，或外国资本家独资均无不可。但是，为预防"托辣斯"的出现，孙中山又规定了私营铁路的创办条件，即必须同意"四十年后收归国有"[1]，"若国家见某路获利最多，亦可于至期限前，随意择其尤者，用款收买之"[2]。

---

[1]　《与广东旅京同乡的谈话》（1912年9月11日），《孙中山全集》第2卷，第445页。

[2]　《与〈亚细亚日报〉记者的谈话》，《孙中山全集》第2卷，第416页。

　　总之，虽然孙中山关于企业所有制的近期构想基本上是私有性质的，但是，由于有限期将部分可能形成垄断的企业收归国有的安排，从长期、宏观的角度考察，在孙中山经济思想的所有制模式中，公私两种经济成分又是比足并立，相得益彰的。

三、"民生社会主义"的内容与实质

　　经济（尤其是所有制）是国家上层建筑的基础，因而与孙中山设计的所有制模式相关的政治制度究竟是何类型，也值得研究者留意。这一问题的实质在于，孙中山是要建立一个资本主义社会，还是要建立"社会主义"社会，其经济模式与政治模式是否同构，这是考察其经济思想中所有制模式的一个重要观察维度。

　　列宁在《中国的民主主义和民粹主义》一文中指出：孙中山的民生主义思想体系，"首先是同社会主义空想，同使中国避免走资本主义的愿望结合在一起的"；然而，孙中山又"承认了生活迫使他承认的东西：'中国正处于工业（即资本主义）蓬勃发展的前夜……五十年后我国将出现许多个上海'"，并因此制定了促使中国工业发展的"十足资本主义的土地纲领"[①]。在列宁看来，孙中山的所作所为客观上虽有利于资本主义的发展，主观上却是要发展社会主义。在国内有关这一问题的研究中，列宁的论述得到了进一步发挥。李泽厚写道：民生主义"既要发展大工业，又要'预防'

---

① 列宁：《中国的民主主义与民粹主义》，《列宁选集》第2卷，北京：人民出版社，1995年，第423—428页。

和避开资本主义，这是一个严重的矛盾。中国社会的落后和资本主义的垂死，客观上更从矛盾的两方面加强了它的尖锐性质"[1]。有学者则干脆直截了当指出：民生主义"提出了否定资本主义和走上社会主义道路的问题"，它客观上为资本主义发展扫清了道路，主观上却属于"社会主义"的范畴[2]。

如果这些意见能够成立，与孙中山发展社会经济的所有制模式相应的政治模式就应当是社会主义而不是资本主义。然而我认为，这种意见是对孙中山学说中"资本主义""社会主义"一类概念内涵的善意误解。不庸讳言，孙中山曾多次提出用"社会主义"去防止"资本主义"。1912年4月1日，孙中山辞去临时大总统职务，在南京同盟会员饯别会上发表演说指出：

> 今日共和造成，措施自由，产业勃兴，盖可预卜。然不可不防一种流弊，则（即）资本家将乘此以出是也。……故一面图国家富强，一面当防资本家垄断之流弊。此防弊之政策，无外社会主义。[3]

同年10月，孙中山应中国社会党本部之请，在上海作题为《社会主义之派别与方法》的著名演讲，对"资本主义"的弊病进行了

---

① 李泽厚：《论孙中山的"民生主义"思想——纪念中山先生九十生辰》，《历史研究》1956年第11期，第33页。
② 杨子纬：《孙中山与民粹主义》，《郑州大学学报》（哲学社会科学版）1981年第3期，第48页。
③ 《在南京同盟会会员饯别会的演说》（1912年4月1日），《孙中山全集》第2卷，第329页。

深刻的揭露，对"社会主义"则表现出衷心的向往。他说：

> 鄙人对于社会主义，实欢迎其为利国富民之神圣，本社会之真理，集种种生产之物产，归为公有，而收其利。实行社会主义之日，即我民幼有所教，老有所养，分业操作，各得其所，我中华民国之国家，一变为社会主义之国家矣。预言至此，极抱乐观。

这位中国民主革命先行者对于"社会主义"的拳拳之情，由此可以概见。

但是，孙中山所使用的"资本主义"和"社会主义"概念与马列"经典著作"中这类概念的内涵并不一致。如果认真比较研究孙中山的论著，首先会发现，孙中山所要防止的"资本主义""资本家"，就概念而言并不周延，并非泛指所有资本家和一切形式的资本主义。例如，人所共知，辛亥革命时期中国的资本主义已有一定发展，工商业者开始以独立姿态登上政治历史舞台，但孙中山到1912年还认为，中国"民穷财尽，中人之家已不可得的，如外国之资本家更是没有"①。欧战期间，中国的民族资本主义出现一次发展高潮，民族工商业者的力量进一步壮大。此时，他仍然认为："资本家之在中国，寥若晨星，亦仅见于通商口岸耳。"②这表明，孙中山并不承认辛亥革命时期中国资本家的存在以及资本主义

---

① 《在南京同盟会会员饯别会的演说》（1912年4月1日），《孙中山全集》第2卷，第329页。
② 《建国方略之二·实业计划（物质建设）》，《孙中山全集》第6卷，第253页。

发展的现实。因此，孙中山所反对的"资本家"和"资本主义"，至少应该排除中国的类型。

那么，孙中山反对的是什么样的"资本家"和"资本主义"呢？事实表明，他所反对的是英美式的垄断资本家，所要预防的只是单一的私人资本主义。孙先生的下列演说辞，最能说明他的真实用心，他说：

> 文明有善果，也有恶果……善果被富人享尽，贫民反食恶果，总由少数人把持文明幸福，故成此不平等的世界。
>
> 现在英美各国的资本家专制到万分，总是设法反对解决社会问题的进行，保守他们自己的权利……横行无道。
>
> 英国财富多于前代不止数千倍，人民的贫穷甚于前代也不止数千倍，并且富者极少，贫者极多……凡有见识的人，皆知道社会革命，欧美是决不能免的。[①]

至于孙中山津津乐道的"社会主义"是什么，倒确实难以准确把握。20世纪20年代，社会主义颇为时髦，流派众多。它可以是一种社会制度，如苏俄国家所展示的类型；也可以是一种国家社会政策，普鲁士德国及其他欧洲国家在第一次世界大战中便普遍实施了这种政策；此外，社会主义还可以是一种思潮，一种运动，或者是一种信仰等。当社会主义风靡欧美大陆时，孙中山以一个思想家、政治家特有的敏感，对之进行考察研究，成为中国"提倡社会主

[①]　《在东京〈民报〉创刊周年庆祝大会的演说》（1906年12月2日），《孙中山全集》第1卷，北京：中华书局，1981年，第327页。

义"的第一人①。

然而，孙中山的"社会主义"与列宁对它的理解存在很大区别。列宁曾称孙中山的社会主义为"小资产阶级'社会主义者'反动分子的理论"②。小资产阶级社会主义者的思想具有什么特点？《共产党宣言》指出：这种社会主义者的思想"按其积极的内容来说，或者是企图恢复旧的生产资料和交换手段，从而恢复旧的所有制关系和旧的社会，或者是企图重新把现代的生产资料和交换手段硬塞到已被它们突破而且必然被突破的旧的所有制关系的框子里去"③。不用说，孙中山的学说与这类"社会主义"者的理论毫无共同之处，因为孙中山并没有任何恢复"旧社会"及原封不动保留旧的生产关系的企图。

学术界一些人在讨论这一问题时曾提出孙中山的"社会主义"是马克思主义"近邻"的说法，有人甚至将孙中山的"社会主义"与马克思的"社会主义"混为一谈。其实，孙中山的"社会主义"在本质上与马克思的社会主义相去甚远。孙中山虽然称马克思为"社会主义中的圣人"，称马克思"所著的书和所发明的学说，可说是集几千年来人类思想的大成"，但是一具体讨论到马克思的学说，他的调子便骤然降了下来。首先，孙中山认为马克思剩余价值学说在理论上难以成立，认为这种学说"把一切生产的功劳完全

① 梁启超在分析甲午战争以后我国思想运动时尝说：孙中山"眼极敏锐，提倡社会主义，以他为最先"。见氏著：《中国近三百年学术史》，《饮冰室合集》第10册《专集》之七十五，第30页。
② 《列宁选集》第2卷，第423—428页。
③ 中共中央马克思、恩格斯、列宁、斯大林著作编译局编：《马克思恩格斯选集》第1卷，北京：人民出版社，1995年，第276页。

归之于工人的劳动，而忽略社会上其他各种有用分子的劳动"。其次，孙中山对马克思阶级斗争推动历史发展的理论持否定态度。他认为"阶级斗争是社会当进化的时候所发生的一种病症"，并非社会进化之常态。社会进化的原因是"人类求生存"，大多数人的"经济利益相调和，社会才有进步"。从这个意义上，孙中山认为马克思只可说是一个"社会病理家"而非"社会生理家"。此外，孙中山对马克思关于资本主义制度未来命运的论断亦予以否定。他说："依他的判断，资本发达到极点的国家，现在应该到消灭的时期，应该要起革命。但是从他至今有了七十多年，我们所见欧美各国的事实和他的判断刚刚是相反。"①在孙中山看来，马克思主义具有这些"缺陷"，是因为这一学说目前"尚未若数理、天文等学成为完全科学"②。因此，实践"社会主义"，"师马克思之意则可，用马克思之法则不可"③。

　　孙中山的"社会主义"既然不同于"小资产阶级"的社会主义，与马克思的社会主义又相去甚远，那么，他的"社会主义"应划归何种流派？在《社会主义之派别与方法》中，孙中山对当时流行的社会主义加以考察，认为社会主义派别虽多，就本质而论却"仅可区为二派：一即集产社会主义，一即共产社会主义"。孙中山指出："两相比较，（共产）社会主义本为社会主义之上乘"，但由于缺乏实施条件，共产社会主义的实践只能是"数千年后"

----

① 《三民主义·民生主义》，《孙中山全集》第9卷，第372页。
② 《在上海中国社会党的演说》（1912年10月14日），《孙中山全集》第2卷，第506页。
③ 《三民主义·民生主义》，《孙中山全集》第9卷，第392页。

的事情。既然如此，"何必我人之穷思竭虑，筹划于数千年之前乎"！共产社会主义既不可先期而行，孙中山退而思其次，指出："我人处今日之社会，即应改良今日社会之组织，以尽我人之本分。则主张集产社会主义，实为今日唯一之要图。"孙中山集产社会主义的实施办法是："凡属于生利之土地、铁路收归国有，不为一二资本家所垄断渔利"；以"博爱、平等、自由"之精神，"和平解决贫富之激战"。十分清楚，这种集产社会主义就是国家社会主义，它是一种国家社会政策而不是一种社会制度，其特点是在承认资本主义生产关系的前提下对现存的制度进行改良。对此，宋教仁在《社会主义商榷》中表述得很清楚：

> 国家社会主义，即所谓社会改良主义，亦名讲坛社会主义，谓现今国家社会之组织不可破坏，宜假国家权力，以救济社会之不平均，改良社会之恶点云云。①

不仅宋教仁，就连被认为对社会主义真谛多所曲解的梁启超，亦一眼看出了孙中山"社会主义"的旨趣所在：

> 彼谓今之社会主义学说已渐趋实行，谓各国民法为趋重民生主义，谓日本铁道国有案通过，为国家民生主义之实现，此言诚是也，而不知此乃社会改良主义，非社会革命主义。而两者之最大异点，则以承认现代之经济社会组织与否为界也（即以承认一

---

① 宋教仁：《社会主义商榷》《宋教仁集》上，陈旭麓主编，北京：中华书局，1981年，第287—291页。

切生产机关之私有与否为界）。[①]

试想，孙中山这种以"承认一切生产机关之私有"为特点的"社会主义"，就实质而言，不是资本主义又是什么？

如果说，孙中山对国家本质的认识与今人的认识存在差距，从学理上讨论这一问题尚难得要领，那么我们不妨考察一下孙中山提出其"社会主义"主张时，选择什么样的国家作为楷模。《在南京同盟会员饯别会的演说》中，孙中山宣布：

> 本会纲领中，所以采用国家社会主义政策，亦即此事。现今德国即用此等政策。国家一切大实业，如铁道、电气、水道等事务皆归国有，不使一私人独享其利。……中国当取法于德。

后来，孙中山在讲演三民主义时，对俾斯麦执政时的德国用"铁血手腕强制实行"国家社会主义倍加赞赏：

> 俾士麦是德国很有名望、很有本领的大政治家，在三四十年前，世界上的大事都是由于俾士麦造成的。……俾士麦眼光远大……用国家经营铁路、银行和各种大实业，拿所得的利益去保护工人，令全国工人都是心满意足。[②]

[①] 梁启超：《驳孙文演说中关于社会革命论者（摘录）》，1906年9月3日，《新民丛报》第86期，转引自姜义华编：《社会主义学说在中国的初期传播》，上海：复旦大学出版社，1984年，第402页。

[②] 《三民主义·民权主义》，《孙中山全集》第9卷，第308—309页。

　　众所周知，俾斯麦执政时的德国，是在坚持资本主义"国体"（国家根本制度）的前提下实施国家社会主义政策的。既然孙中山以德国为取法之楷模，其主张的"社会主义"的内涵，也就十分明了了。

　　学术界一些人对孙中山"社会主义"的内涵产生误解，认为孙中山"提出了否定资本主义和走上社会主义道路的问题"，或者还与孙中山晚年的思想变化有关。孙中山一生奋斗探索，俄国十月革命的成功及中国共产党的成立，曾经使他的思想发生某种程度的变化，在共产国际的影响下，孙中山提出联俄、容共、扶助农工的"政策"并对三民主义做了一些新的解释。尽管如此，这并未导致孙中山学说的基本质变。

　　孙中山主张"容共"，是因为中国共产党当时提出的革命纲领在"反帝"和推翻军阀统治问题上与孙中山的奋斗目标合拍。但是在斗争手段上，孙中山认为共产党过于"激进"。孙中山曾容许共产党员以个人身份加入国民党，但他并没有忘掉国民党与共产党的原则区别，其"容共"是有条件的。他曾明确表示："如果陈独秀违背国民党的意志，他将被逐出联合阵线。"[1]在邓泽如来函的批语中，孙中山亦指出："且要彼等参加国民党，与我一致动作，否则将拒绝之。"[2]

[1]　Franz Schurmann and Orille, *Republican China: Nationalism, War, and the Rise of Communism 1911-1949,* New York: Vintage Books, 1967, pp.88-89.

[2]　《邓泽如给孙中山的信及孙中山的批语》，中共中央党校中共党史教研室编：《中国国民党史文献选编（一八九四年——一九四九年）》，中共中央党校科研办公室印，1985年，第18—21页。

在联俄问题上，其动机更为明确。列宁领导下的苏维埃政权给予中国革命的同情与支持，使孙中山至为感怀。但孙中山之所以对苏俄发生兴趣，主要原因在于他认为苏俄党和军队严密的组织形式可资借鉴。如果这种意见符合实际，这更从现实与历史一脉相承的角度提示孙中山"联俄"的宗旨所在。至于苏俄的社会政治经济制度，孙中山则拒之于国门之外。1923年1月26日，孙中山与苏俄特命全权大使越飞在上海会晤，发表著名的《孙文越飞宣言》。这是孙中山实施"联俄"政策最重要的文件。在这一文件中，孙中山断然宣称：

> 共产组织，甚至苏菲埃制度，事实均不能引用于中国，因中国并无使此项共产制度或苏菲埃制度可以成功之情况也。[1]

与此形成鲜明对照，孙中山对资本主义制度则倾心向慕。《孙文越飞宣言》发表未及一月，孙中山由沪返粤途经香港，应邀赴香港大学演说，将其政治主张和盘端出：

> 我既自称革命家，究不过抱温和主义，其所主张非极端主义，乃争一良好稳健之政府……吾人必须以英国为模范，以英国之良政治传播于中国。[2]

---

[1]　《孙中山与越飞联合宣言》，中国人民解放军政治学院党史教研室：《中共党史参考资料》第2册，北京：人民出版社，1979年，第553页。

[2]　《孙总统在香港大学之演说》，《（上海）民国日报》1923年2月28日，第3版。

不难看出，孙中山是在确立资本主义制度的前提下主张节制私人资本、发达国家资本主义的。尽管孙中山对资本主义的弊病有深刻的认识，但他仍坚持这样的信念："对于资本主义只可逐步改良，不能马上推翻。"[1]

四、结论

综上可知，在孙中山经济思想的所有制模式中，无论国有制抑或私有制都不是唯一选项。在孙中山的所有制构想中，人们看到的是以私有经济为主体、多种经济成分并存的复杂的矛盾统一体。如果说孙中山的所有制构想有什么特点的话，多元性乃是其突出特点之一。

在土地所有制问题上，孙中山实行区别对待政策。对"城市宅地"和"城郊耕地"，明确提出应收归国有；对广大农村耕地，主张在保存既有土地所有制关系的前提下，维护业、佃双方的利益。在企业所有制问题上，孙中山主张私营、国营两不偏废。那些容易形成垄断的对国计民生影响重大的事业应由国家举办，但这并不妨碍私营企业家像过海八仙一样各显其能。孙中山不仅承认私营经济的合法存在，而且为它设想了华人集股联办、中外合资以及外国资本家独资这几种经营形式。孙中山注意到公、私两种所有制在优劣利弊上的互补，因而有意识地使之共存，使之彼此取长补短，力图在最大程度上为搞活社会经济创造条件。

---

① 《三民主义·民生主义》，《孙中山全集》第9卷，第410页。

　　孙中山所有制构想的另一个突出特点是政策实施的灵活性。孙中山是一位能独自开创局面的政治家而不是只能抱残守缺的庸碌之辈。因此，理论并没有成为捆缚其手脚，使之不能依据现实条件来灵活运作经济的绳索。孙中山虽在论证公、私两种所有制优劣时说过："利害相权，吾终以为国有企业较胜于现时之私有制。"但是在从事实业建设时，他却更多地考虑到中国民穷国弱、患寡而不患不均的现实，主张利用私人资本"便于竞争速成"的优点，率先发展私营资本主义企业，而将国营企业的创办推迟至数十年之后。在土地问题上，虽然孙中山再三强调土地国有的必要，然而，一旦他意识到"由国家收买全国土地，恐无此等力量"，他便俯就现实，将国有土地的实施缩小到城市宅地和城郊耕地的范围。

　　孙中山所有制构想的第三个特点表现为对外资的适度开放性。孙中山毕生致力争取民族独立与自由解放事业，但民族独立的原则并不排斥社会经济生活的对外开放。孙中山认为，当时国内那种"因排斥外人，不肯由外人办一工厂"，而出重价向外国购买工业产品的做法缺乏经济头脑，"其不合算亦甚矣"。为改变这种状况，孙中山把外资企业视为私营企业的一种重要形式，明确宣称："鄙人主张有外人办理工商事业。"他分析说，当时国人之所以不敢主张让外人在华创办企业，是因为清政府和军阀政府出卖路矿主权，"皆为世所诟病"。孙中山认为，在国体变更的前提下，国人大可不必存此顾虑。他说："鄙人敢保此事有利无害"，只要"订立一定之期限，届期由我收赎"，利权就不致"落于他人之手"①。孙中山这一主张，大胆而又不失分寸，如能实施，将有利于中国实业的发展。

孙中山所有制构想的第四个特点表现为经济模式与政治模式的同构。孙中山从事的不仅仅是推翻清政府的民族、民主革命，其鹄的是"举政治革命、社会革命毕其功于一役"。所谓"政治革命"，指的是建立近代民主制度的革命；所谓"社会革命"，指的是具有"社会主义"意味和色彩的旨在"均贫富"的革命。这种多元混成的政治模式要求一种混合的所有制经济作为基础。由于现代资本主义政治制度本质上是构筑在私有经济基础之上，故作为民主革命家，孙中山必然要将发展私有经济摆在十分突出的位置。但要完成"社会革命"的任务，又不能不对私营经济的弊端预事防维，在一定程度上采纳公有制经济。而一旦孙中山选择这两种所有制模式来发展实业，他所设计的经济模式便与政治模式形成了一种和谐有机的同构关系。

---

① 《在北京迎宾馆答礼会的演说》（1912年9月5日），《孙中山全集》第2卷，第449页。

"人权"讨论与胡适的政治思想

　　胡适在新文化运动中"暴得大名"，成为中国现代史上影响最大的学者之一。他早年对于科学与民主、自由与人权的热情讴歌和执着追求，曾为自己塑造自由主义思想家的形象，使不少信仰科学民主的国人将他视为现代化旗帜。然而，20世纪30年代以后，由于各种原因，这位留学归国之初曾发誓20年不谈政治的学者，毕竟还是介入政治，成为"过河卒子"。这不仅使他的"自由主义"思想家形象受到扭曲，而且给了解他的思想造成困难，以致近40年来，中国大陆学界几乎无人对他的政治思想做过专门研究。今天，胡适生活的时代已经成为历史。在这种情况下，研究五四以来中国现代思想的发展，也就没有必要再对胡适这方面的思想主张持回避态度。本文拟以20世纪20年代末胡适等人在"人权"讨论中提出的思想命题为主，参以胡适在新文化运动前后的论述，对胡适的人权思想以及与之相关的政治主张，做一初步研究，借用胡适自己的口头禅，"还他一个本来真面目"①。

一、"健全的个人主义的真精神"

人权主张在胡适政治思想中占有异乎寻常的重要位置。这一主张不是源于传统的本土文化，而是源自西方近代文明。人所共知，人权思想是产生于欧洲文艺复兴时期的人文主义思想的重要内容，近代启蒙运动兴起后日渐兴盛，是与中世纪神权政治及封建制度斗争的产物。人文主义深沉地呼吁尊重人，尊重人的价值与尊严，主张把人从中世纪封建政权和神权的束缚中解放出来，保护个人的权利和人格，解放人的精神力量，创立符合现实生活要求的以"人"为中心的科学、哲学和艺术。然而，传统专制集权制度却奉行君权至上原则，"轻视人，蔑视人，使人不成其为人"②。鉴此，西方近代启蒙思想家在宣传人权思想时，几乎都对专制集权制度以及维护这一制度的社会意识形态进行猛烈抨击。

胡适宣传人权思想，同样是从批判传统入手。胡适于1917年7月自美留学归国。当时的中国，帝制颠覆虽近六年，但以胡适之观感，一切依然故态，与留学期间他所栖身的彼岸世界形成强烈的思想视觉反差。给他印象最深的是人的价值的极度低下和普遍

---

① 胡适：《新思潮的意义》，《胡适文存》第1集第4卷，上海：亚东图书馆，1936年，第163页。
② 中共中央马克思恩格斯列宁斯大林著作编译局：《马克思恩格斯全集》第1卷，北京：人民出版社，2006年，第441页。

存在的对人的尊严的蔑视。为宣传人权思想，从归国之日起，十几年内，胡适写了大量文论，犀利的笔锋，直接指向"把人作牛马看待"①，使"人命的不值钱""到了极端"②的专制制度。他公开宣称："我是不信'狄克推多'（专制）制的"，因为在这种制度下，"只有顺逆，没有是非"，没有"独立思想的人的生活余地"③。这种制度处处与人作对，千百年来，它造就了骈文、律诗、八股、小脚、太监、贞节牌坊、廷杖、地狱活现的监狱、扳子夹棍的法庭以及"光辉万丈"的宋明理学等系列国粹。这些东西虽然"丰富"，虽然"在这世界无足以单独成一系"，但却无一不是蔑视人，使人"抬不起头来的文物制度"④。比如八股，胡适认为，这"岂但是一种文章格式而已"，这是在把"全国的最优秀分子的聪明才力都用在变文字戏法上"，养成一种"精神上的病态"，养成"千百年不易改变的"思想习惯，使社会精英丧失人格，泯灭个性，停止思想，为实施极端专制统治创造社会条件。再比如缠足，胡适愤怒地写道：这岂止是残贼亿万女性的肢体！这是在"把半个民族的分子不当人看待，让她们做了牛马，还要砍折她们的两腿"，"这种精神上的疯狂惨酷"，"是我们的老祖宗造孽太深"，"遗留下的孽障"⑤。至于宋明理学，则更是泯灭人性的说教。在胡适看来，"情与欲也是性"，人既有追求幸福的权利，

① 胡适：《漫游的感想》，《胡适文存》第3集第1卷，第51—52页。
② 胡适：《归国杂感》，《胡适文存》第1集第4卷，第7—8页。
③ 胡适：《欧游道中寄书》，《胡适文存》第3集第1卷，第88页。
④ 胡适：《信心与反省》，《胡适论学近著》第1集第4卷，周谷城主编：《民国丛书》第1编，上海：上海书店出版社，1989年，第483页。
⑤ 胡适：《惨痛的回忆与反省》，《胡适论学近著》第1集第4卷，第473页。

就不应当排斥对情与欲的适度满足。然而，"理学最不近人情之处在于因袭中古宗教排斥情欲的态度"，"崇理而咎欲，故生出许多不近人情甚至吃人的礼教"。他举例说，程子宣传"饿死事极小，失节事极大"，"这分明是一个人的偏见，然而八百年来竟成为'天理'"，"害死了无数无数的妇人女子"[①]。

严酷的历史与现实，使胡适清楚意识到，新文化运动必须提出"对人类（男人和女人）一种解放的要求，把个人从传统的旧风俗、旧思想和旧行为的束缚中解放出来"。胡适认为，欧洲文艺复兴是一个真正的社会大解放，从此"个人开始抬起头来，主宰了他自己的独立自由的人格，维护了他自己的权利和自由"[②]。中国要推翻君权，建树人权，也应该走欧洲文艺复兴的道路。为此，在抨击传统的同时，胡适效法西方启蒙主义思想家，不遗余力地对人权思想做了直接的、正面的鼓动宣传。

1918年6月，在胡适、陈独秀等人张罗下，《新青年》杂志推出"易卜生专号"，向广大中国读者系统介绍西方近代戏剧的开创者、著名文学大师易卜生的作品及其思想。胡适的《易卜生主义》也在这一期《新青年》杂志上与读者见面。这篇重要文章，通过介绍易卜生的《娜拉》（今译《玩偶之家》）、《社会栋梁》、《国民公敌》、《群鬼》等"社会问题剧"，以浓醋的笔墨，深挚的感情，不厌其详地渲染了人权思想一个极为重要的方面，即个性

---

① 胡适：《几个反理学的思想家》，《胡适文存》第3集第2卷，第134页—144页。
② 胡适口述：《胡适的自传》，唐德刚编译，葛懋春、李兴芝编：《胡适哲学思想资料选》（下），上海：华东师范大学出版社，1981年，第182页。

解放和如何实现自我价值的问题。胡适认为,易卜生的戏剧中有一条显而易见的学说,即社会与个人往往形同水火,利益背离。"社会最爱专制,往往用强力摧折个人的个性,压制个人的自由独立精神",不幸的是,一旦个人的自由独立精神销蚀殆尽,一旦个人的个性之火灰飞烟灭,社会自身赖以生存发展的内驱力也随之丧失。因此,社会的专制,不独让个人做出无谓牺牲,也使社会自食恶果,停止发展。为拯救人,胡适响亮地提出"健全的个人主义"的主张。这一主张包括两方面的基本内涵:一是要学娜拉,不甘沉沦,勇于自救,充分发展个人才智,把自己铸造成一个真正的人。二是要学斯铎曼医生,特立独行,敢说实话,造成独立的人格。

关于学娜拉,胡适在《易卜生主义》中借易卜生之口向他的读者鼓动说:

> 我所最期望于你的是一种真益纯粹的为我主义。要使你有时觉得天下只有关于我的事最要紧,其余的都算不得什么。……你要想有益于社会,最好的法子莫如把你自己这块材料铸造成器。……有的时候我真觉得全世界都象海上撞沉了船,最要紧的还是救出你自己。①

在后来发表的《介绍我自己的思想》《人生有何意义》《对于学生今后的希望》《中国公学十八年级毕业赠言》等文章和讲演中,胡适反复以易卜生笔下的娜拉为话题,进一步发挥关于个性解

---

① 胡适:《易卜生主义》,《胡适文存》第1集第4卷,第7—8页。

放的思想。娜拉为何抛夫弃女，飘然而去？胡适回答说，这是因为她觉悟到自己也是一个人而不是他人的玩偶，既然是一个人，就有"努力做一个人"的权利。在胡适看来，娜拉身上饱含着一种渴求自身幸福和完美的原始而纯真的人类感情，在这种感情支配下对生活做出符合人性的选择，这是人权，具有无可争辩的合理性。娜拉的出走，不过是行使自己做人的权利，任何来自社会道德的谴责，都污浊陈腐、不足为训。

如果说，胡适为宣传人权思想，对"娜拉精神"流露出某种钟爱，那么，他对"斯铎曼精神"则更是桃花潭水，情深千尺。斯铎曼是易卜生《国民公敌》剧中的主人翁，以行医治病为业。他敢于说实话，因为揭穿本地社会的黑幕，被视为"国民公敌"。但他不避恶名，我行我素，继续说真话，最后在当地陷于千夫所指、孑然寡合的境地。然而他还是不改常度，他无比自信地说："世上最强有力的人就是那最孤立的人！"胡适认为，斯铎曼医生具有一种"自由独立的人格"，是一位真正做到"贫贱不能移，富贵不能淫，威武不能屈"的人，在他身上，充分体现了"健全的个人主义的真精神"。他希望人们"学斯铎曼医生，要特立独行，敢说老实话，敢向恶势力作战"[①]，以此完善自己的人格，履行自己做人的资格和权利。

对于胡适有关个性解放的思想，特别是对他提出的"健全的个人主义"，国内学术界在很长一段时期人都视为"极端利己主义"，加以严厉鞭挞。今天看来，这种认知明显失之偏颇。

---

① 胡适：《介绍我自己的思想》，《胡适论学近著》第1集（下）第4卷，第630—645页。

　　首先，它忽略了胡适倡导个人主义主张时特定的历史背景及胡适真实的命意所在。如众所知，胡适的时代，是新文化运动勃然兴起的时代。新文化运动的一个重要目标，是反对作为中国封建时代官方意识形态的传统儒学。为维系传统的社会秩序，封建统治者制定了以"存天理，灭人欲"、完全否定人的个性为特征的道德规范。千百年来，人们都崇奉"团体至上"原则，"个人"在社会生活及人们的观念中均无立锥之地。在这种情况下，新文化运动必然以复归人性和重新确认个体价值为基本内容。作为对传统的反动，胡适将个人主义思想以某种"偏激"的面貌呈现，是考虑到传统文化的惰性对新思想具有强大的涵化与折中作用。在根深蒂固的传统文化面前，任何新思想在被认同时，都难免要打几分折扣。如果宣传新思想的人企望太低，没有加上点保险系数，几经折扣，必致所剩无几。这一思想，胡适在《新思潮的意义》一文中做了淋漓尽致的发挥：

　　　　人类社会有一种守旧的堕性，少数人只管趋向极端的革新，大多数人至多只能跟你走半程路，这就是调和。调和是人类懒病的天然趋势，用不着我们来提倡。我们走了一百里路，大多数人也许勉强走三四十里，我们若先讲调和，只走五十里，他们就一步也不走了。所以革新家的责任只是认定"是"的一个方向走去，不要回头讲调和。社会上自然有无数懒人懦夫出来调和。①

---

① 胡适：《新思潮的意义》，《胡适文存》第1集第4卷，第161—162页。

其次，指斥胡适倡导"极端个人主义"的学者大多忽略了胡适思想中"非个人主义"的一面。1919年以后，胡适发表一系列文章，补充和发展了他的"健全的个人主义"思想。在《非个人主义的新生活》一文中，他明确指出，对个人主义可做两种截然不同的解释：一种是"为我主义"（egoism），其特征是自私自利，只顾个人的利益，不管他人死活，这是"假个人主义"。另一种是"个性主义"（individuality），其特征有两点：一是能独立思考，不轻信盲从多数人的意志；二是强调个人对自己行为的结果负责任，"不怕权威，不怕监禁杀身，只认得真理，不认得个人利害"。两个特征兼而有之，才是"真的个人主义"[1]。在《不朽》与《〈科学与人生观〉序》中，胡适进一步阐发了个人与社会关系的思想。他指出：社会生活是"交互影响的"，没有个人，固然不成其为社会；离开社会，个人也将失去依托。进而，胡适提出"社会不朽论"，认为在大千世界中，个人不过是"小我"，而社会是"大我"，"小我"终归会死灭，"大我"的生命则可无限延续，永垂不朽[2]。因此，个人应该"为全种万世而生活"，应该"格外增加他对于同类的同情心，格外使他深信互助的必要，格外使他注重人为的努力以减免天然竞争的惨酷与浪费"[3]。这种对于个人与社会关系的论述，实质上是以维护个人利益为前提，来保证社会共同利益的实现。胡适思想既如此，将其宣扬的个人主义视为"极端利己主义"，岂不谬哉！

---

[1] 胡适：《非个人主义的新生活》，《胡适文存》第1集第4卷，第174页。

[2] 胡适：《不朽》，《胡适文存》第1集第4卷，第110—112页。

[3] 胡适：《〈科学与人生观〉序》，《胡适文存》第2集第2卷，第27—29页。

胡适人权思想的另一个颇具特色的方面是他对传统宗教的漠视。从学理上讲，崇信宗教与宣扬人权并不矛盾，以人为中心的自由、平等、博爱等观念，其内涵与基督教原始教义并无二致。因此，提倡人权的思想家一般并不反对宗教和"神"本身，而是反对"神"在人世间的投影，反对假借"神"的名义来压制人。胡适对宗教的漠视也正是基于这一立场。

胡适留学美国时，受学校环境影响，产生"奉行耶氏之意"，"日读Bible，冀有所得"。但胡适毕竟没有成为基督信徒，因为他很快冷静下来，发现教会是在用"感情"手段诱惑人，"深恨其玩这种把戏，故起一种反动"①，从此与宗教绝缘。

胡适之所以对宗教持漠视态度，具体原因有两点：一是他对"新理性主义"的崇拜。根据新理性主义，他认为：1. 宇宙及其中一切事物的运行变化都受自然规律支配，"用不着什么超自然的主宰或造物者"；2. 生物界生存竞争的残酷表明，"那仁爱慈祥的主宰是不会有的"②。既然上帝的存在是子虚乌有，现实生活中的人有什么必要对他顶礼膜拜呢？二是现实的宗教与胡适信奉的人文主义两相扞格。胡适认为，宗教本是为人创立的。"不料后世的宗教处处与人类的天性相反，处处反乎人情。"③基督教如此，佛教更是如此。胡适曾痛斥以崇佛为特点的"印度化"是"无生人之

---

①　胡适：《藏晖室札记》第1卷，1911年6月18日日记及附记，上海：亚东图书馆，1939年，第44—50页。

②　胡适：《今日教会教育的难关》，《胡适文存》第3集第9卷，第1162—1163页。

③　胡适：《易卜生主义》，《胡适文存》第1集第4卷，第20页。

教的开倒车"①，认为佛家"坐禅主敬，不过是造成许多'四体不勤，五谷不分'的废物"②。胡适对宗教的批评是否公允，这里暂不讨论，但至少可以认为，他这种以人为本位的思想，是符合理性精神与现代潮流的。

值得一提的是，胡适虽然反佛非耶，漠视宗教，却并不排斥信仰，认为信仰能满足人类情感的需求。由于宗教在本质上也是一种信仰，所以胡适对宗教的漠视实无异在不同的信仰上进行选择。如果有一种"宗教"能与他的"新理性主义"和人权主张吻合，他是不至于将其拒之门外的。在胡适的时代，这种"宗教"已经形成并逐渐为愈来愈多的人信仰，这就是科学与民主，这就是人文主义。对这种"宗教"，胡适坚信不疑。在《我们对于近代西洋文明的态度》一文中，胡适几乎是以一种教徒特有的虔诚与乐观的笔调写道：

> 信任天不如信任人，靠上帝不如靠自己。我们现在不妄想什么天堂天国了，我们要在这个世界上建造"人的乐园"。我们不妄想做不死的神仙了，我们要在这个世界上做个活泼健全的人。我们不妄想什么四禅定六神通了，我们要在这个世界上做个有聪明智慧可以戤天缩地的人。我们也许不轻易信仰上帝的万能了，我们却信仰科学的方法是万能的，人的将来是不可限量的。我们也许不信灵魂的不灭了，我们却信人格是神圣的，人权是神圣

---

① 唐德刚：《杂忆胡适》，台北：传记文学出版社，1981年，第49页。
② 胡适：《我们对于近代西洋文明的态度》，《胡适文存》第3集第1卷，第3—22页。

的。这是近世宗教的"人化"。①

　　对于18世纪以来英、美社会勃然兴起的新思想，胡适更是倍加推崇。他认为自由、平等、博爱是18世纪的"新宗教信条"，社会主义是19世纪中叶以后的"新宗教信条"，这些新宗教的内涵，就像"乐利主义"（Utilitarianism）哲学家所说的那样，是要以"最大多数人的最大幸福"来做人类社会的目的，要以一种"人类的同情心"来修筑"新宗教的道德基础"。就这样，胡适终于在"人"与"神"之间找到和谐点，解决了传统宗教未能解决的信仰与科学民主之间的矛盾。

　　胡适曾经说过，他所阐发的人权思想是一种具有诗意、具有美感、具有道德责任的高度的精神文明。我们固不宜借用胡适这一多少带有自我夸饰色彩的话来评价他的人权思想，但至少可以说，胡适的人权思想在主体上与近代潮流相符，因为它是作为专制政权和神权的直接对立物而出现的，其基调是在呼唤社会对人的尊重，对人的自身价值的承认。瞿秋白曾指出：在20世纪初的中国，"为着要光明，为着征服自然界和旧社会的盲目力量，这种发展个性，思想自由，打破传统的呼声，客观上在当时还有相当的革命意义"②。瞿秋白这段话虽然是对鲁迅论易卜主义的著作所做评价，但由于鲁迅当时提倡的个性主义与胡适的主张并没有实质区别，因

---

① 胡适：《我们对于近代西洋文明的态度》，《胡适文存》第3集第1卷，第3—22页。
② 《〈鲁迅杂感选集〉序言》，《瞿秋白文集》第2册第3卷，北京：人民文学出版社，1953年，第977—1000页。

此，对于胡适的人权思想，这一评价也大体适合[①]。

二、"要争我们的思想言论出版自由"

在近代启蒙运动中，"自由"一直被视为最基本的人权而为启蒙主义思想家津津乐道，为酷爱人权的思想战士孜孜以求。在世界近世史上，人类为获取自由付出的代价，超过任何其他追求所付出代价的总和。没有自由的"人权"，犹如失却色彩与芬芳的花朵，不再有存在价值。作为一位标榜捍卫"人权"的思想家，胡适自然深悉此理。因此，在阐述人权思想时，他始终将"自由"放在异乎寻常重要的地位。

胡适是一位注重"思想"的学者，他曾经说："科学的人生观第一个字是'疑'，第二个字是'思想'。"[②]其实"疑"就是"思想"，可见胡适谈科学人生观只在"思想"一词。思想应该具有自由独立的品格，这是思想的价值所在。因此，胡适极力反对被人牵着鼻子走，对于主张思想自由的言论，他总是倍加赞赏。1929年，他的"新月"同人梁实秋、罗隆基针对国民党压制言论自由的情况，写出《论思想统一》及《告压迫言论自由者》，提出思想"不必统一也不能统一"的主张。认为思想的自由应当是绝对的，

[①] 1925年瞿秋白曾指出："从五四前后直到如今，胡适总算还是社会上公认的民治主义者。"见双林：《胡适之与善后会议》，《向导》1925年第106期，第2—4页。对胡适早年的思想，亦持肯定态度。

[②] 中国社会科学院近代史研究所中华民国史研究室编：《胡适的日记》上册，1922年3月25日条，北京：中华书局，1985年，第297页。

如果用"天下事没有绝对的自由"来反对思想的绝对自由，"就成为绝对的不自由"，就必然会导向专制。胡适对梁、罗二人的思想深表赞许，引为同调。当这两篇文章收入《人权论集》时，胡适又在所作《小序》中加以肯定，认为二人阐述的"思想和言论自由"问题，是"人权的一个重要部分"①。

　　然而，"思想"毕竟是无形的、内在的，如果向他人表达思想时受到不应有的限制，那么，思想的自由权也就不复存在。一个社会有无思想自由，言论自由乃是衡量的标志。而言论自由不能狭义地理解为说话不受限制。在现代社会，一种思想要突破传播的时空范围，必须借助传媒及其他手段。因此，公民是否具有新闻、出版、集会、结社自由便成为一个国家是否民主的表征。胡适深知这层道理，他在《我们要我们的自由》一文中写道：

　　　　近两年来，国人都感觉舆论的不自由，……异己便是反动，批评便是反革命……一个国家里没有纪实的新闻而只有快意的谣言；没有公正的批评而只有恶意的谩骂丑诋——这是一个民族的大耻辱。这都是摧残言论自由的当然结果。

　　有鉴于此，胡适明确提出"要争我们的思想言论出版自由"②的主张。胡适对政府以行政手段干预和压制思想言论及出版自由尤

---

① 胡适：《人权论集·小序》，《人权论集》，新月书店出版，1930年1月，第1页。
② 耿云志：《胡适年谱》，《胡适研究论稿》，成都：四川人民出版社，1985年，第423页。

为不满。他认为，政府可以用税则禁止外国奢侈品和化妆品的大量输入，"但政府无论如何圣明，终是不配做文化的裁判官的，因为文化的淘汰选择是没有'科学方法'能做标准的"[①]。

胡适不仅竭力主张思想、言论、出版自由，而且为实践其主张做了不懈努力。1919年8月，由陈独秀创办的《每周评论》被查封。此后两年，胡适一直希望有人出来办一个"公开的、正谊的好报"。由于军阀政府压制，这样的报刊迟迟未能问世，胡适乃决定亲自筹办《努力周报》。他的朋友高梦旦、王云五、张菊生、陈叔通等人都劝他别再办报，担心他成为"梁任公之续"。认为以其才识，专心著书乃是上策，教书授业是为中策，办报则属下策。胡适不为所动，他在日记中写道：

> 现在政府不准我办报，我更不能不办了。梁任公吃亏在于他放弃了他的言论事业去做总长。我可以打定主意不做官，但我不能放弃我的言论的冲动。[②]

胡适不仅在军阀政府统治时期倡导思想、言论和出版的自由，就是在南京国民政府建立后，也仍然一如既往，不改初衷。1929年胡适写了《知难行亦不易》和《新文化运动与国民党》两篇文章，针对国民党统治下"思想言论完全失了自由"，"上帝可以否认，

---

① 胡适：《试评所谓"中国本位的文化建设"》，《胡适论学近著》第1集第4卷，周谷城主编：《民国丛书》第1编第96册，上海：上海书店，1989年，第555页。
② 《胡适的日记》上册，北京：中华书局，1985年，1922年2月7日条，第262—263页。

而孙中山不许批评；礼拜可以不做，而总理遗嘱不可不读，纪念周不可不做"的现实，一针见血地指出："在思想言论自由的一点上，我们不能不说国民政府所代表的国民党是反动的。"①胡适敢于冒国民党一统天下之大不韪，公开发表如此激烈的言论，足见其非凡的思想胆魄。

与思想言论自由密切相关的是信仰自由。胡适认为，"宗教是一件个人的事，谁也不能干涉谁的宗教"②，恰恰在这点上，基督教会违反了信仰的原则。胡适认为，若要一个人信教，首先应"给他自由思想的机会，他若从经验中感觉宗教的必要，从经验中体会得基督教的意义，那种信徒才是真信徒"。然而实际情况则与此相反。例如教会学校就普遍在儿童不能自己思想的时期，强迫儿童做宗教仪式，劝诱儿童崇信宗教信条。胡适认为，这是违反自由原则、侵犯人权的"不道德的行为"。因此，尽管胡适知道"劝教会学校抛弃传教的目的，比劝张作霖吴佩孚裁兵还要难得多"，他还是知难而进，到著名的教会学校燕京大学去做了一番信仰自由的演说③。

胡适的自由人权思想具有一个十分突出的特点，就是注重宽容，认为没有宽容就没有自由。我们知道，大凡追求自由的人，不论彼此有何不同，有一点是一致的："他们的信仰总是伴随着怀疑，他们可以诚实地相信自己正确，却又从不能使自己的怀疑转

①　胡适：《人权论集·小序》，《人权论集》，第1页。
②　《胡适的日记》下册，1922年6月24日条，第386页。
③　《今日教会教育的难关》，《胡适文存》第3集第9卷，第1168—1169页。

化为绝对的信念。"①换句话说，他们对自己也保留着那么一点怀疑，这就要求他们对异己的思想行为持一种宽和容忍的态度。这种宽容扩而大之，便是对社会不同种族、不一阶层、不同宗教、不同政治见解及不同政党同时并存的合理性的承认，它构成了现代民主制度的思想基石。历史上一切形式的专制统治，都是以不能宽容异己为特征的。因此，近代谈论自由人权的人无不信奉宽容，胡适当然也不例外。胡适认为，争自由的唯一原理是："异我者未必即非，而同我者未必即是；今日众人之所是未必即是，而众人之所非未必真非。"因此，争自由的人就应该"能容忍异己的意见与信仰"②。由于真理并不一定掌握在多数人手里，要认识真理，使社会避免"陷入暴民专制"，一个重要的条件，就是"尊重少数人的意见"。虽然就政治原则而论，少数人"不当破坏多数人的表决"，但少数人却应该享有"自由发表意见"的权利。只有社会存在宽容的气氛，掌握真理的少数人有自由发表意见的机会，他的主张才会"渐渐变成将来多数的主张"③。

　　饶有趣味的是，胡适不信教，却对欧洲中世纪教会里一种叫"魔鬼的辩护士"（Advocatus diaboli）的制度倍加推崇，多次向人谈及，认为这种制度体现了某种宽容精神。他写道：

　　　　中古教会讨论一种教义时，必要有一人担任反驳这种教义，

---

①　亨德里克·房龙：《宽容》，迮卫、靳翠微译，北京：生活·读书·新知三联书店，1985年，第193页。
②　《胡适致陈独秀（稿）》，《胡适来往书信选》上册，北京：中华书局，1979年，第355页。
③　《胡适的日记》上册，1921年8月4日条，第170—171页。

让大家尽力驳他。这个担任反对言论的人，这个"掮末梢"的
人，就叫做"魔鬼的辩护士"。这种制度是极好的，因为他的用
意是不肯抹杀反对的言论，要从辩论里寻出真理来。①

由于信奉宽容，把它视为"自由"的重要内涵，所以胡适对那
些不能容忍异己的"偏激"的思想行为都极力反对。1925年11月29
日，"北京群众"因《晨报》副刊刊登反对"联俄"的文章，放火
烧毁《晨报》馆。事后胡适与陈独秀谈及此事，颇为不满。而陈独
秀则认为《晨报》该烧，这使胡适大为诧异。几天后他给陈独秀写
了一封信，信中说：

> 几十个暴动分子围烧一个报馆，这并不奇怪。但你是一个政
> 党的负责领袖，对于此事不以为非，而认为"该"，这是使我很
> 诧怪的态度。你我不是曾发表一个"争自由"的宣言吗？那天北
> 京的群众不是宣言"人民有集会结社言论出版的自由"吗？《晨
> 报》近年的主张，无论在你我眼里为是为非，决没有"该"被自
> 命争自由的民众烧毁的罪状，因为争自由的人都应该"能容忍异
> 己意见与信仰，凡不承认异己者的自由的人，就不配争自由，就
> 不配谈自由"。②

胡适认为，他与陈独秀做了10年的朋友，在见解上时有分歧，

---

①　《今日教会教育的难关》，《胡适文存》第3集第9卷，第1170页。
②　《胡适致陈独秀（稿）》，《胡适来往书信选》上册，第355页。

但最大的不同莫过于能否容忍异己。他担心不容忍的风气造成后，社会将变得更加残忍、惨酷，使"爱自由争自由的人"失却"立足容身之地"。在"忍不住"的情况下，他才写信与陈独秀辩难。

值得注意的是，胡适不仅把宽容看作自由人权的重要内涵，看作处理各种社会关系的行为规范，而且将它引申到政治领域，在20世纪30年代国民党实施一党专制的铁桶局面下，提出政治上的宽容就是要容忍不同政见及反对党的主张，为打破国民党一党专制做了努力。

胡适认为，改造社会是一件十分繁难的任务，绝非单一的社会力量和政党所能完成，它需要多种社会力量"各行其是，各司其事"。以革命和改良而言，如果改良尚能奏效，当然"不妨先从改良下手，一点一滴的改良他"；如果改良不能奏效，"那就有取革命手段的必要了"。他曾作诗回答期望他"革命"的朋友说：

> 君期我作玛志尼，我祝君为倭斯麦；
> 国事今成遍体疮，治头治脚俱所急。[1]

既然改造社会的道路可以殊途同归，为什么国民党统治下政党偏偏不能多元并存呢？在这种思想指导下，他坚决反对国民党统治下，无论什么人，只需贴上"共党嫌疑""反革命"招牌，就没有自由人权保障的一党专制局面[2]，并与共产党领导人陈独秀、李大

---

[1]　《我们的政治主张》（答王振钧等），《胡适文存》第2集第3卷，第39—40页。

[2]　胡适：《人权与约法》，《人权论集》，第1—12页。

钊乃至毛泽东保持着"旧好"①。

正因为胡适认为政治上的宽容就是要容忍不同政见和反对党，所以在离开大陆之后，他仍然积极反对国民党一党专制，主张在台湾成立一个反对党。他参与创办《自由中国》杂志，极力支持杂志主要编辑及发行人雷震为创建新党所做的各种努力。他还利用《自由中国》杂志发表大量政论，规劝当局"应该极力培养合法的反对，合法的批评"，容忍反对党的合法存在，以建立"健全的政党政治"②。然而，国民党当局拒不纳谏，一意孤行。在胡适等人筹建的"中国民主党"即将出世时，以配合共党"统战""造成台湾混乱"为借口，逮捕雷震。胡适组建反对党的希望也因此化为泡影。

三、"人权与约法"关系辨析

在现实社会中，权力的享有实际上是一种个人与社会契约关系，受到法律尤其是根本法的规范，因而讨论胡适的人权思想不能离开他对"人权与约法"关系的论述。与西方人权论者不同，胡适从不侈谈"天赋人权"。他认为唯有在现代民主国家里，人权才有现实基础。而现代民主国家的主要标志是法治，没有法治，人权就会失去保障，就必然落空。为宣传这一思想，1929年胡适与罗

---

① 《胡适来往书信选》下册，第26—27页。
② 雷震：《雷震回忆录》，香港："七十年代"杂志社，1978年，第62—65页。

隆基、梁实秋等人在《新月》杂志上发起一场范围不大却影响甚广的"人权与约法"问题的讨论。在长达数月的讨论中，胡适发表了《人权与约法》《我们什么时候才可有宪法》等文论，系统地论述了人权与约法的关系。

在《人权与约法》一文中，胡适首先针对国民政府4月20日颁布的一道所谓"保障人权"的命令进行抨击。该命令语意含混，规定任何"个人或团体"均不得以非法行为侵害他人的身体、自由及财产，却只字不提"政府机关"。胡适认为，这使人"不能不感觉大失望"，因为"今日我们最感觉痛苦的是种种政府机关或假借政府与党部的机关侵害人民的身体自由及财产"。胡适列举三件事实为证：第一件是国民党"三大"的一项"严厉处置反革命分子"的提案。该提案提出，为避免"反革命分子"漏网，凡经省党部及特别市党部书面证明为"反革命分子"者，法院应处以反革命罪；如本人不服，可以上诉，但上级法院如接到国民党中央的书面证明，则可驳回上诉。第二件是安徽大学校长刘文典，受蒋介石召见时，称蒋为"先生"而不称"主席"，蒋遂将刘拘禁多日。他的家人朋友只能四处奔走说情，不能到任何法院去控告蒋。第三件是驻唐山一二五旅军官非法拘禁拷打商人杨润普致残，当地商会只能以求情或罢市的方式促其释放。胡适认为，这三件事充分表明国民党统治下只有"党治"和"人治"，没有"法治"。因为法治不只是对着老百姓，也是对着政府、军队和官员的，它要求"政府官吏的一切行为都不得逾越法律规定的权限。法治只认得法律，不认得人。在法治之下，国民政府的主席与唐山一百二十五旅的军官都同样不得逾越规定的权限"①。在没有法治的社会里，人权是得不到保障的，为保障人权，胡适大声疾呼，要求立即制定一个"规定人民的权利义务与政府的统治权限"的宪法或约法，"不但政府的权限要受约法的制裁，党的权限也要受约法的制裁"。如果党的权限不受制约，那就意味着一国之中仍有特殊的阶级逍遥法外，就不成其为法治社会。胡适不无挖苦地指出：

> 其实今日所谓"党治"，说也可怜，哪里是"党治"，只是"军人治党"而已；如果国民党不"觉悟宪法的必要"，如果国民的自由人权没有保障，"国民党也休想不受武人的摧残支配"。②

由于国民党政府不搞约法之治的理论依据在于孙中山的《建国大纲》取消了约法，主张在军政、训政结束，宪政开始之后方能制定宪法，实施宪政，因而胡适又对孙中山及其《建国大纲》提出尖锐批评。胡适认为，孙中山之所以主张在军政、训政时期取消约法，原因在于他"根本不信任中国人民参政的能力"。胡适指出，孙中山在这里犯了一个错误，不知道制定约法，实施民治本身"便是最好的政治训练"。人民参政伊始，错误在所难免，但却不能"因人民程度不够便不许他们参政"。胡适特别就国民政府奉为金科玉律的孙中山的训政理论提出异议，认为孙中山视"训政与宪法不可同时并立"，这是一个"根本大错"。因为有宪法才可以做

---

① 胡适：《人权与约法》，《人权论集》，第1—12页。
② 胡适：《人权与约法》，《人权论集》，第1—12页。

"训导人民的工作"；没有宪法，"则训政只是专制，决不能训练人民走上民主的路"①。

胡适的这些言论，在思想界引起强烈反响。蔡元培读了《人权与约法》后致书胡适，赞以"振聩发聋，不胜佩服"②八字。张孝若对胡适的胆识更是深表钦佩，认为其文章"义正词严"，充满"浩然之气"，在人权惨遭剥夺，百姓敢怒而不敢言的时候，胡适能"替老百姓喊几句，打一个抱不平"，这对"国民人格上的安慰"关系极大③。

胡适放言无忌，自然为国民党当局所不容。1929年8月24日，国民党上海市第三区党部首先发难，呈请中央执行委员会谘国府教育部将胡适撤职惩办。接着，青岛、天津、北平、江苏、南京等9省市党部，亦相继呈请中央严加惩处。国民党中央认为，胡适的言论"误解本党党义及总理学说，并溢出学术研究范围"，不仅有失"大学校长尊严"，而且容易使人民"对党政生不良印象"，特致函国民政府转饬教育部加以警告④。并组织一班人著文批判胡适，将批判文章汇为一册，书名叫作《评胡适反党义近著》，于11月出版，广为发行。

面对国民党政府的高压，胡适不为所动。他先将教育部发布的警告令退还不受；接着又在《新月》上发表《新文化运动与国民党》一文，针对国民党政府钳制思想、言论、出版自由，以及宣传

---

① 胡适：《人权与约法》，《人权论集》，第1—12页。
② 《蔡元培致胡适》，《胡适来往书信选》上册，第515页。
③ 《张孝若致胡适》，《胡适来往书信选》上册，第523—524页。
④ 《中央函国府令教部警告胡适》，《申报》1929年9月23日，第10版。

复古，拒不用白话文代替古文等事例，指责国民党中宣部长叶楚伧是"反动分子"，指责国民党是"反动派"。并将《新月》上刊载的有关人权的文章集为一册，题名《人权论集》，交新月书店出版。在所作序言中，胡适公开声称：

> 我们所要建立的是批评国民党的自由和批评孙中山的自由。上帝我们尚且可以批评，何况国民党与孙中山！①

胡适对国民党和孙中山的批评，是为制定约法，保障人权寻找理论依据。但是，在现实生活中，人们需要的宪法和法律不能产生，人权完全失却保障的情形屡见不鲜。考虑到这一客观现实，一切进步的启蒙思想家都主张"革命人权"，认为人民有权反抗压迫者，并视这种权利为"五大基本人权"之一。胡适作为现代人权论者，当然不会忘了倡言"革命人权"对于完善其人权理论的重要意义。

但与一般人权论者不同，胡适的"革命人权"主张是同他的"好政府主义"这一政治概念联结在一起块的。在胡适看来，"好政府主义"的基本观念乃是一种"政治的工具主义"（Political-instrumentalism），这种"工具主义政府观"可引申出三层意义。第一，从此可得出一个评判政府的标准：政府是社会用来谋最大多数人的最大福利的工具，故凡能尽此职责的是好政府，不能尽此职责的是坏政府，妨碍或摧残公共福利的是恶政府。第二，从此可得一个人民参政的原理：工具是须时时检查修理的，政府既然是一种

---

① 《人权论集·小序》，第1页。

社会工具，当然也须时时检查修理，承担这一责任的只能是人民。第三，从此可得出一个革命的原理：工具不良，修好它；修不好时，另换一件。政府不良，监督它，修正它；它不受监督修正，则换掉它。一部分不良，去了这部分，全部不良，拆开了，打倒了，重新改造一个，"一切暗杀，反抗，革命，都根据于此"①。胡适从"工具主义政府观"引申出的第三条原理，无疑是对"革命人权"合理性的正面肯定。

　　胡适不仅从理论上阐述"革命人权"的合理性，对于现实生活中的"革命"，也常持肯定态度。例如对于"令数千年帝制一旦推翻，三百年之满清亦同归于尽"的辛亥革命，胡适曾给予高度评价，认为这次革命促成"中国之进步"，使中国的政体问题获得"几分解决"②。对于1916年护国运动推翻袁世凯复辟政权，使袁在举国上下一片唾骂声中忧惧而死，胡适亦额手称庆，认为袁世凯是"千夫所指，无病自死"，虽身败名裂，亦不足以"赎其蔽天之辜"③。对于袁世凯之后北洋军阀的统治，胡适也颇为不满，时倡革命之说。1922年10月，他写了一首纪念辛亥革命的诗——《双十节的鬼歌》，其最后一节写道："大家合起来，赶走这群狼，推翻这鸟政府；起一个新革命，造一个好政府，这才是双十节的纪念了！"④胡适不仅对本国的革命多抱同情与支持态度，就是对俄国人民推翻沙皇专制统治的革命，亦深表敬意。他曾填词两阙，讴歌

① 胡适：《胡适的日记》上册，1921年8月5日，第174页。
② 胡适：《藏晖室札记》第13卷，1916年6月7日条，第928页。
③ 胡适：《藏晖室札记》第13卷，1916年6月7日条，第926—927页。
④ 胡适：《双十节的鬼歌》，《尝试集》，北京：人民文学出版社，1984年，第80—81页。

俄国革命"去独夫'沙'，张自由帜"，满怀激情地吟诵出"新俄万岁"的词句①。

　　不过，胡适并不是对一切革命都表示赞许。1931年以后，胡适虽然继续高谈人权，批评政府，却缄口不言"革命人权"了。典型的事例是胡适在民盟内部就"释放一切政治犯"问题掀起的一场争端。1932年底，宋庆龄、蔡元培、杨铨等人在上海发起成立中国民权保障同盟。胡适因热衷于宣传人权，被推为民盟北平分会的执行主席。但事隔不久，胡适便与民盟总部闹翻。1933年2月，史沫特莱（A.Smedly）向民盟总部转交了一份北平反省院政治犯提出的揭露反省院里各种酷刑和非人道情状的控诉书。民盟总部开会传观后决定送中、西各报刊登，同时写了中、英文缘起，由宋庆龄签署，明确提出"立即无条件的释放一切政治犯"的主张。对此，胡适颇不以为然。他不顾蔡元培、林语堂、杨铨等人要他注意内部团结的劝告，致函报界，用他与杨铨等人事前调查反省院的经过，"证明"控诉书所说的骇人听闻的酷刑毫无根据，并指责控诉书是"伪造的"。随后，胡适又在《独立评论》上著文，批评民盟总部"释放一切政治犯"的主张，认为民盟总部诸人把民权保障问题完全看作政治问题而不是法律问题，这是"犯了一个大毛病"；认为民盟总部主张"立即无条件的释放一切政治犯"不是保障民权，而是在"对一个政府要求革命的自由权"。胡适认为，这种要求是荒唐的，因为"一个政府要存在，自然不能不制裁一切推翻政府或反

---

① 　胡适：《沁园春——新俄万岁》，《尝试集》，第160页。

抗政府的行动"①。接着，胡适又与《字林西报》记者谈话，重申关于民盟总部"不应当提出不加区别地释放一切政治犯，免予法律制裁的要求"的意见，再次宣称，政府"有权去对付那些威胁它本身生存的行为"②。胡适的言行，与当时民盟主要领袖的主张完全背离。所以，当宋庆龄等人致电要他"公开更正，否则惟有自由出会，以全会章"时，他便与民盟决裂，与宋庆龄等人分道扬镳了。

为何胡适在1931年之前能够揭橥"革命人权"旗帜，之后却为蒋介石的"王权"辩护？宋庆龄认为，这是由于国民党与张学良对民盟的反对，使他"害怕了起来，并且开始为他的怯懦寻找借口和辩解"③。宋庆龄的看法或许没错，但我认为，更为重要的原因在于胡适对于现政权好坏优劣的判断。清朝贵族把持下的政府实行专制统治，人民无丝毫民主权利，这样的政府自然是"坏政府"，是应该以革命手段予以打倒拆换的。北洋军阀政府虽然挂着"民国"招牌，这张招牌虽一度吸引胡适想去从事民主政治的"实验"，但历史终于使胡适看清，北洋军阀不过是一个"强盗政府"，是不值得支持和信赖的，因而他才写出"推翻这鸟政府"，"造一个好政府"的激昂诗句。1927年4月以后，南京国民政府建立。在南京国民政府建立的头几年内，胡适没有积极的认同，也没有自觉的排拒，他似乎是在实验和观察，想看国民党新政权与他的"好政府"主张存在多少距离。观察的结果，胡适对蒋介石做出"能相当的容

---

① 《民权的保障》，《独立评论》第38号，1933年2月19日，第2—5页。
② 《胡适来往书信选》中册，第189—190页。
③ 宋庆龄：《中国民权保障同盟的任务》，氏著《为新中国而奋斗》，北京：人民出版社，1952年，第31—42页。

纳异己者的要求，尊重异己者"的看法，"在今日确有做一国领袖的资格"①的判断，对国民党政权亦得出可以促其改良的认知。因为有这样的判断和认知，所以，即使是在他发起人权讨论，与国民党当局闹得不可开交的时候，他还是宣称，他的目的不过是想"尽我们的微薄之力，以中国国民的资格，对于国家社会问题做善意的批评和积极的讨论，尽一点指导监督的天职"②。也正因为有这样的判断，他才会不断就政治问题向蒋介石建白，并在彼此存在矛盾的情况下，与蒋介石政权相伴始终。

　　问题在于，能否因胡适对蒋介石政权的妥协得出其人权主张完全虚伪，因而无整理研究价值的结论？不能。从理论上看，"革命人权"并非可对任何形式的政府随意行使的天赋权利，所谓一个政府有权对付那些威胁它生存行为的说法与胡适高谈阔论的人权主张也并不一定构成悖论，因为其间不仅涉及法律问题和政治问题的分野，还极有可能关系到价值认同。因而，即便胡适在1931年以后不复主张"革命人权"，也很难说他已离却自由主义立场，得出他过去的人权主张是虚伪的结论。

　　从提出其思想主张的动机看，胡适倒堪称前后一贯。他提出和宣传其人权主张时，并无欺骗任何人的企图；相反，他自己倒是一位政治上的受骗者。他把自由民主的政治思想和人权主张寄托在做出一副要建设现代民主国家姿态的蒋介石身上，不但没能如愿以偿，反而使自己成了独裁政权的牺牲品。考虑到这层因

---

① 《政治改革的大路》，《独立评论》第163号，1935年8月11日，第2—9页。
② 耿云志：《胡适年谱》，1929年6月，成都：四川人民出版社，1989年，第423页。

素，我认为，与其说胡适的人权主张是虚伪的，不如说他对国民
党蒋介石政权的认同是不明智。人们尽可对作为政治实践家的胡
适不以为然，但对作为思想家的胡适，对他在作为一个自由主义
思想战士时为反对专制集权而宣扬的人权思想和主张，还是应该
给予实事求是的评价。

限制通商与欲罢不能的开放政策

鸦片战争前中国的对外贸易政策

　　鸦片战争前中国的对外通商贸易政策是一个曾经引起学术界较为广泛关注的课题，有关研究成果已经不少。在传统的学术认知中，诸如中国方面的"闭关锁国""垄断的对外贸易"以及英国方面的"自由贸易"等提法曾被视为不刊之论。近年来，传统开始遭遇挑战。但挑战者本身以各种条件限制之故，仍未能很好阐释过去的研究没有真正说明的问题。换言之，他们也还面临着一个如何应付被挑战者挑战的问题。本文拟援据相关文献，对学术界正在讨论的这一问题做些必要的辩证和清厘。

　　如众所知，清朝开国之初在对外贸易问题上大体沿袭明季对付"倭寇"的做法。在王朝更迭，新政权尚未稳固的最初几十年里，出于防范重"夷夏之防"的汉族民众的需要，清朝统治者曾有"片板不准下海"之令，中、外贸易被严格禁止。这期间，除为数不多的山陕徽浙商人远航日本、中国台湾等地，从事风险极大的贸易经营外，明季一度发展得颇具规模的中西方海上贸易事实上已经中断。前近代时期中国对西方国家的贸易是从1684年开始的。直接原因在于前此一年台湾的平定。海禁随之开放，广州、漳州、宁波、云台山四个口岸被指定为可与外国人从事贸易的商埠。当然，相应的"防夷"措施几乎同时产生。这就是被学者视为广东十三行起源的"洋货行"的设立。具体时间是在康熙二十五年（1686年）四月①。差不多与此同时，朝廷设粤海、闽海、浙海、江海四榷关于澳门、漳州、宁波、云台山，置海关监督以莅之。

有学者认为，十三行成立后，由中国官方控制的垄断的有限制的对外贸易体制便已基本形成。其实这是一种混淆了洋行与公行区别的说法。公行是为对付英国公司大班联合经商的举动并避免洋行内部竞争，由洋行商人联合设立的垄断组织，其成立时间约当18世纪中叶。在此之前，中外贸易并不存在多么严重的障碍。美国学者郝延平认为，海禁开放之后70余年里，中、西方的经济交往事实上已在自由贸易的基础上进行②。郝氏所言颇中肯綮，盖国家非有意置外贸失控于不顾，实因洋行过于松散，外商又雅不欲与多少带有垄断性的"皇商"（The Emperor's Merchant）打交道，有以致

---

① 参见彭泽益：《清代广东洋行制度的起源》，《历史研究》1957年第1期，第1—24页；《广州十三行续探》，载《历史研究》1981年第4期，第110—125页。案：梁嘉彬以为当康熙二十四年粤海关设立之时，十三行便已存在。其根据是《粤海关志》中如下一段记载："国朝设关之初，……令牙行主之，沿明之习，命曰十三行。"见氏著：《广东十三行考》，周谷城主编：《民国丛书》第1编第37册，上海：上海书店出版社，1989年，第41—58页。彭、梁所论出入不大，以彭文晚出，且罗致到一些前人未见到的材料，本书暂从其说。

② Yen-ping Hao, *The Commercial Revolution in Nineteenth Century China*, Berkerley University of California Press, 1986, p.15.

之。认识这一层十分重要，它使我们看到，在鸦片战争前清朝统治的200余年时间里，至少有大约三分之一的时间，清政府在对外贸易问题上并没有实施多么严厉的限制。正因为如此，当时的中外贸易才有可能获得长足发展。粤海关设立之初，每年关税不过二三万两，乾隆元年（1736年）已突破二十万两，到乾隆十七年则增至五十余万两[①]。姜宸英《海防总论》记当时四口通商之盛况云：

> 商泊交于四省，遍于诸国，缓耳雕脚之伦，贯领横裙之众，莫不累驿款贡叩关，蒲伏请命下吏。凡藏山隐谷方物，环宝可效之珍，毕致于阙下，辐积于内府。于是恩贷之诏日下，德泽汪濊，耄倪欢悦，喜见太平，可谓一时之盛。[②]

中外贸易这种相对自由的状况在1757年以后发生变化。是年12月，乾隆皇帝发布上谕，规定外商"只许在广东收泊交易，不得再赴宁波"[③]，将通商口岸由四口削减为广州一口。此事关系重大，它意味着清朝实施有年的开放海禁政策开始为人们通常所说的"闭关锁国"政策取代。以往学者研究导致这一变化的原因，以往习惯于从满洲贵族入主中原，对汉族心存疑惧，担心汉人与外人相互利

[①] 李士祯：《抚粤政略》卷四，沈云龙主编：《近代中国史料丛刊三编》第39辑，台北：文海出版社，1987年，第407—408页；梁廷枏：《粤海关志》卷十，沈云龙主编：《近代中国史料丛刊续编》第19辑，台北：文海出版社，1979年，第703—714页。

[②] 转引自萧一山著：《清代通史》（一），北京：中华书局，1986年，第670页。

[③] 王先谦：《东华录·东华续录》第4册，乾隆朝卷四十六，乾隆二十二年十一月八日，上海：上海古籍出版社，2008年，第613页。

用，危及自己统治的角度进行研究。而马克思的相关论述则成为这一解读的理论根据。马克思在《中国和欧洲的革命》一文中指出：清朝统治者"惟恐外国人会支持大部分中国人在被鞑子征服后大约最初半世纪所存在的那种不满情绪。由于这些考虑，当时除了经由一个距离北京及产茶区极为遥远的城市——广州以外，外国人被禁止与中国人发生任何往来"[1]。马克思的论述当然是有事实作为凭借的，唯时间的界定略有差池。盖清政府限定广州一口通商距离中国人"被鞑子征服"已经113年，而不是"半世纪"。若要考察满汉民族关系，则满人入关后"大约最初半世纪"应该是最紧张的时期，就此而论，马克思所做的分析堪称经典。但这种紧张的满汉关系所构成的只是清初40余年严厉禁海、与外界完全绝交的背景，而不大像是四口通商75年之后复加限制，只许广州一个城市掌管对外贸易的背景。看来马克思是把两个具有不同背景的中国政府的政治决策混同为一了。

应当承认，即便是在18世纪中叶，政治方面的忧虑仍是清朝统治者制定对外贸易政策时起决定性作用的因素。但此时"政治"的内涵已较前发生明显变化。经过入关以后一个多世纪的统治，清王朝已成功地稳固自己的统治，并且较之历史上任何一个少数民族统治者都毫不逊色地解决了——尽管没有最终解决——最初感到极为棘手的满汉民族关系问题。到康、乾时期，王朝统治达到极盛，满洲贵族的自信心也因之大大增强。虽然满汉畛域并未弥合，但在观念上这个问题正在逐渐淡化则是事实。道光时期，汉族知识分子

---

[1]　马克思、恩格斯：《马克思恩格斯论中国》，北京：人民出版社，1957年，第28—29页。

中最杰出的代表魏源曾写出《圣武记》，以称颂康熙时代的赫赫武功，最能说明满汉关系的变化。清末章太炎出于反清的政治需要，曾批评《圣武记》为"媚虏之作"。其实，这种批评并不允当。如果没有康熙时期满、汉关系的相对和缓，即便寓有唤起国人抵御西方列强的用意，作为具有民族意识的汉族知识分子，魏源亦未见得会萌发屈意"媚虏"念头。从清代历史上看，满汉关系的再度紧张是在咸、同年间曾国藩湘系集团崛起之后[①]，康、乾时期满、汉矛盾并不突出。因此，有必要对解决上述问题的路径做些微调整。

我以为，乾隆年间改四口通商为限定在广州一口与外国人做生意，朝廷的主要用意在于维持沿海中国居民稳定的生活，俾中外商民相安无事，从根本上维护自己的政治统治。这其中自然不乏传统的控扼广大汉族民众，使之不致轻易"反叛"的政策延续，但主要目的并不在此。查清廷将对外贸易限于广州一口，是在"红毛夷船"于1755、1756连续两年携带武器驶抵宁波"寻求通商"之后。乾隆帝接到奏报，曾允准地方官所议，更改浙关章程，提高浙省关税，以为"番商无利可图，自必仍归广东贸易"[②]。当接到浙省奏折时，乾隆帝曾明确批示：

> 向来洋船俱由广东收口，其浙省之宁波，不过偶然一至。近年奸牙勾串渔利，洋船至宁波者甚多，将来番船云集，留住日久，

---

① 参阅拙文：《曾国藩集团与清廷的矛盾》，见本书相关部分。
② 《高宗圣训》卷二八一，《四库全书·史部·诏令奏议类》，台北：文海出版社，1965年，第5—6页。

　　将又成一粤省之澳门矣，于海疆重地，民风士俗，均有关系。[①]

　　类似上谕在《高宗圣训》中也有记录："浙民习俗易嚣，洋商杂处，必致滋事；若不立法堵绝，恐将来到浙者众，宁波又成一洋船市集之所。"[②]由此不难看出：第一，乾隆帝已意识到，洋人到宁波来的目的，不过是与中国"奸牙""勾串渔利"；第二，乾隆帝显然只是担心习性强悍的"浙民"与"洋商"不能相安无事，而较少王朝统治会因汉人与洋商相互利用而受到威胁的忧虑；第三，从海防建设以及敦厚"民风士俗"考虑，浙省不宜出现一个类似粤省之澳门那样的口岸城市。出于这几方面考虑，乾隆帝采纳了浙省官员的增税建议。只因单纯经济手段未能实现让夷人回归广东的目的，乾隆帝才决定明令禁止夷人到广州以外的口岸从事商贸活动。

　　当然，经济的因素亦未可忽略。自四口通商以来，虽然整个中外贸易呈现兴盛气象，但北方三个口岸的生意却一直不大景气。正如上文所引乾隆帝谕令中所说的那样："向来洋船俱由广东收口，其浙省之宁波，不过偶然一至。"漳州情况亦复如此。至于云台山，外国商船甚至未曾抵达过[③]。北方口岸生意不景气与同期中国吸纳外国工业制成品的消费市场的规模成正比。乾隆帝在论及外贸与中国经济的关系时说："天朝物产丰盈，无所不有，原不借外夷

---

① 梁廷枏：《粤海关志》卷八，沈云龙主编：《近代中国史料丛刊续编》第19辑，第571—572页。
② 《高宗圣训》卷二八一，第5页。
③ 萧致治、杨卫东编著：《鸦片战争前中西关系纪事》，武汉：湖北人民出版社，1986年，第220页。

货物，以通有无。"①话虽说得冠冕堂皇，但问题的症结却是传统经济结构造成的国内市场狭小。1734年，英国公司的大班曾感叹："中国对英国货没有真正的要求，他们所需要的铅和长幅呢（Longells）仅占英国投资的百分之二。"②即便是19世纪中叶，中国国内市场与外贸口岸数量之间的矛盾也不突出。编写海关十年报告的赫巴德曾表示，"即使中国的全部对外贸易突然在1877年停止，这对中国的经济生活的影响也一定很小"③。既然国内市场对通商口岸的需求如此之小，那么，将已经通商的四口削减为一口也不至对国内经济造成实质性影响。而另一方面，这样做却可以收到避免"外夷"到较为接近京畿地区的东部海岸骚扰的政治实效，清朝统治者又何乐不为呢。

不仅如此，上述现象背后似乎还隐伏着一个南北口岸在贸易上的竞争问题。当时清政府的海关收入数额虽不大，但由于存在"关余"以及其他各种漏规，掌管海关行政权的官员和直接控制外商贸易活动的行商从中获得的利益却颇为可观。这里需要特别提到的是设在广州的粤海关以及广东的行商。有数据表明，1783年，粤海关的税收已跃居全国29个税关的首位；到嘉庆年间该关的税收已超过广东全省的地丁银（一百二十五万两），占全国关税总收入的四分

---

① 王庆云：《熙朝纪政》卷六《记英夷入贡》，上海：天章书局，1901年，第8—9页。
② 马士：《东印度公司对华贸易编年史》卷一，区宗华译，广州：中山大学出版社，1991年，第224页。
③ 赫巴德：《东方的工业化和它对西方的影响》，转引自格林堡：《鸦片战争前中英通商史》，康成译，北京：商务印书馆，1961年，第40页。

之一①。在"无官不贾，且又无贾不官"②，官以钱买，政以贿成的政治体制下，官员们无不视关税为利薮，海关监督能够从中得到多少好处不难想见。至于洋行商人，在经营与外商的贸易中则更是高下其手，中饱私囊。举一个稍微晚近点的例子。1825年，安徽茶商向南海县衙呈递一份禀帖，指控行商在居间为其做茶叶生意时少付茶钱。禀帖揭露行商在秤上做手脚，说他们在称茶时用旧秤，而称银时却换成新秤。用这样的秤称银子，每百两最初少一两八，后来竟少到二两五③。关于行商从对外贸易中获取巨额利润的情况，马士（H.B.Morse）提供的1798年的有关数据更能说明问题。这一年，按照广州市场价格推算，行商从全部进口贸易中可获利83146两，当时有9名行商，平均每名行商获利9238两，如果加上从出口货贸易中所获之利，其数量将更加可观④。费正清教授认为，到18世纪末，粤海关内外已形成一个"广州利益集团"，"它逐渐把从贸易吮吸来的款项变成了与外商或公行有关联的所有大小官吏的资财"⑤，所言可谓鞭辟入里。

对于既得利益，广东的官吏和行商当然不愿轻易放弃。然而，在四口通商后期，广东方面的外贸利益却面临与北方（广州以北）

---

① 吴建雍：《1757年以后的广东十三行》，中国人民大学清史研究所编：《清史研究集》第3集，成都：四川人民出版社，1984年，第106页。本小节尚有数处利用吴文所提供的资料，为节省篇幅，不一一注出。谨志。
② 屈大均：《广东新语》卷九《贪吏》，收入《清代史料笔记丛刊》，北京：中华书局，1997年，第303—305页。
③ 马士：《东印度公司对华贸易编年史》卷四，第112页。
④ 马士：《东印度公司对华贸易编年史》，第315页。
⑤ 费正清编：《剑桥中国晚清史》上卷，北京：中国社会科学出版社，1993年，第177页。

口岸分润的潜在威胁。南北比较，北方口岸固然没有广州那么悠久的与海外通商的历史和因此建立的外贸口岸的稳固地位，但从经济地理的角度分析，它也有诸多优势。特别是浙省之宁波，地当盛产丝、茶的长江中下游平原，又得江河运输之利，若经营得法，其在对外贸易中的地位，当不让广州。从历史上看，中国沿海的通商口岸就曾有过因经济重心所在而由南往北转移的先例。王在晋记述明季呈现的变化时称：

> 夫漳泉之通番也，其素所有事也，而今乃及福清。闽人之下海也，其素所习闻也，而今乃及宁波。宁波通贩于今创见，又转而及于杭州。杭之置货便于福，而宁之下海便于漳。以数十金之货，得数百金而归；以百余金之船，卖千金而返。此风一倡，闻腥逐膻，将通浙之人，弃农而学商，弃故都而入海。[①]

1842年《南京条约》确定五口通商后，上海很快取代广州，成为中国最重要的通商口岸，亦与王在晋所说的东南贸易中心口岸由漳泉而宁波、由宁波而杭州的转移颇为相似。它们都证明，广东在外贸方面的优势并不绝对，是可以超越的。在意识到这一可能性的情况下，竞争在所难免。然而在当时，公平竞争是没有的，利用官场奥援，金钱贿通，乃是官商们可能想出的最有力的竞争手段。据《中国丛报》披露，当英国商人发现浙江通商之利而纷纷驶赴宁波等北部口岸之后，广东的官员和行商"向在朝的

---

① 王在晋：《越镌》卷二十一《通番》，万历三十九年刻本，第17页。

官员付出二万两银子"，从而获得上谕一道，将全部对外贸易限制在广州一口进行[①]。

有学者不赞成这种说法，认为朝廷限制对外贸易，直接诱因在于英国商船于1755年和1756年连续两年携带武器驶赴浙省，目的在于防范汉人与外国人联合，共同反对其政治统治[②]。然而，正如我们前面已经讨论过的那样，在康、乾时期，朝廷所能感受到的这方面威胁已大大减轻，因而朝廷在做出限制通商的决策时多大程度上考虑了这一因素尚需打一个问号。退一步言，即便这一问题依然如故，也并不排斥在商人生意场上以金钱买通关节，打击竞争对手的可能性。当然，如同反对者虽不赞成《中国丛报》的说法，却没能找到材料以推翻这条较为原始的记载，一切都还停留在推理阶段一样，本人也暂时没找到更多材料以证实其真实可靠，现在这条材料只能算是一条孤证。不过揆诸清朝政象，我以为找到佐证的可能性是存在的，故暂以"孤证"证之，以待他日补证。

此外，社会及文化方面的中外冲突亦与清政府限制通商的政策息息相关，不可忽略。人所共知，通商口岸不仅是外国商人经商的场所，同时也是从事其他活动的外国人的理想驻泊地。因而中外冲突除表现在政治经济领域外，也表现在社会及文化领域。其中因文化差异发生的冲突尤其让清朝统治者头痛。盖满洲贵族入主中原，在文化上本与以汉民族为主体的中原各民族传承的文化相异，入关之后，立即面临两难选择：如果不能维持自己的社会及文化认

---

① 　《中英关系》，《中国丛报》第5卷第3期，1836年7月，第17页。
② 　萧致治、杨卫东编著：《鸦片战争前中西关系纪事·附考》，第215页。

同，为数仅几百万的少数民族将很容易被融合甚至消失。然而，如果拒绝接受被征服者的文化，又无法维持对如此幅员辽阔的国家的统治①。聪明的清朝统治者通过大体维持自己的社会政治认同并基本接受被征服者的文化认同，较为妥善地解决了这一棘手问题。于是，原先存在于满、汉之间的"夷夏之防"逐渐解构。而当清朝统治者在康、乾时期再谈"夷夏之防"时，它实际上已站在曾经鄙夷过它的"夏"的立场，而将"夷"的称谓"转嫁"给漂洋过海而来的西人。这样一来，中西方文化冲突也就构成清朝统治者在制定对外政策时不能不加以考虑的一个重大因素。

如果对清康熙以还的中西交通稍做考察，将不难发现，当时的中外文化冲突主要表现为中国方面对于经传教士带来的耶稣教的抵制以及由此激起的反动。这个问题在明末清初因传教士尚能表现出对中国政教礼俗的尊重而不甚明朗。康熙时期，"礼仪之争"发生，耶稣会就天主教是否应该中国化与多明我、方济格等会发生的争执被诉诸教廷，教皇就耶稣会允许中国教徒祭祖拜孔发出"禁约"，由此引起一场轩然大波。康熙帝盛怒之下，谕令驱逐传教士。以后，历康、雍、乾、嘉四朝，迄于道光末造，清政府均不同程度实施禁教政策②。

然而事有不尽遂朝廷之意者。传教士无孔不入，屡禁不绝。康熙实施禁教虽略见成效，但到雍正年间，耶稣教居然又呈死灰复

---

① J. K. Fairbank, *Trade and Diplomacy on the China Coast: The Opening of the Treaty Ports,* Cambridge: Harvard University Press, 1953, pp. 39-41.

② 杨天宏：《基督教与近代中国》，成都：四川人民出版社，1994年，第2—27页。

燃之势。1725年1月，雍正帝召见在北京的传教士，宣布继续执行禁教政策，并将传教士活动的空间范围做了明确的限制："今朕许尔等居住北京及广州，不深入各省。"[①]这是目前我们所见到的清廷明令限制传教士活动范围的最早的记载。雍正皇帝位居九五，言出法随，从此，传教士到广州以外的其他通商口岸进行传教活动便成为非法。然而，东部沿海毕竟还有三个通商口岸，从事贸易活动的外商既可前往，传教士又为何不可以乘虚而入？显然，该三处尚开放着的口岸还在为传教士进入内地各省提供某种便利。到乾隆初年，尽管禁令更严，传教士仍然"私入内地传教"，"经湖广省查拿，究出直隶、山东、山西、陕西、四川等省，俱有私自传教之犯"[②]。可以断定，这些传教士中有相当一部分人是经由该三处商埠转口抵达内地城乡的。这就向清朝统治者提出如何更有效地限制传教士的问题。1757年朝廷宣布取消其他三个口岸，只保留广州一口对外通商。其直接原因虽可能与英国商人携带武器频赴浙省，引起乾隆帝的戒备有关，但由来已久的中西方在文化方面的隔膜、误解以及由此引起的种种冲突，无疑与前述政治、经济因素一起，构成朝廷做出这一重大决策的背景原因。其实，上文所引乾隆帝的上谕已经将这一层交代得十分清楚，只是研究者未曾注意罢了。所谓洋商麇集浙省，华夷杂处，易于滋事，有碍海防，是出于政治的考虑；而所谓于"民风士俗"，"均有关系"，则分明是在关注文化

---

①　《坊表信札》，杜赫德编，郑德弟、朱静译：《耶稣会士中国书简集》（中国回忆录）卷三，郑州：大象出版社，2001年，第363页。

②　《清朝文献通考》卷二九八，乾隆五十年上谕，北京：商务印书馆，1955年，第10445—10449页。

特别是宗教方面的问题。

1757年以后，因一口通商，中外贸易进入外国学者称之为
"广州制度"（Canton system）时代。这是一个为后来的研究者
批评最多的时代。在这个时代，一系列管理、约束来华外商的措
施章程逐渐建立起来。其中包括洪任辉事件①发生后两广总督李
侍尧奏准颁布的《防范外夷规条》，1760年确立的公行制度，
1780年钦定的"保商"制度，以及沿袭既有而加以强化的"揽
商""总商"制度等。

这些新旧制度体现出如下三方面特征：一是等级服从。即外
商服从持政府特许证的公行，公行服从朝廷委任的海关监督，海关
监督服从居于等级台阶至高点的中央政府，由此形成一个由上而下
层层递相管束的制度体系。这可以看作是国内等级制自然的逻辑延
伸。二是连带责任。"保商"制度即其体现。外商违法，行商不得
辞其咎。这是一种包含有传统连坐法因素在内的控扼与外商做生意
的行商的手段。三是行为管制。外商不仅活动范围、居住场所有明
确的规定，不得超越雷池，即某些正当的生活及行为方式（如与家
属共同居住、做健身体操、外出时乘轿、划船取乐等）亦在禁止之

---

① 洪任辉（James Flint ,1720—？）系东印度公司第一个充任汉文翻译的英国
人，曾被派往宁波、定海等地从事贸易。因熟悉中国情况，被视为"中国
通"。中外贸易被限定在广州一口进行之后不久，他违禁前往天津，通过
直省总督向乾隆帝转呈御状，揭露粤海关官员勒索外商，使之备受亏累。
乾隆帝以"事涉外夷，关系国体"，派员赴广东查办，并将粤海关监督李
永标解职。但对洪任辉违禁告御状亦深感不满，认为是"外借递呈之名，
阴为试探之计"，犯了"勾结内地奸民，代为列款，希图违例别通海口"
之罪，因将其押回广东，"圈禁"于澳门。此事发生后，朝廷对外人的防
范明显加强。

列①。所有这些特征，都凸显出清政府在商业贸易上奉行的被后人称作"闭关锁国"政策的内涵与实质。

问题在于应如何诠释清政府的这些做法。当试图做这项研究时，我们发现，迄今前人就此所做的工作是如此之多，以至到了毋庸后来者置喙的地步。然而，既有的研究毕竟存在可议之处。其主要不足在于不明白制度与实际商业运作之间存在很大差距；另外，对于1757年至1840年这段并不短暂的历史，也没有做一个适当的分期，以判断一个政策在何种情况下具有合理性，在何种情况下却又产生了适得其反的效果。

我们先来讨论制度与实际运作之间的差距问题。在制度问题上，人们习惯于称公行制度是一种垄断制度。其实，即便是在法定一口贸易的情况下，公行也从来没有真正垄断由南至北如此漫长的海岸线上活跃的对外贸易。以公行势力所未及的厦门为例。据史料记载，1806年11月，英国散商比尔和麦尼克合租了一艘名为"安那·菲利克斯号"（Anna Felix）的商船，同一个居住在广州的泉州商人合伙装载一船印度原棉抵达厦门，"这个泉州商人指望在他的一个（住在厦门的）亲戚的经营之下，这会是一笔很有赚头的买卖"，因为预料中的厦门的销售价格大大高于广州的行市。这笔生意因厦门官吏"需索一笔很大的规费"而没能做成②。对于当事者来说，这当然是件很遗憾的事。然而其间的原因不在于法令的禁止

---

① 马士：《中华帝国对外关系史》，张汇文译，北京：生活、读书、新知三联书店，1957年，第282页。
② 格林堡著：《鸦片战争前中英通商史》，北京：商务印书馆，1961年，第44页。

而在于官吏的敲诈却十分耐人寻味。它表明，在朝廷严令一口通商的情况下，厦门仍然在某种程度上维持着为广东公行无法垄断的对外贸易。

此外，1819年英国人占领新加坡并将其辟为自由贸易口岸之后，广州以外的其他中国沿海城市与新加坡的商业贸易也获得较大发展。有关资料表明，在1830—1831年度，由中国驶往新加坡的货船共有18艘，其中来自广东口岸的共有11艘，来自厦门的有2艘，来自上海及宁波附近者有2艘，来自饶平者1艘，来自广东焦岭者2艘。这18艘中国商船的总吨位达3713吨，所载货物价值共计218927元[1]。

公行并未真正垄断全部对外贸易还表现为，在东印度公司和广东公行之外，中英两国都存在着为数众多的"自由商人"，即在中英之间从事"港脚贸易"（Country Trade）的英国散商，以及中国沿海各地的"不法"商人。值得注意的是，公行的行商也每每违规，私下充任类似"散商"的角色。与公行相比较，"自由商人"似乎更懂得做生意的规矩，因而不仅是散商，就连东印度公司也不愿意同公行打交道，公开声称只同分散的个人资本进行贸易往来[2]。这些"自由商人"的存在，使持有官方特许证的公行有了众多竞争对手。

这里需要回答的问题是，何以在"垄断"的对外贸易已经"制

---

[1]　John Phipps, *Practical Treaties on the China and Eastern Trade,* Calcutta ,1836, pp. 281-282.

[2]　吴建雍：《1757年以后的广东十三行》，中国人民大学清史研究所编：《清史研究集》第3集，第106页。

度化"的情况下，这种"非法"的"自由贸易"却能维持？我以为，仅仅用散商善于经营、无孔不入来解释是缺乏说服力的。既然问题已经涉及制度，探讨也就应从制度及其制定者入手。而当这样做时，我们发现，即便到19世纪初，清朝统治者内部在中外贸易是否应该"悉由官擎"问题上仍然存在巨大分歧。1809年，公行为对付港脚贸易，筹商出联合经营的办法，两广总督百龄顺公行之意，拟定《华夷交易章程》呈奏，却遭到军机大臣庆桂等人驳斥：

> 该督等奏请凡有夷货不准夷人分拨，悉由官擎，是无论夷人之货，夷人均不能自由，已于夷情不顺。更恐总散各商，倚官恃势，串通一气，尤难保无垄断居奇，贱买贵卖，苦累夷人之弊。且不论股商乏商，均匀签擎，竟似以外夷之赀财为调剂内地乏商之计，更不足以服夷众而杜猜疑。[①]

由此可见，至少清廷枢要中有一部分人对公行倚官恃势，垄断居奇是持反对态度的。如果我们没有说错的话，这才是"垄断"条件下自由贸易依然存在的真正原因。

当然，指出"自由贸易"的存在并不意味着完全否定公行在中国对外贸易中的作用。从前引1819年中国与新加坡的贸易材料可以看出，广州口岸做成的生意仍然占较大比例，非其他任何口岸所可比拟。由于"广州制度"体现了清政府对于外贸的限制与垄断，外商无不将其视为在中国从事商贸经营活动的最大障碍，今日国内学

---

① 北平故宫博物院编：《嘉庆朝外交史料》（三），浙江大学馆藏刊本，1932年，第17—18页。

者也因其与"自由贸易"原则冲突而予以抨击。

　　然而，广州制度的要害并不在垄断。所谓贸易垄断，不过是"保护主义"在经济上的体现罢了。经济学界就国际贸易究竟应当实施"保护主义"抑或毫无限制的"自由贸易"政策展开的争论早已结束，所谓"自由贸易"，也已成为历史范畴。正如爱尔兰经济学教授贝斯特在《国际商业》一书中指出的那样，尽管18世纪的运动具有明显的自由主义色彩，但就是在18世纪，自由贸易也从来没有取得过完全胜利。在很大程度上，"自由贸易只是一种主观的想象"。"如果追溯各种不同国家的关税发展历史，我们将发现，以众多形式表现的为今人称作'保护主义'的政策，才是真正永恒的。"①在贝斯特看来，英国人当时到中国来鼓吹实施的"自由贸易"政策并不反映国际贸易的内在规律。"事实上，它是英国旧殖民体系的继续。它的巨大的资本和廉价的劳动力使英格兰的制造商能够维持保护主义在起始时期便已为之奠定的至高无上地位。"②正因为如此，在19世纪英国政治史上主张"自由贸易"的曼彻斯特派（Manchester School），尽管领过一段风骚，也终因其理论与国际贸易实践的严重背离而让位于国家保护主义③。

　　具有讽刺意味的是，力图让中国打破"垄断"政策的英国政府，却让英国的自由商人备受英国政府特许的握有对华贸易垄断

①　C. F. Bastable, *The Commerce of Nations,* London: Methuen & Co. LTD., 1922，Nineth edition, p. 40.

②　C. F. Bastable, *The Commerce of Nations,* London: Methuen & Co. LTD., 1922，Nineth edition, pp. 134-135.

③　F. W. Hirst ed., *Free Trade and other Fundamental Doctrines of the Manchester School,* London & New York: Harper & Brothers, 1903, pp. IXX-XXV.

权的东印度公司压制，时间长达半个多世纪[1]。当时，《中国贸易指南》一书的作者曾表达过对这种"独占商业的卵翼之下，一群自由冒险家的成长，很可能导致非常重要的后果"[2]的深切担忧。某种意义上甚至可以说，中国公行对外贸的垄断乃是对英国做法的一种反应。马士就曾认为："直到1834年为止，那种最严格的中国垄断一向是面对着英国民情所容许的那种英国垄断；虽然在当时的情况下，'规定贸易条件的必然是中国公司，而不是英国公司'。"[3]然而，迄今国外学者对中国实施对外贸易垄断的指控，引为根据的却大多是东印度公司的资料。以一种本身就属垄断性质的公司留下的文件作为依据来批评其竞争对手实施垄断，这明显是缺乏说服力的。

　　我们指出上述事实，并无任何替清政府对外贸易政策辩护的企图，只是不赞成当时的英国人在中英商业贸易政策的评判上采用双重标准的做法。事实上，被外国人称为"广州制度"的那一整套外贸体系是存在很大弊窦的，但这更多是表现在操作层面行商的为非作歹，而非尽关乎公行制度之具有垄断独占性质。以关税税率为例，当时法定的棉花关税为每担0.298两，而实际征收数为1.740两；茶叶关税规定为每担1.279两，实际征收的却高达6.000两。两者相较，差距竟达五倍[4]！广东的海关监督与行商从中获取了多大好处，可想而知。由于外国人到中国来是做生意，因而，这种关税

---

① 东印度公司从1773年获得对华贸易独占权到1834年其享有的特权被取消，历时共75年。
② 格林堡著：《鸦片战争前中英通商史》，第36页。
③ 马士：《中华帝国对外关系史》第1卷，第192—193页。
④ 马士：《中华帝国对外关系史》第1卷，第90—91页。

上的勒索才真正构成对他们的伤害。口岸之多少与生意经由谁手而做，相比之下都是次要的属于技术层面的问题[①]。

　　清政府外贸易政策的另一可以批评指责之处在于不能与时转移，缺乏变通措施。从前面的论述可以看出，如果广州制度可以概括为"垄断"的话，那么，在这种制度形成后的大约半个世纪里，它的存在是有所依据的。一则它可以对抗东印度公司的垄断行为，二则它与当时中国国内市场的规模以及外商所能贩运到中国来的商品的数量对外贸口岸的数量需求并未形成多大矛盾。然而，到了19世纪初，形势已发生巨大变化。此时，持续了大半个世纪的产业革命已极大改变英法等西方国家的面貌。在工业领域，诚如马克思所言，"资产阶级在它的不到一百年的阶级统治中所创造的生产力，比过去一切世代创造的全部生产力还要多，还要大"[②]。它所能提供给中国的工业制品的数量已经较前有了数倍甚至数十倍的增长。在这种情况下，英国作为一个中国丝、茶等传统农副业产品的"消费者"的地位，已开始为向中国提供以棉织品为主的近代工业制品的"经销商"的地位所取代。而同期中国人口近乎成倍的增长，也为英国人展示了推销其工业产品市场的令人乐观的前景。一口通商的局面至少在英国人看来已到了必须加以改变的时候了。在军事领

---

① 萧致治对此曾有所论述，他认为，一个国家的开放与闭关，并不在于口岸之多少，而在于实施的政策是否有利于外贸的发展。他举例说，从17世纪到19世纪，英国一直是世界上最大的贸易国家，却仅仅依靠伦敦一个港口进行对外贸易；现今不少国家开展对外贸易，也只开放一个港口。因此没有必要对清政府限制广州一口通商的做法做过多的批评。见氏著：《鸦片战争前中西关系纪事》，第220页。
② 《共产党宣言》，《马克思恩格斯选集》第1卷，北京：人民出版社，1995年，第256页。

域，西方国家的变化直可谓"今非昔比，鸟枪换炮"。兵轮上的风帆开始为蒸汽机取代，前膛枪开始为后膛枪乃至来福枪所取代。工业革命使19世纪初的西方国家自觉羽翼丰满，不再能容忍此前由清政府制定的规范中西方交通贸易的种种制度。

显而易见，中国过去站在支配者地位来决定中外交往方式所凭借者，已伴随18世纪中叶以来中西方实力此消彼长而不复存在。1793年马嘎尔尼借向乾隆帝祝寿名义前来要求扩大通商以及1816年阿美士德使华，乃是英国人以和平方式前来叩关的最后尝试。如果此时清朝统治者能够认清形势，幡然变计，满足英国人提出的按照近代国际关系准则衡量并不过分的要求，增开口岸，整顿海关，取缔公行，则以后半个世纪的中西方关系史可能将会改写。可惜清朝统治者计不出此，而是固执地坚持半个多世纪前设立的制度不变。他们不知道英国人是先"礼"后"兵"，和平叩关遭到拒绝，战争的帷幕也就随之拉开。

要之，鸦片战争前近两百年间，清朝的对外贸易政策经历了一段曲折的发展。其间，国门的开合启闭均属有之，殊难以"闭关锁国"道尽其底蕴。清朝国门之启闭、口岸开放之多寡，成因极为复杂。在这些原因背后，存在着一个最基本的原因，这就是"夷夏之辨"激起的潜在民族意识的驱使。最初，这可能仅仅表现为汉人对满人的历史仇恨及由此带来的满洲贵族对汉人的防范。当经历康、乾"盛世"，满汉文化认同发生变化，满汉关系开始缓解，"夷狄"称谓被清政府转嫁给漂洋过海而来的西方"野蛮人"后，包含新内涵的"夷夏之防"观念也就在清朝统治者和一般中国民众心中筑起一道力图将西方不速之客拒之门外的无形的长城。清朝统治者在鸦片战争前两百年间实施的外贸政策，就其具有抵御外侮、维护国家民族主权和利益这一性质而言，是具有其历史合理性的。然而，从纯粹技术的层面考虑，尽管实施一口通商在一段时期内曾取得某些预期效果，但这种效果越往后越不明显，到鸦片战争前40余年，随着中外势异，一切均适得其反。

不能与时转移，改变成法，此乃清朝外贸政策的症结所在。既然问题不能由自己妥善解决，则外力的介入，也就在所难免。

清季首批"自开商埠"考

　　清季中国自主开放了众多通商口岸。在这些通商口岸中，究竟何为"自开商埠"之滥觞？换言之，中国"自开商埠"究竟始于何时何地？对此，学界至今仍言人人殊。

　　漆树芬在《经济侵略下之中国》一书中说：在中国的自开商埠中，"为开放之先驱的，即一八七一年六月之拱北。此系由前清以上谕之形式而开放的"[1]。有人曾据此认为漆氏主拱北商埠首先自开说[2]。然而漆氏之意并非如此。因为漆书下文立即声明，清政府开放拱北之目的，"系为货物征收便宜上，对于葡国而加以允许，不过是一种权宜上的处置"。由于有这样的考虑，漆氏同书所列"我国商埠一览表"并未将拱北列为"自开商埠"。可见，认为漆

---

①　漆树芬：《经济侵略下之中国》，北京：生活·读书·新知三联书店，1954年，第25页。
②　张践：《晚清自开商埠述论》，《近代史研究》1994年第5期，第78页。

氏主拱北商埠首先自开说者，显然是因为偶然的粗心误读了漆先生的著作。究竟孰为最早的自开商埠？"一览表"所列最早的城市为岳州、秦皇岛、三都澳和南宁，作者对这四个城市都标记"自开"字样，并将开放时间都界定为"清光绪二十四年"即1898年。然而作者在同书中又曾言及："自中日战争之后，我国进而自开商埠实多，而为之先导的，当数湖南之岳州及福建之三都澳。现在我国属于此类之商埠，实近三十处。"[1]则不仅没有南宁，甚至连秦皇岛也不提了。漆先生此处不提秦皇岛，原因何在，不便妄断。而不提南宁，则很可能是因为该处实际开埠时间比奏准开埠的时间要晚许多[2]。诚如是，则在漆树芬先生意下，中国近代最早的"自开商埠"应为岳州和三都澳。将这两个城市列为首批"自开商埠"者还有彭雨新先生[3]。

朱新繁在《中国资本主义之发展》一书中对这一问题也做了研究。他同样列了一个表，名曰"商埠所在地名与开放年月及事由"。表内最早的"自开商埠"为南京，开埠时间是光绪二十二年；而岳州、三都澳、秦皇岛、南宁的开埠时间则为光绪二十四年[4]。

除了以上二说，尚有以江苏吴淞为中国近代最早"自开商埠"者。《梁燕孙先生年谱》引述梁士诒的话说："我国自开商埠，始

---

① 漆树芬：《经济侵略下之中国》，第16—25页。
② 据中国第二历史档案馆编《民国自开商埠年月表》提供的资料，南宁奏准开埠时间为1899年1月30日，实际开埠时间是1907年1月1日，表载《历史档案》1984年第2期，第56页。
③ 彭雨新：《论清末自开商埠的积极意义》，章开沅、朱英主编：《对外经济关系与中国近代化》，武汉：华中师范大学出版社，1990年，第195页。
④ 朱新繁：《中国资本主义之发展》，上海：上海联合书店，1930年，第180—187页。

于清光绪二十二年之吴淞，其后江宁、三都澳、秦皇岛、岳州、南宁、武昌、长沙、济南、潍县、周村、常德、湘潭、云南省城、海州、鼓浪屿等处，陆续奏准自开商埠。"[1]赫德《总税务司通札》第1535号所附"开放通商的口岸及设关年表"，也将吴淞列为"自开商埠"，标注的开埠时间为1881年[2]。台湾学者王树槐亦持类似看法，认为"中国最早自行开埠者为吴淞"，所考订的开埠日期为光绪二十四年（1898年）四月二十日[3]。

近年来，又有学者将岳州、三都澳、秦皇岛并列为最早的"自开商埠"。陈旭麓、方诗铭等人认为：清政府"接纳美国提出的'门户开放'政策，1899年宣布福建三都澳、湖南岳阳和河北秦皇岛三处开埠，这是'自开商埠'的开始"[4]。

国外学者对此亦有所研究。帕克教授（E. H. Parker）在《中国的历史、外交与商业》一书中罗列了众多通商口岸，他明确标记为"自开商埠"的有秦皇岛、三都澳。具体开埠时间，三都澳为1899年5月；秦皇岛"虽然与三都澳一样，自1898年开始便被称作'自开商埠'，但由于义和团运动的干扰，直到1903年，开埠之事才得以完成"[5]。马士（H.B. Morse）《中朝制度》一书提到最早的

[1] 凤冈及门弟子编：《三水梁燕孙（士诒）先生年谱》（上），周谷城主编：《民国丛书》第2编第58辑，上海：上海书店出版社，1991年，第165页。

[2] 《总税务司通札第1535号》（1908年7月17日），陈诗启：《中国近代海关史（晚清部分）·附录》，北京：人民出版社，1993年，第579—580页。

[3] 王树槐：《中国现代化的区域研究（江苏省：1860—1916）》，台湾："中研院"近代史研究所专刊第48，1984年，第83页。

[4] 陈旭麓等主编：《中国近代史词典》，上海：上海辞书出版社，1982年，第656页。

[5] E. H. Parker, China, *Her History, Diplomacy and Commerce*, New York & London：Garland Pub., Inc., 1980, pp. 152-168.

"自开商埠"为岳州和三都澳，时间均为1899年①。

综上可知，学术界对清季最早的"自开商埠"至少有五种不同意见。我们可以将与之相关的口岸分为五组：1. 吴淞；2. 南京；3. 岳州、三都澳；4. 岳州、三都澳、秦皇岛；5. 拱北。除拱北之外，差不多每一组"自开商埠"的开放时间都有不同的界定。

那么，究竟何处或者究竟哪些城市是中国近代最早的"自开商埠"？其开埠通商的时间又究竟为何时？要回答这个问题，首先须对"自开商埠"做一明确定义。马士论"自开商埠"，用的是词组"the ports opened voluntarily by China"②，意即中国主动开放的通商口岸，这与"条约口岸"（the treaty ports）有显著区别。漆树芬的定义是："由我国单独意思所开的，此即叫做'自开商埠'。"③与马士之定义略同。梁士诒的定义是在比较"条约口岸"和"自开商埠"之后做出。1914年，他在一份有关开埠的说帖中写道：

> 商埠有自开、约开之别。在约开商埠，我国行政之权，为约章所缚束，不能完全行于其地。故课税一端，所有税目、税率及征收方法，仅限于约章规定之内。在自开商埠，我国得有行政权，内外人民同受支配，而课税可照内地办法，一体征收，此其

---

① H. B. Morse, *The Trade and Administration of China, Revised Edition, Shanghai,* Hong Kong, Singapore & Yokohama: Kelly and Walsh, Limited, 1913, pp.231-253.

② H. B. Morse, *The Trade and Administration of China, Revised Edition, Shanghai,* Hong Kong, Singapore & Yokohama: Kelly and Walsh, Limited, 1913, p. 231.

③ 漆树芬：《经济侵略下之中国》，第25页。

显有区别者也。[①]

　　作为当事者，清政府对"自开商埠"的内涵也有所界定。其用心亦主要在主权行使方面。1899年4月，总理衙门提出"自开商埠办法"咨文，文曰：

　　　　……自开商埠，与约开通商口岸不同，其自主之权仍存未分。该处商民将来所立之工程局，征收房捐，管理街道一切事宜，只应统设一局，不应分国立局。内应有该省委派管理商埠之官员，并该口之税务司，督同局中董事，办理一切。……以示区别而伸主权。[②]

　　这些"定义"都涉及"自开商埠"的某些重要特征，但却不够完备。鄙意以为，严格意义上的"自开商埠"应该具备三个基本要素：其一，必须是从事商业贸易活动的口岸或市镇；其二，必须是中国政府主动宣布开放的，所有中外商贾，均可在此做生意；其三，包括课税、商埠治安在内的一切行政权，概归中国政府行使。

　　如果以此三条来衡量，则首先应将拱北、南京排除在"自开商埠"之外。拱北不是自开商埠，应该不会有太大的争议。第一，该处的"开放"不过是清政府的权宜之计；第二，其对外"开放"的对象仅限于葡萄牙。这与作为一种政策实施之结果而对所有国家开

① 　凤冈及门弟子编：《三水梁燕孙（士诒）先生年谱》（上），周谷城主编：《民国丛书》第2编第58辑，第164页。
② 　《总署咨行自开商埠办法》，《申报》1989年7月31日，第1版。

放的"自开商埠"有着明显区别。对此，漆树芬先生已言之甚详，毋庸赘述。

南京的情况较为复杂。1858年6月签订的中法《天津条约》第6款，已将南京列为"与通商之广东（州）、福州、厦门、宁波、上海五口准令通市无异"的口岸①。但当时南京尚为太平天国京城，清政府与外国人签订的条约，自然难以在该处生效。太平天国运动失败之后，南京遭受战火洗劫，一时无法恢复元气，开埠之事仍未依约实施。英、法领事为开埠事曾到该城考察，印象不佳，仅指定"狮子山城河之间"为备用地段，未建码头、租界，也未设领事②。加之上游之芜湖、下游之镇江均已开埠，南京的开埠在当时已成不急之务③。南京正式开埠通商是在1899年4月12日④，根据是1899年4月1日清政府与各国签订的《修改长江通商章程》。该章程第二条规定："凡有约各国之商船，准在后列之通商各口往来贸易，即镇江、南京、芜湖、九江、汉口、沙市、宜昌、重庆八处。"⑤第二历史档案馆编《1921年前中国已开商埠》所列商埠表，将南京指为条约口岸，并指出开埠根据为咸丰八年的"法

① 王铁崖编：《中外旧约章汇编》第1册，北京：生活·读书·新知三联书店，1957年，第105页。
② 《光绪三十三年通商各关华洋贸易论略——南京》，转引自杜语：《近代中国通商口岸研究》，博士学位论文，中国社会科学院近代史研究所，1995年，第14、38页。此文承姜涛先生借阅，谨致谢悃。
③ *China Imperial Maritime Customs, Decennial Reports, 1892-1901,* published by order of the Inspector General of Customs, Shanghai, p.405.
④ 中国第二历史档案馆编：《1921年前中国已开商埠》，《历史档案》1984年第2期，第56页。
⑤ 王铁崖编：《中外旧约章汇编》第1册，第866—869页。

约"①；赫德的《总税务司通札》"附表"将南京列为条约口岸，其根据为1858年和1899年的中外条约。如是，则前有中法《天津条约》，后有《修改长江通商章程》，南京是条约口岸，应属无疑。

排除列为第五组的拱北和第二组的南京，则前列五组最早的"自开商埠"还剩下三组。现在再用同样的方法来考察吴淞。

吴淞位于上海下游大约12英里，地当长江、黄浦江交汇处，乃外轮出入上海的必经之地。因与崇明岛隔水相望，故在清代有沿江"七省锁匙"之称。又因溯黄浦、吴淞两江，可深入苏、浙富庶地区，故被视为江南海防重镇。上海开埠后，商务日益繁盛，但在黄浦江未疏浚之前，拦江沙淤，外轮至沪，须待潮涨之时，或起货转运，殊为不便。吴淞的地位与作用因此彰显。19世纪90年代中期，曾一度中辍的淞沪铁路即将竣工，中外人士更加看好吴淞。甲午战后日本一报刊曾预言："黄浦江淤沙日厚，其势迟早必至无法可治，不能行船。如吴淞则日后大兴盛之地，与上海来往之路又极便，日本当择租界于吴淞。"②1897年冬，英国领事照会中国地方当局，"声称口外兵舰拟借用吴淞营地为操场"③。此事引起清政府重视。两江总督刘坤一云："洋人窥伺镇江，并欲据吴淞屯兵两处，倘有疏虞，南洋便成坐困。"④故特商请总理衙门，将吴淞辟

---

① 中国第二历史档案馆编：《1921年前中国已开商埠》，《历史档案》1984年第2期，第56页。

② 谷成贞吉译：《论中国商业地理》，《时务报》第22册，沈云龙主编：《近代中国史料丛刊三编》第33辑，台北：文海出版社，1987年，第1503—1504页。

③ 《宝山县续志》卷六《实业·商业·商埠》，《中国地方志集成·上海府县志辑》第9册，上海：上海书店出版社，2010年，第518页。

④ 《刘坤一遗集》第5册《书牍》卷十二，北京：中华书局，1959年，第2222页。

为商埠。刘在所呈《吴淞新开商埠仿照沪界办理片》中称："现值淞沪铁路将次竣工，商货往来必益形繁盛。经臣商准总理衙门，将吴淞作为海关分关……。并于该处自开商埠，准中外商民共同居住。"①次年4月，总理衙门为吴淞开埠通商事公布"自开商埠办法"咨文，宣称："今江苏吴淞口开埠，……相应咨行查照，即饬委员妥办。"②于是吴淞开埠之事得以确定。

吴淞商埠属于"自开"是很清楚的。在清政府酝酿吴淞开埠的过程中，消息灵通的英国驻上海总领事璧利南曾留下一番评论：

> 人们曾指望，上海下游12英里处的吴淞会在1898年底以前被宣布为开放港口。关于吴淞将要开放的预告是中国政府的一个自愿行动，而不是同任何一个列强大国谈判的结果，因此，中国政府可能会从容不迫地去履行它的诺言。可以假定吴淞是为了轮船公司和商人门的利益而打算开放的。……有人提议，为了避免吴淞落到某个列强的手中，应当把它向外贸开放。……由于这个港口是"自动"开放的，因此中国有权指定开放的条件，其中之一就是，外国人不得在租界之外取得土地。③

璧利南的这番评论，几乎把前述"自开商埠"所有特征都包括在内。只要吴淞按照清政府的意图得以正式开放，则其属于"自开

---

① 《刘坤一遗集》第3册《奏疏》卷二十八，第1030页。
② 《总署咨行自开商埠办法》，《申报》1989年7月31日，第1版。
③ 《总领事璧利南1898年度上海贸易报告》，李必樟编译：《上海近代贸易经济发展概况（1854—1898）：英国驻上海领事贸易报告汇编》，上海：上海社会科学院出版社，1993年，第949页。

商埠"应无异议。

　　然而，吴淞在筹备开埠期间，却遇到一些事先没有设想到的问题。首先是黄浦江的疏浚工程在几经周折之后得以全面展开。设立了黄浦河道局，制订出对从上海口岸边界到长江口外沙滩处长达20公里的河道全程加以疏浚的计划。经过疏浚，黄浦江河道加宽加深，这使普通外国商船在任何时候均能直达上海，不必等待涨潮之时①。于是吴淞作为外货转运口岸的地位发生动摇。其次是筹备开埠的地方当局运用地价款以开发埠内工程的计划实施遭受阻力。清政府做出吴淞开埠的决定之后，很快开展划定开埠区域、建立开埠机构、拟定买地章程以及修筑马路等筹备工作。然而清政府期望最大的《吴淞开埠买地章程》付诸实施就遇到麻烦。这主要表现为：一、清丈土地工作因故拖延。按照"买地章程"，划入商埠的民地，除已由洋商租用者只需更换地契外，其余均由工程局分等给价征用。然而，直到光绪二十五年三月，界内民地清丈工作尚未结束，征用自无从谈起。在此期间，界内民地因商人炒卖，价格暴涨，而开埠当局却因税制、税务不周未收地价增值之利。二、界内官地地价难为各方接受。根据刘坤一与盛宣怀达成的协议，淞沪铁路公司可以优先圈占海滩官地，以便建造车栈、码头。但在地价标准应否为"官定价值每亩给银五十两"这一问题上，地方与铁路公司发生分歧。这一价格比盛宣怀原先指望的"升科即可领用"差距甚大，但比之征用民地给价标准却便宜许多。外商以为有利可图，遂"耸领事属其驻京使臣，

①　马士：《中华帝国对外关系史》第3卷，张汇文等译，北京：生活·读书·新知三联书店，1957年，第406—412页。

向总理衙门援案抑扼，平价给领"①。刘坤一不得不将此事上奏朝廷，并提出应付措施："在吴淞设局清查，统将海滩新涨，营台旧基，以及官荒地亩，丈刊明确，评定等级，分为四等拟价，密托公正商人，出名认领。设立'兴利''恒源'两公司，挂名注册，陆续将地价变卖，酌提酬劳外，余利悉以归公。并派委员就近兼管。"实质上，这是以两个名为商办实为官办的公司买下所有官地，再转手出售，使政府摆脱"地主"身份，避开列强为抑价强租官地而施加的压力。因事机周密，外人莫测端倪，不乏就范者。但在对知道内情的商人来说，由于土地已为两公司垄断，无利可图，于是"相率观望，以致民田官地，报售寥寥"②。

经费没有着落，开埠计划自然难以实施。在黄浦江得到初步疏浚后，问题益为突出。《海关十年报告》曾如此陈述吴淞"开埠"及其影响：

> 迄今为止，（吴淞的开放）对上海并未产生重大的影响。事实上，现在仍将其作为这整个口岸的一部分来对待。那些希望在此卸货的船只，不论是因过分巨大而无法驶往上海的，还是因必须通过沙洲而要减轻重量的，只要在上海海关领取许可证，将货物卸入驳船，就可运至港口范围以内的任何码头。……当地的改进措施不多，而且今后也不可能有较大的改进。因为，假使黄浦

---

① 《刘坤一遗集》第3册《奏疏》卷三十一，第1152页。
② 《刘坤一遗集》第3册《奏疏》卷三十一，第1152页。关于"买地章程"的实施情况，参阅张践：《晚清自开商埠研究》，硕士学位论文（指导教师杨天宏），四川师范大学历史系，1995年，第9—10页。

江能保持现在这样的通航条件，这个口岸是决不会有多大的重要性的。[①]

据此，人们完全有理由说吴淞的开埠已经胎死腹中。如果这一判断能够得到认同，则前述五组"最早"的自开商埠就只剩下第三和第四两组。这两组中的三个城市都是"自开商埠"，学术界并无分歧。争议只在时间上。唯岳州和三都澳同时存在于两组，而秦皇岛却单列第四组。这提示秦皇岛奏准开埠时间可能与前两者存在区别。查《清季外交史料》，秦皇岛奏准开埠的时间为"光绪二十四年三月初五日"[②]，而总署奏开岳州、三都澳之折却已在"光绪二十四年三月初三日奉旨依议"[③]，比秦皇岛获得"御批"的时间要早两天。准此，则秦皇岛虽系"自开商埠"，但却可以排除在"最早"开埠者的行列，而岳州、三都澳则可算作"自开商埠"的真正前驱了。

然而事情并非如此简单。因为这当中尚存在着"奏准"开埠时间与实际开埠时间的差别。前面我们将吴淞排除在自开商埠之外，就是考虑到它并未实际开埠这一因素。那么这几个商埠究竟是何时开放的呢？秦皇岛的正式开埠时间未见原始记录。《秦皇岛港史》

---

① 徐雪筠等译编：《上海近代社会经济发展概况（1882—1931）：〈海关十年报告〉译编》，上海：上海社会科学院出版社，1985年，第48页。

② 《总署奏将直隶秦皇岛地方开为通商口岸片》，王彦威、王亮编：《清季外交史料》卷一三〇，沈云龙主编：《近代中国史料丛刊三编》第2辑，台北：文海出版社，1979年，第2253页。

③ 《总署奏请开岳州及三都澳为通商口岸折》，王彦威、王亮编：《清季外交史料》卷一三〇，第2252页。

的作者说是1898年3月26日[1]，这显然是将奏准时间和开埠时间混一
了。本文前面提到的帕克教授说是在1903年[2]，唯其未注明出处，
不知何所本，亦不足为凭。不过，查找该埠的设关年月，会有助于
解决这一问题。因为开埠就要做生意，做生意则须交纳关税，设关
与正式开埠在多数情况下是同步的。在论证这一问题时，来自海关
总署的文件最具权威性。前引《总税务司通札》在记录各口宣布开
放时间的同时，亦记录了各口设关的时间，其所记秦皇岛的设关时
间是1902年。而第二历史档案馆所编"中国自开商埠年月表"则把
该埠的"开关时间"定为"光绪二十七年十一月初五日"即1901年
12月15日，已十分接近"通札"所说的1902年。尽管现在尚不能最
后确定准确时间，但将秦皇岛的开埠时间限定在1901年和1902年之
交，应当不会有多大出入。

　　岳州正式开埠的时间则明显早得多。湖南巡抚俞廉三在《奏
岳州关开办日期折》中说岳州开关时间是光绪二十五年十月十一
日[3]，时任江汉关税务司并同时充任岳州海关第一任税务司的马
士，在呈报光绪二十五年岳州华洋贸易情形时称："窃查本口自
本年冬十月十一日开作通商口岸，设立税关，征收税钞……法至
善，意至深焉。"[4]则更是将设关与开埠的时间都断在光绪二十五

① 黄景海主编：《秦皇岛港史》（古、近代部分），北京：人民交通出版
　　社，1985年，第134—144页。
② E. H. Parker, China, *Her History, Diplomacy and Commerce,* New York &
　　London：Garland Pub., Inc., 1980, pp. 152-168.
③ 《俞廉三遗集》卷一○○，湖南省哲学社会科学研究所辑：《帝国主义与
　　岳长等地开埠资料》（一），《湖南文史资料》1980年第1辑，长沙：湖
　　南人民出版社，1980年，第160页。
④ 马士：《光绪二十五年岳州口华洋贸易情形论略》，《帝国主义与岳长等
　　地开埠资料》（一），第165页。

年十月十一日。这与各方所定《会议开埠章程二十五项》第21款所云"洋关开关日期，准定于光绪二十五年中历十月十一日，即西历一千八百九十九年十一月十三日礼拜一吉时开办"①正相吻合。《岳阳百年大事记》的作者将岳州海关开关时间定在1899年12月13日，又将岳州"正式辟为商埠"的时间定在1899年11月13日②。揆诸原始资料，此说于中西历法，似有淆混，不宜引为断谳依据。在没有找到更准确的历史记载之前，我们姑且暂依俞、马之说，将岳州正式设关开埠的时间定在1899年11月13日。

现在再来考察三都澳。该口岸位于闽北三都岛之南，是一个天然良港。其设关开埠时间，汤象龙先生考订为1899年10月1日③。然而这一时间界定很可能存在差池。由海关"三等一级帮办"麦克仑（C. A. McAllum）所写《三都澳海关十年报》记述"三都澳开放后历年茶叶进出口情况"，其起讫时间分别为1899年5月和1901年12月。这表明至迟在1899年5月，该口岸已正式开放，从事进、出口贸易。同一报告还说，"大约有350艘航海民船在三沙湾内航行，所有税款都在于海湾入口附近的东冲口的海关总关缴税"，证明关税征收也已开始④。如果三都澳迟至10月1日才开放，海关报告中出现上述记载将不可思议。至于准确的设关开埠日期，郭廷以认为是

---

① 《帝国主义与岳长等地开埠资料》（一），《湖南文史资料》1980年第1辑，第159页。

② 刘美炎、唐华元主编：《岳阳百年大事记（1840—1949）》，香港：香港国际展望出版社，1992年，第70—71页。

③ 汤象龙编：《中国近代海关税收和分配统计（1861—1910）》，北京：中华书局，1992年，第56页。

④ 《三都澳海关十年报》，邹尔光译，中国人民政治协商会议福建省委员会文史资料研究委员会编：《福建文史资料》第10辑，福州：福建人民出版社，1985年，第152—164页。

1899年5月8日①，这与严中平根据原始资料制作的《商埠表》所列三都澳开放时间是一致的②，故可视为考定之结论。

经过粗略考证，兹将有关结果列表显示于下：

表7　清季首批"自开商埠"表

序号	商埠名	奏准开埠时间	正式开埠或设关时间
1	吴淞	1896 年	未正式开埠
2	岳州	1898 年 3 月 24 日	1899 年 11 月 13 日
3	三都澳	1898 年 3 月 24 日	1899 年 5 月 8 日
4	秦皇岛	1898 年 3 月 26 日	1901 年至 1902 年之间
5	南宁	1899 年 1 月 30 日	1907 年 1 月 1 日

现在，我们可以对清季"最早的"自开商埠做出较为准确的判断了：如果不问是否正式开放，而仅以奏准朝廷为断，则吴淞将排列首位；如果以奏准时间对业已正式设关开放的商埠做孰先孰后的判断，则岳州和三都澳应并列第一。然而这两种判断方式皆不可取。因为前一种方式可能将未正式开埠者牵扯进去，而后一种方式将导致两个口岸并列首位，亦无法决出先后。唯有不论奏准时间，而单以正式设关开放的时间为断，方能在伯、仲之间做出选择。诚如是，则三都澳将荣登榜首。

① 郭廷以编著：《近代中国史事日志》下册，北京：中华书局，1987年，第1046页。
② 严中平编：《中国近代经济史统计资料选辑》，北京：科学出版社，1955年，第44页。

清季自开商埠海关的设置及其运作制度

近年来，清季"自开商埠"研究开始引起学者注意，但既有研究大多偏重清政府如何与外国列强从事经济竞争这一"商战"层面，一些与此相关的重要问题，如自开商埠海关的设置及其运作制度等，却未见论及。这一研究缺失，势必影响自开商埠的研究深度。本文拟就此略作探讨，以期于改变这一研究局面，有所裨益。

如众所知，清政府做出自开商埠的决策有经济与政治双重原因，其中经济的原因最为紧迫。对于一个独立的主权国家而言，通商自然要征收关税。时论"开埠例必设洋关"[①]一语，即此之谓。这至少有两方面好处：一则可使国家获取一笔可观的财政收入，二则有利于保护本国工商业，减轻其在国际竞争中面临的压力。然而

---

① 《长沙开埠》，《东方杂志》第1卷第6期，光绪三十年六月二十五日，第33—34页。

近代中国遭受外国列强侵略，已丧失独立主权国家的地位，在关税征收乃至海关行政管理问题上，中国既有的支配地位已严重削弱。在自开商埠，海关并非自成体系，它是近代中国海关体系的有机组成部分，因而不可避免染有过去人们指斥的"半殖民地"色彩。

最早在自开商埠设立的海关可能是三都澳关，而不是怀特教授（Stanley F. Wright）所认定的岳州新关①。在三都澳海关十年报告中，可以看到其开关第一年（即1899年）留下八个月的各类货物进出口贸易记录②，这表明该埠设关征税的时间不晚于1899年5月。而岳州开关的时间是在光绪二十五年十月十一日，即西历1899年11月13日，较之三都澳已晚了整整半年③。以下且以岳州为例，对首批自开商埠的海关建设，略作说明。

早在光绪二十四年三月（1898年4月）奏请开岳州为通商口岸时，总理衙门即有在该埠设关征税、以裨饷源的考虑④。开埠之请获准后，湖南地方当局将"设立关署"视为要政，亟亟筹办。海关

① 斯坦利·怀特教授认为，在最早自开的商埠中，岳州设关的时间是1898年，吴淞是1899年，三都澳是1899年，秦皇岛是1902年。在该四埠中，岳埠设关时间最早。见Stanley F. Wright, *Hart and the Chinese Customs,* Belfast: WM. Mullan & Son (Pub.) LTD, 1950, p.896, Appendix 3.

② 《三都澳海关十年报》，《福建文史资料》第10辑，福州：福建人民出版社，1985年，第152—164页。

③ 《会议开埠章程二十五项》（光绪二十五年九月二十八日），见湖南省哲学社会科学研究所古近代史研究室辑：《帝国主义与岳长等地开埠资料》之一（以下略作《岳长开埠资料》）、《湖南历史资料》编辑室：《湖南历史资料》1979年第1辑，长沙：湖南人民出版社，1980年，第159页。

④ 总署在奏折中称："泰西各国首重商务，不惜广开通国口岸，任令各国通商，设关榷税，以收足国足民之效。中国自通商以来，关税逐渐加增，近年征至二千余万，京协各饷多半取给于此。惟是筹还洋款等项，支用愈繁，筹拨恒苦不继。臣等再四筹维，计惟添设通商口岸，借裨饷源。"朱寿朋编：《光绪朝东华录》（四），北京：中华书局，1958年，第4062页。

计划设在城陵矶，由税务司负责承造。具体建筑物包括洋关公事房、税务司公馆、理船厅公馆、验货人及扦子手住所、洋关验货码头及验货座船等。所需经费已经备齐，共计足纹银四万两正，分四次拨付。工竣"造册送道，以便报销"[①]。开关工作进展顺利。光绪二十五年秋，俞廉三在奏陈朝廷时转述岳常澧道张鸿顺及署粮道蔡乃煌之言曰：

> 勘定岳州城迤北附近洞庭湖水入江之处，名城陵矶，设关最便。一切修造关廨、屯栈等事，工费繁巨，商由税务司详细估计，斟酌次第举办。现就原有官房，略加缮葺，暂为办公之所，于本年十月十一日开关。所有验货征税，均照关章办理，并由关道照会驻郑（？）各国领事转饬商民知之。[②]

岳州关房最后完工大概是在光绪二十七年底（1902年初）。这年十二月，代理岳州关税务司三等帮办韩森在呈报关务时写道：

> 查本关房建造完成，奂轮奂美，舟舻一新，四方乡民来观者，络绎不绝。虽其规模宏敞，不逮申江，幸喜座落高阜，滨临大江，进出口船了如指掌，诚一绝妙码头也。[③]

---

① 《会议开埠章程二十五项》，光绪二十五年九月二十八日，《岳长开埠资料》之一，《湖南历史资料》1979年第1辑，第159页。
② 《奏岳州关开办日期折》，光绪二十五年十月二十二日，《岳长开埠资料》之一，《湖南历史资料》1979年第1辑，第160页。
③ 《光绪二十七年岳州口华洋贸易情形论略》，《岳长开埠资料》之一，《湖南历史资料》1979年第1辑，第185页。

建设关署之同时，选派海关税务司的工作亦颇让北京的总税务司劳神苦心。由于意识到湖南绅民的排外情绪给开放该省口岸造成特殊困难，总税务司赫德（Robert Hart）决定选择一位"具有经验、讲求公道并且富有常识的人"充任岳州关第一任税务司，结果他选中了当时正准备去担任汉口江汉关税务司的马士。

马士（H. B. Morse），美国人，1874年在哈佛大学毕业即来到中国，开始在赫德控制下的中国海关供职。受命担任岳州关税务司之后，马士为岳州关的开放做了艰苦努力。在1899年5月至11月这段时间内，马士主持召开了许多会议，与来自不同地区的官员、湖南各地的绅士代表以及他所能够遇见的商人洽谈，当然，更重要的是同湖广总督张之洞以及由张任命的岳常澧道张鸿顺会谈。当时，张担心骤然开放湘省，会引发新的排外事件，而道台却肩负着向湘绅传达马士设关开埠建议这一需要谨慎对待的工作任务，进退维谷。

关于湖南官绅反对在岳州设关开埠的原因，刘易斯（Charlton M. Lewis）在其著作中做了有说服力的分析。他认为，地方精英与官员有充分理由去反对将岳州开为通商口岸。因为湖南海关关税的征集，将会在条约体系下把该省直接卷入国际市场，海关税赖以征集的对外贸易、厘金和其他地方性税收赖以存在的国内贸易，已形成二元的财政体系，一部分为帝国所有，一部分为省级财政所有。国际贸易扩展进内陆水道，将会对地区性贸易造成毁其基础的严重威胁，并减少省级财政收入。1898年9月内河航行条例的颁布已使湘省财政面临困境。这些条例的目的，是要让中国的轮船按照旧式帆船同样的条件和价格，从事内陆贸易。但是以英国为首的外国代表，却坚持将其特权扩展到全部挂有外国国旗的轮船上，使外国人在条约体系未能到达地区也能享有条约利益。结果，许多有利于外国人的特殊条款被写进该条约，为外国轮船向地方利益挑战提供了新的机会①。

在这种情况下，要说服湖南绅民接受外国人对于新开口岸的长期地产租约，无疑是一项极为艰难的工作。正如马士在给赫德的信中所说的那样："我认为事情的真正障碍，在于需要给外国人以湖南神圣土地的所有权。"为消除障碍，他甚至利用张之洞的权势，并试图通过道台，去强迫湘绅同意租借土地。马士达到了自己的目的。结果岳州海关如期于1899年11月13日开放。有关文献对开关仪式做了具体生动的记述：

> 当马士的坐椅被安置到关署大院时，道台匍伏在祭坛面前，焚香烧纸。海关旗帜冉冉升起，并鸣放三响礼炮。接着，道台在关署大门处宣布开关，一位传话人随声吆喝将海关之门打开。同时，六位其姓恰好凑成一句六字韵语的人出场表演，祈祷招财进宝。随后，马士的海关税务司大印被拆封，其就职仪式完毕。②

---

① Charlton M. Lewis, *Prologue to the Chinese Revolution: The Transformation of Ideal and Institutions in Hunan Province 1891-1907,* East Asian Research Center, Cambridge Mass: Harvard University, 1976, p.119.

② *Ibid.*,案：此段材料出自马士的一份半官方的信件。据刘易斯教授称，马士在1931年将他的大量半官方信件交给费正清，存放哈佛大学。这些信件现在分为5卷，保存在Houghton图书馆。第1卷收录了马士1886—1887年的信件，第2卷1892—1894年；第3卷1894—1895年；第4卷1895—1899年；第5卷1899—1907年。含有这段文字的信件被收在第5卷，第114页。

　　岳州关开放后，"所有验货征税，均按照关章办理，并由关道照会驻汉口各国领事，转饬商民知照"①。不仅如此，该关还先后在城陵矶、岳州城西门、观音洲三处设置分卡，征收税款。其巡江事务处配有巡艇三艘，负责上至宜昌、下至汉口航线之勘测以及航标的设置。原驻常德的岳常澧道移驻岳州，兼岳州关监督②。

　　其他首批开放各埠设关的情况不尽相同。三都澳海关大约在1899年春设立。共建有9个分关。其中7个设在海湾以内，2个设在三都澳东南方向的罗源湾。负责检查来往船只，发给出口货物备忘录，征收渡税和例耗③。秦皇岛海关迟至1902年才开设。吴淞因比邻上海，没有设置独立的海关，而只是作为江海关的分关存在。其职能主要为征收经过吴淞之旧式船只（Junk）及内河轮船所载货物应纳之关税，并在常关区域内执行缉私任务。凡进入沪境之货船，其货舱深不及5尺者，皆在吴淞纳税；吴淞民船之载有出口货物者，亦在吴淞纳税，所有报关及结关手续均在此办理④。

　　清末新政时期关内"自开商埠"数量较多，情况较为复杂。有些地方设置海关，有些地方未设置，有些地方则像吴淞那样，只建成其他海关的分关或查卡。

　　南宁海关关署1905年即开始兴建，地址选在商埠南段，与商埠

①　朱寿朋辑：《光绪朝东华录》卷一五七，光绪二十五年十二月九日，第4460页。
②　刘美炎编：《岳阳百年大事记（1840—1949）》，香港：香港国际展望出版社，1992年，第71页。
③　《三都澳海关十年报》，《福建文史资料》第10辑，第162页。
④　周念明：《中国海关之组织及其事务》，上海：商务印书馆，1934年，第38页。

局相邻。又在邕江上置有一座趸船，凡广州、梧州、贵县等下游商
埠驶来的船只，均在此办理入口报关手续，客货才能登岸起卸。开
往下游的船舶也要经海关验核方准开行。商埠开辟后，又在北段加
建海关办公楼，南段的商埠局改为海关税务司公馆，并在屋后建了
一个水泥网球场。1907年1月1日，南宁海关正式开关①。

　　昆明奏准开埠是在1905年，斯时云南已有蒙自、思茅、腾越三
埠依约对外开放并设置海关。加上分布各地的海关分关和查卡，昆
明开埠前，云南通省已有海关正关、分关、查卡21处②。这对于商
务并不景气的边境省份来说，已略嫌"机构臃肿"。也许正是因为
如此，昆明开埠之初，没有建成海关，而只设置海关分关，隶属于
蒙自正关。其关务由蒙自关税务司委派之"帮办"负责，并由海关
监督署委派之"委员"监察。关署的建设经费由总督府提供，蒙自
关税务司给赫德的信札对此有明确的说明③。具体开关时间是1910
年4月29日④。昆明分关与蒙自关的隶属关系后来发生变化。蒙自关
昆明办事处奉命改为昆明关，腾越、思茅两关先后改为分关，隶属
昆明关，但这已是迟至1942年的事⑤。

---

① 雷成：《南宁商埠——"洋关"》，南宁市文物管理委员会编：《南宁史
　　料》第3辑，1981年，第29—31页。
② 《云南近代史》编写组编：《云南近代史》，昆明：云南人民出版社，
　　1993年，第135—137页。
③ 云南省档案馆藏："海关档"（英文），蒙自关致总署及各口岸函，S.O.
　　No.49, To Sir Robert, 25 January, 1910, 全宗号 外01 \ 目录号 1 \ 卷号 00334，
　　第347—348页。
④ 云南省档案馆藏："海关档"（英文），昆明关（蒙自），训令及呈文
　　类，致总税务司署呈文，No.2559，"呈报本关昆明办事处本年4月29日正
　　式成立"，全宗号 外01 \ 目录号 1 \ 卷号00201，第296页。
⑤ 周钟岳等纂：《续云南通志长编》中册卷四十五《财政三》，云南省志编
　　纂委员会整理出版，1985年，第683—687页。

武昌、济南、潍县、周村等埠未见设关记录。武昌与汉口仅一江之隔，设置于汉口的江汉关关务颇盛，自毋庸在左近之处另设关房。济南在开埠之初，为招徕商贾，曾奏准暂缓设关征税。嗣因商埠常年经费没有着落，各项开销均靠借支，故直隶总督杨士骧和山东巡抚袁树勋商请外务部，在商埠设关，"专抽火车所运货物税捐"，以留作商埠常年经费。但外务部以"商埠商务尚未兴旺"为由，仍令"暂缓设关征税"①。以后，迄于清帝逊位，济南都未设置海关，作为其分埠的潍县、周村自然也就关权阙如。

地处"关外"的东北三省庚子之后成为日、俄激烈争夺的场所，开埠后筹议设置海关，日、俄等国极力染指，因而问题比"中国本部"更为复杂。

日、俄战争结束后，东北十六埠依约"自开"，海关设置也随即提上议程。在总税务司赫德筹划东北设置海关期间，中国方面做了一次改变海关行政隶属关系重要尝试。1906年5月，朝廷宣布任命户部尚书铁良为督办税务大臣，外务部右侍郎唐绍仪为会办税务大臣，"所有各海关所用华、洋人员统归节制"②。7月，税务处成立，取代外务部管理海关。8月，新成立的税务处札行总税务司，宣布将依中美、中日商约，在奉天府、安东、大东沟三处设关开埠，开始实施由中国自己管理海关的计划。然各国对此多所非难，谓海关已依约作为外债担保，不能任意变更制度。英国甚至提出抗

---

① 《政治官报》光绪三十三年十二月十六日及三十四年二月二十四日，转引自济南市社会科学研究所编：《济南简史》，济南：齐鲁书社，1986年，第382—383页。

② 朱寿朋编：《光绪朝东华录》（五），光绪三十二年四月癸丑，总第5513页。

议。清政府不得已于9月声明海关内部关系不事更改。这一包含有挽回主权动机的改革，遂于无形之中委顿[1]。

在经历这段插曲之后，赫德继续全权控制中国海关行政。为有效开展东三省设关工作，他于1907年初将东北地区划分为哈尔滨、吉林、奉天和安东四个海关区（Custom Zone），任命葛诺发（N. A. Konovaloff）、欧礼斐（C. H. Oliver）、巴伦（L. S. Palen）及另一位姓氏不详者为税务司，分管这四个海关区，并规定每个海关区设置5至6个由其助手管理的分站。赫德的目的，是要在东北设置类似由日本人Kurosawa在大连设置的海关[2]。

1907年夏，税务处两次札行总税务司，告知新民等16处已由中国宣布自行开埠，东三省总督、奉天巡抚亦致电税务处，要求转饬总税务司"速派税员前往查看"，以便确定设关征税事宜。赫德未依税务处之意派员前往查看，只是致函奉天、哈尔滨等海关区税务司，要求迅速就关卡设置地点、级别以及税则等问题，悉心斟酌，并与当地官员及各地同僚会商。与此同时，赫德申复税务处，将其"抗命"之缘由及变通办法做了一番交代：

> 总税务司查所指开放各处，未悉按约开之通商口岸办法，抑按自开之商埠办理。亦未悉洋商于各处或可任便来往，或须按自开指定之路线。且洋商应住何地亦未悉曾否与各国会订。职是

[1]　杨德森：《中国海关制度沿革》，上海：商务印书馆，1925年，第30页。

[2]　J. K. Fairbank etc. edited, *The I. G. in Peking: Letters of Robert Hart Chinese Maritime Customs 1868-1907,* Cambridge, Massachusetts, and London: The Belknap Press of Harvard University Press, 1975, Vol. 2, No. 1429Z/1111, 13 January 1907, pp. 1526-1527.

之故，若此时另派关员前往，既不知应按何章征税，亦难定何处可建新关，更未谙各地情形，何处宜作分卡。且此时另调多员前往，亦难于选派。惟既奉到前因，自应指定关员分别料理。查东三省四大区已各派有税务司在彼。现定开放黑龙江之齐齐哈尔等处，即可与哈尔滨税务司葛诺发就近商办吉林之长春等处，即可与吉林税务司克勒纳商办，奉天之新民屯等处，即可与奉天税务司欧礼斐商办，极南之凤凰城等处，即可与安东税务司巴伦商办。俟各处一切事宜商有眉目，定期开关，再行陆续调派人员帮同料理开办各事。[1]

赫德对税务处的抵制取得了成功，但赫氏膺总税务司重任已长达40余年，其老病之躯使他很难继续留在如此重要的位置上，医生亦建议他"回籍静养"。1908年初，赫德向朝廷递交休假申请，称近年来"新开口岸暨自开商埠年见增多"，关务繁忙，使之"异常疲惫"[2]。朝廷同意了他的休假申请。以后，其总税务司职务由他所推荐的裴式楷（R. E. Bredon）代理，东北设置海关的工作亦转由裴氏接替。

从1907年下半年开始，哈尔滨海关区开始设关。当年7月，一个叫作《北满洲税关章程》的文件被炮制出来。根据这一章程，

① 《总税务司申复税务处》，关字第33号，转引自戴一峰：《清末东北地区开埠设关及其关税制度》，《社会科学战线》1988年第2期，第212页。戴文对清季东北地区的开埠设关做了相当深入细致的分析论证，本文涉及东北设关之论述从中获益不少。唯戴文未区别约开与自开商埠，本文在借鉴之时，做了些甄别与筛选。
② 黄序鹓：《海关通志》下卷，北京：定庐书行，1917年，第116页。

中国将在东省铁路沿线实施"铁路运货按三分减一纳税"的征税办法[1]。为此，必须在各商埠区设关征税。1908年2月5日，满洲里海关正式开关；11日绥芬河海关亦告成立[2]。次年夏，松花江沿岸的哈尔滨、三姓以及位于黑龙江上游的瑷珲正式开关。其中瑷珲与三姓乃隶属哈尔滨海关的分关，与总税务司署无直接联系。以后，设关工作的重心开始转向吉林海关区。1909年12月27日，珲春正式设关。珲春关先是划归吉林税务司管理，仅设一名副税务司主持关务。后以珲春、吉林相距辽远，管理殊为不便，遂将珲春改为自立的海关，不归驻吉税务司节制。次年1月1日，位于龙井村的延吉分关亦宣告成立。这样，连同稍早一些开放的海关，东北自日、俄战争之后设置的海关及其分关已达15个，其中11个设置在自开商埠[3]。

现在，我们可以列表对清季自开商埠海关的设置情况做一番总结了。

---

[1] 《北满洲税关章程》，王铁崖编：《中外旧约章汇编》第2册，北京：生活·读书·新知三联书店，1957年，第405页。

[2] Stanley F. Wright, *Hart and the Chinese Customs,* Belfast: WM. Mullan & Son (Pub.) LTD., 1950, p.399.

[3] 《总税务司通札》第2辑（1907—1909），通札第1535号附件"开放通商的口岸及其设关年表"，第513—516页，转引自陈诗启：《中国近代海关史（晚清部分）·附录》，第579—584页。按照"通札"所附"年表"，日、俄战争之后东三省设置海关或分关的商埠有奉天府、安东、大东沟、满洲里、海拉尔、齐齐哈尔、瑷珲、哈尔滨、关城子、吉林、宁古塔、珲春、三姓、新民府等14处。上引戴一峰先生文所统计者为11处，而陈诗启先生的著作则称日、俄战争后4年内，东北地区设置的海关连同分卡共计为10处，这与"通札"统计颇有出入。

表 8　清季自开商埠海关设置情况表

商埠名称	设关时间	税关级别	备注
三都澳	1899 年 5 月	正关	时称"福海关"
岳州	1899 年 12 月 13 日	正关	
秦皇岛	1902 年 1 月 1 日	正关	
吴淞	1899 年	江海关查卡	马士称之为"叫口"
南宁	1907 年 1 月 1 日	正关	
昆明	1910 年 4 月 29 日	蒙自关分关	1942 年改为正关
葫芦岛			
满洲里	1908 年 2 月 5 日	正关	
海拉尔			
齐齐哈尔		正关	
瑷珲	1909 年 8 月 18 日	哈尔滨关分关	
哈尔滨	1909 年 7 月 1 日	正关	时称"滨江关"
吉林		正关	
宁古塔			
珲春	1909 年 12 月 27 日	吉林关分关	后改为正关
三姓	1909 年 7 月 1 日	哈尔滨关分关	
新民府			

（资料来源：《总税务司通札》第 2 辑（1907—1909），通札第 1535 号附件"开放通商的口岸及其设关年表"；Stanley F. Wright, *Hart and the Chinese Customs,* Belfast: WM . Mullan & Son（Pub.）LTD. , 1950；戴一峰：《清末东北地区开埠设关及其关税制度》，载《社会科学战线》1988 年第 2 期；陈诗启著《中国近代海关史》晚清部分，附录，第 579—584 页，人民出版社 1993 年版。）

　　自开商埠海关的设置时间正当清朝统治的最后十几年，在这期间，中国的政治、经济正经历着一系列重大变故。然而，由外国人控制的中国海关却保持了相对的稳定性。其组织、制度及运作方式均大体依旧。

　　如果与渊源于唐宋市舶司制的中国传统海关制度[①]相比较，清季中国实施的海关制度堪称一种"近代"类型的海关制度。这一制度是在1854年以后逐步建立的。这一年，因上海小刀会起义造成关税无法征收，英、美、法三国获得了企盼已久的参与中国海关行政事务的机会。1858年签订的中外《通商章程》第十款中，有"任凭总理大臣邀请英人帮办税务，并严查漏税、判定口界、派人指泊船只及分设浮椿、号船、塔表、望楼等事"[②]的规定。根据这一条款，英国人李泰国（Horatio N. Lay）经南洋大臣的委任，成为中国第一任总税务司。李泰国就任后，即将已在上海实施的海关运作方法移植到广州粤海关，开始了用西方海关制度改造中国旧式海关的初步尝试。李泰国在位时间仅三年多一点，成就尚未彰显。中国近代海关制度是在赫德担任总税务司期间建立的。赫德从1863年接替李泰国之职，直到1908年卸任，在位时间长达45年。在这期间，作为一位英国人，赫德有其为"宗国"

---

①　彭雨新：《清代关税制度》，武汉：湖北人民出版社，1956年，第12—14页。

②　《通商章程善后条约》，咸丰八年十月初三日，王铁崖编：《中外旧约章汇编》第1册，第118页。

讳，在关键问题上偏袒英人及英国国家的做法，因而颇遭物议①。但是，作为一位中国政府任命的海关总税务司，赫德还有克尽职守，于中国政务襄赞擘画的另一面。

赫德在主持中国海关期间，矢志改革，他对海关建设的一个突出贡献，即是把西方国家实施的近代海关制度，用来改造中国的海关，为中国建立起一套具有近代色彩的海关组织与制度。新的海关组织划分为国家和地方两级。形式上分别接受税务处和海关监督的督查，实际上无异独立行使权力。关税行政，由总税务司督率。总税务司署下设机要、总务、汉文、财务、审计、税则、缉私、诠叙、统计等九科和留京、驻外两办事处。各地海关则在税务司督率下，处理关税征收事务。税务司由总税务司任命。各关署分设总务、秘书、会计、验估四课，负责税务工作。整个海关组织职掌分明、隶属关系清楚，颇能收臂使指应之效②。

在海关制度方面，最值得一提的是会计、统计和录用人员考核制度的建立。新的会计制度使中国海关结束"四柱清册"式的账目

---

① 赫德的继任者李度（L.K. Little）在评论赫德与英国的关系时则说："作为一位服务于外国海关并且代表其利益与其他英国臣民和官员打交道的英国臣民，赫德对于其独立角色的维持，堪称我们研究平衡艺术的范例。他的成功充分说明了英国人有能力利用其法律的概念和优秀的品质，建立一个非正式的帝国。"引文见 J. K. Fairbank etc. edited, *The I.G.in Peking: Letters of Robert Hart Chinese Maritime Customs 1868-1907,* 1975, Vol.1, p.13. 但郭嵩焘日记中有一段记述，可以引导出相反的结论。郭告诉慈禧太后自己曾与赫德有过如下交谈：郭问："君自问帮中国，抑帮英国？"赫德答："我与此都不敢偏袒。譬如骑马，偏东偏西便坐不住。我总是两边调停。"郭逼问："无事可以中立，有事不能中立，将奈何？"赫德答言："我固英国人也。"引文见《郭嵩焘日记》卷三，第49页。此番谈话暴露了赫德的英国"情结"，其遭受物议，良有以矣。

② 周念明：《中国海关之组织及其事务》，上海：商务印书馆，1934年，第1—12页。

记载历史，从此具有分类明晰、记录精确、稽核严格的收支账目。新的统计制度的建立则除为海关及政府官员掌握关税及国内外贸易之状况提供直接依据之外，其编制的大量统计资料和海关报告，作为一种历史记录，也为后世研究中国海关历史留下了弥足珍贵的史料。而新的录用人员考核制度，则大大提高了海关的办事效率[1]。

这一整套组织及制度的建立，使中国海关面貌大为改观。斯坦利·魏尔特（Stanley F. Wright）称赫德的改革，是将在英国也不过才实施十年的"新的国库制度应用于中国海关的需要"[2]。这一评论，应能中其肯綮。不幸的是，中国海关组织及制度的"近代化"却付出了海关行政权丧失这一沉重代价。在近代化与国家主权的关系上，历史事件的当事人不能寻得"鱼与熊掌兼得"的两全境地，这大概也是无可如何之事。

赫德为中国制定的海关制度被沿袭下来。清季自开商埠所设置的海关，实施的自然也是这一套组织和制度。唯清政府实施自开商埠政策时，正是庚子国变前后中国政局最为混乱，制度变化最为剧烈的时期。根据《辛丑条约》，中国赔付列强的款项须以海关收入作为担保，这无疑强化了外国人管理中国海关的制度。另外，条约规定，"所有常关各进款，在各通商口岸之常关，均归新关管理"[3]。后来虽将实施范围限定在通商口岸五十华里以内的常关，但也明显扩大了海关的权力范围。

---

① 汪敬虞：《赫德与近代中西关系》，北京：人民出版社，1987年，第74—81页。

② Stanley F. Wright, *Hart and the Chinese Customs,* p.283.

③ 《辛丑各国和约》（1901年9月7日），王铁崖编：《中外旧约章汇编》第1册，第1005—1006页。

　　海关接管常关受到清廷一些疆吏的反对，湖广总督张之洞就曾指斥赫德借赔款而揽办常关，是"欲将中国利权一网打尽，其心良险矣"[①]。张之洞还致电苏、浙、闽、粤、川、豫等省，呼吁联合抵制。由于各省抵制，海关接管常关出现了三种形式：一是"将常关一切事宜统归税务司直接管理"，天津、牛庄、福州即采用这种形式。在自开商埠，采用这种形式的有三都澳。二是"只限于收受监督方面实征款数的报表，转报中央行政当局"，芜湖、九江、沙市即属此类。三是常关"由总税务司特派人员稽查"，多数常关都以这种形式予以接管[②]。

　　海关接管常关后，即对常关通行的管理制度进行改革。其中在自开商埠三都澳所做改革颇著成效。三都澳常关在改革之前，于正税之外，复有例规，不止一端抽收，且关分数处，留货耽延，商贾叫苦不迭而又奈何不得。常关被海关接管后，情况大变。《海关通志》记述此事道：

　　　　当税务司接管之初，该关用人至六百人之多。每年报款，不过一万一千两。经税务司将在事之六百人，可留者留之，不可者去之，计留七十余，已足敷用。又将一切例规，统行核计，与正税一并征收。……至光绪三十二年，该关税项年征之数，已及八万余两。[③]

<hr>

① 张之洞：《致开封行在军机处、外务部、京城外务部》，光绪二十七年十一月初二日，《张文襄公全集》卷一七五《电牍54》，北京大学馆藏刊本，第26—27页。
② 黄序鹓：《海关通志》下卷，北京：定庐书行，1917年，第134—135页。
③ 黄序鹓：《海关通志》下卷，第135页。

诚然，如同海关的改革付出了部分丧失主权的代价一样，海关接管常关后的改革虽在关税收入上有所增益，但在税务处对海关的监督形同虚设的情况下，海关接管常关之举无疑大大增强了外国人对中国关税的控制力。在常关税即将由海关征收之前，赫德致函金登干（J. D. Campbell）说："常关工作现已占据了我的大部分时间，因为11月11号我们就必须开始征税了。这将拓宽我们的基础，增强我们的地位，尽管在开始的时候，它会给我们带来少量麻烦……。"①这应当是反映其真实内心的自白。

值得注意的是，在日、俄战争之后设关的东北地区，除与关内具有的一致性之外，其关税制度还增加了一些关内所没有的重要内容，从而形成自身独具的特征，其中不无与自开商埠相关者，兹分述如下：

（一）陆路关税制度的制定

1907年7月，俄国率先在近代早期中俄签订的陆路通商章程基础上，与清政府签订《北满洲税关章程》，最终确定了两国边界贸易凡在百里之内者均不纳税，所有经由铁路运至交界处百里之内各车站的货物，亦不征税，其他地区应缴之关税"按三分减一"的原则及实施办法。"三分减一"的纳税规定，亦准各国"一体均沾"。位于东北北部包括哈尔滨、满洲里、海拉尔、齐齐哈尔等

---

① J. K. Fairbank etc. edited, *The I. G.in Peking: Letters of Robert Hart Chinese Maritime Customs 1868-1907,* Vol. 2, p. 1282.

自开商埠在内的17个城镇均在实施范围之内①。继俄国之后，中国又与日本达成类似的关章协议。中国与日本不接壤，本不存在"陆路"出入境通商关系。然日俄战争之后，随着俄国势力退出，朝鲜完全沦为日本的殖民地，于是所谓"满韩"之间陆路通商享受"最惠国"待遇的问题被日本人提上议程。此事于1913年5月方最终签约成立，日本人因此获得经新义州出入东北三省之货物仅完纳三分之二关税的特权②。

（二）东北地区免重征制度的建立

所谓免重征制度，是指已在某一处缴纳关税的货物，当再出入其他通商口岸时，不再缴税。这在近代初期的中外约章中曾有明确规定，但东北地区再度确立的这一制度却有其特殊内涵。盖东北商埠自开之初，多数地区尚未建立海关，为便利货运，经总税务司赫德建议，于1907年12月14日颁布《东三省各埠免重征专照办法》，规定凡洋货在天津、牛庄、安东、大连等关已完进口正税，及土货已完复进口半税者，倘若改运东三省内新开各埠，无论如何载运，准即一律发给专照，俾免重征。次年4月，经英国驻华公使朱尔典建议，上列口岸又增加秦皇岛一处③。对免重征制度的实施范围，中外颇有分歧。清政府坚持东北各自开商埠与通常意义上的"商

---

① 《北满洲税关章程》（1907年7月8日），《中外旧约章汇编》第2册，第405—506页。
② 《朝鲜南满往来运货减税试行办法》（1913年5月29日），《中外旧约章汇编》第2册，第893—894页。
③ 戴一峰：《清末东北地区开埠设关及其关税制度》，《社会科学战线》1988年第2期，第214—215页。

埠”即约开商埠不同，认为自开商埠只是单纯内地城市，故洋货交纳进口税后，进入这些地区，再行运出，除非直接抵达外国或其他通商口岸，均须缴纳省内厘金。但各国援据《东三省各埠免重征专照办法》，拒绝接受这种意见。双方僵持不下。在以后的中外贸易中，东北地区包括十六处自开商埠在内的各口岸，均一无例外地实施免重征办法，直到1926年以后，情况才有所改变①。

　　总之，海关的设置及相关制度的建立，对自开商埠的影响极为复杂。商埠既经开放，从事通商贸易，通常均须征收关税，从这个意义上说，自开商埠海关的设置及相关制度的建立，适应了正常的中外贸易需要，也有利于保护中国自身的工商业利益。另外，在自开商埠实施的海关制度，乃是一种近代类型的海关制度，它为清季中国的海关提供了一种规范化操作的程式，有利于提高海关的办事效益。这些都是事实。但自开商埠海关的建置正当庚子事变后中国海关收入被用作对外赔款担保时，且海关行政权一直为外人控制，在这样的情况下，以捍卫国家主权作为初衷的自开商埠主政者，要真正达到自己的目的，恐怕难乎其难。

---

① 陈诗启著：《中国近代海关史（晚清部分）·附录》，第510—511页。

自开商埠与清季外贸场域的发育

　　清季中国政府惩列强之侵略，思有以制之，从戊戌年开始，在其国祚尚存的最后14年，于既有通商口岸之外，主动开辟埠头数十处。这些埠头当时被称为"自开商埠"（port opened voluntarily by China），以区别于列强强迫中国开放的"条约口岸"（treaty port）。首批奏准自开的有岳州、秦皇岛、三都澳等埠。以该三埠开放为起点，自开商埠逐渐成为中国对外开放的主要形式。鉴于学术界对自开商埠研究甚少，对自开商埠与清季对外贸易场域发育之关系问题尚无人问津，本文拟就此做一些基础性工作。需要说明的是，本文虽旨在分析自开商埠与清季对外贸易场域发育的关系，但此一问题的探讨必然涉及自开商埠的数量、类型、地域分布等相关问题，某种意义上，所涉及的问题已构成研究者所欲探讨问题的前提。因为，离开地域分布，将无从探讨外贸场域发育，而离开数量，亦难以明了其分布情况，其间的逻辑联系甚明。因此，以下探讨将从清季自开商埠的数量、类型及地域分布入手[①]。

一、清季自开商埠的数量与类型

　　清季"自开商埠"的数量学者说法不一。孔庆泰选编《1921年前中国已开商埠》，列入"商埠年月表"且标明属于清季"自开"的商埠有武昌、岳州、长沙、常德、湘潭、三都澳、鼓浪屿、南宁、昆明、济南、潍县、周村、吴淞、海州、秦皇岛等15处[②]。严中平所编《鸦片战争后所开商埠表》可以划归"自开"的商埠共12处，较之孔庆泰的统计少了长沙、常德、湘潭、武昌4处，多了广东的公益埠1处[③]。朱新繁《中国资本主义之发展》一书统计为17处，较之孔庆泰的统计多了南京、河口、思茅3处，少了吴淞1处[④]。漆树芬《经济侵略下之中国》一书统计为16处，较之孔庆泰

---

① 有关清季自开商埠的研究，参阅张建俅：《清末自开商埠之研究》，硕士学位论文，台湾师范大学历史研究所，1991年。（张文着重讨论了"开埠"的过程，对商埠的建设、章程制度的拟议以及开埠后的社会经济发展基本上没有论及），张文蒙台湾"中研院"近代史研究所谢国兴先生复印寄赠，谨致谢悃；杨天宏：《清季首批自开商埠考》；张践：《晚清自开商埠述论》，《近代史研究》1994年第5期，第73—88页，张文系其硕士学位论文的部分内容，指导教授杨天宏。
② 孔庆泰：《1921年前中国已开商埠》，《历史档案》1984年第2期，第54—56页。
③ 严中平：《中国近代经济史统计资料选辑》，北京：科学出版社，1955年，第41—48页。
④ 朱新繁：《中国资本主义之发展》，上海：上海联合书店，1929年，第180—187页。

的统计多了奉天的葫芦岛和南京2处，少了吴淞1处①。此外，被学者列为"民国元年以前自行开埠"的口岸还有江苏浦口、天生港以及广东的公益埠3处②。可谓众说纷纭，莫衷一是。

　　若不作考辨，但以"榜上有名"为断，曾经被学者列为晚清"自开商埠"的城镇应为23个。在这23个城镇中，南京和长沙不是"自开商埠"不应再有争议。河口、思茅则系依1895年6月20日中法《续议商务专条附章》之规定开放③，其不属于"自开商埠"亦不难断谳。真正容易引起争议的只有吴淞、浦口、公益埠、葫芦岛4处。吴淞系一业已奏准"自开"的商埠，若以是否经朝廷批准为断，则该埠属于"自开"无疑。分歧在于是否正式开埠。这其中又涉及宣布"开张"与实际做生意之分别。宣布"开张"已否虽不得而知，生意则已经在做。因此，称吴淞为"自开商埠"尽管勉强，却也并非毫无理由。浦口、公益埠、葫芦岛3埠之争议系因"改朝换代"而起。盖此3处开埠之议均起自清末。葫芦岛系1908年由东三省总督奏准开放，但事情几经周折，直到1914年方由北洋政府的

---

① 漆树芬：《经济侵略下之中国》，北京：生活·读书·新知三联书店，1954年，第16—20页。
② 王树槐著：《中国现代化的区域研究》（江苏省1860—1916），"中研院"近代史研究所专刊第48，第84—87页；杜语：《近代中国通商口岸研究·附表》，博士学位论文，中国社会科学院近代史研究所，1995年，第68页。案：杜文承姜涛先生借阅，谨此致谢。
③ 该条约第二款称："两国议定，法越与中国通商处所，广西则开龙州，云南则开蒙自，至蒙自往保胜之水道允开通商之一处，现议非在蛮耗，而改在河口。"第三款称："议定云南之思茅开为法越通商处所，与龙州、蒙自无异，即照通商各口之例，法国任派领事官驻扎，中国亦驻有海关一员……其法国人民及法国保护之人前来思茅，均照咸丰八年五月十七日条约第七、第十、十一、十二等款，及光绪十二年三月二十二日商约第三款办理。"王铁崖编：《中外旧约章汇编》第1册，北京：生活·读书·新知三联书店，1957年，第621—623页。

国务总理熊希龄宣布开埠。公益埠是由两广总督张人骏于1908年批准开埠，然其开办时间却推迟到民国元年[1]。浦口开埠之议始于1900年，系英、德领事提出要求，由两江总督刘坤一负责筹办，嗣因庚子事变而延误；1910年开埠事再度提出，由地方官议决就浦口既有之市场扩充推广，建立商场，拟就《浦口市场局暂行章程》，并由黄思永负责发行公债；但直到1912年8月，商埠才最终建成[2]。

　　显然，该3处商埠均处于跨越"朝代"的特殊地位，若以议决建设商埠的时间为断，则三处均属"清季"自开之商埠；若以设关开埠的时间为断，则3处又应当划归"民国"。考虑到经中央或地方政府批准开埠之后，多数商埠的内外贸易便已开始，商埠的存在也因此成为合法，而商埠的建设是一个永无止境的过程，殊难找到某种业已建成的标志，加之许多地方设关开埠的时间无法考证，鄙意以为，以获准开埠的时间作为选择判断的标准更加合理，也更加具有可操作性。如果这一选择判断标准能够得到认同，则在上文提到的23处城镇中，除了南京、长沙、河口、思茅4处，其余19处均应该属于清季"自开商埠"。这些19个商埠除葫芦岛外，均位于"关内"，加上1905年底清政府在属于"关外"的东北地区主动开放的16个商埠，清季"自开商埠"的总数应不少于35个。兹将清季"自开"之商埠列表显示如下：

---

① 葫芦岛、公益埠开埠的情况参见严中平等编：《中国近代经济史统计资料选辑·商埠表》，北京：科学出版社，1955年，第41—48页。

② 浦口开放的情况参见中国第一历史档案馆藏：民政部档案，全宗号509，案卷号209，档案名称："两江总督咨送浦口士绅建立自辟市场简章及有关文书"。另参见王树槐：《中国现代化的区域研究》（江苏省1860—1916），台湾："中研院"近代史研究所专刊第48，第85—86页。

表9　清季自开商埠一览表

省别	商埠名	批准开埠时间	实际开埠时间	备注
湖南	岳州	1898年3月24日	1899年11月13日	湘抚奏准
	湘潭	1905年7月	1906年3月16日	同上
	常德	1905年7月	1906年7月2日	同上
湖北	武昌	1900年11月18日		两广总督张之洞奏准
山东	济南	1904年5月15日	1906年1月10日	
	潍县	同上	1906年1月1日	袁世凯等奏准
	周村	同上	1906年1月	同上
江苏	吴淞	1898年4月20日		同上
	海州	1905年10月24日	1921年	总理衙门奏准
	浦口	1910年	1912年8月	
	天生港	1906年7月		地方官主持
福建	三都澳	1898年3月24日	1899年4月28日	署两江总督周馥奏准
	鼓浪屿	1902年11月21日		
广东	香山	1908年5月24日	1909年	总理衙门奏准
	公益埠	1908年		兴泉永兵备道奏准
广西	南宁	1899年1月30日	1907年1月1日	
云南	昆明	1905年5月11日	1910年4月29日	由"绅商"主持
直隶	秦皇岛	1898年3月26日	1901—1902年之间	
奉天	凤凰城	1905年12月22日	1907年6月28日	由粤督批准
	辽阳	同上	1907年6月28日	广西巡抚奏准
	新民屯	同上		滇督奏准
	铁岭	同上	1906年9月10日	总理衙门奏准
	通江子	同上	同上	以下各口岸除葫芦岛外，均系依据中日《会议东三省事宜》条约附约规定由中国"自行开埠通商"
	法库门	同上	同上	
	葫芦岛	1908年	1914年	
吉林	长春	1905年12月22日	1907年1月14日	
	吉林省城	同上	同上	

续表

省别	商埠名	批准开埠时间	实际开埠时间	备注
	哈尔滨	同上	同上	
	宁古塔	同上	1910年1月	
	珲春	同上	1910年1月1日	
	三姓	同上	1909年7月1日	东三省总督奏准
黑龙江	齐齐哈尔	1905年12月22日	907年5月28日	
	海拉尔	同上	1910年1月	
	瑷珲	同上	1907年6月28日	
	满洲里	同上	1907年1月14日	

（资料来源：严中平编《中国近代经济史统计资料选辑》，第41—48页，"商埠表"；中国第二历史档案馆编《1921年前中国已开商埠》，见《历史档案》1984年第2期；王树槐著《中国现代化的区域研究》（江苏省1860—1916），第85—86页；王铁崖编《中外旧约章汇编》第一、二编；漆树芬著《经济侵略下之中国》，三联书店1954年版，第16—20页；朱新繁著《中国资本主义之发展》，上海联合书店1930年版，第180—187页，等等。）

由上表不难看出，清季"自开商埠"星散各地，地域分布颇为宽广。如果依照商埠所在城市的行政级别来区划，则可分为省会级、府厅州县级和乡镇级三类。依据自开商埠自身的特征，又可以区分为普通自开商埠、免税自开商埠和临时起下货物的"招呼口岸"三类。若从主权归属的角度审视，则又可以分为完全由中国筹议自开和条约载明由中国"自开"两类。

普通自开商埠的特征较为明确，即强调权自我操。这是由清政府批准开设的通商口岸；商埠区由中国方面划定，中外商民均可按照有关章程在其中租地建造，投资经营；埠内不设租界，所有警政、行政、司法事务，均由中国自办，工程事务，由中国派出的海关监督会同税务司办理。曾经参与民初开埠事宜的梁士诒认为，自开商埠与条约口岸的区别在于："在自开商埠，我国得有行政权，内外人民同受支配，而课税可照内地办法，一体征收，此其显有区别者也。"①总理衙门提出的"自开商埠办法"咨文，亦强调了主权的归属问题②。最早的自开商埠如岳州、秦皇岛、三都澳在建设之初，便已形成这些特征。清末新政期间开放的口岸大多仿效该三埠，但因后起故，有所借鉴，成绩往往更加显著。

　　免税自开商埠亦具有自开商埠的一般特征，只是在税收上享受某种程度的优惠政策。香洲即属这类自开商埠。该埠于1908年开放，次年由粤督奏请"暂作无税口岸"，然过程颇多曲折。九龙关税务司在查复此事时，谓商埠之盛衰，全恃地势之得宜与否，非关乎有税无税，并称若作无税口岸，与他处办法歧异，难免开"漏税之门"。广东劝业道会同布政司、粤海关税务处在复核此议时却提出不同的看法③。

①　凤冈及门弟子编：《三水梁燕孙（士诒）先生年谱》（上），周谷城主编：《民国丛书》第2编第58辑，上海：上海书店出版社，1991年，第164页。

②　文曰："自开商埠，与约开通商口岸不同，其自主之权仍存未分。该处商民将来所立之工程局，征收房捐，管理街道一切事宜，只应统设一局，不应分国立局。内应有该省委派管理商埠之官员，并该口之税务司，督同局中董事，办理一切。……以示区别而伸主权。"《总署咨行自开商埠办法》，《申报》1989年7月31日，第1版。

③　广东劝业道等认为："振兴埠务，保护商业，招徕华侨，挽回溢利，非先明定该埠为无税口岸，不足以资提倡而树风声。该税司以商埠之盛衰为与税则之有无毫无关系者，体察情形，殆非笃论。香洲东与香港对峙，北据澳门上游，同是贸易商场，人则一切自由，我则动多束缚，优胜劣败，相形见绌，不能不亟图挽救。该埠倘定为无税口岸，一经宣示，风声所播，国中巨贾竞出其途，海外侨商云集内向，兴盛之机，正未有艾至。"《税务处等奏议复增祺奏香洲自辟商埠请暂准作为无税口岸折》，王彦威、王亮编：《清宣统朝外交史料》卷十九，沈云龙主编：《近代中国史料丛刊三编》第2辑，台北：文海出版社，1987年，第359—360页。

由于广东方面力争，税务处、外务部、度支部等在议复朝廷时亦以"该埠毗连（之）香港澳门皆是无税口岸，倘有歧异，相形见绌"为词，建议朝廷"恩准香洲自辟商埠暂作为无税口岸"。宣统三年正月三十日奉旨"依议"。然而所谓"无税口岸"，也只是税收范围较之其他口岸有所限制，并非完全免税。税务处的奏折对此做了明确说明：

> 所谓免税者，亦非全无限制。譬如内地生货运至香洲，制成熟货运输出洋，只完内地生货之税，毋庸再完出口熟货之税；外洋生货运至香洲，制成熟货销售内地，只完内地熟货之税，不必先完进口生货之税。所有内地海关厘厂，仍照章完纳，与港澳事体相同，于饷课不虞亏短，洵属有益于商无损于国。[1]

清季经旨准以"无税口岸"形式对外开放的自开商埠仅香洲一处，但在开办之初，申请暂时免收关税的还有济南[2]。只是济南未获准辟为"无税口岸"，虽在一段时间内享有免收关税之实，却无"无税口岸"之名，不宜置诸此类商埠之列。

临时起下货物口岸的英文名称为"Port of Call"。斯坦利·魏尔特（Stanley F. Wright）在称谓"西江起下货物之埠"时，用的

---

① 王彦威、王亮编：《清宣统朝外交史料》卷十九，沈云龙主编：《近代中国史料丛刊三编》第2辑，第359页。

② 济南开埠之初，袁世凯、周馥等奏请暂缓设关收税云："开埠之始，首重招徕，议将税关暂缓设立，所需各项经费，先由华官自行筹备。"所请获朝廷批准。引文见《直隶总督袁山东巡抚胡会奏济南城外自开商埠先拟开办章程折》，《东方杂志》1905年第7期，第66页。

便是"West River stages or ports of call"①这一名称。中国学者或称之为"过口埠",或称之为"访问口岸"②。我以为,若照英文直译,称作"招呼口岸"更为相宜③。属于这类口岸的"自开商埠"有南通的天生港。该埠开放之议起于光绪二十五年(1899年)刘坤一遵旨筹划南通自开商埠之时,后因故而寝。光绪三十二年,署两江总督周馥奏请"通州天生港自开商埠",其具体办法是将该港建成"可以起下货物之不通商口岸"。通州在籍绅士翰林院修撰张謇亦因海州自开商埠,函"请将通州一埠一律举办"。事情以是再次提上政府议程。外务部、户部在议复此事时认为,周馥奏请天生港"既开埠而仍不通商,为向所未有之办法",究竟利弊如何,尚须预为揆度。经外务部致电周馥查核,同意援照"大通六处办法",关房关栈,暂时不建,以省用度,三五年后,酌度商务情形,再行设关开埠。所谓"大通六处办法",系依光绪二年中英《烟台条约》第三款之规定,将长江沿线的大通、安庆、湖口、武穴、陆溪口、沙市六处非通商口岸,试以"通融办法",轮船准暂停泊,上下客商货物。外务部认为,天生港亦系沿江地方,与大通六处形势略同,自可准华洋各轮来往停泊,上下客货。但考虑到该埠与江海

---

①　Stanley F. Wright, *Hart and the Chinese Customs,* Belfast: WM. Mullan & Son (Pub.) LTD., 1950, p.895.

②　参阅华民编:《中国海关之实际状况》,上海:神州国光社,1933年,第112页;杜语:《近代中国通商口岸研究》,博士学位论文,中国社会科学院近代史研究所,1995年,第29页。华民将这类口岸视为有客货则停,无客货则开之非正式商埠,或介于条约口岸与非条约口岸之间的一种商埠,这与杜语将之列为自开商埠类有所不同。

③　英文"call"一词虽有"访问"之意,但揆诸商船行经此类口岸"有客货则停,无客货则开"之情形,可知其行止全视岸上之人有无"招呼",而非船上之人主动前往"访问",译为"招呼口岸",更加接近本意。

关、镇江关相距不远，若开作商埠，其关税一项，恐致此盈彼虚。故议定"所有天生港一处，应只作为起下货物之口岸，以通航路而兴商务，不必预筹开埠通商"①。然而"起下货物"之口岸亦每做成生意，由是天生港成为一种特殊类型的"自开商埠"。

若按照商埠所在城镇的行政级别来划分，则属于省会城市的有武昌、济南、昆明、吉林省城、齐齐哈尔5处，属于府厅州县级的有岳州、湘潭、常德、南宁、潍县、海州、香山、三姓、宁古塔、爱晖、凤凰城、铁岭、新民、辽阳、长春、哈尔滨、法库门、通江子、满洲里、海拉尔等20处，属于县以下村镇或居民聚居点的有秦皇岛、三都澳、周村、吴淞、浦口、天生港、鼓浪屿、公益埠、葫芦岛等10处②。

"自开商埠"有中国政府按照自己的意图主动对外开放的，也有依照条约规定"自开"的。岳州、三都澳、秦皇岛，济南、潍县、周村、昆明、南宁、武昌、湘潭、常德、吴淞、海州、鼓浪屿、香洲、公益埠、天生港、葫芦岛、浦口等19埠属于前一种类型。虽然其中湘潭、常德、南宁、鼓浪屿等埠有"外人索开"的因素掺和其间，但未载诸条约，故均可列入前一类"自开商埠"。

---

① 朱寿朋编：《光绪朝东华录》第5册，北京：中华书局，1958年，第5558—5559页。

② 案：南宁在清末叫宣化县，属于南宁府，时广西省会在桂林。民国元年废县入府，改称南宁府，同年10月，广西省会由桂林迁至南宁。详见莫炳奎纂：《邕宁县志》卷二《建置志》，台北：成文出版社有限公司，1937年，第401页；南宁市文物管理委员会编：《南宁史料》第5辑，第39页。黑龙江在建省之初省会设在齐齐哈尔而非哈尔滨，按照当时的行政区划，哈尔滨属于吉林省管辖。详见中国历史地图集编辑组编辑：《中国历史地图集》第8册《清时期》，北京：中华地图学社，1975年，第10—13页。另案，吴淞位于长江入海口，既可划为沿海型，又可划为沿江型，因业已将其划入沿海型，故不再列入沿江型之内。

1905年东北三省开放的16个商埠，则系依中日条约《会议东三省事宜》之规定开放。这16个口岸是否为"自开商埠"颇有争议。目前国内大多数学者均视之为"条约口岸"，但也有视之为"自开商埠"者，彭雨新即作如是观①。彭先生虽未申述理由，但我以为其判断是正确的。因为若是拘泥于条约，该条约已载明该16埠由"中国自行开埠通商"②，则据约称之为"条约口岸"的理由并不充足。况且，东三省开埠之议早在庚子年间便已由张之洞等中国官吏奏陈朝廷，日俄战争期间，主动开埠的主张更是过各种官方渠道提出，虽然外人有所要求，但中国政府在此问题上并非被动接受。更为要紧的是，东北三省所开商埠包括警政、商务管理在内的一切行政权都掌握在中国政府委任的官员手里，并在一定程度上抵制了日、俄对东北地区的侵略。这一切，都为通常意义上的"条约口岸"所不具备，因而，将该16城市确定为"自开商埠"，更能揭示

① 中国第二历史档案馆编《1921年前中国已开商埠》所列"民国自开商埠年月表"，严中平编《中国近代经济史统计资料选辑》所列"商埠表"，以及朱新繁、漆树芬、华民、张洪祥等人的著作，均未将东三省1905年开放的城市置诸"自开商埠"之列。彭雨新先生则反是，在国内学者中率先肯定斯16城市的"自开商埠"地位，并对其历史作用给予高度评价。详见彭雨新：《论清末自开商埠的积极意义》，章开沅主编：《对外经济关系与中国近代化》，武汉：华中师范大学出版社，1990年，第195页。
② 《会议东三省事宜·附约》，王铁崖编：《中外旧约章汇编》第2册，北京：生活·读书·新知三联书店，1959年，第340页。

其丰富的政治、经济内涵[①]。

二、自开商埠的地域分布及其成因

从地域分布上看，在清季"自开"的35个商埠中，分布于沿海的有秦皇岛、海州、吴淞、三都澳、鼓浪屿、香山、公益埠7处，分布于沿江的有武昌、岳阳、浦口、天生港、南宁5处，位于内陆的有济南、潍县、周村、湘潭、常德、昆明6处，东三省先后开放的十几个"自开商埠"均属"关外"型。

清季"自开商埠"具有如下两个明显特征，值得研究者注意。

其一，这些"自开商埠"大多分布在沿海及沿边省份，沿江及内陆省份"自开商埠"数量较少。在上列35个商埠中，东三省及云南、广西这类边境省区所开商埠有19个，加上位于海口或沿海省份在陆路开设的10个，则位于沿海、沿边省份的自开商埠多达29个，而沿江及内陆省份"自开"之商埠仅有6个，数量差别，殊为明显。

---

① 出使法国大臣孙宝琦在日俄战争爆发后奏陈朝廷时转述西班牙外务大臣的一段话，颇能说明清政府开放东北带有很大程度的主动性："看来日本可胜到底，中国宜俟两国停战议和之时，自行宣布将东三省蒙古新疆以外，开门通商，免两国立在约内，致失主权，亦免俄败后，另图侵占。既自宣布开门通商，各国皆ได沾利益，亦可主持公论，不致受亏。……中国前此开通商口岸，皆系受外人之凌逼，非真愿通商。倘目下能将通国内地概准外人通商，亦无仇视外人之意，可免外人猜忌之心，实于邦交有裨，但须改订律例，收回治外之权。"据此，孙使提出了自己的主张："查日本因索在东三省之工商利益，致与俄开战。将东战罢，以求遂其大欲，而尤虑俄人之不得志于东求逞志于西，如果一俟两国停战有期，由我宣布将东三省蒙古新疆等处开门通商，未始非计。"孙文转引自陈志奇：《中国近代外交史》（下册），台北：天南书局，1993年，第1108—1109页。

　　形成这一地理分布状况的原因十分复杂。从单纯做生意的立场看，沿海、沿边省份的许多城镇都处于外国商品来华的"入口"处，在这些地方开埠做生意，自有其便捷之处。特别是沿海地区，在海禁已不复存在的晚清时期，风气大开，华夷共处，彼此见惯不惊，而已经开埠地区社会经济的发展，对尚未开埠地区的官民有着极大吸引力。在这些地区开埠通商，既有天然形胜的便利条件，复有为内地难以比拟的社会人文基础。一些地区（如广东香洲）的开放，乃绅民倡行于前，官府认准于后，这与内地一些口岸（如湖南常德）虽经官府奏准举办，绅民仍借端反对适成鲜明对照。

　　此外，沿海、沿边省份还有较为发达的交通条件支撑开埠。位于海口的商埠自不待言。其他沿海、沿边省份的"自开商埠"大多位于铁路、公路的干线或交汇点上，南来北往，十分方便。例如东三省的"自开商埠"，便大多位于中东铁路和南满铁路沿线。昆明商埠位于滇缅铁路中国一方起点上。济南则是胶济铁路的始发站。周村虽处于山东腹地，但亦南通沂蒙，北接黄河两岸，胶济铁路开通后，更是成为内地商品货物输往青岛、烟台的中转站，地理位置十分重要。位于广西腹地的南宁，虽既不通火车，也未濒临大海，但陆路及内河航运极为便捷。按总署之说法，南宁地势"山环水抱，虽闻有浅水滩流，而通汇左右两江，河身深阔，上控龙州，下通浔梧，又为云贵两省必经之路"[①]，自为开埠通商的绝好处所。

---

① 《总署奏遵议广西南宁作为中国自设口岸折》，光绪二十四年十二月，王彦威、王亮辑：《清季外交史料》卷一三六，沈云龙主编：《近代中国史料丛刊三编》第2辑，第2334页。

便利的交通以及优越的自然及人文地理条件，是形成清季"自开商埠"特殊的地域分布状况不容忽略的原因。

然而清季"自开商埠"明显向沿海、沿边省份倾斜的主要原因并不在此。因为如果强调交通便利及文明"开化"程度，则长江中下游地区并不低下，但是沿江一线的"自开商埠"却只有武昌、岳阳、浦口、天生港4处。这不仅与沿海、沿边众多"自开商埠"相比显得极不相称，也与沿江地区发达的商品经济状况不相适应。至于广大的内陆地区，县及县以上市镇数以千计，其中不乏货物辐辏，商贾云集之所。然而，除了由沿海、沿边省份在本省腹地所开商埠之外，真正在内地"自开"的商埠只有常德、湘潭2处。这种状况若仅以地理的因素来作解释，显然缺乏说服力。

鄙意以为，清季自开商埠特殊的地理分布状况与其说主要是因于客观的自然及交通条件，毋宁说主要是因于人的主观意志的作用。清季"自开商埠"，主政者虽有借开埠对外通商，缓解面临的财政危机这一经济层面的考虑，然而最基本的考虑仍在政治层面。对此，刘坤一曾经做过明确表述：

> 广开口岸之旨，原欲杜侵占，第多一口岸，于税厘即增一漏卮，于国帑即多一份费用。通盘筹计，沿海择要开口利多害少，沿江、内地多开口岸实属有害无利。盖内地与沿江断不虑有侵占，而于华洋杂处、制造皆有大损。且内地开口，沿途经由之地皆隐成口岸，且内地名虽开通一处，实则沿江海而至内地开处均与口岸无异，所损尤大，而于商务未必真有利益。……湘中先开岳岸，创办极艰。若再深入内地，则目前之开办与夫日后之弹压

保护，其难更可想见。①

刘坤一深感忧虑的也正是在朝诸公芥蒂于心者。这在外务部就察哈都统诚勋奏请张垣开埠事给朝廷的一份奏折中可以清楚窥见："惟开埠通商事关交涉，虽自辟稍可保主权，而内地究不同口岸。当此治外法权尚未收回之时，多一商埠即多一纠葛。"②为避免"纠葛"，清政府在允准沿海、沿边省份广开商埠的同时，却又尽量避免在内地开埠通商，这是内地"自开商埠"数量偏少的主要原因。

其二，清季由中国政府主动开放的商埠大多为不甚重要的中小城镇，因而这种"开放"的作用也势必受到影响。在讨论这一问题时，有必要借鉴有关"城市与地方体系的等级结构"方面的研究成果。在这方面，施坚雅就19世纪末中国社会所做的研究颇具参考价值。施氏根据德国地理学家克里斯塔勒的中心地学说（the central place theory）提出区域系统研究法，并据此列出中国9个相对独立的大区③，每个大区均有"核心地区"与"边缘地区"之分，又依经济及人口状况划分为8个等级。下表是施坚雅按照其等级结构理

①　《江督刘坤一致外部英使所开邮政圜法及口岸情弊请饬盛宣怀切实与辨折》，光绪二十七年十二月十一日，《清季外交史料》卷一五〇，沈云龙主编：《近代中国史料丛刊三编》第2辑，第2530页。

②　《外部奏议复察哈尔都统诚勋奏请开辟张垣商埠折》，光绪三十四年六月初二日，《清季外交史料》卷二一五，沈云龙主编：《近代中国史料丛刊三编》第2辑，第3411页。

③　这9个大区分别是：以北京为中心的华北区，以西安为中心的西北区，先以成都后以重庆为中心的长江上游区，以武汉为中心的长江中游区，先以苏州后以上海为中心的长江下游区，以福州为中心的东南沿海区，以广州为中心的岭南区，以及云贵区和满洲。

论制作的：

表 10　中国城镇在经济等级结构中的分布状况表（1893 年）

在经济等级结构中所处级别	核心地区		边缘地区	合计	各级城市＼集镇人口平均数	
	数量	百分比			核心地区	边缘地区
全国性大城市	6	100.0		6	667000	
区域级大城市	18	90.0	2	20	217000	80000
区域级城市	38	60.3	25	63	73500	39400
中等城市	108	54.0	92	200	25500	17200
地方级城市	360	53.8	309	669	7800	5800
中心性集镇	1163	50.2	1156	2319	2330	1800
中等性集镇	3905	48.7	4106	8011	690	450
一般性集镇	13242	47.8	14470	27712	210	100
合计	18840		20160	39000		

（资料来源：G.W.施坚雅著、王旭等译：《中国封建社会晚期城市研究》，吉林教育出版社1991年版，第158页。本书在引用此表时，删除了"边缘地区"栏中的百分比数值。）

如果将施坚雅提供的不同等级城市的人口指标，与表1所列35个"自开商埠"的人口做一番观照，就会发现，没有一个"自开商埠"够得上"全国性大城市"和"区域级大城市"的资格。按照行政级别，清季"自开商埠"中最大的城市应为济南、武昌、昆明、吉林省城和齐齐哈尔，但这5个城市的人口指标都达不到21.7万的水平。在1906年，济南、吉林省城、齐齐哈尔的人口统计数都是10

万①。同年昆明人口的统计数为4.5万，1909年冬季人口调查的结果，昆明城内外九区男女丁口总计为9.18万②。武昌城人口最多，1911年初的统计数据为18.24万③，但也没有达到施坚雅为"区域级大城市"确定的21.7万的人口标准。这5个省会级的商埠大抵均属"区域级城市"。包德威（David D. Buck）教授在论述济南城市史时尝指出，"济南在晚清只能算作一个三流商业城市"④。这种"三流商业城市"的定位，对其他省会级的"自开商埠"，亦大体适用。

　　多数"自开商埠"属人口少于73500，却又多于25500的"中等城市"，即施坚雅模式中位居"四流"的城市类型。这些城市包括南宁、岳州、常德、哈尔滨、长春等。南宁在1907年开埠，社会经济因此迅速发展，1912年10月取代桂林而成为广西省会，但该城在1910年亦不过60064人⑤。常德的人口1916年统计为5万，岳州的城厢人口约在

---

① 参见姜涛：《中国近代人口史》，杭州：浙江人民出版社，1993年，第340页，表13—1，"20世纪初叶城市人口的估计"。另据毛承霖纂：《续修历城县志》称，济南"商埠新辟"之时，城内三个区人口总计为53904人，城外三个区人口总数为84779人，商埠四个区人口总计为32306人合城厢区及商埠区人口，济南开埠之初人口为86210人，较姜涛先生的统计数尚少13790人。毛承霖纂：《续修历城县志》卷四，《地域考三·户口》，《中国地方志丛书·华北地区》第4号，台北：成文出版社，1968年，第115—122页。

② 王志强编：《云南近代人口史料》（1909—1982）第2辑上，昆明：云南省档案馆，1987年，第5页；德·希·帕金斯著：《中国农业的发展（1368—1968）》，上海：译文出版社，1984年，第392页。

③ 《湖北武昌等十一属六十八州县城议事会议员姓名履历（清册）》所附人口表，转引自皮明庥主编：《近代武汉城市史》，北京：中国社会科学出版社，1993年，第659页。

④ David D. Buck, *Urban Change in China: Politics and Development in Tsinan, Shantung, 1890-1949,* The University of Wisconsin Press, 1978 , p. 3.

⑤ 鹤仙：《清末时南宁人口》，《南宁史料》第2辑，1981年，第34页。

2万至3万之间①。哈尔滨与长春1906年的人口数分别为3万和3.5万②。

　　还有不少"自开商埠"属"地方级城市"或"集镇"类型。这些商埠的人口一般都在2.5万以下。秦皇岛、三都澳、吴淞、鼓浪屿、周村、公益埠、天生港、葫芦岛等均可划归此类。其中秦皇岛、三都澳最典型。秦皇岛在开埠前只是一个小渔村，因开平矿务局运煤之需而兴建的秦皇岛港，也不过"栈房三两，代卸钱粮"，规模十分狭小。秦皇岛开埠之后，贡生程敏侯赋诗致贺，留下"荒岛继踵学开通，改良辟作春申浦"③的诗句，其"荒岛"的称谓，应当不是纯粹的文学语言。从人口上看，开埠数年之后，秦皇岛的人口亦仅有5000人④，其属"集镇"类商埠，应无争议。三都澳在开埠前"除了几间破旧农舍以外，看不到其他东西"，开埠后人口渐增，但直到民国初年，亦不过8000人⑤。天生港、公益埠、葫芦岛、鼓浪屿等埠情形亦大率如此。

　　清季"自开商埠"在中国城市经济等级结构中排序偏低的原

---

① 张朋园：《近代湖南的人口与都市发展》，中华文化复兴运动推行委员会主编：《中国近代现代史论集》第28编《区域研究》，台北：商务印书馆，1986年，第547—555页。另据《中国实业志·湖南省》（实业部国际贸易局编印：《全国实业调查报告之四》，1935年，第99页。）之统计，岳阳城厢人口至1933年亦仅为25727人。
② 德·希·帕金斯著：《中国农业的发展（1368—1968）》，第388页。
③ 君羊：《程敏侯〈贺秦皇岛开埠〉诗注》，《秦皇岛文史资料选辑》第5辑，1991年，第93页。
④ 德·希·帕金斯著：《中国农业的发展（1368—1968）》，第390页。
⑤ 张洪祥：《近代中国通商口岸与租界》称引日人所编《中国省别全志》第14卷"福建省"的资料，说三都澳当时仅有三百多户人家，人口不足二千人。然《三都澳海关十年报告》的作者说："估计岛上有中国居民八千人，如果进行一次人口调查，人口数字无疑地会增加三分之一。"（张洪祥：《近代中国通商口岸与租界》，《福建文史资料》第10辑，第157页。）因海关报告的时间更加接近该港开放的时间，故本文取八千人之说。

因，与清政府"开放"政策的特殊指向性有着内在的逻辑关联。一种旨在抵制外国列强"开放"中国的"开埠"政策，在实施范围和推进力度上不可能不受到某种人为的限制。一般认为，"开埠"意味着对西方近代经济及社会文化因子的吸纳，对于"前近代"国家，则意味着近代化的开始，但清季的"开埠"却有着不尽相同的含义。由于这里的"开埠"被当成抵制虽系外人提出，但在内涵上两者却存在交叉关系的另一种"开埠"的手段，因而其实施的"开埠"，实际上已暗含"闭关"的性质。但闭关锁国的时代毕竟已经过去，在"门户开放"的呼声高涨的新形势下，有限制的对外"开放"被当成一种因应之策。在这里，人们可以很容易看到已多次为学者揭示的政治及经济层面"传统与现代"之间的紧张。化解之方式，自然是某种体现传统哲学"执两用中"精义的"中国式"办法，于是出现清季大张旗鼓宣布商埠"自开"，而所开商埠在中国经济等级结构中地位偏低的状况。

此外，条约口岸密布于沿海、沿江地区，限制了"自开商埠"的选择范围，亦是造成这一状况的重要原因。自1842年中英《南京条约》签订，中国被迫开放"五口"对外通商以来，沿海、沿江重要口岸相继被迫开放。截止1898年，中国对外开放的"条约口岸"已多达40余个，其中沿海19个，沿江7个[①]。由条约规定开放的口岸大多为经济地位突出、具有开发价值的大中城市。在沿海地区，广州、厦门、福州、宁波、上海、杭州、苏州、烟台、天津、营口等城市早已依约开放，为外国人控制；在长江沿线，南京、镇江、

---

① 孔庆泰：《1921年前中国已开商埠》，《历史档案》1984年第2期，第54—63页。

九江、汉口、沙市、宜昌、重庆等城市也已成为外国人从事贸易的理想场所。在施坚雅模式中列为"全国性大城市"的6个城市中，除北京、西安之外，其他4个都是条约口岸；在20个"区域性大城市"中，条约口岸亦占了大半。在沿海、沿江地区，已经没有属于这两个级别的城市可供"开埠"。而对于内地，清政府又深藏固锁，除非万不得已，决不轻易开放。这就造成"自开商埠"多为中小城市的局面。

　　清季"自开商埠"地域分布偏向沿海、沿边，且在城市经济等级结构中级别偏低，这种状况直接影响和制约了自开商埠后来的发展。在沿海、沿江"自开"的商埠多为中小城市，处在条约口岸的"夹缝"之中，求生存已属十分困难，遑论其他！而沿边省份"自开"的商埠，因所属省份在经济上就不具有重要性——这些省区商埠的"自开"，主要是着眼于政治或军事战略——故很难对国家的"开放"，产生全局性影响。总之，这种在商埠"自开"之初便已形成的畸形格局，既有其不能不如此的成因，又有同主政者初衷大相径庭的客观后果，研究清季"自开商埠"，不可不对这两方面同时加以考察。

三、自开商埠与清季外贸场域的发育

　　考察"自开商埠与清季外贸场域的发育"需要确定一个参照系。由于斯时尚无其他类型口岸可资比较，将条约口岸作为参照系便成为唯一选择。如众所知，1898年中国的条约口岸数已多达40几个，数量看似不少，但如果对自开商埠政策实施前的条约口岸做一番研究，则不难发现，作为一种外贸市场，它远远没有发育到场域完备的程度。

我们且从分析当时中国外贸市场的辐射范围入手进行研究。这里，有两个重要的区别需要先事说明。其一，通商口岸不是单纯外国商品的销售市场，它同时还是中国农业和传统手工业制成品的采购中心，因此，施坚雅在其研究中强调的外国商品的"销售域"，可能同时又是中国出口商品的"采购域"。但两者不一定在场域（range）上完全吻合。当中国的外贸仍保持出超时，很可能采购域大于销售域，反之则可能出现销售域大于采购域的情况。其二，由于存在国内产品输出，外商买进意味着中国商人卖出，因而，通商口岸不可避免要与国内既有商品市场发生联系。在这种情况下，商埠贸易活动场域的大小，一定程度上将取决于中国传统商业市场对于外国商品的接纳或排异程度。考虑到这两层因素，我们的考察对象将不仅是"销售域"，而且包括销售域在内的全部通商口岸所从事贸易活动的"场域"，这也许可以算是为研究的特殊需要而对施坚雅理论的一种修正。

划定通商口岸贸易活动的场域是一项颇为复杂的研究工作[①]。要达此目的，首先需要确定相邻通商口岸最近距离的平均数。由于

---

① 由于技术上的原因，这一划定场域的工作只能在地图上进行平面操作，因此有必要做出一些预设和假定。首先我们必须忽略掉地形的差异，即假设各地的地理条件大致相同。其次，对各区域的人口密度以及与此相关的对商品经济的需求，由于缺乏专门的研究，我们暂且以施坚雅所划分的中国城镇在经济等级结构中的分布状况表所提供的数据作依据来进行判断。而施氏的论述亦是在各地区人口及经济需求均衡的假设前提下展开的。由于存在诸多假设，因而我们在理念中所绘制"场域图"只能起某种示意的作用，做具体个案研究时，尚须对之做必要的修正。

两个口岸邻近在多数情况下均可理解为其中一个口岸是另一个口岸势力所未及的地区，而该地区尚有独立发展商业经济的潜力，因此该两处口岸在地图上直线距离之半，便可作为半径，而通商口岸所在地则是圆心，以此画出的圆，便可视为一个通商口岸贸易经营活动的场域。

　　我们先来考察一下"全国性大城市"。在1898年以前所辟通商口岸中，这类城市有5个，即广州、上海、天津、汉口和重庆。这5个城市构成分布颇为匀称的5个经济区域即华南、华东、华北、华中和华西外贸区。在这5个口岸城市中，相邻最近的上海与汉口之间的平面直线距离也有约650公里，各相邻城市的最近距离的平均值约为858公里①。如果将这一数据换算成陆上或水道的实际交通距离，则该5大城市中相邻城市的最近平均距离应在1000公里以上。在当时的交通条件下，这5个堪称"中心地"的口岸城市显然没有也不可能承担中国全部对外贸易的重任，在它们之间的广大地区，尚存不属于其"销售域"的中间地带，因而我们尚不能仅以他们之间距离来估量其活动场域，而应将次一级的填补其活动真空地带的通商口岸一并加以考察。

---

① 　这5个大城市彼此之间相邻的最近直线距离分别为：上海至广州1100公里，天津至上海900公里，上海至汉口650公里，汉口至重庆750公里，天津至汉口950公里，汉口至广州800公里，相邻城市的平均最近距离为858公里。案1：所有数据均系近似值，仅供参考，下一注释中的数据亦同此情况。案2：将重庆列为"全国性大城市"或许会引起争议，但从入川洋货总值来看，光绪七年（1882年），即开埠前10年，渝埠商务报告所显示的数额已达400万两，这使该埠"迅速成为仅次于上海、天津、汉口的第四位销售中心"（*Commercial Reports, 1881-1882*, Chungking, 转引自王笛：《跨出封闭的世界——长江上游区域社会研究（1644—1911）》，北京：中华书局，1993年，第282页）。据此，我以为有理由将重庆列为此类城市，尽管有学者更倾向于让苏州入围。

　　1898年之前中国次一级或更次一级的通商口岸有43个，其中还包括新疆、西藏、蒙古境内自成一体、与内地殊少交通的14个。如果将这14个口岸放置一旁，暂不讨论，则有关口岸还剩下29个，加上5个中心级口岸，一共有34个。从地理位置考察，这些口岸中相邻者的最近直线距离相差颇大。广州至三水间直线距离约为50公里，上海与苏州之间的直线距离约为80公里，算是所有通商口岸间距离最近的两个。最远的可能是天津至烟台，直线距离约为400公里。其他各相邻口岸的距离远近各异，相邻者的平均最近直线距离约为200公里①。这意味着在两个口岸从事贸易活动条件相等的条件下，平均每个口岸的活动场域的半径不该超过100公里。

　　如果我们将上述条约口岸均画出一个半径为100公里的圆，并将彼此衔接或相邻的圆用线条连接，则可看出，1898年以前中国已开通商口岸的活动场域主要集中在华东及华南沿海和长江中下游一带。在这几个地区，对外贸易场域已经形成。另外，在渤海湾周遭，虽然彼此距离甚远，但由于海上交通便利，天津与辽东半岛和山东半岛之间的三角地带，也初步形成贸易网络。此外，尚有分布在新疆、西藏、蒙古、云南的几个相对孤立的贸易点。

　　然而，不难看出，未能划入通商口岸活动场域的地区还相当广泛。在中国腹地，与对外贸易没有直接联系的还有湖南、山西、陕

---

① 其他相邻口岸的最近直线距离分别为：上海至杭州150公里，上海至苏州80公里，杭州至宁波130公里，宁波至温州250公里，苏州至杭州125公里，北海至琼州210公里，台南至淡水150公里，福州至厦门150公里，九江至芜湖300公里，营口至大连200公里，龙州至北海270公里，广州至汕头380公里，广州至三水50公里，沙市至汉口200公里，汉口至九江180公里，天津至烟台400公里。

西、河南、贵州、青海、甘肃等7个省份。东北地区除辽东半岛之外，大部分区域都未与外贸发生联系。另外，各个已建成商埠区域之间亦存在明显隔阻。例如，长江中下游地区与渤海三角区之间尚存在苏北和鲁南这一片长度近500公里的空白，华南的贸易网络与华东的贸易网络之间也存在一个长度约400公里的空白地带。在长江流域，重庆虽已开埠，但它与中下游相距遥远，很难说已同中下游的外贸网络连成一体。在渤海湾地区，如果从陆路考察，天津至营口，烟台至天津之间亦缺乏必要的货物中转环节。在内陆地区，山西、陕西、贵州、青海、甘肃且不论，就连经济素称发达的直鲁腹地和湖南中部及北部地区，也看不到通商口岸存在。

造成戊戌以前中国对外贸易场域发育不成熟的原因十分复杂，除需求因素外，尚有三个不应当忽略的因素：

一是交通条件的限制。在中国铁路的里程少到几乎可以忽略不计的情况下，通商口岸借以转运货物的唯有海陆水道。1892年龙州海关税务司曾指陈了这个无可奈何的事实："大体言之，只要能够的话，贸易均采水路。"[1]将近20年后，湖北沙市税务司也做出一个可以上升为具有普遍意义的结论："沙市没有铁路交通，在若干年内没有也无所谓，但却是天然和人工水道之辐辏系统的中心。"[2]在内陆地区，除湖南是一个例外，其他没有通商口岸的地区基本上都是旧式船只（Junk）及内河轮船难以直接通航的地区。

---

[1]　China Maritime Customs, *Decennial Reports on the Trade, Navigation, Industries, etc., of the Ports Open to Foreign Commerce, 1882-1891*, Shanghai, 1893, p. 661.

[2]　*Ibid., 1902-1911*, Vol. 1, pp. 292-293.

像西安那样重要的全国性大城市，人口众多，商业素称发达，其没有成为通商口岸，显然不能以无外贸需求作解释。

二是厘税压抑和传统商业的竞争。厘金对中国商人来说本属勒索，但在尚未以子口税取代厘税的广大内地，外国商人每每为之裹足，因而它在客观上又为中国商人减少了竞争压力。以故中国商人在厘金和外商的选择上常常宁愿要厘金而不愿与外商竞争。另外，厘金又是清政府一项重要的财政收入，在关税和厘金不可兼得的情况下，在某些外贸税收未必超过厘金数额的地区，政府做出舍外求内的决策，实属经济因素使然。开埠之后重庆的情况是对这一现象的最好说明。重庆是1891年1月依照《烟台条约续增专条》的规定开放的。然而开埠之后情况却不尽如人意。英国驻华使馆官员禄福礼（H．E．Fulford）在开埠一年以后的一份报告中做了如下总结：

> 到目前为止，重庆的贸易条件整体上还没有受到开埠的影响。这就是说，分发贸易仍然完全掌握在本地商人手中。……在目前的条件下，外国商人能否战胜早已建立并且组织严密的本地商行还是个问题。但是他们可以更深入地推进子口税制度以尽量扩大贸易。迄今为止，重庆是子口税制度的终点站。为了抵制繁重的厘税，应该把子口税制度推广到川省的每一个角落，并深入到川省邻近地区。（但）如前所述，以往这种努力遭到了明显的失败。①

---

① 《禄福礼给索尔兹伯里的报告》（1892年4月29日），周勇等译编：《近代重庆经济与社会发展（1876—1949）》，成都：四川大学出版社，1987年，第87—88页。

外商在重庆遭遇的情况在其他口岸也不同程度地存在。由此不难理解何以外人要将子口税的推广，当成其须臾不敢懈怠的要务。

三是民族主义者的抗拒。一些地区具有贸易的良好地理及资源条件，但绅民排外情绪高涨，亦限制了口岸设置及贸易的发展。湖南即一显例。其情学者尽知，此处从略。

然而，在自开商埠政策实施后，情况发生变化。如前所述，自开商埠政策的实施时间是在清朝统治的最后14年，其间共"自开"商埠35个。这一口岸数，约当戊戌前"中国本部"所开全部条约口岸的数目。加上戊戌以后所开条约口岸，截止辛亥，中国的各类通商口岸总数已多达97个[①]。这使中国对外贸易的市场网络得到进一步的发育。

这一结论的例证是，早先几个通商口岸活动场域范围之外的"真空地带"已在一定程度上得到填补。其中最明显的是东北地区。1898年以前，该地区只有位于辽东半岛上的营口和大连2个通商口岸。1905年，东北自开通商口岸16处，加上1903年依据中美《续议通商行船条约》开放的奉天府、安东，依据中日《通商行船条约》开放的大东沟，以及1909年依据中日《图门江中朝界务条约》开放的吉林4埠，东北地区的全部通商口岸已多达25个（似有矫枉过正之嫌，详下文）。一个遍及吉、奉两省和黑龙江部分地区的外贸市场网系已经形成。

---

① 中国第二历史档案馆编：《1921年前中国已开商埠》，《历史档案》1984年第2期，第54—63页；张洪祥前揭书所附"近代中国约开通商口岸一览表"，张洪祥：《近代中国通商口岸与租界》，《福建文史资料》第10辑，第321—324页。

　　在长江中游地区，原先只有汉口、宜昌和九江3处对外通商，随着自开商埠政策的实施，该地区又开辟了武昌、岳州、常德、湘潭4个自开商埠，长沙作为介于条约口岸和自开商埠之间的特殊类型口岸，亦于这一时期对外开放。这样，不仅湖南这一重要的省区结束了没有通商口岸的历史，而且长江中游地区既有的一条线（长江）上的几个点（商埠）亦因湘省4个口岸的开放而连成一片，长江中游的外贸市场网络由此形成。值得注意的是，在渤海湾地区，由于秦皇岛开放，天津与营口、奉天府之间有了一个可以吞吐货物的埠头，这使直鲁经济区同东北经济区在陆上发生了联系[1]。而直鲁地区本身亦因济南、周村、潍县的开放，将通商口岸由沿海拓展到腹地，扩大了该地区外贸活动的场域。在黄海沿岸，海州的开埠则使直鲁地区与华东地区的贸易联系得到加强。在福建北部沿海，三都澳开放也产生类似作用。《海关十年报告》提供的资料表明，三都澳口岸开放后，闽北地区的货物开始通过轮船大量运往福州。福州海关的税款则逐渐向北转移。据估计，开埠之初，"三都澳征收的税款有99%是从福州税款中转移过来的"[2]。很明显，三都澳开放缩短了华东外贸市场网络与华南网络之间的距离，增强了两者之间的联系。另外，在僻处边陲的云南，省城昆明的开放亦使该省既有的外贸市场场域由滇南及边境地区向经济发达的中部地区延伸

---

[1]　秦皇岛开埠之后，虽其贸易范围主要限于山海关、锦州附近及朝阳、赤峰一带，但因该埠为天然不冻港，每年白河封冻之后，天津贸易，多移至此，又与京奉铁路相连，故该埠沟通直、奉地区贸易联系之作用十分明显。有关论述参阅陈重民编纂：《今世中国贸易通志》第1编，上海：商务印书馆，1924年，第98页。

[2]　《三都澳海关十年报告》，《福建文史资料》（闽海关史料专辑）第10辑，1963年，第154—156页。

了至少两百公里。

　　显而易见，我们在分析1898年以前中国已开通商口岸活动场域时所指陈的一些"空白"及各区域间存在的"隔阻"现象，在大量的自开商埠出现后，已得到一定程度的改观。这种状况，是自开商埠的对外贸易能够在总体上维持一定的规模并在一些地区能迅速发展的基本原因。

　　然而，一些结构性的缺陷也开始暴露出来。这主要表现在两方面。

　　第一是口岸分布疏密失当，个别地区商埠的密度偏大。这突出表现在吉林和奉天两省。吉、奉两省原先过于闭塞，开辟通商口岸无疑可以促进其经济社会发展。但在肯定这一点的同时，我总有些怀疑，在清季，像吉、奉这类经济并不发达，人口亦算不上稠密的省区，在外贸上有无开放20个口岸的必要。以苏、浙两省人口和土地面积观照，或许有利于说明这一问题。有关资料表明，1898年，江苏和浙江两省人口总数为3429万人，面积接近21万平方公里，清季开放口岸的总数为10个。以此计算，当时该两省每342万人口才拥有一个口岸，每个口岸的辐射面积——假设已经将该两省全部覆盖——约为2.1万平方公里。而同期吉、奉两省总人口为542万人，面积约52万平方公里。若以通商口岸数20来分别除人口和面积，则平均每个口岸只与27万人口发生供求关系，这一数据仅为苏、浙两省口岸同类数据的7.8%，尽管其可能的辐射面积略大于苏、浙两省，达到2.6万平方公里[1]。事实上，吉、奉两省在经济上对如此众多口岸的需求是在20多

---

[1]　有关人口数据，参阅姜涛著：《中国近代人口史》所附"1749—1898年份省人口统计"表，吉林缺1898年统计数据，故代之以1897年的数据。姜涛著：《中国近代人口史》，第388—435页。

年以后的事。清季两省的开放，与其说是经济的内在规律使然，毋宁说是日、俄激烈争夺的产物。正因为如此，宣布开埠之后，才会出现一部分口岸在发展路途上步履维艰，甚至形同虚设的状况。

与东北地区广开商埠形成鲜明对照，一些省区在清政府宣布实施开埠政策多年以后，仍然是深藏固锁，没有开放一个对外通商口岸。这些省区有山西、陕西、河南、贵州、青海、甘肃等；另外，像四川这样的具有数千万人口的大省，清季也始终只有重庆一个口岸对外开放。这就形成外贸市场网系分布于周边和长江一线，而"内陆地区"几乎与外贸无缘的状况。费维恺教授认为，19世纪中国的商业制度，虽然有"高度的传统式进展"，但仍不能划归"现代"市场经济的范畴①。费氏在做出这一论证时有他认定的"现代"标准。但通商口岸的商业制度是"现代"的似乎不应该有争议。从实施自开商埠政策之后中国通商口岸的分布情况来看，尽管某种良性发展的趋势已开始出现，但若据此认为一个"现代"的商业贸易市场网络已发育成熟，则显然缺乏依据。研究清季自开商埠史，这一层似不应忽略。

第二是外贸网络上形成了某些"死结"。如前所述，商埠欲生存发展，须具备一定的"需求圈"作为前提，其"销售域"方可拓展。由于竞争的关系，每两个商埠之间应保持一定的距离，尽量避免各自界域的交叉重合。如果两个口岸因距离太近而导致界域严重交叉，则其中一个条件较差的口岸很可能成为该地区外贸网络上的一个"死结"，成为另一口岸发展的牺牲品。武昌和浦口两埠的情

---

① 费维恺著：《中国近百年经济史》，林载爵译，台北：华世出版社，1978年，第53页。

况即可作如是观。武昌是光绪二十六年奏准开放的，但迟至民国六年，才由湖北省宪拟具"通商场筹备大纲"，谘由主管各部核复，直到民国八年年底委任韩光祚为商埠局长后开埠事才初现眉目[1]。武昌商埠迟迟未能发展的症结在于贸易活动的场域与仅一江之隔的汉口有过多的交叉重合，而其起步从事近代商业活动的时间又较晚。如众所知，汉口是1861年依英约而开放的。经过40多年的发展，到武昌奏准开埠时，已成为中国中部地区最重要的商业中心，到这里来从事商业及其他活动的外国人多达三千余人[2]，年贸易额高达一亿三千万两，商业繁盛，被誉为"东方之芝加哥"[3]。在这种情况下，尽管由于长江的隔阻给位于南岸的武昌留下少许生存空间，但其发展前景显然不容乐观。

　　浦口的情况亦类是。其优势在于占据津浦铁路南段起点的有利条件，但在一江之隔的省会城市南京已经开埠的情况下，浦口除扮演货物转运站的角色外，人们很难在商贸方面对之抱多大期望。事实上，早在筹议开埠时，外务部就曾批示："该埠与金陵口岸相距甚近，酌设轮渡以转输货物，亦可期便利"[4]，对急于在浦口开埠提出异议。该埠后来的发展步履维艰，可谓良有以矣。

---

[1]　《内务部经办商埠一览表》（1921年11月1日），孔庆泰：《1921年前中国已开商埠》，《历史档案》1984年第2期，第58页。

[2]　William T. Rowe, *Hankow: Commerce and Society in a Chinese City, 1796-1889,* Callfornia: Stanford University Press 1984, p.13. 此书承马敏教授代为复印，谨致谢悃。

[3]　水野幸吉：《汉口》，上海：昌明公司，1908年，第1页，转引自皮明庥主编：《近代武汉城市史》，北京：中国社会科学出版社，1993年，第120页。

[4]　中国第一历史档案馆藏：民政部档案，全宗号509，案卷号209，《两江总督咨送浦口建立市场简章及有关文书》。

四、结论

　　清季自开商埠政策实施之后，随着口岸的增加，中国对外贸易的市场网系得到一定的发育。但由以上分析不难看出，这种发育还远未臻于成熟。外贸市场是一种与国际市场并轨的外向型的商业场域，它不仅承担着向外输出中国传统农业及手工业制成品的职责，而且担负着吸纳外国工业制成品的任务，其发展在很大程度上取决于在它背后起支配作用的中国社会经济对于出入口商品的吐纳能力。然而，中国社会在传统经济结构中运行已逾千年，没有迹象表明，在清朝统治的最后的若干年里，传统经济已经解构。既然中国传统经济很大程度上仍在原初意义上存在，既然这种经济基本上是一种内向型设置，那么，在性质上与之大相径庭，在形式上与之成方枘圆凿之势的外贸市场欲求发育成长，自然也就难乎其难。自开商埠未能从根本上改变中国外贸市场发育迟缓的状况，此其首要原因。

　　此外，清政府在制定自开商埠政策时混淆政治与经济的界限，造成自开商埠的畸形发展，亦有以致之。开埠通商，本质上应该是一种经济行为，而且只有把它当作经济行为，才可望收到预期效果。但清政府中的决策者在很大程度上却是在从政治立场思考问题。主动开埠可收权操自我之效，但商埠开辟过多又难免导致外国人及外国物质的乃至精神的产品的大量涌入。权衡利害，结果抛出实施范围极为有限的自开商埠政策。但清末的内外形势已经不是这种多少带有"以攻为守"策略的开埠办法所能应付。当时，许多

　　开明人士都认为，全境对外开放已势在必行。日本在明治维新之后实施全境对外开放的政策，历数十年，国以强盛，民以富足。在中国酝酿自开商埠政策之时，一些开明的官绅亦曾提出仿效日本的建议。出使俄国大臣杨儒就曾认为，今之中国，实乃昔之日本，在对外通商问题上，"东邻之成例可援"①。彭名寿亦主张广开商埠，他在《湘报》上发表文章，以日本明治维新"举全国而口岸之"，商务遂盛，国力遂增，作为通商成效之证明，主张以日本为师②。盛宣怀在担任中国铁路总公司督办期间，曾与郑孝胥等人议及"举国通商事"，并提出"将内地各省会一体通商"的建议③。虽然今天看来，清末中国未必具备像日本那样全境对外开放的条件，但对外贸易的需求亦非清政府实施自开商埠政策时缩手缩脚的做法所能满足。清政府既要"主动"开埠以示"开明"，又要将开埠之弊害控制到最低程度，自然只能在自开商埠的数量、口岸级别和地域分布上做文章，于是出现本文所指陈的低水平开放的局面。

　　不过，清季实施自开商埠政策并非毫无"正面"的"积极"的作用。清政府既然在对外贸易方面有所建置，并由此提供了某种新的经济结构，其作用与功能就必然有所发挥。事实上，自开商埠政策实施后，中国的对外贸易确实获得一定的发展。由于篇幅的缘故，本文的论域只限定在"结构"，至于"功能"，只好留待他日再做讨论。

---

① 王彦威、王亮辑：《清季外交史料》卷一四九，沈云龙主编：《近代中国史料丛刊三编》第2辑，第2510页。

② 《湘报类纂》，论著甲下，转引自张建俅：《清末自开商埠之研究》，第28—29页。

③ 中国历史博物馆编：《郑孝胥日记》第2册，光绪二十四年正月二十五、二十九日条，北京：中华书局，1993年，第642—643页。

中西文化冲突与反教政治运动

甲午战后中国知识分子的民族主义情愫

19世纪初，拿破仑曾将中国喻为"睡狮"。无论这一比喻是否贴切，由于此乃世界历史上一位叱咤风云的杰出人物的金口玉言，故当大半个世纪后国人获此重要信息，知道自己其实不是"东亚病夫"而是一头狮子时，确实自豪了好一阵子。可悲的是，中国究竟是什么或者像什么，近代多数国人并没有明确的自我认知，而需要仰仗洋人为之道出，这大概是由于自信心不足，或者由于斯时正处于酣睡状态的缘故吧。

1840年之后半个多世纪，中国历经两次鸦片战争、太平天国运动、中法战争等一系列重大变故，内忧外患，创巨痛深。但是中国方面对于外部刺激的反应，上自九重之尊，下至黎民百姓，除曾国藩、李鸿章辈搞了一段时间以"中体西用"为宗旨的"自强运动"，对创痛多少显示出一点迟钝的感觉外，绝大部分国人都沉浸在"天朝上国"的旧梦以及"万国衣冠拜冕旒"一类昔日辉煌的回忆中。其间一切改变都是被迫的。五口通商是被迫的，允许传教士来华传教是被迫的，甚至引进一点西方科学技术也是出于迫不得已，因为按照当时国人的逻辑，但凡"奇技"，皆为"淫巧"，用之则不免坏了中国的道德人心。1868年明治维新之后，日本出以非常之举，实施全境对外开放。老沉持重的中国官吏们为之瞠目结舌，以为此乃致亡之道，窃喜自己继续紧闭大部分国门，未制定如此轻率的开放政策。

殊不知正是国门的一启一闭，拉开了中日两国国力的差距。1894年甲午战争爆发，湘淮陆军一溃千里，北洋水师葬身鱼腹。战后签订的《马关条约》，重新安排中日两国的国际关系，使中国再次尝到战败国的耻辱。大概近代以来中国多次打败仗，唯有此次真正品出屈辱的滋味。盖前此而来的列强如英吉利、法兰西等，或奉行"重商主义"，或看重基督教福音事业，虽以坚船利炮前来叩关，要皆不过胁迫中国"开放"。用曾国藩的话来说，斯时列强虽危害中国甚深，却"不毁我宗庙社稷，不掠我领土人民"，兵刃相加之后，不过"金帛议和"而已，没有也不存在亡国之患。况且西方国家的底细中国人也实在弄不清楚，大概可以等同历史上乱华之"五胡"吧，与之交锋败阵，尚可用野蛮人只是船炮厉害自我解嘲。古代"文明史"上就有过王朝统治者向"夷狄"俯首称臣的先例，因而虽惨遭失败，心理还保持着某种程度的平衡。

甲午之败则不同。此番不是败给西方列强，而是败在素来为中国人看不大起的"小日本"手下，因而产生一种"辱莫大焉"的感觉。日本在30年前还只够得上中国的学生资格，现在它能打败老师，一是靠变法，二是靠尚武，三是靠激发民族主义。17世纪日本的儒家学者山崎暗斋曾向弟子提出如果孔子为大将、孟子为副将率军攻打日本，日本儒生应当怎么办的问题。他明确表示，如果发生如此不幸的灾难，希望弟子与他一道，武装抵抗，生擒孔孟，以报国恩①。促使日本人在国难当头之际将信仰和意识形态放在一旁的是大和民族的民族主义，这是日本人所遵循的自身历史发展的逻辑。在与日本交战过程中，中国人开始察觉对手身上有一种强烈的民族意识存在。而战败的奇耻大辱，终于将中国人潜在的民族主义情感激发出来。诚如梁启超所言："吾国四千余年大梦之唤醒，实自甲午战败、割台湾、偿二百兆以后始也。"②

民族主义是19世纪欧洲思想家、哲学家费希特、黑格尔、福利爱所倡导的社会思潮，是作为拿破仑发动大规模征服欧洲的侵略战争在政治思想上的对立物而出现的。中国传统政治思想中虽无近代意义的民族主义，却不乏体现民族精神与民族意识的类似论说。孔子说："夷狄之有君，不如诸夏之亡也"③，强调了"诸夏"与"夷狄"在制度上的文野差异。孟子说："吾闻用夏变夷者，未闻变于夷者也"，认为能够"莅中国而抚四夷"④，才算得上实现了王者抱负。以后，历代统治者都十分注重"夷夏之防"。不过，由于中国古人在地理上将中国等视为"天下"之中心，加之"夷狄"环绕，四方来朝，周边没有真正能对中国构成威胁的强敌，因而民

① 查常平：《日本历史的逻辑》，成都：四川人民出版社，1995年，第140页。
② 梁启超：《戊戌政变记》，《饮冰室合集》第6册《专集》之一，北京：中华书局，1989年，第1页。
③ 《论语·八佾篇》，李学勤主编：《十三经注疏》第10册《论语注疏》，北京：北京大学出版社，2000年，第33页。
④ 《孟子·滕文公章句上》《孟子·梁惠王章句上》，李学勤主编：《十三经注疏》第12册《孟子注疏》，第175、27页。

族主义观念直到甲午战争之前都没能摆脱其原始生成形态①。

甲午战后，列强开始在中国划分势力范围，瓜分豆剖之势，逐渐形成。1896年，达尔文的生物进化学说在经过社会政治学的重新包装之后开始传入中国，"物竞天择，适者生存"成为中国知识界信奉的"天演"法则。亡国灭种的命运不仅为刚刚发生的割地赔款的事实证明并不虚幻，而且被"科学"揭示所以败亡的内在机理。这样，国运终于成为知识界首要关注的问题。以后几年，中国的知识精英投袂而起，发动一场被后人称作"维新变法"的运动。其实这场运动的基本宗旨在于救亡图存，"保国、保种、保教"的政治口号清楚表明了这一点。国家会灭吗？"波兰分灭"是为前车之鉴。儒教会亡吗？耶教咄咄逼人之势使人们有理由相信这并非杞忧。华夏子孙会被斩尽杀绝或者会因种性羸弱而无法繁衍下去吗？中国人多达四亿，显然是野蛮的西方列强想杀也杀不完的。但种性繁衍的优势要想保持殊非易事。近代国门初开之时，国人看见蓝眼睛、黄头发的外国人，无不视之为"蕃鬼"或"化外之民"，以为中国文明进化，在种性上便胜外人一筹。五口通商之后，各开放口岸严防金发碧眼的外国妇女进入，据说一个很重要的原因就在于担心"蕃妇"前来"偷种"，使中国人失去种性上的优势。康有为搞

---

① 梁启超对这一问题做了认真的探讨，他认为中国人缺乏国家观念，是由于"天下"观念在作梗。因为"国家"乃是在对外交往中形成的概念，所谓"对外族而知有国家"是也。如果世界上只有一个国家，则无所谓国家。在大多数中国人眼里，中国即"天下"（世界），"天下"亦即中国，这种观念阻碍了国家思想的形成。梁启超写道："（中国周边）虽有无数蛮族，然其幅员、其户口、其文物无一足及中国。若葱岭以外虽有波斯、印度、希腊、罗马诸文明国，然彼此不相接，不相知，故中国视其国如天下非妄自尊大也。"梁启超：《新民说》，《饮冰室合集》第6册《专集》之四，北京：中华书局，1989年，第55—67页。

维新变法，曾设计出大规模移民巴西的计划，企图在南美洲去建立一个"新中国"，也是出于"保种"的考虑①。由于爱国志士的大声疾呼，从乙未至庚子这五六年间，中国出现了近代民族主义萌发后的第一次救亡热潮。

然而，由于这一时期中国民族主义的指向是救亡图存，学习西方又被维新人士认定为救亡图存的基本路径，这就导致西学的大量引进，国人亦因此以新的目光审视中西方文化，比较中国与西方国家的优劣，从而使中国近代思想史出现了一段宣传民族主义与鼓吹西化并行的时期。在清朝统治的最后十几年里，特别是经过被革命派人士称为"野蛮排外"的义和团运动的教训之后，"西化"加速，国人亦逐渐由仰慕西方物质文明发展到在政治、经济、军事、文化等各个方面唯新是尚的程度。一时间，"西方"几乎成为"现代"的代名词，而且是越往西边走，就越接近"现代"。梁启超《新大陆游记》生动记述了自己向西行的不同观感，颇具代表性：

> 从内地来者，至香港上海，眼界辄一变，内地陋矣，不足道矣。至日本，眼界又一变，香港上海陋矣，不足道矣。渡海至太平洋沿岸，眼界又一变，日本陋矣，不足道矣。更横〔北美〕大陆至美国东方，眼界又一变，太平洋沿岸诸都会陋矣，不足道

---

① 康有为曰："中国人满久矣，美及澳洲皆禁吾民往。又乱离迫至，遍考大地，可以殖吾民者，惟巴西经纬度与吾近，地域数千里，亚马逊河贯之，肥饶衍沃，人民仅八百万，若吾迁民往，可以为新中国。当乙未，吾欲办此未成。与次亮别曰：'君维持旧国，吾开辟新国。'时经割台后，一切不变，压制更甚，心忠必亡，故欲开巴西以存吾种。"康有为：《康南海自编年谱（外二种）》，北京：中华书局，1992年，第33—34页。

矣。此殆凡游历者所同知也。至纽约，观止也未。①

很快，这种仰慕西方文化的心态发展成一些现代西方学者称之为"反中国感"（Anti-Chinesism）的心理情结。这在这一时期相当一部分中国知识分子身上都有明显的反映。谭嗣同是最早表露出这种"反中国"心理情结的思想家之一。面临清末社会的变局，他预感劫运将至；然而"劫象"却是通过比较国人与西人体貌看出来的：

> 且观中国人之体貌，亦有劫象焉。试以拟诸西人，则见其萎靡，见其猥鄙，见其粗俗，见其野悍。或瘠而黄，或肥而弛，或萎而伛偻，其光明秀伟有威仪者，千万不得一二。②

联想到国门初开，国人初见洋人，感到形容丑陋，鄙夷地称之为"蕃鬼"时的情形，感情的迁移，不可谓不大。

逮至民初，中国知识分子对自己国家民族的批评更趋激烈。一般士人，稍稍耳食新学，则幡然思变，"言非同西方之理弗道，事非同西方之术弗行，掊击旧物，惟恐不力"③。而中西学均有相当功底的鲁迅、陈独秀、胡适、钱玄同、李大钊、高一涵、吴虞等"新文化

---

① 梁启超：《新大陆游行节录》，《饮冰室合集》第7册《专集》之二十二，第14页。
② 谭嗣同：《仁学》卷下，周振甫选注：《谭嗣同文选注》，北京：中华书局，1981年，第194页。
③ 鲁迅：《文化偏至论》，《鲁迅全集》第1卷，乌鲁木齐：新疆人民出版社，1995年，第19页。

人"在这方面更是既开风气又为师，不仅起步早，而且走得远。

鲁迅生当新旧交替之倾，曾在国内新式学堂和日本接受过近代教育，一生都在为破旧立新呐喊呼号。他的"反中国"情结集中反映在他对中国传统文化所持的几乎是全盘否定的态度上。主张青年人多看外国书，少看或不看中国书①，就是其态度的集中反映。陈独秀思想激越，不减鲁迅，他的"反中国"情结主要反映在他就"爱国"所发表的一系列惊世骇俗的言论上。五四运动期间，陈独秀曾发表《我们究竟应当不应当爱国》一文，就人们视为天经地义的"爱国"口号，做了一番"理性的讨论"。半年以后，国内抵制日货运动兴起，学生踊跃参与，他又写了《学生界应该排斥底日货》一文，再次对"爱国"口号提出商榷。他明确指出：

> 中国古代的学者和现代心地忠厚坦白的老百姓，都只有"世界"或"天下"底观念，不懂得什么国家不国家。如今只有一班半通不通自命为新学家底人，开口一个国家，闭口一个爱国；这种浅薄的自私的国家主义爱国主义，乃是一班日本留学生贩来底劣货（这班留学生别的学问丝毫没有学得，只学得卖国和爱国两种主义）。现在学界排斥日货底声浪颇高，我们要晓得这宗精神上输入的日货为害更大，岂不是学生界应该排斥的吗？②

对于"国粹"，陈独秀亦持极端蔑视态度，主张一概打倒。

---

① 鲁迅：《忽然想到》（六）、《青年人必读书》，《鲁迅全集》第1卷，第574、558页。
② 陈独秀：《随感录》，《独秀文存》第2卷，上海：亚东图书馆民国，1936年，第80页。

他甚至对中国古典戏剧中的武打也十分反感，斥之为"乱打"，认为它"暴露了我国人野蛮暴戾之真相"[①]。胡适沾庚款办学的光，赴美留学7年，两个世界的观感在其头脑中形成的反差较之仅仅去了一趟"东洋"的鲁迅、陈独秀更为强烈。他曾坦率地承认中国百事不如人，"不但物质不如人，不但机械上不如人，并且政治社会道德都不如人"[②]，进而以此为理论张本，于19世纪20年代末，提出"全盘西化"的主张。对于20世纪以来中国面临的民族危机，胡适在大多数时间里均表现出一种冷静甚至超然的态度。"九一八"事变发生后，当国人义愤填膺谴责日本的侵略行径时，他却表示，中国面临困境，是由于"我们老祖宗造孽太深了，祸延到我们今日"的缘故。不久，"中国不亡，世无天理"[③]这句激愤的言辞，也脱口而出。

何以这一时期的"新文化人"会具有如此激烈的"反中国"情结？一般认为，新文化运动思想家"反中国"，乃是中国知识分子作为一种社会良心做出的反省与自责，是民族主义的一种特殊表现形式，即"自省的民族主义"，可以归入梁启超在《新民说》中所倡导的"国民性改造"这一思想路径。既然要改造国民性，当然就要与造就这种国民性的传统决裂，这是当时许多先进知识分子的共同逻辑。

---

① 陈独秀：《答爱真（五毒）》，《独秀文存》第3卷，第210页。
② 胡适：《请大家来照照镜子》，《胡适文存》第3集第1卷，上海：亚东图书馆，1921年，第48页。
③ 胡适：《惨痛的回忆与反省》，《独立评论》第18号，1932年9月18日，第8—13页；胡适著：《胡适日记全集》第6册，曹伯言整理，1933年3月2日，台北：联经出版社，1993年，第649—664页。

这样认识问题固然有其道理，然而却存在将新文化运动思想家的思想及其表现形态简单化的嫌疑。新文化运动思想家是近代社会造就出来的一个思想异常复杂的社会群体，在其言论中，不仅可以看到反省与自责，而且可以看到新的思想追求，看到他们在世界主义与民族主义、民族主义与民主主义两对思想政治范畴的选择上犹豫彷徨、不知所从的困惑。认识其困惑，是解析"新文化人"何以"反中国"的关键。

我们知道，中国知识分子自古以来就有"大同"社会理想。19世纪末，国难当头之际，受民族主义思潮影响，权衡轻重缓急，他们尚能将现实的民族利益放在首位，将"大同"理想的实施置诸遥远的未来。康有为写《大同书》，秘不示人，而将救亡图存视为急务，可说明这一点。事实上，在社会达尔文主义为中国知识界广泛服膺的时代，民族主义是一种被认为理性的抉择。然而，第一次世界大战爆发使人们对作为西方近代思潮之一的民族主义产生怀疑。越来越多的人相信，以社会达尔文主义为理论基础的极端民族主义已构成人类历史上这场空前灾难的思想政治根源。作为正在迅速膨胀的民族主义的一种反动，"世界主义"和"国际主义"开始在欧美社会流行，并伴随众多思潮一起传入中国。陈独秀、胡适等人以其对世界政治思想潮流流向变化的敏感把握，很快接受了这一新的主义。

既已接受"世界主义"，也就不能不与民族主义保持一定距离。这构成一种特殊语境，促使陈、胡等人对"国家"观念提出批评。陈独秀认为，人类生活本无天然界限，所谓"国家"，"不过是一种骗人的偶像"。他认为国家的形成无异在人类本来互相亲善的情感上挖了一道深沟，砌了一道屏障，结果"张爱张底国，李爱李底国，你爱过来，我爱过去，只爱得头破血流，杀人遍地"。"现在欧洲的战争，杀人如麻，就是这种偶像在那里作怪"；"各国的人民若是渐渐都明白世界大同的真理，和真正和平的幸福，这种偶像就自然毫无用处了"。[1]与陈独秀思想接近的李大钊也不以"国家"为然。他认为人类进化正沿着"世界大同的通衢"向前行进，预言世界人类的"大联合"，终将"把种界国界完全打破"，"人类全体所馨香祷祝的世界大同"[2]的理想终将成为现实。胡适在美留学期间曾加入基督教，并一度加入费城世界主义俱乐部，成为该俱乐部年会代表之一。受这段经历影响，胡适曾给人留下"世界主义"关怀更甚于民族主义情感的印象。他在1916年10月写道："爱国是大好事，惟当知国家之上更有一大目的在，葛得宏·斯密斯所谓'万国之上犹有人类在'是也。"[3]在国家面临日本侵略的危机时，胡适所持"不争"立场，与他所信奉的"世界主义"有着内在的逻辑联系。

陈、胡等人领风气之先，他们倡言"世界主义"时，西方已开始退潮的民族主义在中国尚呈涨潮之势，他们反其道而行，颇能彰显特立独行的思想品性，但他们并不是为区别于他人而故作惊人之语，事实上，他们对"世界主义"是真正服膺的，因而在理性上很难接受"民族主义"，在行为上也每每表现出超越姿态。但是在意

---

[1] 陈独秀：《偶像破坏论》《学生界应该排斥底日货》，《独秀文存》第1卷、第2卷，第229、81页。

[2] 李大钊：《联治主义与世界组织》，《新潮》1919年第1卷第2期，第6—10页。

[3] 《胡适作品集》，第183页，转引自周明之著：《胡适与中国现代知识分子的选择》，雷颐译，成都：四川人民出版社，1991年，第109页。

识深处，他们的民族主义关怀却无法掩饰。在日本就"二十一条"向袁世凯政府提出最后通牒的前一天，胡适这样写道：

> 昨夜竟夕不眠，夜半后一时许披衣起，以电话询《大学日报》有无远东消息，答曰无有。乃复归卧，终不能睡。五时起，下山买西雷寇晨报读之。徐步上山，立铁桥上，下视桥下……忽然有感，念老子以水喻不争，大有至理……"上善莫如水。水利万物而不争"。"天下莫柔弱于水，而攻坚强者莫之能者。"……以石与水抗，苟假以时日，水终胜石耳。①

对于自己国家民族命运的担忧，已经到了寤寐思服，辗转反侧的地步，你能说这位"世界主义者"真的不爱国吗？昔孟子尝与淳于髡就天下沦陷应当援之以"道"还是援之以"手"做过一番发人深省的讨论，"亚圣"孟子反对像"嫂溺"而援之以"手"那样去拯救天下，与淳于髡的主张迥异②。其实孟子与淳于髡的分歧不在于"援"还是"不援"，而在于怎样"援"。胡适与他的留学生同伴以及大多数同胞的分歧也在这里。他所关注的不是"争"还是"不争"，而是怎样争。显然，他是主张"援"中国以"道"，而他此时认准的"道"就是"世界主义"以及他认为奉行这一主义的"国联"对日本侵略行为的干预。今天人们有充分理由批评胡适这

---

① 《胡适作品集》第36册，第56页，转引自周明之著：《胡适与中国现代知识分子的选择》，第118页。
② 《孟子·离娄章句上》，李学勤主编：《十三经注疏》第12册《孟子注疏》，第218—249页。

一书生之见的迂腐和无济于事，但他的民族主义关怀，情发乎衷，言溢于表，他自己掩饰不了，别人也没有办法否定。正因为在情感和意识深处有着强烈的民族主义关怀，所以当1936年7月意识到国家已处于生死存亡的紧要关头之时，胡适便毅然放弃他崇奉了20余年的世界主义，由"不争"转而"力争"，就是充当被后人讥讽的"过河卒子"，也义无反顾，在所不辞。

与胡适一样，陈独秀在表达自己的政治思想时，尽管存在着意识层面的理性抑制，但潜在的民族主义情感仍时有流露。他向往世界大同，但是在外敌入侵、国家民族面临危难之际，他的"世界主义"理想也可以同信奉同一主义的康有为一样，暂时让位于民族主义。不过，也许是意识到其间隐含的矛盾，陈独秀在价值判断上巧妙地采取对民族主义对折两分的做法，将其区分为扩张侵略的极端民族主义和自卫的民族主义。前面我们引述了他反对"爱国"的激烈言辞，这些言辞大多发表在日本侵略中国的危机迫在眉睫之时，揆其本意，显然并非反对中国人热爱自己的国家，而是谴责日本人近乎疯狂的民族主义躁动。因而在发表上述言论的同时，他明确表示，"为抵抗压迫自谋生存而爱国，无论什么思想高远的人，也未必反对"；"个人自爱心无论如何发达，只要不伤害他人生存，没有什么罪恶。民族自爱心无论如何发达，只要不伤害他族生存，也没有什么罪恶"①。"九一八"事变发生后，国家金瓯残缺，山河破碎，陈独秀感时伤世，以《金粉泪》为题，写出七绝一组共56首，对侵占东三省的日本军国主义者以及沉醉于"六朝金粉"繁华

---

① 陈独秀：《我们究竟应当不应当爱国》，《独秀文存》第1卷，第674—650页。

古都南京的国民党政权进行猛烈抨击，抒发了自己的拳拳爱国之情。其中一首写道：

> 放弃燕云战马豪，胡儿醉梦依天骄；
> 此身犹未成衰骨，梦里寒霜夜度辽。

此时陈独秀已身陷囹圄，却将个人遭遇置之度外，所思所念，悉在国运，忧国之情，形诸梦寐，以至于后来国民政府释放他时，也不得不承认他"爱国情殷"[①]。

不过，也应当看到，"世界主义"与"民族主义"毕竟是两个对立的政治思想范畴。一个人不可能同时宗奉这两种主义，因而与陈独秀、胡适一样，所有服膺"世界主义"的中国知识分子，如果说他们民族主义关怀尚存的话，其民族主义大都只表现为一种本能，潜藏于意识之下，对其思想政治行为起着某种支配作用，他说不出何以如此行事，但却非这样做不可。一方面，他几乎是鬼使神差地如此做了，表现出忧挚的爱国之情；另一方面，理智却告诉他在民族主义已在世界上泛滥成灾的现实情况下，与其出来唱慷慨激昂的"爱国歌"，不如对着头脑发热的人们泼点冷水，唱几句反调。在一个人身上同时或先后表现出两种截然相反的政治行为，两种政治行为的"作用当量"不可避免会因互抵而有所减弱，这不必讳言。从这个意义上讲，胡适的同胞对他的批评并非毫无道理；但若说这些批评并不全对，恐怕也同样在理。

[①]　唐宝林：《陈独秀传：从总书记到反对派》，上海：上海人民出版社，1989年，第181、201页。

　　除了游移于世界主义和民族主义两者之间外，甲午战后中国知
识分子面临的民族主义与民主主义两难选择，也是造成像陈独秀、
胡适一类知识分子时而发爱国之幽情，时而哼"反中国"曲调的不
容忽视的原因。李泽厚曾将中国近代政治的主题概括为"救亡"和
"启蒙"的变奏，认为"救亡"压倒了"启蒙"，这是大抵准确的
概括。但是"变奏曲"老是成不了"协奏曲"，原因却颇值得深
思。近代以来将两者奏出相对和谐音调的恐怕只有戊戌前短暂的几
年。斯时康有为辈通过将西方近代民主制度（如议会制）说成是中
国古已有之以及带有折中色彩的君主立宪政治选择，一定程度上化
解了本来可能出现的民族主义与民主主义之间的紧张。不幸的是，
戊戌政变以及庚子以后国人政治思想的激进化将或许可以同时承担
"救亡"和"启蒙"双重任务、具有中国传统中庸特色的变革路径
切断。作为激进化的表现，20世纪头20年，所谓"启蒙"就是要宣
传西方近代科学民主，传统中国的一切，均被视为封建专制时代
产生并且只能为封建专制时代服务的存在，置于须打倒的位置。然
而，旨在"救亡"的民族主义却不容许对自己民族既有的一切持如
此轻率的否定态度。因为民族主义不仅是自我认同的，而且是排他
的，它的"基本价值就在于对于民族文化与民族声望的关怀"[①]。
从走向上看，民主主义是西向的，民族主义却是东向的。同时肩负
"救亡""启蒙"双重重任的中国政治家、思想家往往会发现自己
处于一种十分尴尬的两难境地。胡适曾经将这种"两难"表述为是
选择袁世凯还是威尔逊的问题。他在1917年3月的一则日记中写道：

---

①　参见张晓刚：《民族主义、文化民族主义、第三世界民族主义》，《战略
　　与管理》1996年第3期，第64页。

　　　　王壬秋死矣。十年前曾读其《湘绮楼笺启》，中有予妇书
云："彼入吾京师而不能灭我，更何有瓜分之可言？即令瓜分，去
无道而就有道，有何不可？……"其时读之甚愤，以为此老不知爱
国，乃作无耻语如此。十年以来，吾之思想亦已变更。……若以袁
世凯与威尔逊令人择之，则人必择威尔逊。其以威尔逊为异族而
择袁世凯者，必中民族主义之毒之愚人也。此即"去无道而就有
道"之意。吾尝冤枉王壬秋。今此老已死，故记此则以自赎。[①]

　　王壬秋乃儒学耆旧，精于帝王之学，汉满之见甚深，所谓"去
无道而就有道"或许有站在汉民族立场上两害相权取其轻的考虑，
未必真如胡适之所诠释者。但胡适的这番话无疑道出了晚王壬秋一
辈的中国知识分子在民族主义与民主主义双向选择上的困惑。

　　这种困惑又因民族主义与爱国主义被人为混淆而变得更加难得
其解。民族主义与爱国主义并非同义语。前者可以界定为基于民族
同一性而产生的旨在促进社会生活一体化、具有意识形态色彩的社
会思潮和社会运动；后者则是处于一个政治共同体的一群人（也可
能是一个民族）的一种心理特征，一种情感表露。对近代民族国家
而言，"国"与"民族"的界限很难划分，因而这两种主义每每被

---

① 《胡适作品集》第37册，第191—193页，转引自周明之著：《胡适与中国
现代知识分子的选择》，第120—121页。胡适在其自传中将五四运动说成
是对新文化运动的一场"不幸的政治干扰"，是其对民族主义与民主主义
内在矛盾的另一种表述。他并不反对五四运动，但却为新文化运动改变了
性质深感遗憾，这说明了他心中的困惑。胡适：《胡适口述自传》，唐德
刚译注，上海：华东师范大学出版社，1993年，第183—189页。

人混淆。尤为紧要的是，"国"尚存在着政治学含义上的"国"与地理、文化及社会学含义上的"国"的区别。前者约当列宁《国家与革命》中的"国家"（state），实乃实施政治统治的工具，也就是"政府"；后者则类似于祖国、宗国（motherland），即共同的地域及其所负载的除政治制度之外的一切。

在近代中国，政治学意义上的"国家"代谢速度很快，往往使人不知所从，人们对这种"国家"的感情也很容易与时转移。周作人回忆录记述了这样一种现象：清末一度使人肃然起敬的"国旗"黄龙旗，"式样并不难看"，但到民国建立、五色旗升起之后，人们意识到它"是代表满清势力的"，感情迁移，好恶变化，便觉得黄龙旗上画的龙"有些简直像一条死鳗"①。这很能说明国人"爱国"的旨趣及其转移的原因所在。在国家政权更迭不已的近代晚期，老百姓的"爱国"往往限于热爱祖国，当然也可能包括政治的含义（如果他认同了某种政治的话）；而统治者宣传的"爱国"则偏重要老百姓拥护自己控制的国家政权，所谓"忠君"就是对这种狭义"爱国"的经典诠释。

封建统治者倡导的"爱国"与近代民主思潮往往背道而驰。清季以来，一些眼光锐利的知识分子已意识到这一点。1903年，举国上下庆祝慈禧太后万寿，铺张扬厉，费资巨万，并招致军界学界奏西乐，唱新编《爱国歌》。辜鸿铭以为"满街都是唱《爱国歌》，未闻有人唱《爱民歌》者"，因试编《爱民歌》唱对台戏："天子万年，百姓花钱；万寿无疆，百姓遭殃。"使高唱《爱国歌》

---

① 周作人：《苦茶》，兰州：敦煌文艺出版社，1995年，第257页。

为慈禧祝寿的官民人等惊愕不已①。逮至民国初年，曾被辜鸿铭揭示的"爱国"与"爱民"的矛盾被进一步揭示。陈独秀在"理性的讨论"爱国的思想行为时就发现，所谓"爱国"，至少可以区分出"社会上盲从欢呼的爱国"、"做官的用强力禁止的""爱国"以及官方"下令"劝导的"爱国"等若干表现形态。他还发现，对专制统治者来说，"'爱国'二字往往可以用作搜括民财压迫个人的利器"，"就是腐败官僚蛮横军人，口头上也常常挂着'爱国'的字样"。正因为如此，陈独秀才对当时的"爱国"宣传持小心谨慎的态度，有时甚至出来唱反调。胡适也注意到这一点，他在1918年6月作《你莫忘记》一诗，借一位父亲临终前给儿子所写遗嘱，控诉父亲过去20年教儿子所爱"国家"的种种罪恶，宣称"你老子临死时，只指望快快亡国"。这位被假托的"父亲"希望"亡"的"国"，特指当时的军阀政权。

陈独秀、胡适等新文化人反对笼而统之的"爱国"口号，并不表明他们不爱国。事实上，正如胡适所言，"自然的"爱国心，"古今中外稍具天良者"皆能有之，不用未必真正爱国的封建统治者和军阀们去费心"发扬"。周明之在分析胡适《你莫忘记》一诗时认为，"胡适在此彻底否定了中国（军阀）政府及其合法性"②。周氏将国家与政府做出区别，认为胡适反对的只是后者，可谓知胡适者。陈、胡等人的真实命意，是不想让军阀政府"爱国"的宣传妨碍近代民主主义的实施，这是陈、胡等新文化人政治

---

① 辜鸿铭：《张文襄公幕府纪闻》，《辜鸿铭文集》，长沙：岳麓书社，1985年，第17页。
② 周明之著：《胡适与中国现代知识分子的选择》，第121页。

思想的价值所在。

　　然而当其在"爱国"问题上与军阀政府作对时，他们将不得不面对这样一个难题：在列强入侵肆其暴虐的形势下，一个国家的统治者（即便如清政府和北洋政府）在对外政策上，是否与国民有共同利益？信守"中庸之道"的知识分子如严复、梁启超等人，在面对这一难题时，甚至不惜暂时牺牲民主主义追求而将民族国家利益放在首位，寻求与袁世凯之类的统治者"合作"，尝试实施"开明专制"。陈独秀、胡适等"新文化人"当然不屑于这样做。但在潜意识层面，这两类知识分子是靠得很近的，故胡适才会有"不忍弃父母之邦"的表示。他写道：

　　　孔子曰："父为子隐，子为父隐，直在其中矣。"仁人之言也……吾亦未尝无私……何尝不时时为宗国讳也。[1]

　　不过，"为宗国讳"与追求近代民主之间的分寸殊难把握，胡适等人在面临这一问题时常怀投鼠忌器的担忧，因而其言论及行为方式往往出现前后不能协调，甚至自相矛盾之处。研究胡适以及这一时期与统治者在"爱国"问题上唱反调的知识分子的思想，不能忽略这一问题。

　　甲午以后中国面临自有明以来数百年未曾经历的巨大变局。历史的遗传性状，现实的致变因素，政治的，军事的，文化的，思想的，情感的，所有这一切加在一起，造就了一代异常杰出而

---

[1] 《胡适作品集》第35册，第60页，转引自周明之：《胡适与中国现代知识分子的选择》，第119页。

又异常复杂的知识分子。处在变化的中国社会，他们的思想感情是变化的；处在复杂的中国社会，他们的思想感情是复杂的。这给后人认识他们的思想造成某种困难。显然，"单线性"的思维方式不可能认知转型中的近代社会造就的如同陈独秀和胡适这类知识分子近乎诡谲的思想及其表达方式。近代社会固然出现了若干丧失个人良心、出卖国家民族利益的读书人，但中国知识分子中的大多数人是真诚热爱自己的父母之邦、热爱自己的家国的。在清朝封建政权和北洋政府统治时代，他们不愿意附和呼喊简单的"爱国"口号，是因为他们肩负着历史赋予的推进中国社会向前发展的民主主义使命。在民族主义从一种思潮发展成一场社会运动时，他们在情感上顺从它，又努力在理智上超越它，这是因为他们一开始就意识到民族主义是一把双刃利剑，既可以自卫，又足以自戕。他们不满足于低层次的自发"爱国"，知识分子的社会责任感使他要进一步谋求爱国之道。他们在民族主义与世界主义、民族主义与民主主义的选择上表现得犹豫彷徨，左顾右盼，是因为他们不愿意简单做出非此即彼的决断，而企图谋求"鱼与熊掌兼得"的两全境地。这是非常困难的，因而愈显示出它的可贵。

1916年9月，身在美国的胡适因忧国而作了一首白话小诗，暗示爱国也有如何爱的问题。他写道："你心里爱他，莫说不爱他。要看你爱他，且等人害他。倘有人害他，你如何对他？倘有人爱他，更如何待他？"①能读懂这首小诗者，庶几明近代中国知识分子爱国之心曲矣。

---

① 胡适日记：1916年9月6日，转引自罗志田：《胡适传》，成都：四川人民出版社，1995年，第131页。

普法战争与天津教案

　　1870年夏秋间发生的天津教案是近代中国历史上一次举世瞩目的中外冲突。负责处理教案的中方首席官吏是曾国藩。曾于6月23日奉诏赴津查办事件，经反复斡旋，于10月初了结全案，历时3月。值得注意的是，在津案处理过程中，普鲁士与法国因西班牙王位继承问题引发战争。7月18日，法国正式向普鲁士宣战，8月中旬，法军主力被分割为两部分，普军开始占据战略优势；9月1日色当决战，法军大败，法皇拿破仑三世、麦克马洪元帅及八万兵士被俘。色当惨败不仅决定了普法战争的结局，决定了法兰西第二帝国覆没的命运，也在一定程度上改变当时的国际关系，给中国方面处理津案提供了一定的有利条件。因此，人们评价曾国藩处理津案，总是结合普法战争加以针砭。如近人黄濬《花随人圣盦摭忆》云：光绪戊申，张之洞任职学部，某日赴宴，尚书荣庆问之曰，顾、黄、王三儒已从祀文庙，外间纷传南皮将请以曾国藩继之入祀，未知此事确否？张之洞愤然作色道："曾国藩亦将入文庙乎？吾以为将从祀武庙。"坐间愕然。张之洞解释道："天津教案，曾国藩至戮十六人以悦法人，是时德兵已入巴黎，曾国藩尚如此，岂非须入武庙乎？"[①]不仅近人，今人亦不乏指责曾氏未能利用普法战争的新形势改以强硬态度处理津案者，限于篇幅，兹不赘引。

　　鄙意以为，这类指责殊难成立。因为持这类意见的学者大多只注意到普法战争与津案处理大体同步的时间关系，却很少研究普法战争特别是法军色当败绩之信息传到中国的具体时间，更没有注意到普法战争爆发后远东国际关系是否发生变化等至关重要的问题。而对这些问题的研究，恰恰会得出与既有学术见解截然不同的结论。

一、普法战争爆发消息传到中国的时间

　　近代中国电报通信事业起步甚晚，发展缓慢。1870年普法战争爆发时，东、西方通信联络手段还十分落后。直到1871年6月3日，上海经旧金山至伦敦的海底通信电缆铺设告竣，东、西方之间才第一次有了直通电报[②]。在此之前，任何来自欧洲大陆的电报都只能

①　黄濬：《花随人圣盦摭忆》，上海：上海古籍书店，1983年，第192页。
②　郭廷以：《近代中国史事日志》（上），北京：中华书局，1987年，第553页—554页。

拍发到恰克图或锡兰南端的戴高乐角①。其余路途就只能以书信邮递或其他通信手段传送。中国国内的通信手段更是堪称原始。1871年4月18日香港至上海海底电缆铺成之前，国内的通信手段仍然是沿用了数百年的驿传。就在处理津案期间，号称日行六百里的紧急公文，从北京到天津，相距不过百余公里，亦往往"迟至两日半甫行递到"②。这就必然在东、西方所发生的重大事变与彼此获得的信息之间形成一段时差，找出两者间的最小差值，是深入研究普法战争与天津教案关系的前提。

我们不妨先考察一下津案消息传到欧洲的时间。据可靠资料，津案发生当天（1870年6月21日），英国驻天津领事馆便由一个特别信差发出一封紧急书信。这封信经香港送到戴高乐角，7月23日改以电报形式从戴高乐角发出，两天后到达伦敦。英国驻北京公使馆关于事件的第一次报告于7月6日发出，送到恰克图后拍成电报，也于7月25日送到伦敦。经学者研究，这两封电报很可能是"欧洲所有执政者们所收到的最早的关于天津屠杀事件的报导"③。由此可知，欧洲执政者获悉津案信息与事件发生实际时间的时差约为35天。由于英国公使馆的报告是在事件发生半月后才发出，靡时20天，因此，可将经由恰克图的电报交通视为当时中、西方信息传递的最佳途径。

---

① 马士：《中华帝国对外关系史》第2卷，张汇文译，北京：生活、读书、新知三联书店，1957年，第261—286页。案：恰克图是当时欧洲通往远东陆上电线的终点站；戴高乐角是当时欧洲通往远东海底电缆的终点站。

② "中研院"近代史研究所编：《教务教案档》第2辑（一），第320号，台北："中研院"近代史研究所，1974年，第290—294页。

③ 马士：《中华帝国对外关系史》第2卷，第261—286页。

　　现在再看看同样的通信条件下，普法战争消息传到中国的时间。从资料上看，消息最初传到中国的较为可信的日子是8月4日。这一天，法国公使罗淑亚从来自伦敦的一封拍发于7月19日的电报中，接到这个令他震惊的消息。这一事实，已为能够接触到有关这一问题第一手资料的不少外国学者所确认①。但在8月4日这天，消息仅送到几个在华的外国人手里，中国人还蒙在鼓里。罗淑亚、威妥玛之流出于自身利益的考虑，是不会愚蠢到把它透露给中国人的可笑程度的。

　　最早知道普法战争爆发的中国官吏舍志刚、孙家谷莫属。二人当时正出使法国，代表清政府就贵阳、开州教案向法国政府道歉。志刚著《初使泰西记》对普法战争有所记述。该书记述8月13日前的情形说："连日新闻纸传布、法交兵之事。时见军营载回伤病死亡者，络绎于道……执政大臣，纷然更动，外部至无主政之人。"8月22日又记道："闻布、法交战，法人三战三北。"9月4日色当战役之后又记道："街巷张告示言布、法交战，法君拿破仑并兵四万余被擒，大将马克孟伤亡。"②恐怕找不出第二个中国官员对普法战争消息知道得如此及时准确了。但志刚等人当时身在异域，从清廷的官方文件中，尚未捡阅出他们发回的有关战争消息的文字。

　　那么，清政府是何时获知普法交战的消息的呢？据笔者有限阅历，最早提到普法战争发生且身居国内的清朝官吏是曾国藩，岳麓

①　马士、宓亨利：《远东国际关系史》上册，北京：商务印书馆，1975年，第272页。
②　志刚：《初使泰西记》卷四，长沙：湖南人民出版社，1981年，第119—122页。

书社出版的《曾国藩全集·家书》曾氏《谕纪泽》一函云：

> 闻布国与法国构兵打仗（此信甚确），渠内忧方急，亦无暇
> 与我求战，或可轻轻解此灾厄。

此信所署时间为同治九年七月六日，即公元1870年8月2日。然而，这一天连法国公使罗淑亚及所有在华外人尚不知普法战争爆发，曾氏岂能有如此灵通的信息渠道？怀此疑惑，笔者对信的内容及前后相关的信做了一番推敲，结果发现这封信所记时间有问题。《曾国藩全集·家书》收录了两封同治九年七月六日曾氏写给曾纪泽的信。其中一封提到普法战争，一封未言及普法战争。未提到普法战争的这封信谈了两件事：一为"毛煦初尚书初五到津，今日往拜威、罗两公使"；二为"黎、邓定于初七日自津进京乡试"。从时间上看，前者（初五）用的是过去时态，后者（初七）用的是将来时态，可见该信所署时间旧历七月六日准确无误。值得注意的是，谈到普法战争的那封同样署为旧历七月六日的信却用完成时态提到了六日以后的事：

> 法国罗公使第二次照会，欲杀府县，余坚执不允。渠无如
> 何，顷于初九日回京，将与总署商办。

不难看出，这封信要么是在所署写信时间上出了讹误，要么是所记罗淑亚"顷于初九日回京"一语在时间上出现差池，二者必居其一。到底孰是孰非？旧历七月十二日的一封信提供了明确答

案，其中有云：“法国罗使于初九日回京。”这就证明上信所言罗淑亚于初九日回京一事未记错，从而可以断定，谈到普法战争的那封信如果不是曾国藩本人署错了时间，就是岳麓书社排版时出现了疏忽。由于谈到普法战争的那封信用完成时态谈到了初九日发生的事，由于旧历七月十二日那封信的存在，因此，谈到普法战争的那封信只能写于七月十日或十一日这两天。如果这一判断能成立，根据该信所署错误时间做出的曾国藩至迟在1870年8月2日便已获悉普法战争爆发的消息的判断就站不住脚。

那么，曾国藩到底是何时获悉普、法两国交战消息的呢？从清政府当时尚无优于外国人的信息渠道上推测，曾国藩等人知道此事应在公历8月4日之后，但又不能晚于8月7日（旧历七月十一日）。考虑到如此重要的消息，勤于书信的曾国藩当不致迟迟不让家人与闻，笔者揣度，曾国藩很可能是在8月6日前后一两天获悉此事的。如果其信息来自总署，则总署最多比曾国藩早知道一两天①。

在未找到精确日期之前，我们姑且以此为前提，来分析研究清政府是否可能利用普法战争爆发这一因素来改变其办案方针。

如上所述，普法战争爆发的消息在8月6日左右即战争爆发后约20天始为清朝统治者获知。此时津案发生已历50余天。在这期间，经反复调查研究，曾国藩已得出津案起于津民误信谣言的判断。根据清朝法令，曾国藩指出：“在中国戕官毙命，尚当按名以抵，况伤外国多命，几开边衅，此风尤不可长。”②于是定下应惩凶赔款

①　以上所引书信均见《曾国藩全集·家书》第2册，长沙：岳麓书社出版社，1985年，第1378—1380页。

②　曾国藩：《查明津案大概情形折》，《曾文正公全集·奏稿》卷三十五，光绪二年刻本，第29—33页。

的基调。对于曾国藩的意见，清朝最高统治者颇为赞许。公历7月21日，曾国藩将妥协办案的主张详奏朝廷。7月23日，太后召见恭亲王及军机大臣等商议津案，惇亲王及醇郡王等少数人主张借民心以排外，但恭亲王等人则坚持如曾国藩所请，慈禧自然站在恭亲王一边，所以当天便发出要曾国藩"保全和局"的皇皇上谕。

可见，差不多在普法战争爆发消息传到中国之前半个月，清朝统治者已最终确定委曲求全的办案方针。此一方针既然以上谕的形式昭示天下，对于国力衰弱，不得不标榜以"诚""信"为外交之本的清朝统治者来说，要借一点外部变故便自食其言，另择良图，恐怕还是有所困难的。

二、普法交战状态下的远东国际关系

人们指责清政府没有利用普法战争爆发后于中国有利的国际形势，改变既定办案方针，斥责办案的曾国藩丧权辱国，这种指责并不公允。因为尽管普法两国在欧洲已发生战争，互为仇敌，但是在远东问题上，他们却有着共同的利害关系。这种利益的一致之处决定他们在津案处理上沆瀣一气，相互配合，致使清政府很难玩弄故技，利用矛盾，以夷制夷，缓解津案造成的危机。

早在津案发生之初，普鲁士第一任常驻中国的外交代表李福斯便积极配合法国对中国采取种种外交及军事制裁。当各国外交团向清政府递交联名照会，要求立即惩处有关人犯时，李福斯立即会同签署照会。当法、英等国决定派遣军舰向清政府示威时，李福斯又毫不迟疑地将普鲁士停泊在"东亚船站"的"亥尔塔"号兵舰由横滨驶往烟台，令其配合法、英等国共同行动，以壮行色。李福斯还专门写信给海军站司令说："从所有国家政府在这些国家（中国与日本——引者）的利益出发，尤其是在对付上述这类事件时，应从团结一致的观点出发，我请求您，尽可能立即开往烟台。"由于普法两国远东利益的一致性，所以"德国和法国军舰的司令员在德法开始战争的消息到达后，协议中国和日本海面在战争期间中立，这个协议为两国驻日本代表认可并呈报他们的政府批准"①。

像普鲁士这样与法国处于交战状态下的国家尚且在远东问题上与法国保持一致行动，其他国家就更是与法国持同一立场，不可离间。以英国为例。谁都知道，在津案中英国人并没受到多大损失，但是在事变发生后，英国人却如临大敌，立即把外国租界内的居民召集起来，组成"义勇军"，准备与中国人拼命。英国公使威妥玛明确提出："武装的队员们有时必须在外国租界地游行和演习，这对于维持治安是有用的。"②英国领事李蔚海则担负起"保护法国人利益的责任，同时出动两艘英国商船撤退欧洲难民。（6月）29日英国炮舰'阿逢'号驶到，7月2日又有'侏儒'号驶来增援"③。在事件善后处理中，英国人始终站在法国人一边，与之"联衔照会，大肆丑言，万端恫喝，百计诛求"④。英国外交部在

---

① 施丢克尔：《十九世纪的德国与中国》，乔松译，北京：生活·读书·新知三联书店，1963年，第75—77页。
② 《威妥玛致格兰威尔勋爵函》，1870年10月13日，转引自马士：《中华帝国对外关系史》卷二，第273页。
③ 伯尔考维茨：《中国通与英国外交部》，陈衍、江载华译，北京：商务印书馆，1959年，第110—112页。
④ 史念祖：《俞俞斋文稿》初集卷三，光绪三十二年刻本，第3—7页。

接到津案的最初消息后，立即"不受约束地表示对于要求惩办保证合作"①。在9月中旬由英国外交部常务次长哈蒙草拟的对威妥玛的指示中，进一步确定了英国政府对待津案的外交原则：

> 女王政府将尽一切道义力量来诱使中国政府满足法国所提出的一切合理的要求。显然清楚的是，可能采取的唯一政策是一种具有期待性质的政策，虽然这对于我们将来采取自由行动的任何企图并无妨碍。但是必须使中国政府感到，应当对于可能对它提出的补偿要求预先给予满足。②

这一指示是在9月15日拟定的，此时法国已惨败在普鲁士手下，而英国政府仍然竭尽全力促使清政府满足法国人提出的全部要求，可见英法两国在远东的利益是如何紧密地联结在一起。

除普鲁士、英国外，其他如美国、俄国等，也都与法国配合默契。美国在普法交战后，八方斡旋，最后商定在中国海面敌对国家的武力必须合作，以便保护一切外人利益的行动原则③。而俄国则邀集各国，在津案即将了结之时，另生枝节，向清政府提出抗议照会，指责清政府办理津案"情重刑轻"④，声称"天津凶顽滋事，

---

① 伯尔考维茨：《中国通与英国外交部》，第110—112页。
② 《英国兰皮书》中国第1号（1871年），《格兰威尔致威妥玛》（1870年9月15日）。
③ 《美国外交关系》1870年第396号，转引自马士：《中华帝国对外关系史》卷二，第279页。
④ 郭廷以：《近代中国史事日志》（上），第553页—554页。

被害虽多属法国，然与中国有和约之国，俱不能漠然无关"①。

由此可见，普法战争爆发后，远东国际关系的格局并未发生明显变化。在这种情况下，清政府要利用普法战争这一砝码来促使处理津案的天平朝着有利于自己这方倾斜是极为困难的。对此，清朝统治集团中许多人都有较为清醒的认识。江西巡抚刘坤一曾指出：

> 洋人挹彼注兹，阳分阴合……，此次法国天津之案，英美等国，在京则恳请分别保护，在沪则多方安慰华人，若事起法国，与各国无与，事在天津，与各口无关。乃该各国兵船，已相继北上，相助为恶，可见洋人唇齿是固，狼狈为奸，正无俟我绝之而始合以谋我也。②

刘坤一把问题的实质看穿了：英美等国在京沪的某些看似与法国利益相左的举动，不过是一种表面的不合即"阳分"；各国军舰北上示威，助纣为虐才是问题的实质，它充分表明了各国在华利益的一致性即"阴合"。各国合以谋我的局面已经形成，无须我方把事情做绝，各国早就联络一气，与我为仇了。

再看曾国藩是如何认识这一问题的。作为负有津案处理大权的曾国藩，虽然很早便自鸣得意地提出将法国教堂被焚、教士被杀一案与各国所受殃及之事分别处理，以防各国"协而谋我"的策略，

---

① 　"中研院"近代史研究所编：《教务教案档》第2辑（一），第320号，第290—294页。
② 　宝鋆编修：《筹办夷务始末·同治朝》卷七十五，北京：中华书局，1975年，第38—40页。

但在与洋人的交涉当中，曾国藩很快觉悟到，这种利用矛盾的想法纯属一厢情愿，是不切实际的空想。他在1870年秋冬之际复彭雪琴的一封信中写道：

> 法、布构兵，法国为布人所围，几致破灭，而布使在京仍与法使联络一气，坚持津案，仍不肯稍有异议；英、俄各国亦复彼此勾结，其交甚固。刻下虽暂无事，而中国既无术自强，彼族环伺，后患方长，实深隐虑。①

关键在于，不仅刘坤一、曾国藩这样的封疆大吏对各国彼此勾结的形势有所认识，就连清廷最高统治者亦洞察到，在华各国已形成"连横之势"，普法战争并未改变这一局势。1870年8月25日，江苏巡抚丁日昌以普法交战，奏请朝廷"密饬各口陆兵，以守为战，并重价雇布、美等国兵船，捣其安南后路，一面钦派大员出使各有约之国，宣布其无理，邀众国而共责之"②。这种未悉各国情势的书生之见，自然免不了朝廷否定的回答：

> 此次杀毙者，除法国外，尚有俄英比意等国之人，早成连横之势，且未将为首滋事及下手之人，讯明议抵，不但不能与之评理，即议赔一层，亦难论及。③

---

① 曾国藩著，江世荣编注：《曾国藩未刊信稿》，北京：中华书局，1959年，第290页。
② 宝鋆编修：《筹办夷务始末·同治朝》卷七十五，第38—40页。
③ 宝鋆编修：《筹办夷务始末·同治朝》卷七十五，第38—40页。

既然普法战争的爆发并没有改变远东国际关系，利用矛盾，以夷制夷之想法只好作罢。

三、普法实力对比与战争结果预测

清政府能否利用普法两国交战的形势来改变办理津案的方针，除了必须慎重考虑远东国际关系是否发生变化外，还得估量普法两国的力量对比，预测战争的最终结果。而我们对天津教案的分析，也不能不考虑这些因素。

普法战争在普鲁士这个日兴月盛的后起强国与法国这个不可一世的老大帝国之间进行。今天人们都已知道，当时的普鲁士就国力而言已经超过法国。虽然法国在金融业方面优于普鲁士，但是在工业方面，法国较之普鲁士则略逊一筹。1870年法国煤产量是1300万吨，而普鲁士则高达3400万吨。同年法国生铁产量为120万吨，而普鲁士生铁产量则为140万吨。1870年法国在世界工业生产中所占份额为10%，普鲁士为13%[①]。在军事上，法国军队虽然拥有"沙斯波"式枪，在轻武器方面占有优势，但普军在人数上多于法军，且普鲁士炮兵配备有从后膛装弹的新式大炮，容易掌握远程进攻及攻坚战的主动权。

不难看出，尽普普法双方各俱优劣，互有短长，但由于普鲁

---

① 维纳·洛赫：《德国史》，北京大学历史系世界近代现代史教研室译，北京：生活·读书·新知三联书店，1959年，第367页。

士在工业及军事上的实力更突出，法军在战争中获胜的希望十分渺茫。然而在120年前，人们却未见得都这样看问题。因为尽管普鲁士在战前有了巨大变化，但它基本上是关起门来发展的，而且它内部还面临德意志民族国家的统一问题。法国则不同。19世纪中叶的法国，奉行的是扩张主义政策，法皇拿破仑三世是个具有"世界主义雄心"的人物，很少有什么重大国际问题没有他染指其间。他不仅使法国卷入对俄国的克里米亚战争和撒丁王国对粤地利的战争，在殖民扩张上也出尽风头。继将大部分撒哈拉大沙漠并入法国领地之后，法国又于1861年开始了对墨西哥的军事远征。差不多与此同时，它的军队又与英国人一道，干起武装侵华的勾当，并利用越南统治集团间的内讧和混战，逐步扩张其在印度、中国的势力，于1867年确立了对越南南部的殖民统治权。值得注意的是，在这些对外战争和殖民扩张中，虽然法国的外交目的并未全部达到。甚至法国还因此陷入难以自拔的外交陷阱，但是在军事上，法国却所向披靡，战无不胜，已经给世人造成一种无与匹敌的强大印象。"在1856年巴黎和会上，法国是以欧洲最大强国的姿态出现的"①，这是人所共知的历史事实。

　　因此，当普法战争爆发后，不知双方底蕴的局外人几乎都没有料到法国会成为战败国。一位西方学者写道：

　　　　普遍感到惊奇的是，曾在克里米亚、墨西哥、意大利常胜的军队，从一开始就干得丢脸，特别是在战术上败于毛奇指挥的普

---

① 《英法德俄历史（1830—1917年）》上册，北京：商务印书馆，1972年，第190页。

鲁士人。[1]

很明显，如果人们对法军的惨败还有那么一点先见之明，就不至于对战争的结局"普遍感到惊奇"了。这位西方学者记述的主要是欧美社会的反应，至于昧于世界情势的中国官吏，就更是做梦也没想到普法战争会以法国的失败而告结束。1870年9月18日闽浙总督英桂奏折中的一段话，颇能说明这一点：

> 伏思津事迄无端绪，罗淑亚多方要求，彼之积虑处心，已可概见。此时不即用武者，或因该国现与布国构兵，无力分兵相挟，故先强我以必不能允之事，作和战未定之局，俟布国事息，而后突如其来，诡计阴谋，难逃洞察。……揣度法国情势，百端要挟，将来难保不至决裂。[2]

既然清廷要员还在为法国在收拾了普鲁士之后突然发动对华战争忧心忡忡，还能指望他们利用普法战争的新形势改变其既定办案方针吗？

如果再变更一个角度，从普法两国在远东军事力量的对比做一番研讨，问题或许会更加明白。前已述明。在欧洲，法国的军事力量较之普鲁士略逊一筹。但是在远东，尤其在中国，法国的军事力量却占据压倒优势。陆军就不用说了。普鲁士当时在东亚尚未部署

① 罗杰·劳·威廉斯：《欧洲简史·拿破仑以后》，吉林师大历史系翻译组译，长春：吉林人民出版社，1975年，第85页。
② 宝鋆编修：《筹办夷务始末·同治朝》卷七十六，第26—28页。

陆军部队，如果它企图在东亚与法国较量，可以动用的只有海军。但是，普鲁士派遣军舰常驻东亚海面的问题迟至1867年才由军政部和海军总司令部提出来会商。1868年1月，经国王批准，普鲁士才首次派遣两艘三桅军舰"亥尔塔"号和"迈都萨"号驻扎东亚。这两艘军舰分别于1869年3月和次年2月驶抵新加坡，从而宣告普鲁士"东亚船站"的建立。在此之前，普鲁士在日本横滨设立了一个海军仓库和一所医院。此外，尚有两艘准备派往中国的吃水浅的炮船，从1863年开始建造，天津教案发生时是否下水并派往中国，未见记载。这就是普鲁士在远东可以依恃的主要军事力量①。

　　显然，普鲁士在远东的这点军事力量是不足以与法国较量短长的。早在第二次鸦片战争中英法联军攻陷北塘大沽一役，法国出动的舰只（包括兵舰和运输船在内）便多达33只，陆军则出动了6300名士兵②。19世纪60年代后期，随着越南南部殖民地开辟，法国在远东的军事力量进一步增强。这一点，就连普鲁士方面也十分清楚。所以当普法战争的消息传来后，普鲁士设在新加坡海军站的司令瞿勒一直担心在东亚的普鲁士船只"在海战时将受到优势的法国海军的威胁"③。

　　普法双方在远东军事力量的这种强弱对比，不能不使清朝统治者在处理津案时小心谨慎，留有余地。这种审慎态度是任何一个有经验的政治家在处理涉外事件时都不可或缺的，因而尽管保守，却

---

① 施丢克尔：《十九世纪的德国与中国》，第75—77页。
② 蒋孟引：《第二次鸦片战争》，北京：生活·读书·新知三联书店，1965年，第189页。
③ 施丢克尔：《十九世纪的德国与中国》，第75—77页。

无可非议。

四、法国战败后清政府对津案的处理

或许有人会说，在法军色当败绩传来之前，清政府不敢贸然改变津案办案方针尚属情有可原，而当清政府获此信息后仍坚持前议，也就罪无可逭。这种意见也未见得理由充足。

前已述明，在当时通信手段落后的情况下，在欧洲发生的事变与中国人获得的信息之间，存在大约20天的时差。准此，则色当败绩传到中国官吏那里，已在同年9月底。这时，经长达百余天的反复交涉，天津教案已结案在即。第一批准备处置的"人犯"已在法军色当败绩信息为中方获悉之前的9月18日奏结，天津知府知县随即解交刑部，听候发落。第二批"人犯"也已定于10月7日前奏结。清政府之所以决定于此时了结津案，是因为在是否以天津府县抵命这一关键问题上，法国人已率先做出让步。这一点已由总理衙门写信告诉曾国藩，说是在府县抵命问题上，"洋人声口已松，决不至办重罪"[①]。这无疑是一种原则性的让步。因为教案发生后，罗淑亚一直坚持"必欲将天津府县正法"[②]。为达目的，不惜以武力相威胁。而清政府从一开始便将外国人的要求区分为"理所能允之事"与"理所不能允之事"，认为"凶手"抵命和偿付赔款乃

---

① 《曾国藩全集·家书》（二），第1389页。
② 宝鋆编修：《筹办夷务始末·同治朝》卷七十四，第4页。

"理所能允之事"，而府县抵命则是"理所不能允之事"。表示若洋人强我以理所不能允之事，中国也只好破釜沉舟，与之相见疆场。天津教案的处理之所以迁延时日，久未定谳，原因在于就此问题相持不下。某种意义上甚至可以说，谁在这一问题上坚持到底，毫不让步，谁就获得了津案处理的体面结局。现在法国人已做出让步（很可能他们已先于清政府获悉色当之战的悲惨结局），这是清政府一直求之不得的结果。清政府怎么可能再节外生枝，把它所一再声言的"理所能允之事"也推倒重议呢？

况且在赔款问题上，洋人索价也不太高。在事件处理过程中，人们普遍估计中国将赔款甚巨。翰林院侍讲学士袁保恒说："窃意夷人此次积忿较深，索我赔款，必以千万计。"[1]但是在最后议赔时，洋人居然接受了不足50万两的赔款。这对在历次中外冲突中动辄被敲诈勒索成百上千万两白银的清政府来说，已经有些大喜过望，它怎么还会拒绝接受呢？除非清政府看到色当败绩已使法国陷入众叛亲离，孤立无援的窘境，否则它绝无理由幡然更改津案方针。而实际情况是：

　　法布构兵，法国为布人所围，几致破灭，而布使在京仍与法使联络一气……，英俄各国亦复彼此勾结，其交甚固。[2]

到9月24日，在已知色当之战结果的情况下，俄、德、英、美

① 宝鋆编修：《筹办夷务始末》同治朝卷七十五，第38—40页。
② 曾国藩著，江世荣编注：《曾国藩未刊信稿》，第290页。

四国公使还以中国办理津案"情重刑轻"为由，联衔照会总署，提出所谓"抗议"。显而易见，天津教案中清政府面临的众多对手之间有着休戚与共，利益攸关的关系。因此，即便是在获悉法国色当惨败的情况下，要清政府改变其办案方针也是不切实际的。

五、结论

近代中国的历史是一段充满屈辱、辛酸和苦痛的历史，在西方列强咄咄逼人的军事、政治、经济和外交攻势面前，清政府忍辱求和、节节退让，中国的国家主权大量丧失，中华民族的尊严严重受损，这一切，都与清政府奉行的"和戎"外交路线分不开。人们有充分理由指责清朝专制制度的腐朽，指责其外交政策丧权辱国，指责天津教案处理中清政府"杀民谢敌"的行径，却不能说清政府没有利用普法战争的形势改变其办案方针是一种失策。因为如上所述，普法战争虽在客观上为清政府改以强硬态度处理津案提供了某种可能，但由于通信条件限制，当清政府获得战争爆发信息时，津案的处理原则已定并以上谕形式昭示天下，加之普法战争爆发后远东国际关系特别是普法两国在远东的关系尚未改变，列强"协而谋我"的局面并未打破等重要因素，清政府利用普法交战之机来改变办案方针的可能性微乎其微。对于这个问题，学术界过去一直未能予以重视，而迄今学术界对清政府特别是对曾国藩的种种谴责，又多与对这一问题的忽略有关，这就势必削弱分析批判的说服力。笔者有感于斯而作此文，不知有补万一乎？

义和团"神术"与清廷对外宣战

　　1900年，中国发生了震惊世界的"拳乱"及清廷同时对英、美、德、俄、法、日、意、奥八国宣战的事件。这两起事件，因其事涉中外，复杂错综，旋起旋伏，迷离扑朔，引起中外学者浓厚的研究兴趣，有关论著，层出迭现，蔚为大观。然而，大概是因为"怪力乱神，圣人不语"吧，迄今为止，却很少见到具体深入研究义和团"神术"的文论，以致义和团"神术"究竟包含什么内容，国人信之若狂与当时的社会心理及中国传统文化有何内在联系，"神术"对清廷对外宣战的决策产生了什么影响，人们都知之不详。本文拟对此做一初步探讨，希望于深化义和团运动的研究有所裨益。

一、义和团"神术"的底蕴

义和团运动起自山东。庚子春，清朝统治者"导之入京师"[①]。旬月之间，风声所播，举国若狂，"上自邸第，下至寺人，无不以习拳为事"[②]。义和团能够在短时间内闹出如此大的声势，与其兜售的"神术"有关。刚毅尝盛赞义和团"有神术，具忠义"，并奏于朝廷，其他王公大臣亦"交口称义和团之神术"[③]。至于义和团的师兄们，更是"自恃神术"，为所欲为。大量的历史文献都提到义和团的"神术"，所谓"神术"究竟包含什么内容？鄙意以为，义和团的"神术"不过是传统气功术、巫术与武术的结合。

（一）"神术"中的气功成分

在义和团运动中，最让人津津乐道也最令人难以置信的恐怕莫过于刀枪不入一类法术。在这方面，当时的文人墨客留下大量的记载。李超琼记述团民演练刀枪不入的功夫道："将曙，则习拳及以刀击身，其状如醉迷，无定式，谓之上神。神附体，则枪炮刀戟不能伤也。"[④]刘以桐记道："德国诱拿义和团幼童一名，刀斫不动，枪打不入。正在杀之不能，放之不可之时，提督崇礼前往说

[①]　罗惇曧：《庚子国变记》，上海：上海书店出版社，1982年，第3页。
[②]　佚名：《综论义和团》，中国社会科学院近代史研究所近代史资料编辑组编：《义和团史料》上，北京：中国社会科学出版社，1982年，第159页。
[③]　李超琼：《庚子传信录》，《义和团史料》上，第208页。
[④]　李超琼：《庚子传信录》，《义和团史料》上，第208页。

合，劝令放出为是。"①艾声亦写道："看其出场跪阵，有两幼孩不过十岁，袒而试刀，自砍十余刀，砰訇有声，皮不伤……。较金钟罩尤易，然试刀，只能抗一刀；枪，亦只能避一枪。"②另外，所谓"拳民用刀指处，火焰立腾"③，"以细绳拴教堂脊，曳之应手而倒"④一类记载，更是俯拾皆是，举不胜举。

刀矛剑戟不能伤身的事，并不是什么不可思议的向壁虚构的神话，时人管鹤曾明确指出："拳匪自谓刀剑不入者，能于大众试之。用利刀自砍数十起落，无毫发伤，众皆咋舌称羡。不知此系运用气力，江湖卖技者多能之，乌足为奇。"⑤龙顾山人写诗记拳众之事曰："铁眉铁眼铁胸肩，铁佛中台坐铁莲。闻道三年工炼气，金钤秘诀有真传。"其自注云："彼中传说，谓其术受自金钤子，炼气三年，刀剑不入。"⑥由此可知，所谓刀剑不入，传统的气功术或有以致之。《易筋经》曾对气功做了具体解释："通身灵气，无处不行，气至则膜起，气行膜张，则膜与筋齐坚固。"用现代术语来说，即人体有一种特殊的物质"气"，练习气功的人，通过调心入静以意使气的锻炼，可以把体内散存的"气"集中到身体的特定部位，使之产生对异物撞击的巨大缓冲力。

但是，由"气"所产生的缓冲力毕竟有限，一些不明个中道

---

① 刘以桐：《民教相仇都门闻见录》，中国史学会编：《义和团》（二），上海：上海人民出版社，1957年，第185页。

② 艾声：《拳匪纪略》，中国史学会编：《义和团》（一），上海：上海人民出版社，1957年，第460页。

③ 管鹤：《拳匪闻见录》，中国史学会编：《义和团》（一），第468页。

④ 艾声：《拳匪纪略》，中国史学会编：《义和团》（一），第458页。

⑤ 管鹤：《拳匪闻见录》，中国史学会编：《义和团》（一），第490页。

⑥ 龙顾山人：《庚子诗鉴》，《义和团史料》上，第36页，

理的义和团师兄常常为此付出生命的代价。王锡彤记录了这样一件事：

> 有滑县人投局求见，自云能避枪炮。余告岑观察曰："此义和拳来试探也，试以快枪击之。"观察曰："甚善"。明日集官绅于局，传亲兵擎快枪，呼作法者来。曰："汝能避枪炮乎？"嗷应曰："能"。曰："能，将试尔何如？"因袒其胸口，念念有词。亲军二人瞄准击之，呼訇一声，作法人倒地死矣。

王锡彤分析说："盖鸟枪土炮之类，实火药纳砂子，其力几何，有硬工人固能抵抗，若后膛枪炮以硬肚搪之，恶有不穿肠而过者？"[①]

大量失误之后，弄虚作假的手法应运而生。据《庚子使馆被围记》载：一位义和团首领在大庭广众之下表演避弹之术，他先将火药填入枪中并顺势扳下枪上活塞，接着装上子弹，举枪作势，以告众人。围观者但见火光爆发，轰然作响，而试枪之拳民，安然无恙，于是"群相惊异，谓拳民真有避枪炮之神术，哗然赞美"。但事实上，当该拳民试枪之前，"其枪塞已落，先虽以弹实入，而放时则已脱出，但其手术甚巧，而人不及知耳"[②]。弄虚作假的成分到底有多大？无法统计，不便妄下断语。但由义和团运动起事仓促，团内师兄弟大多练功不久可以推知，其真实成分绝不会太多。

---

① 王锡彤：《河朔前尘》，《义和团史料》上，第421页。
② 朴笛南姆·威尔：《庚子使馆被围记》，中国史学会编：《义和团》（二），第207页。

（二）"神术"中的巫术成分义

和团系山东冠县一带流行的义和拳会合鲁西北的神拳以及大刀会、红拳会等秘密组织而成。义和拳本不带巫风，至今山东冠县一带还有义和拳"不念咒，不喝符"的传言[1]。但当其与神拳会等组织融汇而成义和团之后，也就穿上一般秘密社会组织所共有的古老而神秘的巫服。

我们不妨循着社会人类学家研究巫术时形成的"三位一体"认知模式，从仪式、咒语与禁忌三方面对义和团的巫术做一番探讨。

先看仪式。时人仲芳氏记述义和团以巫术焚烧教民房屋的场景曰：

> 凡焚烧之法，众团民面向东南躬身，口诵咒语四句，立能请神附身，名曰"上法"。登时形色改变，拧眉瞪目，力携千斤，声音喘呼，似忿怒之状。遂手执宝剑或搯剑诀，先向前后左右非奉教人家四面指画，火即不能延及四邻。然后各举点着高香一股，在欲烧之房前跪齐，……叩头碰地，口中似念咒语，将手中之香向房内抛掷，立时火发。[2]

这恐怕要算对义和团巫术仪式最为完整的记述。从这条史料可以看出，义和团在以巫术焚烧教民房屋时，其仪式至少包含焚香、

---

[1]　山东大学历史系中国近代史教研室编：《山东义和团调查资料选编》，济南：齐鲁书社，1980年，第267页。

[2]　仲芳氏：《庚子记事》，北京：中华书局，1978年，第12页。

跪拜、请神以及情绪表演四方面内容。义和团其他活动中的巫术仪式亦大抵类此。所不同者，只在先后次第的差异。在一般情况下，焚香是为了祭祀诸神并宣布巫术活动的开始，这在义和团的巫术仪式中是必不可少的。跪拜是向诸神表示尊敬以及表白巫师内心的虔诚。拳民表演巫术时，不仅自己要下跪，即旁站看热闹之人亦令下跪。因为深信"心诚则灵"，所以跪拜仪式往往做得十分恭谨。请神是义和团巫术仪式中最引人注目的内容。大概义和团的师兄们感到，他们演示的超人本领如果让人看来是出自凡夫俗子，势必削弱人们对它的迷信，因而为之披上一层神秘的外衣。所谓请神即诈称诸神下凡附体，"其附体则以王禅、杨戬、武松、黄飞虎、罗吒诸名"[①]。另外，尚有"请关帝、张桓侯、赵云者，有请孙猴、沙僧、猪八戒者，有请姜太公、黄飞虎、岳武穆者，更有请黄三太、窦二墩者，大抵所假之名，多系野史演义书中之人"[②]。英国文化人类学家马林诺夫斯基认为，"神话的征引，征引巫术所本的祖先与文化英雄"，是巫术仪式中"所没有的成分"，认为这只是咒语的内容[③]。如果马氏所言反映了某种普遍现象，那么，这里显然是一个例外，因为义和团的请神仪式与念咒语是合二而一的。情绪表演是"巫术行为底核心"，也是义和团仪式的基本内容。从上引仲芳氏一语中，可以清楚看到这种表演。此外，尚有单纯模仿诸神动作与习性的。例如，"附神之刘备，日夜号哭，关、张、赵皆粗鲁

---

① 《山东巡抚袁世凯折》，故宫博物院明清档案部编：《义和团档案史料》上册，北京：中华书局，1959年，第93页。
② 仲芳氏：《庚子记事》，第18页。
③ 马林诺夫斯基：《巫术科学宗教与神话》，李安宅译，北京：中国民间文艺出版社，1986年，第57页。

之夫"[1]；猪八戒附体之人，则"忽倒在平地，向四处乱爬，唇上粘了许多泥土"；而孙悟空附体之人，则"又耍金箍棒，又要上树"[2]。这样做的目的与请神一样，在于造成特殊的神秘感，增强自信与他人的迷信。

次看咒语。义和团的咒语多与请神有关。如《庚子莾蜂录》中所录"避枪炮火咒"曰：

> 北方洞门开，洞中请出枪佛来。铁神铁庙铁莲台，铁人铁衣铁避塞，止住风火不能来。天地玄黄，日月照我。[3]

咒中"枪佛"，显系拳民视为能避枪炮之神，其居处穿戴皆以铁制，故被认为有刀枪不入之神术。又如《天津一月记》记义和团民请神时所念咒语道：

> 其练法初则念咒数语，神即附体，而其咒语，又各不同。一咒云："快马一鞭，几山老君，一指天门开，二指地门来〔开〕，要学武技，请师傅来。"又一咒曰："义气服人多，求老祖速降。"[4]

---

[1]　艾声：《拳匪纪略》，中国史学会编：《义和团》（一），第460页。
[2]　董作宾：《庚子佚事》，《义和团史料》上，第505页。
[3]　王火选辑：《义和团杂记·五》，《近代史资料》1957年第1期，北京：知识产权出版社，2006年，第7页。
[4]　佚名：《天津一月记》，中国史学会编：《义和团》（二），第145页。

　　另外，还有"我求西方圣母阿弥陀佛"①之类。这些咒语，无一不是在请神附体。在义和团运动中，我们尚未找到一个直接利用咒语来施展巫力，以达到预期目的的实例。由此可以看到义和团巫术与一般巫术的一大区别，即不是通过念咒来直接达到目的，而是企图以念咒请神来增强自身的力量，间接达到目的。由于这一区别的存在，义和团咒语的"巫力"也就较小，其"神术"中的巫风性质亦相对薄弱。

　　再看禁忌。以人类学眼光观察，即使是在野蛮或半开化的社会，人们也并不认为巫术法力无边，因为"没有一个巫术不是坚信有个相反的巫术的，这个反巫术倘若力量较大，便会完全取消前项巫术底效力"②。于是产生了巫术中的禁忌。义和团的巫术也不例外。义和团巫术主要有三大禁忌：一是禁见秽物。凡血污及妇女贴身之物等在拳民眼中皆为"秽物"，都会影响"神术"的施展，使神不附体。二是忌贪财。凡身外之物不妄取分毫，否则就会冲掉"神术"中的巫力。三是忌茹荤饮酒。此忌与佛门之忌相类，原因大概与义和团师兄受僧众影响有关。总之，禁忌是义和团巫术中不可或缺的内容。袁昶曾记述说："其法择一净地，立一坛，曰团。……立意先吃素，最怕妇人冲，不准抢掠爱财。"③这一记述无疑为研究义和团巫术中的禁忌提供了依据。

---

① 佐原笃介、沤隐：《拳事杂记》，中国史学会编：《义和团》（一），第238—239页。
② 马林诺夫斯基：《巫术科学宗教与神话》，第73页。
③ 袁昶：《乱中日记残稿》，中国史学会编：《义和团》（一），第345页。

（三）"神术"中的武术成分

武术在义和团"神术"中的地位亦不容忽视。义和团以义和拳为前身，融大刀会、红拳会等民间秘密组织而成，这些组织大多以舞拳弄棒闻名，他们在各地广设拳厂，"随地传习，与村塾同"[①]。加入这些组织的人，都要跟从拳师学习"踢脚、甩手""跑架子"[②]等击技招数，"日夜操练刀矛拳法"[③]，其中一些人还能做到"刀枪锤械各项技艺娴熟"[④]。武术是义和团"神术"中较有实用价值的部分，团民冲锋陷阵，多赖此本领。但精通武术颇不容易，故团民多趋易避难，把主要精力用于表演巫术，所谓"入其教者，虽名为习拳练技，实为演诵符咒，诡称神灵附体"[⑤]，即这种状况的客观记录。

综之，义和团的"神术"并不神，不过是传统气功术、巫术与武术的结合。被人说得玄之又玄的义和团刀枪不入一类功夫虽然可能有少许信实成分，但更多的则是恣意夸张与弄虚作假。艾声在评论义和团"神术"时尝出以"小试辄验，临战则否"[⑥]八个字，这八个字恰如其分地道出义和团"神术"的真假与虚实，道尽了义和

---

① 《彭虞孙致总署函附清折》，《总署档》，光绪二十五年八月二十六日。
② 山东大学历史系中国近代史教研室编：《山东义和团调查资料选编》，济南：齐鲁书社，1980年，第200—201页。
③ 佚名：《西巡回銮始末记》卷二，吴相湘主编：《中国史学丛书》续编影印本，第27辑，台北：台湾学生书局，出版时间不详，第50—105页。
④ 佐原笃介、沤隐：《拳事杂记》，中国史学会编：《义和团》（一），第240页。
⑤ 《山东巡抚袁世凯折》，故宫博物院明清档案部编：《义和团档案史料》上册，第93页。
⑥ 艾声：《拳匪纪略》，中国史学会编：《义和团》（一），第444页。

团"神术"的全部底蕴。

二、"神术"盛行的社会基础与文化背景

义和团"神术"的底蕴已略述于前。很明显，所谓"神术"，不过是"人术"，并无神奇之处。然而在当时，不仅"乡野村庄，十有九信"①，而且府邸王公，亦"交口称义和团之神术"②。在京畿东南各属，义和团"一倡百和，从者如归"③；在天津，"人亦颇信其有"④；在山东，信奉义和团"神术"之人，不仅"各州县村庄，几乎无处无之"，就连封建统治者视为圣贤桑梓重地的曲阜，也弄得"邪说诐行，错出其间"⑤。人们会问，究竟是什么原因造成这种举国上下信之若狂的局面？

研究这一问题，自然还得从"神术"本身入手。如前所述，义和团的"神术"是传统气功术、巫术和武术的结合，虽然其中包含大量弄虚作假和恣意夸张的成分，但也存在少量信实的内容。而问题的关键恰恰就在这点真实内容上。不庸讳言，义和团的"神术"并没有帮助团民成就"扶清灭洋"之功，义和团运动的最终失败更是以事实宣告"神术"不可依恃。然而，过去人们普遍看到这

---

①　佚名：《遇难日记》，中国史学会编：《义和团》（二），第161页。
②　佚名：《综论义和团》，《义和团史料》上，第159页。
③　胡思敬：《驴背集》，中国史学会编：《义和团》（二），第485页。
④　佚名：《天津一月记》，中国史学会编：《义和团》（二），第153—154页。
⑤　中国社会科学院近代史研究所，中国第一历史档案馆编：《筹笔偶存》卷十、卷十一，北京：中国社会科学出版社，1983年，第332、388页。

一事实而忽视了另一个真实的历史存在，即义和团"神术"的"小试辄验"。团民并非全在兜售骗术，那些自谓刀枪不入的团民，大都"能于大众试之"，"用利刀自砍数十起落，无毫发伤"，致使"众皆咋舌称羡"①。而传言义和团"神术"的人也并不全是人云亦云。曾经感叹义和团"术亦奇矣"的仲芳氏之所以叹奇，一个重要的原因在于，"刀剑剁在团民皮肉之上，只有白道，并不出血，予曾亲见也"②。《拳教》一文的作者周运镛更是以十分肯定的语气写道：义和团的一些功夫精深的师兄，确实能够"任人刃之不伤，火之不热，枪之不燃，此实大众所目击者"③。史实表明，人们对义和团"惊以为神"，首先是因为"神术""试有小验"④。如果连这么点起码的事实基础也没有，当时的民众恐怕也不会愚蠢到信之若狂的地步。

对于"神术"的不验，对于有目共睹的"临战辄否"这类相反的事实，义和团则有一套巧妙的解释，这就是前面已经提到的禁忌说。比如围攻西什库教堂一役，团民攻之一月不下，乃解释说："此处与别处教堂不同，堂内墙壁，俱用人皮粘贴，人血涂抹……。故团民请神上体，行至楼前，被邪秽所冲，神即下法，不能前进，是以难以焚烧。"又如攻打紫竹林车站一役，团民伤亡甚重，于是有一位自称各团总师傅的人出来，诈称"曾到紫竹林察看形势"，发现一空室内有三瓮，"一贮人血，一贮人心，一贮人

---

① 管鹤：《拳匪闻见录》，中国史学会编：《义和团》（一），第490页。
② 仲芳氏：《庚子记事》，第12页。
③ 周运镛：《拳教》，《义和团史料》下，第855页。
④ 仲芳氏：《庚子记事》，第28页。下段所引资料未注明者同此出处。

眼",另外,"各洋楼架大炮甚多,每炮皆有一赤身妇女跨其上,所以避炮之法不能行"①。对于这类解释,人们是比较容易接受的。中国自古以来就有五行相生相克的学说,认为任何事物都有其对立面,都有其特殊的"镇物"与"克星"。由于有这种普遍认同的传统的"镇物"说,所以时人多不以义和团的自饰之辞为荒谬。

此外,义和团似乎已朦胧意识到,他们所夸耀的"神术"真实内容毕竟太少,要使人们普遍相信绝非易事,于是在宣传其"神术"时,又利用人们的避祸心理,做其手脚,企图造成一种让人非信不可的社会心理环境。其具体办法是广为散发传单揭贴,在宣传"神术"的同时,极力宣扬庚子"劫年"说,渲染"壬子不算苦","庚子才算苦",到时候必将出现"神追鬼又叫""人死大半"的悲惨景象。解脱办法是,对"神术"要"千万千万诚信"②,要主动传递揭贴,骇人听闻地说什么"传一张免一身之灾,传十张免一家之灾,见者不传吐血而亡"③。在这人为造成的恐怖氛围之中,那些本来不信"神术"的人出于避祸的考虑,也就只好人云亦云。《拳匪闻见录》记载了一个极为生动又颇具说服力的事例,作者写道:

> 余寓青县刘姓家,刘翁故稍读书者。一日,呼余出看红灯
> 罩。指空中黑云一片曰:"此中无数红衣女子,即红灯罩也。"
> 余无所睹,而途人纷纷传说,指天画地,确切不移,刘翁亦随声

---

① 佚名:《天津一月记》,中国史学会编:《义和团》(二),第151页。
② 《义和团杂记》,《近代史资料》1957年1期,第4—11页。
③ 《龙关县新志》卷十七《杂志志》,1933年铅印本,第5页。

附和，哓哓不休。余不解，后始悟刘翁实为保身计，故不觉以假面孔向余也。①

人们盲目信从"神术"的另一重要原因在于当时国人文化知识水平的普遍低下。从信奉并参加义和团的人的年龄结构上看，很明显的是年幼无知者居多，年长而有阅历者较少。例如，在北京，"演习义和拳者，童子居多"②。在天津，"团中童子甚多，有年仅八九岁者"③。在新城，习拳之人，"大仅弱冠，小十龄"④。在雄县，拳厂中"皆十三四岁小儿，最小不过八岁"⑤。虽然运动高涨之后，壮丁亦相率从之，但以青少年为主力的基本年龄结构并未改变。至于红灯照，则更是"皆处女为之"⑥，"取十八岁以下至十二岁以上闺女"为之，年龄稍长者不与焉⑦。从地域分布上看，崇信"神术"的人显然是农村居多，城市较少。从职业构成上看，虽然各行各业均不乏其人，但团中基干却无疑是"粗食布衣""有朴实耐劳之气象"⑧的庄稼人。从种族构成上看，若不分朝野，固然是汉族居多，满族较少。但若仅就统治者中信奉"神术"的人分析，则显然是满族居多，汉族较少。而满人中信之者，

① 管鹤：《拳匪闻见录》，中国史学会编：《义和团》（一），第488页。
② 佐原笃介、沤隐：《拳事杂记》，中国史学会编：《义和团》（一），第240页。
③ 佚名：《天津一月记》，中国史学会编：《义和团》（二），第145页。
④ 艾声：《拳匪纪略》，中国史学会编：《义和团》（一），第460页。
⑤ 佐原笃介、沤隐：《拳事杂记》，中国史学会编：《义和团》（一），第251页。
⑥ 龙顾山人：《庚子诗鉴》，《义和团史料》上，第34页。
⑦ 袁昶：《乱中日记残稿》，中国史学会编：《义和团》（一），第346页。
⑧ 仲芳氏：《庚子记事》，第25页。

又多为"八旗子弟之列显要者"①。

这种特殊的年龄结构、地域分布、职业构成以及种族结构与信奉"神术"到底存在一种什么关系？当时有人认为：义和团的"神术""须至愚及无知幼孩始能学，稍有知识，则神不附体矣"②。这一解释虽迹近荒谬，却于无意中揭示，愚昧无知乃是滋生封建时代各种超人"奇迹"的温床。

然而可否认为，人们对义和团"神术"的崇信主要是建筑在"神术"所具有的那么一点微乎其微的真实性以及人们普遍的愚昧无知的基础之上呢？不可以。因为类似义和团"神术"的法术，在中国是古已有之，像气功、金钟罩、巫术这些玩意并非义和团首创，中国民众的知识水平也并非今不如古，但庚子以前却没有任何一个朝代或时期出现过像义和团运动期间举国上下狂热信崇"神术"的现象。这不能不促使我们从更深层次去寻求问题的解答。而一旦这样做就会发现，当时民众若痴若狂地信奉义和团"神术"，与普遍存在的"仇教"心理有密切联系。《庚子纪闻》的作者刘福姚指出：义和团"所云率荒诞可笑，而愚民多信之，以仇教之说得人心故也"③。刘氏所言无疑击中了问题的要害。

但是，为什么"仇教"之说会在民众心理上引起强烈的共鸣呢？首先应当指出，这是因为东西列强的野蛮侵略、一些传教士的所作所为，严重损害了中国人民的利益，伤害了中国人民的感情。由于列强及一些传教士的所作所为激起中国民众的仇恨，所

---

① 佚名：《综论义和团》，《义和团史料》上，第159页。
② 艾声：《拳匪纪略》，中国史学会编：《义和团》（一），第460页。
③ 刘福姚：《庚子纪闻》，《义和团史料》上，第223页。

以，但凡可以使人宣泄其愤懑情绪的宣传，人们都喜闻乐道。比如义和团曾夸海口说，学其"神术"，"可以远赴东洋，索还让地并偿二万万之款"①，说"日本国京城，亦被红灯照用法术烧去一半"，这本是不难识破的谎言，但"闻者信之"②。很明显，这种现象与其理解为民众真正相信如此，毋宁理解成他们真诚地希望如此，而这种希望，正是与"仇教""仇外"心理连在一起的。

除了心理因素，义和团"仇教""仇外"之说得人心，尚与中国传统文化已使民众形成某种认识定势，因而近乎"本能"地对异质文化持排斥态度。人所共知，以儒学为主体的传统文化已渗透于中国社会各阶层，成为中国社会的一种观念形态和精神支柱。儒学有一整套包括在"仁"与"礼"之中的道德观念及行为规范。"仁者爱人"，"礼"则包含维护宗法等级制的所谓君臣、父子、夫妇伦常。这种道德观念和行为规范不仅受到历代封建统治者推崇，也为大多数中国民众认同。所谓"从古至今，自天子以至于庶人，未有不从尧舜禹汤文武周公孔子之教者"③，就是对近代以前国人精神信仰的总结与概括。这种在长期历史发展中形成的精神信仰，与西方资本主义近代精神、基督教教义以及传教士的言行冰炭难容。中国人多崇奉君权，而外国人则倡导民权。中国人多主张以神道设教，搞多神崇拜，而传教士则独尊造物主上帝，不承认其他偶像。中国人看重宗法血缘关系，强调敬奉祖宗及血缘群体的共同利益，而外国人则重视个人的

① 佐原笃介、沤隐：《拳事杂记》，中国史学会编：《义和团》（一），第244页。
② 刘孟扬：《天津拳匪变乱纪事》，中国史学会编：《义和团》（二），第37页。
③ 蒋敦复：《啸古堂文集》卷三，同治七年刊本，第17—18页。

独创精神，对祖宗表示出某种程度的漠视。另外，中国人重男尊女卑说教，宣扬男女授受不亲，而外国人则主张男女平等，视男女交往为正常。凡此种种，不一而足。中西两种文化的优劣姑不具论，问题在于，当时大多数国人都是以中国传统文化作为唯一的价值尺度，来衡量外来文化。这就构成了义和团"仇教"及"仇外"的一大原因。有一则义和团乩语颇能说明这一点，文曰：

> 神助拳，义和团，只因鬼子闹中原。劝奉教，自信天，不信神，忘祖先。男无伦，女行奸，鬼孩俱是子母产；如不信，仔细看，鬼子眼睛俱发蓝。天无雨，地焦旱，全是教堂止住天。①

在这里，除了能看到中西两种文化的强烈对比与反差和由此引起的仇教情绪外，人们还能看到些什么呢？

以上所论包含两方面，一为当时民众"仇教"的外因，一为内因。两大因素交织一起，难分主次，难辨是非。从外因方面考察，民众"仇教"显系外来侵略引起的抗争性反应；然而从内因方面考察，民众"仇教"又带有因本土文化先入为主不加区别地仇视"异端"的盲目性。由于民众普遍仇教，也由于在反侵略斗争中对外国的坚船利炮无计可施，人们只好到自身之外去寻求克敌制胜的力量。于是，义和团的"神术"也就迅速找到了它的膜拜者。

---

① 《庚子拳蜂录》，《近代史资料》1957年第1期，第18—21页。

三、"神术"进宫与清廷对外宣战

1900年6月21日，清廷颁布上谕，决定对英、美、德、法、俄、日、意、奥八国宣战。这一疯狂的举动，不仅令外国人瞠目结舌，大为震惊，也使国人深为不解。时人鹿完天满怀疑惑地写道："以极弱之国，而欲敌天下群雄之邦。如孟子云：以一服八，何以异于邹敌楚哉？"[1]一些近代史学者在研究这一事件时，甚至怀疑"宣战"之真假，做出"假宣战"的解释。然而，当进一步研究义和团"神术"，研究统治者是如何欣喜若狂地看待义和团的"神术"时，人们面前的疑惑就会涣然冰释。

义和团"神术"源自民间，崇奉它的人自然首先是处于社会底层的民众。清朝的王公大臣最初是从来自地方的奏报中偶闻其事，但大多视为"邪术"，未加理会。但是，当刚毅、赵舒翘等人出视山东，将义和团导入京师之后，情况发生了变化。那些能够对朝廷和战方针起决策作用的王公大臣乃至慈禧太后，在亲自看见义和团"神术"之后，都"视若神奇"[2]，认为"可恃一战"[3]。这种有恃无恐的心理，是清廷对外宣战的极为重要的原因。为说明这一

---

[1] 鹿完天：《庚子北京事变纪略》，中国史学会编：《义和团》（二），第435页。

[2] 杨儒：《俄事纪闻》，中国社会科学院近代史资料编辑组编：《杨儒庚辛存稿》卷下，北京：中国社会科学出版社，1980年，第132页。

[3] 刘孟扬：《天津拳匪变乱纪事》，中国史学会编：《义和团》（二），第20页。

点，我们不妨分别对汉族顽固大臣、满族王公大臣以及慈禧太后对义和团"神术"的认识，做一番具体考察。

义和团运动期间，汉族顽固大臣以徐桐为代表。徐桐在光绪时期堪称"先朝耆旧"，曾任同治帝师傅，先后担任礼部及吏部尚书、协办大学士、体仁阁大学士，素负理学盛名，极端守旧，门人谈西学者，皆不许入见。义和团运动兴起后，他喜不自禁，对人说："此天意也，异种自此绝矣"①，对"神术""信之最笃"②。据胡思敬《驴背集》记载，有人去劝说徐桐不要倚仗义和团"妖术"以"平寇"，徐桐应曰："轮车、电邮、机械，百出洋人，亦妖术耳。譬彼治疮，以毒攻毒，疾且疗矣。"说客复问道："然则中堂能保拳民之必胜乎？"徐桐答曰："拳民，神也；夷人，鬼也。以神去鬼，何勿胜之有！"③为表示对义和团及其"神术"的推崇，徐桐还专门书赠义和团一副对联："创千古未有奇闻，非左非邪，攻异端而正人心，忠孝节廉，祇此精神未泯；为斯世少留佳话，一惊一喜，仗神威以寒夷胆，农工商贾，于今怨恨能消。"可见徐桐对义和团的推崇确实是"出于至诚"④。

徐桐之外，其他顽固大臣亦多信团、袒团，推崇义和团的"神术"。比如赵舒翘，身负刑部尚书、军机大臣重任，却立意守旧。义和团运动兴起后，奉太后之旨赴涿州一带探视义和团虚实，返京

---

① 胡思敬：《驴背集》，中国史学会编：《义和团》（二），第484页。
② 佚名：《西巡回銮始末记》卷二，吴相湘主编：《中国史学丛书》续编影印本，第27辑，台北：台湾学生书局，出版时间不详，第50—105页。
③ 故思敬：《驴背集》，中国史学会编：《义和团》（二），第484页。
④ 佚名：《西巡回銮始末记》卷二，吴相湘主编：《中国史学丛书》续编影印本，第27辑，第50—105页。

后，不仅盛赞义和团"有神术，具忠义，奏之于朝"，而且"将团匪头目带领引见"[1]，造成恶劣影响。

满族王公大臣对义和团"神术"的崇信较之徐桐、赵舒翘等汉大臣不稍减色。有关史料，既多且杂，请看下表：

表 11　满族王公大臣崇信"神术"情况表

姓氏	官爵	崇奉"神术"之言行	资料来源
载漪	辅国公	宴"贼目"于邸第	故思敬《驴背集》卷一
载澜	辅国公	"澜公府早已设坛"	艾声《拳匪纪略》
载勋	亲王	"信拳匪为真神下凡"	刘孟扬《天津拳匪变乱纪事》
载濂	贝勒	"拳民总宜善抚"	《义和团档案史料》上
崇绮	辅国公	与徐桐"同声赞助"义和拳	故思敬《驴背集》卷一
崇礼	步军统领	拒彭述剿团之请	李超琼《庚子传信录》
溥儁	大阿哥	"于颐和园隙地练拳"	龙顾山人《庚子诗鉴》卷一
刚毅	协办大学士	认为团民确能"避刀避枪"	《义和团档案史料》上
裕禄	直督	奏称曹福田等人"均尚可用"	《义和团档案史料》上
启秀	尚书	谓义和团"可胜攻打西什库之任"	赵声伯《庚子纪事长札》
文瑞	祭酒	"曾习义和团［拳］"	《高枏日记》卷三

没有必要也不可能穷尽全部史料，仅此数例，已不难看出满族王公大臣信奉义和团及其"神术"决非个别现象。身居枢要的满族王公大臣，除荣禄、立山等少数几人外，几乎都信奉义和团"神术"。所谓"八旗子弟之列显要者，以大阿哥为其所出，无不

---

[1]　佚名：《综论义和团》，《义和团史料》上，第156—157页。

望风承旨，交口称义和团之神术"①，即这种状况的客观记述。值得注意的是，满族王公大臣不仅普遍信奉义和团及其"神术"，他们中一些人还加入义和团，私设拳厂，练习"神术"。比如辅国公载澜，就曾在太和殿及其府邸设坛，因被光绪帝查知而"受罚"②。此外，"朱邸贝子左右皆习此"③。"满祭酒文瑞曾习义和团（拳），在端王坛上，挺着大腹，刀砍不入者也。"④这些王公大臣，除了本身具有权势，容易使在下者望风承旨外，还常常出入禁中，若太后亦轻信其言，为害也就可想而知。

那么，作为清廷最高决策者的西太后又是怎样看待义和团"神术"呢？

西太后最初并不信团。有两件事足以证明这一点。《庚子诗鉴》说，大阿哥溥儁因慕拳术，尝与数宫监于颐和园隙地练拳，"为太后见，立召入，切责之，并责徐桐等不善教导，致蹈此下流之习"。此其一。恭忠亲王之女居宫中时，"亦设坛私邸，豢拳众至二百余人"，因"慈禧圣意未决，不敢遽奏"。此其二。这两件事，"皆足证孝钦初意不尚拳也"⑤。

西太后最初虽不信义和团"神术"，但对列强粗暴干涉清廷内部事务，她一直心怀不满，对基督教，她更是明确表示过憎恨。因而从思想感情上讲，义和团"扶清灭洋"的主张和"仇教"宣传对她是有巨大亲和力的。她只是尚未亲眼见到"货真价实"的义和团

①　佚名：《综论义和团》，《义和团史料》上，第159页。
②　罗正钧：《劬庵官书拾存》，《义和团史料》上，第369页。
③　高枏：《高枏日记》，见《庚子记事》，第160页。
④　高枏：《高枏日记》，见《庚子记事》，第205页。
⑤　龙顾山人：《庚子诗鉴》，《义和团史料》上，第38页。

的"神术"，一旦见到，她对义和团的态度就会幡然改变。

　　为改变西太后的态度，清廷王公贵族及顽固大臣们使尽了浑身解数。他们不仅大肆向西太后渲染义和团的"神术"，而且将义和团师兄引进宫中，为西太后表演"刀枪不入"。据佚名《遇难日记》载：

> 荣中堂（应为刚毅）、赵尚书查办此事，与义和团首领相遇，探问其所学，大旨如前所传谣言，又从而张大之。二人不察真伪，反将团首带领进京，引见太后……。令在御前小试其技，亦有一二可观，试以枪弹，果然不入。①

《拳乱纪闻》载：

> 团中头目李来中，系陕西人……。前曾由董军门引至内廷，经召见两次。②

《清宫二年纪》记西太后事后的回忆说：

> 一天端王带领拳民头儿到颐和园……。他说这头目的法力极大，可以杀尽洋人，不畏枪炮，有诸神一直保护着。端王又说他已亲自试验过，有一个拳民用枪打另一个，子弹打中了，他却并

---

① 佚名：《遇难日记》，中国史学会编：《义和团》（二），第165页。
② 佐原笃介、沤隐：《拳乱纪闻》，中国史学会编：《义和团》（一），第137页。

没有受一些伤。①

　　宫廷内侍对西太后转而信奉"神术"也有所影响。义和团进京以后，"神术"很快传入宫中。先是"内监之籍津、河二郡者"称誉此术，"谓为天遣神兵神将八百万下界附体于此。乡民要保清灭洋，杀尽洋人，以吐中朝之气"②。不久，"宫中内侍……学习拳棒，附入义和团者，业已不少"③。在宫廷内侍中，能对西太后直接产生影响的是总管太监李莲英。李莲英"欲以拳打洋"，故对义和团奉若神明，不仅常将其所睹之"神术"为老佛爷陈述，而且"召义和团入宫，列八卦阵，太后拜受灵符"④。

　　西太后本来就仇视列强与洋教，具有接受义和团"神术"的心理基础。当宫廷内外群口一辞赞颂义和团"神术"时，她很快就从最初的"不信团"，转变为"难拒众说"⑤，倾向于相信；而当她亲自看见义和团"神术"之后，也就最终变为"深信不疑"⑥。

　　西太后从"不信"转变为"笃信"义和团"神术"，对朝廷对外宣战起了决定性作用。没有西太后这一转变，朝廷绝无胆量同时向八国宣战。《综论义和团》一文留下一段珍贵的御前会议记录，足以证明这一点：

① 德龄：《清宫二年记——清宫中的真实写照》，顾秋心译述，昆明：云南人民出版社，1981年，第187页。
② 袁昶：《乱中日记残稿》，中国史学会编：《义和团》（一），第347页。
③ 佐原笃介、沤隐：《拳乱纪闻》，中国史学会编：《义和团》（一），第122页
④ 高树：《金銮琐记》，《义和团史料》下，第729页。
⑤ 高枬：《高枬日记》，见《庚子记事》，第160页。
⑥ 佚名：《综论义和团》，《义和团史料》上，第163页。

是日（五月二十日）一点钟，召见王公、贝勒、六部、九卿……。太后宣布开战之议。王协揆、许尚书、恽阁学……皆力争。许云："现在各国兵舰云集，万不能战。"刚（毅）云："有团足恃"。袁（昶）云："臣曾微服往交民巷，见团匪中枪而死者伏尸遍地，并不能避枪炮，究不足恃。"太后云："此系土匪，决非团民；若系团民，决不至中枪炮。"……而开战之议遂定。①

显然，清廷之所以最后定下"开战之议"，是因为西太后和顽固大臣都认为"有团足恃"。没有这种有恃无恐的心理，就不会有对外宣战的决定。因为要做出同时对八国宣战这种关系国家民族生死存亡的重大决策，不仅要依靠反抗外敌的思想基础，而且要依靠不畏外敌的心理基础，换句话说，不仅要想这么做，还要敢这么做。两方面基础，缺一不可。而对在近代对外战争中屡战屡败，早已被列强打怕，一谈对外战争就噤若寒蝉、不复称勇的清朝统治者来，后一方面基础尤为重要。遗憾的是，迄今学者基本只看到前者而忽略后者，不知清朝最高统治者目睹"神术"后的心理变化，所做清廷对外宣战原因的解释，自然缺乏说服力。

---

① 佚名：《综论义和团》，《义和团史料》上，第164—165页。

四、结论

综上所述，义和团"神术"是传统的气功术、巫术和武术的结合，其中虽然包含少许真实成分，但更多则是弄虚作假与恣意夸张。然而，由于当时民众知识能力极度低下，由于普遍存在"仇教"心理，因此，人们都以"宁信其真，不信其假"的态度来对待它，终于闹到举国信之若狂的可悲地步。在民众普遍信奉义和团"神术"的形势下，清朝最高统治者亦欣喜若狂。面对列强入侵，他们不思改良政治、经济、军事，却总是企图从传统文化中寻求现实保护，希望出现意外的奇迹。这就使他们具备了崇奉义和团"神术"的心理条件。结果，不仅顽固大臣及王公贵族信奉"神术"，而且西太后也对之"深信不疑"，从而导致同时对八国宣战这一疯狂的举动，给中华民族带来空前的灾难。

正当义和团运动兴起之时，管鹤说过这样一段发人深省的话："方今我国自知孱弱，而不求所以自强之方；第知仇人，而不求所以自立之道。愈不振，愈闭塞，愈羞愧，乃愈愤懑。一旦有以神术售者，恐将信而奉之，倩为御侮计。"①管鹤此语，不仅是对当时局势的预言，也可看作是对庚子拳变及清廷对外宣战原因的最好总结。

---

① 管鹤：《拳匪闻见录》，中国史学会编：《义和团》（一），第467页。

中国"非基督教运动"历史考察

日本学者山本条太郎等人在《远东季刊》（*Far Eastern Quarterly*）上撰文指出："1949年共产党获取大陆中国之前半个世纪，中国发生过两次规模巨大的反基督教运动：一次是1900年的义和团运动，一次是1922—1927年的非基督教运动。两次运动都引发了东西方冲突以及中国人反对外来文化的严重危机。"[①]山本等人把非基督教运动与义和团运动相提并论，意在强调这次运动在中国近代思想史及中外关系上的重要地位。其实，如果不是从中外关系史而是从思想文化史角度审视，非基督教运动达到的广度深度及所产生的影响，均远远超过义和团运动。义和团运动只是一次对外国列强侵略的郁愤情绪的爆发，多少带有盲目排外色彩；而非基督教运动则是知识精英对外来文化一次相对理性的

---

① Tatsuro and Sumiko, Yamamoto, "The Anti-Christian Movement in China, 1922-1927", *Far Eastern Quarterly (Hereafter FEQ),* XII (1953), p.133.

思考和批判，它对中国近代政治思想、学术文化、宗教信仰、教育科技乃至中外关系都产生了不容忽视的重大影响。遗憾的是，如此重要的历史事件，中国大陆学术界却基本没有学术性的研究成果。本文试就非基督教运动爆发的原因、过程及影响等做一初步探讨，以弥补既有研究的缺失。

一、"非基督教运动"爆发的原因

1922年4月4日，世界基督教学生同盟在北京清华学校召开第11届大会。会议召开前夕，教会方面广肆宣传，激起反动，成为持续数年的非基督教运动的导火线。

世界基督教学生同盟是一个国际性的基督教团体，1895年8月由美国人穆德发起成立。该同盟以大学生为活动对象，在各国推进"基督教学生运动"，宣扬基督教各派大联合的"普世教会运动"和改良主义。该同盟的宗旨是：联合全世界的学生基督教事业；搜集并布告各国学生状况；引导学生承认基督为唯一救主并为其信徒，加强学生的修灵生活，征募学生到全世界发展天国的工作①。

第一次世界大战前，该同盟已召开10次大会，其中在欧美召开8次，在土耳其和日本各1次。第11次大会地点之所以选择北京，按照教会人士的说法，"系过去九年间由我国基督教青年学生之热

---

① 《世界基督教学生同盟宪法》，《青年进步》1922年2月第50期，第81页。

心希望，派人赴上次大会欢迎而来"①。而穆德之所以同意中国基督教青年学生请求，据他事后解释，系因他"认清那时中国是反基督教运动斗争的重要地点"②。这就多少带有向中国方兴未艾的宗教批判进行挑战的意味。为配合同盟会议召开，中国基督教青年会主办的《青年进步》、世界基督教学生同盟刊物《学生世界》以及《中华归主》《生命》等刊物都推出"基督和世界改造"专号。不仅如此，"所有在华的基督教杂志都刊载文章，表达对基督教新时代到来的殷切希望"③。其中一些文章还详细介绍中华基督教青年会及其他教会团体在中国学生中活动的情况。这一切，对中国知识界特别是青年学生造成强烈刺激。

从内容看，这次会议也有许多让国人难以接受的方面。出席和列席会议的中外代表共七百余人。会议由穆德主持，主题是"基督与世界改造"④。除大会演讲外，会议还进行分组讨论。各组讨论的专题分别是：国际与种族问题；基督教与社会及实业界之改造；如何向现代学生宣传基督教；学校生活之基督化；学生在教会中的作用以及如何使女界基督教学生同盟会在世界上成为更强有力的团体⑤。不难看出，尽管会议有注重社会改造的内容，但促使"学校生活之基督化"仍是大会最重要的议题，这对已感受到教会学校竞争压力的中国学界来说，显然难以接受。尤其不能容忍的是，会上

①　《世界基督教学生同盟会纪》，《申报》1992年4月7日，第7版。
②　Basil Mathew, *John R. Mott, World Citizen, London,* 1933, p.378.
③　Jessie Gregroy Lutz, *Chinese Politics and Christian Missions,* Cross Cultural Publicatitons Inc., 1988, pp.47-48.
④　葆诲：《对于大会总题"基督与世界改造"及分股讨论各问题的感想》，《青年进步》1922年2月第50期，第5—7页。
⑤　《基督教定期开会》，《大公报》1922年4月10日，第10版。

一些人公开宣扬侵略者与被侵略者互谅互让的宽容精神，无原则反对一切战争，甚至把中日两国代表拉到一起跪祷上帝，要中国人宽恕日本占领胶州湾的侵略行径①。同盟会议这些做法，导致反教人士情绪高度亢奋。

　　然而，仅从世界基督教学生同盟大会所为尚难充分揭示非基督教运动发生的原因。外来"挑战"对非基督教运动的发生固然有刺激作用，但真正起决定作用者还在于国内思想界自身的变化。非基督教运动很大程度上是在国内新思潮勃兴这一背景下发生，是五四新文化运动顺乎逻辑的发展。人所共知，新文化运动本质上是一场重新认识人及其价值的运动，所揭橥的科学与民主旗帜不仅是对中国传统文化的宣战，也揭示"人""神"对立，用科学观念否定对宇宙中未知现象的超自然神秘主义解释。出于反传统的需要，"五四"之前，新文化运动的锋芒主要指向"孔教"。五四时期，国人的民族主义情绪因巴黎和会中国外交失败受到强烈刺激，加之受苏俄影响，马克思的唯物主义开始在中国传播，新文化运动由"反孔"部分转向"非耶"，开始对以基督教为主的西方宗教展开批判。

　　率先向基督教发起挑战的是少年中国学会。1920年9月，少年中国学会巴黎支部禁止学会成员信仰宗教的建议获学会评议部通过。这一决定遭到当时在东京学习的学会成员田汉等人的反对②。少年中国学会因此组织了一系列有关宗教问题的报告，翻译西方学

①　顾长声：《传教士与近代中国》，上海：上海人民出版社，1981年，第352页。
②　田汉：《少年中国与宗教问题》，《少年中国》第2卷第8期，第57—61页。

者批判《圣经》的著作，其机关刊物《少年中国》连续出版了3期讨论宗教问题的专刊。

在少年中国学会讨论宗教问题时，英国哲学家罗素正在中国讲学并赢得众多知识界人士特别是青年学生赞誉。应中国学界的请求，罗素做了关于宗教问题的演讲。他把宗教分成"制度的宗教"与"个人的宗教"两类，其基调明显是反对宗教的[①]。罗素的演讲，对中国非基督教运动的兴起，起到推波助澜的作用。

对宗教特别是对基督教的评论很快成为知识界普遍关注的问题。紧随少年中国学会之后，北京不少学会及各地分会相继举办一系列有关宗教问题的报告会。《新青年》《觉悟》《学衡》《哲学》《民铎》《新潮》《星期评论》《民华周报》《民国日报》等报刊也都纷纷刊载评论宗教的文章，由此形成一个遍及全国的宗教批判热潮。

值得注意的是，1922年3月非基督教同盟成立之前，国内的宗教批判已呈现出逐渐脱离学术发展方向的趋势。少年中国学会曾宣称："我们对于宗教，完全当它是一个问题，取纯粹研究的态度；我们不愿意遽为无研究的反对或肯定，亦不愿意对于反对或肯定两方面讲演有所轩轾。"[②]但是，随着形势发展，政治因素日渐加强，学理的研究逐步转变为对民族主义或社会主义的宣传。恽代英在《我的宗教观》中明确指出："人类只应该遵循社会主义的生

[①]　章廷谦笔记：《罗素先生的演讲》，《少年中国》第2卷第8期，第36—43页。

[②]　周太玄：《宗教与中国之将来》，张钦士：《国内近十年来之宗教思潮》，北京：京华印书馆，1927年，第184页。

活。”①李璜专门写了《社会主义与宗教》一文，介绍了“唯物观的社会主义”与宗教的对立，他特别以1918年“列宁政府把教堂全改作俱乐部跳舞场”，“强迫教士们都要作工”为例，证明“社会主义与宗教他们俩真算是活对头”②。一些学者则开始把对宗教尤其是对基督教的批判与反对资本家阶级的斗争相结合。他们指责教会“向资本家摇尾乞怜”，指责基督教民族“压迫远东弱小民族”，以传教“作政府殖民政策的引导”③。

政治因素的参与，使一些人的情绪渐趋激越。1920年，朱执信发表《耶稣是什么东西》一文。该文不仅在题目上表示出对耶稣基督的大不敬，而且将德国生物家海克尔关于耶稣是罗马一个百人队队长与玛利亚的私生子，以及日本学者幸德秋水关于十字架是生殖器标志变形的说法，大肆渲染④。朱氏尤为注重鼓动学生起来反对宗教，他专门写了《青年学生应该警戒的两件事》一文，援引俄国革命党宣传的“宗教就是鸦片”一语，告诫学生“千万不要犯着这宗慢性精神的自杀”，号召人们“合力去打破”这青年学生发展的“大障碍”⑤。恽代英、李璜、吴虞、罗绮园等人亦多有情绪激昂、带有鼓动性的言论。这些言论对于将宗教批判导向政治行为，产生了重要影响。

---

① 恽代英：《我的宗教观》，《少年中国》第2卷第8期，第43—57页。
② 李璜：《社会主义与宗教》，《少年中国》第3卷第1期，第46—50页。
③ 陈独秀：《基督教与基督教会》，《独秀文存》第1卷，第659、662页。
④ 朱执信：《耶稣是什么东西》，罗章龙编：《非宗教论》，成都：巴蜀书社，1989年，第163—173页。
⑤ 朱执信：《青年学生应该警戒的两件事》，广东省哲学社会科学研究所历史研究室编：《朱执信集》上集，北京：中华书局，1979年，第883—885页。

　　可见，早在1920年前后，国内知识界对基督教的批判已朝着政治运动的轨道迈出重要的一步。在国内知识界特别是青年学生反教情绪日益高涨的形势下，围绕宗教问题的讨论势必朝着大规模思想政治运动方向发展。1922年4月在清华召开的世界基督教学生同盟第11次会议，不过是引爆非基督教运动这一火药桶的一星火花而已。

　　1922年春，世界基督教学生同盟大会召开前夕，上海各校学生发起成立"非基督教学生同盟"，并通电全国学界。"一时全国响应，纷纷组织同样的团体，积极地做反对基督教的活动。"①北京知识界、学界则将运动拓展为以反对基督教为主，同时也反对其他宗教的"非宗教运动"。3月20日，北京成立"非宗教大同盟"。次日，大同盟发出通电，抗议世界基督教学生同盟在清华开会，在通电上签名的有李石曾、李大钊、萧子升等79人。3月28日，大同盟公布《非宗教大同盟简章》。4月2日，同盟再次发表反对宗教宣言。世界基督教学生同盟无视中国的反教舆论，于4月4日如期在清华园开会。会议开幕当天，王星拱、吴虞、李石曾、李大钊、金家凤、邓中夏等人在《晨报》上发表《非宗教宣言》。4月9日，世界基督教学生同盟大会闭幕。当天，非宗教大同盟在北京大学召开第一次大会，到会者两千余人，张耀翔、李石曾、李大钊、吴虞等人在会上发表演讲②。除北京、上海外，广州、南京、杭州、长沙、

① 秋人：《反对基督教运动的怒潮》，《中国青年》第3卷第60期，第155页。
② 《昨日非宗教同盟第一次大会》，《晨报》1922年4月10日，第3版。

厦门、福州等地也纷纷建立反基督教组织①，由此形成一个声势浩大的全国性非基督教运动。

非基督运动断断续续进行了6年，大致可分为三个阶段。

第一阶段自1922年3月至是年仲夏，持续3个月。运动乍起乍落的原因在于：1.这一阶段的运动缺乏明确目标。尽管非基督教运动的锋芒是指向基督教及其在华传教事业，但多数学生是因反对世界基督教学生同盟大会在北京召开而加入运动，随着大会结束，这一部分人便失去斗争的目标。2.运动缺乏统一的组织领导。北京、上海虽然成立了非宗教大同盟和非基督教学生同盟。但这两个同盟与其他地区的非基督教同盟之间并没有统属关系。各地区除通电响应北京、上海的号召外，在组织上皆自成系统。组织上的分散与彼此独立，不利于运动深入开展。3.这一阶段运动的参加者主要是大专院校学生，进入暑期后，多数学生放假回家，留校学生很少，难成气候。

1924年4月，因广州圣三一学校开除学生领袖，非基督教运动再度爆发。8月，运动呈现高潮。从这年4月到次年5月，为运动的第二阶段。在这一阶段，上海一些青年重组非基督教同盟，他们以《觉悟》为舆论阵地，发表了大量反基督教的文字。不久，湖南、湖北、河南、四川、江西、浙江、山东、山西、直隶、广东等省也先后成立了类似的组织。此时适逢国共合作，国内革命气氛浓烈，国共两党领袖大多对运动持积极支持态度。在一份有关非基督教大同盟的意见书上，国民党宣布将9月7日《辛丑条约》签订日订为

---

① *The North-China Herald and Supreme Court & Consular Gazette*, April 15, 1922.

"国耻日"，并将9月7日开始的一周定为"反帝周"①。中共中央机关报《向导》成为指导运动的舆论中心，中国共产主义青年团机关刊物《中国青年》也大量刊载反教文论。在这一阶段中，非基督教运动因得到国共两党的支持与指导，改变第一阶段缺乏明确斗争目标的状况，逐渐将运动重心集中在反对教会教育、收回教会教育权上。在运动推动下，1924年7月，中华教育改进会南京年会通过"收回教育权案"。10月，全国教育联合会召开第10届年会，通过"取缔外人在国内办理教育事业案"及"学校内不得传播宗教案"两大议案，使"收回教育权成为全国一致的舆论"②。

1925年"五卅"惨案发生后，国内民族主义情绪高涨，非基督教运动随之进入第三阶段。在这一阶段，反对基督教与反对帝国主义侵略逐渐融为一体，尽管运动实际进行时，仍以反对教会教育为主要目的。在舆论强大压力下，北京政府教育部于1925年11月16日颁发布告，制定了6项"外人捐资设立学校请求认可办法"，明确规定"学校不得以传布宗教为宗旨"，学校的课程设置须符合部颁标准，"不得以宗教科目列入必修科"③。此后，非基督运动的目标更为具体：要求教会学校向中国政府注册立案并遵守中国有关教育法令。北伐战争期间，非基督教运动曾一度出现破坏教会事业、驱逐外国传教士的倾向。1927年，南京国民政府成立后，内外政策改变，持续6年之久的非基督教运动也随之结束。此后，虽然发生

---

① J.C.Lutz, *Chinese Politics and Christian Missions 1992-1927*, p.131.
② 《中华教育改进社议决案》，张钦士：《国内近十年来之宗教思潮》，第338—342页。
③ 《北京教育部布告第十六号》，张钦士：《国内近十年来之宗教思潮》，第370—371页。

了张之江、钮永建两位军人与叶森、袁业裕等人就是否应"打倒宗教"展开的论战，但这种论战已不属于非基督教运动的范涛。

二、"非基督教运动"中的社会思潮

非基督教运动发生在中国社会思潮最为活跃的20世纪20年代。在这场运动中，各种新思潮异常活跃。从组织上看，"积极从事攻击基督教及其事业的团体，表面上看自然是'非宗教大同盟'，但在它背后，自然有许多团体，最显著者有三：其一为共产党，其二为国民党，其三为国家主义的团体"①。然而，究竟是什么力量能使如此众多的党派联络一气，共同组建非宗教大同盟，向基督教发起攻击？

研究这一问题，"科学主义"思潮首当其冲，不能忽略。需要说明的是，作为一种思潮，"科学主义"的含义与学科分类严格的"自然科学"不同，是泛指所有学科门类，偏重对科学精神乃至科学文化的信仰与追求，带有哲学意味而非部门科学。在非基督教运动酝酿、发生、发展的全过程中，科学主义都发挥了重要作用，具体表现在以下三方面：

首先，以科学原理驳斥宗教臆断。进入近代社会以来，随着各门现代学科被介绍到中国，知识界对科学的一般原则有了一定的认知。在非基督教运动中，具有新思想的知识分子将科学原理与宗教

① 张钦士：《国内近十年来之宗教思潮》序言，第4页。

原则进行比较，揭露宗教与理性的背离。李润章在《宗教与科学》一文中指出科学与宗教的三大区别：其一，科学以事实为基础，宗教却脱离事实，产生于人的主观臆断，"人类凡遇不可解之事物而欲强解之者，始发明教义以解之"；其二，科学是发展的，既有科学理论若与事实不符，便应"另定一新臆说以解释之"，宗教则认定"上帝之存在"为万古不易的信条，"强人以信仰"，"决不许另有异议"；其三，科学创造须具有革新精神，科学家具有热爱真理的个性和自由思想特质，宗教原则却与之"完全相反"①。这种分析，使科学精神与宗教原则彰明较著，有助于认清宗教的性质。

其次，以进化论原理批驳"上帝创世说"。在近代中国，进化论是追求近代化的国人有力的思想武器。戊戌维新运动中，物竞天择、优胜劣汰说曾激发国人的自强意识。五四以后，在对基督教的批判中，进化论再度派上用场。恽代英宣称："我们既经学了点宇宙的进化，自然不能信宗教创造世界的传说；我们既经学了点生物的进化，自然不能信宗教创造人类的传说。"②川籍学者周太玄专门撰写《宗教与进化原理》一文，详细介绍进化论从居维叶、拉马克到达尔文、赫胥黎再到海克尔的发展，最后得出如下结论："进化原理的确立，给我们以最可宝贵之自然知识，使我们能确知人在自然界的地位和变化的灿烂的生物世界之由来。于是一般的创造说灵魂不死说以及其它超自然背真理的妄见，都渐渐不能立足。"③非基督教运动爆发后，进化论为更多的国人认识和接受。非宗教大同盟

① 李润章：《宗教与科学》，《少年中国》第3卷第1期，第55—58页。
② 恽代英：《我的宗教观》，《少年中国》第2卷第8期，第47页。
③ 周太玄：《宗教与进化原理》，《少年中国》第3卷第1期，第58—63页。

在其反教《宣言》中，就曾援用进化论学说，斥责基督教关于人与万物乃"天造地设"的说教①，使同盟的主张为更多的人理解。

第三，以心理学理论驳斥灵魂不朽说以及耶稣圣灵的传言。在基督教神学中，灵魂不朽与上帝存在、意志自由一起，构成宗教神学的基本命题。正因为灵魂不朽，基督教来世奖惩说才得以成立。在非基督教运动中，灵魂不朽说遇到有力挑战。具有新思想的学者已不再满足于"形神相即"之类朴素唯物主义的古老命题，他们开始用近代心理学的理论和方法剖析基督教的灵魂不朽说。周太玄在《宗教与人类的将来》一文中，根据心理学家通过实验所得出的大脑被破坏区域的功能已不能正常发挥的结论，指出"独立之灵魂，超自然之灵魂，实无由存在"②。此外，有关耶稣的神奇传言也遇到挑战。中华心理学会北京非基督教徒会员以心理学的理论和方法，审视耶稣的心理及行为，认为其心理是"非常态的，或者是有精神病的"，认为耶稣在旷野40天，3次看见魔鬼，是在神情恍惚、感觉错乱时产后的"幻觉"，这种幻觉是"健全的人决不会有的"③。可见，正是"科学"力量的发挥，才使这次宗教批判运动达到前所未有的思想深度。

然而，科学思潮并没有成为支配非基督教运动的思想力量，这是因为，科学发展到20世纪初期，对许多宇宙、自然和人自身的奥秘仍难以做出合理解释，加之第一次世界大战后，"科学破产"论一度甚嚣尘上，受其影响，一些人对科学的力量产生怀疑，这就

---

① 　《大公报》1922年3月25日。
② 　周太玄：《宗教与人类的将来》，《少年中国》第3卷第1期，第14页。
③ 　《非宗教同盟之东电及应声》，《晨报》1922年4月2日，第3版。

影响到它在非基督教运动中发挥作用。此外，非基督教运动的中坚人物如李石曾、李璜、周太玄、陈独秀、恽代英等人大多主研政治或人文科学，虽然也曾涉猎自然科学，但缺乏专门研究。而教会中的一些人却有深厚的科学素养。如耶稣会著名教士马相伯在非基督教运动期间撰写的《五十年来之世界宗教》[①]一文，详细论述科学与宗教的关系，表现出丰富的自然科学知识，是非基督教人士所不可比拟的。更重要的是，开展一场运动，不仅需要理智，也需要激情。在这一点上，科学思潮显然有些无能为力，它不唯比民族主义逊色，而且也不如兴起不久的社会主义思潮来得有力量。由于这三大原因，科学思潮在非基督教运动中的重要地位，很快被其他思潮所取代。

在科学主义逐渐退潮的背景下，社会主义开始显示出对非基督教运动独特的作用和影响。20世纪头20年，社会主义作为一种新的社会思潮与价值取向，曾对社会政治运动产生巨大作用。1919年7月，苏俄政府发表第一次对华宣言，宣布废除沙俄政府强加给中国的不平等条约，社会主义因之对中国知识分子产生了更大的吸引力。中国共产党成立以后，社会主义思想进一步传播。《新青年》《觉悟》《先驱》《星期评论》《少年》《晨报》副刊等刊物都因宣传介绍社会主义而深受青年知识分子的欢迎。社会主义思想的传播，对非基督教运动产生了直接影响。

如前所述，早在少年中国学会发起讨论宗教的时候，恽代英、

---

① 马相伯：《五十年来之世界宗教》，方豪编：《马相伯先生文集》，周谷城主编《民国丛书》第2编第97册，上海：上海书店出版社，1991年，第257—280页。

李璜等人便显露出反基督教与批判资本主义相结合的倾向。非基督教运动爆发后，这种倾向日益明显。1922年3月9日上海非基督教学生同盟发表的"宣言"几乎完全是用马克思主义言辞写成：

> 我们反对"世界基督教学生同盟"……。我们知道，现代的社会组织，是资本主义的社会组织。这资本主义的社会组织，一方面一不劳而获的有产阶级，它方面有劳而不得食的无产阶级。……而现代基督教及基督教会，就是"帮助前者掠夺后者，扶持前者压迫后者"的恶魔。我们认定，这种残酷的、压迫的、悲惨的资本主义社会，是不合理的、非人道的、非另图建造不可。所以我们认定这个"助桀为虐"的恶魔——现代基督教及基督教会，是我们的仇敌，非与彼决一死战不可。世界资本主义，已由发生、成熟而将崩溃了。各国资本家，……因而大起恐慌，用尽手段，冀延残喘于万一。于是，就先后涌入中国，实行经济侵略主义了。而现代基督教及基督教会，就是这经济侵略的先锋队。[①]

不难看出，"宣言"的基调是反对资本主义的，基督教之所以受到批判，只是因为它"助桀为虐"的缘故。据称，这篇"宣言"的执笔人就是一群布尔什维克学生[②]。

这一时期的许多反宗教文章都带有社会主义色彩。如罗绮园《基督教与共产主义》一文称马克思为"宗师"，认为马克思的唯

---

① 《非基督教学生同盟宣言》，《先驱》第4号1922年3月15日，第1版。

② C.S. Chang, "The Anti-Religion Movement", *Chinese Recorder,* Vol.54, No.8, August, 1923, P.459.

物史观已经揭示了宗教必然灭亡的命运，但现阶段基督教仍在肆虐，"中国的基督教后面还隐藏着个资本的侵略主义"。文章号召人们行动起来，从教会组织与宗教教义两方面"向宗教作战"[①]，促成宗教的灭亡。此外，周恩来在法国以"伍豪"的笔名所写的《宗教精神与共产主义》、卢淑的《基督教与资本主义》、赤光的《基督教与世界改造》等文章，都是颇有分量的以社会主义为基调的反基督教文论[②]。

在组织上，非基督教运动与社会主义的联系也十分密切。首先，共产党的许多重要人物都直接或间接参与并领导了这场运动；其次，中国共产党及社会主义青年团的机关刊物在运动中登载了大量反对基督教的文章，成为非基督教运动的重要舆论阵地；第三，运动得到了苏俄的支持。作为非基督教运动重心之一的广东中山大学，与苏俄有着密切的关系，俄国将庚子赔款通过一个特别委员会用于该校[③]，一个由七名布尔什维克党人组成的委员会在该校指导非基督教运动[④]。

然而，1920年代初，由于中国共产党刚成立，社会主义影响有限，社会主义思潮同样没能成为支配非基督教运动的思想力量。虽然上海非基督教同盟宣言充分显示了社会主义的影响，但从全国范围看，多数非基督教同盟成员并不信奉社会主义学说。北京非宗教

---

① 绮园：《基督教与共产主义》，《先驱》第4号1922年3月15日，第2版。

② 周恩来：《宗教精神与共产主义》，《少年》第2期，第33—38页；赤光：《基督教与世界改造》、卢淑：《基督教与资本主义》，《先驱》第4号1922年3月15日，第2版。

③ 《广东大学对俄款之进行》，《申报》1924年12月21日，第12版。

④ *The North-China Herald and Supreme Court & Consular Gazette,* January 3,1925, p.9.

大同盟"宣言"甚至没有一处提到反对资本主义。当有人怀疑非宗教大同盟是由信奉社会主义的"过激党"组成时，该同盟还特别声明："加入我们同盟的，无论他是贵族平民，只要他是非宗教，都没有什么分别"，由于"无阶级党派之分"，"自然没有什么过激的意思"[①]。由此可见，社会主义思潮对非基督教运动虽然意义重大，却不具备思想支配地位。

真正能够为多数知识精英接受、对运动具有思想支配作用的是民族主义。研究这个问题可能会使学者感到棘手。这不仅是因为人们很难对"民族主义"下一个普遍认同的定义，而且因为，当人们用民族主义去解释历史上一些事件时，被解释的事件往往会反过来成为民族主义赖以产生的原因。加之民族主义具有两面性，即可自卫，也能伤人，性质很难简单界定，也就增加了认识难度。然而，无论人们怎样界定，作为一种近代概念，民族主义都应包括民族自觉意识、民族自强精神和民族自主要求等基本内涵。民族主义内涵如此，自然成为民族国家反对列强侵略、争取国家和民族独立的有力武器。

非基督教运动爆发后，民族主义很快派上用场。各地非基督教团体都竭力鼓动民族主义情绪。例如，共产党人恽代英曾称非基督教运动中发生的教会学校风潮是一种"民族精神的怒潮"[②]，号召人们起来"打倒"作为帝国主义侵略工具的教会教育。国民党人徐

---

① 《非宗教同盟之东电及应声》，《晨报》1922年4月2日，第3版。
② 恽代英：《打倒教会教育》，《中国青年》1925年1月第3卷第60期，第160页。

谦则明确表示："反基督教的基本信念，就是反帝国主义。"①各界人士在非基督教运动中都表达了强烈的民族主义情感。广州学生在一份宣言中以土耳其人民收回教会教育权的反教斗争为例，向国人大声呼吁："西方病夫土耳其人民，已经起来大声疾呼收回教育权了。东方病夫的中国人呀！速醒、速起！"②1924年8月，上海知识界重新组建"非基督教同盟"，宣布"于一切宗教中特别反对基督教"，因为传教士到中国来，"都宣传其国际资本主义的国际观念，以破坏中国的民族觉悟与爱国心"③。

对非基督教运动中的民族主义情绪最为敏感的自然是外国人。1924年12月初，长沙雅礼学校受此次运动影响发生学潮，事后美国驻长沙副领事在解释这一事件的原因时说：

> 在这次骚动的全过程中，人们可以看到某种排外精神，但却看不到盲目的、无理的、有时甚至是带有恐怖袭击的几个世纪来被称作危险可怕的仇恨。现在的运动所体现的精神在更大程度上是由于意识到了外部世界对中国的侵略和日益加强的控制而产生的恐惧和仇恨，不管是否正确，其矛头是直接指向一切外国人的。④

1926年秋北伐开始后，随着国民革命军节节推进，民族主义

① 《武昌反对基督教大会议决案及演讲》，张钦士：《国内近十年来之宗教思潮》，北京：京华印书馆，1927年，第401页。
② 《广州学生会收回教育权运动委员会宣言（大中华民国十三年六月十八日）》，《向导》第72期，第7页。
③ 秋人：《反对基督教运动的怒潮》，《中国青年》第3卷第60期，第157页。
④ Paul A. Varg, *Missionaries, Chinese, and Diplomats,* Princeton University Press, 1977, pp.183-184.

情绪空前高涨，反对基督教的斗争也进一步升级，以致一些地方发生强占教堂、教会学校的事件。1927年12日，美国驻汉口总领事洛克哈德在一份报告中，记录了51起该地区教会机构及传教士财产被"民族主义者"侵占的事件。洛克哈德评论说：

> 占领计划系统而广泛，以致人们不能不得出这样的结论：它是国民政府固定不变的政策。据一种更为稳妥的说法，政府中的激进派怀着双重目的鼓吹实施这一政策：一是将这此财产用于军事目的；二是将传教士永远驱逐出去，至少在可能的情况下，限制他们的影响。①

上述事例表明，民族主义在非基督教运动中占有突出地位。与科学思潮及社会主义思潮在非基督教运动中仅在某一时期或某些地区有着重要影响不同，民族主义的影响自始至终广泛存在。在非基督教运动中，无论是国民党、共产党还是青年党，无论是信奉马克思主义的陈独秀、恽代英，信奉无政府主义的李石曾，还是信奉自由主义的胡适、蔡元培，都在用民族主义话语发声。如果说，在非基督教运动中存在着一种起支配作用的思想力量，那么，这种力量只能是民族主义。

---

① Paul A. Varg, *Missionaries, Chinese, and Diplomats*, pp.191-192.

三、"非基督教运动"的社会反响

非基督教运动有众多党派及社会团体参与。不同党派的参与给客观评价这场运动带来一定困难。为正确评价这场运动，有必要对运动所引起的不同社会反响做一番考察。

非基督教运动发生后，社会各界反应强烈。"通电响应，连篇累牍"。北京非宗教大同盟"所收函件，常多至百件数百件"，北京《晨报》收到的响应函件也是"日必数起乃至数百起"。北京高等师范、北京新华大学、河北大学、保定高等师范、南开学校、厦门大学、复旦大学等国内有影响的院校及少年中国学会、新中学会、中华心理学会、海外新声书报社、共进社、《工人周刊》社、唐山工学界等社会团体纷纷发出通电，对非基督教运动表示支持[①]。由此可见，非基督教运动虽然基本上是由学界发动，却有着较为广泛的社会基础。

当然，反对者也不乏其人。1922年3月31日，北京大学周作人、钱玄同、沈兼士、沈士远、马裕藻等五教授联名发表《主张信教自由宣言》，公开反对非基督教运动。"宣言"指出：

> 我们不是赞成挑战的反对任何宗教。信教自由，载在约法，知
> 识阶级的人，应首先遵守，至少亦不应首先破坏。我们因此对于现

---

① 参见《晨报》1923年3月20日至4月20日。

在非基督教、非宗教同盟的运动，表示反对，特此宣言。①

　　五教授宣言发表后，立即引起强烈反响。蔡元培在非宗教大会上发表演讲，指出：信教自由，不信教也自由，告诫非宗教同人"用不着什么顾忌"②。吴虞亦在会上指出，信教自由虽然载在《临时约法》，但中国的约法早已被军阀政客"腰斩凌迟"，约法的本体及精神"早已抛之大海"，在这种情况下，拿约法来拥护宗教，实在是"无聊"③。4月5日及11日，北京《晨报》开辟专栏，就"信教自由"展开讨论。专栏刊出了周作人的《拥护宗教的嫌疑》及《思想压迫的黎明》两篇文章和陈独秀、赵鸣岐等人撰写的两组批驳文章。周作人在文章中进一步阐述了五教授反对非基督教运动的理由，认为干涉信仰自由的事，即便仅仅是口诛笔伐，也会为日后取缔思想自由埋下祸根，他指责非宗教同盟不是用理性剖析基督教，而是"偏重社会势力的制裁"。他认为，这种制裁预示着"中国思想界的压迫要起头了"，希望非宗教人士"深切反省"④。陈独秀则针锋相对地指出，宗教并非神圣不可侵犯，在非基督教运动中，青年人"发点狂思想狂议论"，也许正是青年"去迷信而趋理性的好现象"。他还特别指出，现在非基督教青年开会，"已被捕房禁止"，这说明基督教自有"强有力的后盾"，用

①　《主张信教自由宣言》，张钦士：《国内近十年来之宗教思潮》，第199页。
②　蔡元培：《北京非宗教大同盟演讲之一》，张钦士：《国内近十年来之宗教思潮》，第199—201页。
③　吴虞：《信教自由是什么》，罗章龙编：《非宗教论》，第124—128页。
④　周作人：《拥护宗教的嫌疑》，《晨报》1922年4月5日，第7版；周作人：《思想压迫的黎明》，《晨报》1922年4月11日，第7版。

不着他人去为之要求自由。如果五教授真的尊重自由，就应该"尊重弱者的自由，勿拿自由人道主义许多礼物向强者献媚"①。双方各执一端，争论没有结果。

当非宗教大同盟与周作人等五教授的论战接近尾声时，梁启超发表了《评非宗教大同盟》一文。梁启超自称是"非非宗教者"，他对非宗教同盟"讨武檄"式的电报及"灭此朝食"一类的激烈言辞提出批评，认为这种做法淹没了"恳切严正的精神"，并暴露出国民"虚骄的弱点"。但梁启超同时指出，非基督教运动"是国民思想活跃的表征"，"是国民气力昂进的表征"，从这个意义上说，梁启超又对非基督教运动持欢迎态度②。与此同时，傅铜（佩青）发表了《科学的非宗教运动与宗教的非宗教运动》一文，认为非基督教运动本身便带有宗教色彩，并且是非科学的，"所发表的都是情感上的话，都是门外汉的反对"。尽管如此，傅铜仍然认为中国有反对宗教的必要，只是非基督教运动不应该仅仅抓住基督教，放过了"比基督教更可反对的宗教"③。不难看出，梁、傅二人对非基督教运动的批评都是着眼于态度和方式的选择，而不是完全否定这场运动④。

如果说，非基督教运动在教外掀起一阵不小的思想波澜，那么，其在教内激起的反响就更为强烈。就在世界基督教学生

① 陈独秀：《信教自由之讨论》，《晨报》1922年4月11日，第7版。
② 梁启超：《评非宗教大同盟》，《哲学》1922年6月第6期，第20—27页。
③ 傅佩青：《科学的非宗教运动与宗教的非宗教运动》，《哲学》1922年6月第6期，第4—17页。
④ 关于这场论战，详见收入本论文集的拙文《1920年代中国的"信教自由"论战》。

同盟大会闭幕翌日，简又文、范子美、杨益惠、应元道、邬志坚等五位基督教人士联名发表《对于非宗教运动宣言》，批评非宗教运动人士的反教言行"与他们主张科学的精神和进化的见解不符"[①]。两个月后，简又文在《青年进步》上发表文章，再次对非基督教运动提出尖锐批评。认为这一运动暴露了中国教育不注重专门人才培养的一大弱点。他以非基督教人士的言论为例说，一个研究生物学或政治学或其他科学的人，"竟敢用武断的威权，冒学理的招牌，居然用最确定的字句以断定宗教生死的命运"。这种学者"对于社会上、学术上任何问题，不问是自己专门研究的范围不是，几乎无一不书，无一不道，复在处处都妄用同等的权威，以作不易的结论"，简氏认为，这不是"真正学者的态度"，希望新教育界要"引为大戒"[②]。此外，基督教人士徐庆誉在长沙《大公报》上连续发表文章，对非基督教人士陈子博等人的反教言论进行反批评[③]。

值得注意的是，尽管中国基督教人士对非基督教运动表示强烈反对，但他们普遍认为这场运动对宗教事业并非坏事。例如简又文等人在批评非宗教同盟言论的同时，又指出这场运动使教中人士亦得到"些少益处"，它"足以刺激一向安心于旧信仰的教徒，使惊醒而反想其信仰，以谋进化"[④]。徐庆誉甚至认为，教会

---

① 简又文、范子美、杨益惠、应元道、邬志坚：《对于非宗教运动宣言》，张钦士：《国内近十年来之宗教思潮》，第207页。
② 简又文、范子美、杨益惠、应元道、邬志坚：《对于非宗教运动宣言》，张钦士：《国内近十年来之宗教思潮》，第207页。
③ 《徐庆誉复陈子博书》，《大公报（长沙）》1922年3月23日至4月3日。
④ 简又文、范子美、杨益惠、应元道、邬志坚：《对于非宗教运动宣言》，张钦士：《国内近十年来之宗教思潮》，第211页。

中确有不少"冒牌的教徒"，他们以奉教为手段，以营私为目的，名为信教，实则"吃教"，"幸而有这次非宗教同盟的组织，造成有力的舆论，痛诋教会的弊端"，这些都是"信徒和传教师的'当头棒'"。不仅如此，徐庆誉还认为非基督教运动可以促成教会革命。他指出，国人指斥的基督教的罪恶，其实是教会的罪恶。教会革命在中国刻不容缓，每个基督徒都应该立即行动起来，继续马丁·路德的事业，"若教会革命的事业成功，那时候就不要忘记今日非宗教同盟的贡献"[1]。

　　上述各界对非基督教运动的反响主要是1922年春运动初起时的情况。1924年秋运动再度兴起后，社会各界对运动支持与反对壁垒分明的状况逐渐消失。五卅运动以后，国内舆论出现近乎一致同情非基督教运动的局面。"基督教徒加入非基督教运动"[2]开始成为这场运动的一大特点。

　　1925年7月16日，福州发生有基督教徒参加的游行，基督教团体举行群众大会，表达对上海学生的同情。教内工人也改变态度，相信学生的宣传。福建教会大学中文系负责人甚至成为收回教育权运动的领导[3]。一些有影响的教中人士也公开主张中国基督徒应参加收回教会教育权运动。徐宝谦撰文指出："我认为中国基督徒当此时期，应参加反对不平等条约（包括传教条约）及收回教育权各种运动，使人们得知基督徒与帝国主义间，并无何种不解的姻缘，

---

[1]　徐庆誉：《非宗教同盟与教会革命》，张钦士：《国内近十年来之宗教思潮》，第225—228页。

[2]　"The Anti-Christian Movement in China 1922-1927", *FEQ* XII (1953), p.143.

[3]　"The Anti-Christian Movement in China 1922-1927", *FEQ* XII (1953), p.143.

使人们得知基督徒爱国之心，不居人后。"①基督徒加入非基督教运动是"五卅"以后国内民族主义情绪高涨的产物，充分证明了非基督教运动社会影响的广泛与深入。

考察非基督教运动的社会反响，政府当局的态度，至关重要。当时的中国，南北对峙。大体言之，广东政府对非基督教运动持听之任之态度，北京政府则持反对立场。

广东政府官员政治主张上虽分左右两派，但在对非基督教运动的态度上却未形成左右分野。冯自由、孙科等人虽赞成这场运动，但其主张并未对国民政府产生多大影响。国民党人中有不少基督徒，孙中山也曾受洗皈依基督，但他们对揭示民族主义的非基督教运动并没有表示反对。许多国民党人以个人身份参与或支持非基督教运动。国民党中央执行委员、中山大学校长邹鲁出席在中山大学举行的反基督教集会，并发表演讲。国民党重要领袖汪精卫也公开著文抨击基督教，甚至以广东教育会会长的身份，与广州一位卖鱼为生的基督徒笔战10余天②。国民政府委员廖仲恺、吴稚晖、徐谦、叶楚伧等人都十分热衷于反对基督教的宣传。正因为如此，广东才会成为南方非基督教运动的中心。

北京政府的态度与南方迥异。在非基督教运动兴起之初，北京政府总统徐世昌公开接见世界基督教学生同盟大会代表③，表明其支持世界基督教学生同盟、反对非基督教运动的态度。为使会议

---

①　徐宝谦：《反对基督教运动与吾人今后应采之方针》，张钦士：《国内近十年来之宗教思潮》，1927年，第452页。

②　中国社会科学院近代史研究所近代史资料编辑室：《近代稗海》第1辑，成都：四川人民出版社，1985年，第583页。

③　《团体代表开会纪》，《大公报》1922年4月12日，第10版。

不受干扰，北京政府特派巡警"苾园维持"①。继徐之后复任总统的黎元洪也曾设家宴款待闭会后前往天津参观的大会代表②。北洋政府地方当局，则公开压制非基督教运动。在安徽，非基督教学生同盟举行会议，遭到地方当局强行干涉；在福建，地方官绅曾多次策划阻止非基督教运动的进行；在湖南，"湘政府竟唯外人之命是听，饬令警察厅严禁此种非基督教运动，并密开从事此种运动者三十人，令警厅随时缉拿"③。

外国资本主义列强对非基督教运动亦明确表示反对。运动在上海等地兴起后，美国人在上海办的《密勒氏评论报》发表社论，认为非基督教运动"决不能称为爱国运动"，因为它给各国基督教学生代表一个"极端恶劣的印象"，并鼓吹对这场运动要采取足够的防范措施，"否则，非基督教运动将成为装满弹药的药库"④。列强不仅从舆论上攻击非基督教运动，而且直接插手干预运动开展。1922年4月2日，上海非基督教学生同盟开会，遭到"捕房干涉"⑤。1924年，非基督教运动再度兴起时，长沙"教会学校之外人，且有秘密会议，联名致函湘政府及戒严司令部，诬近日湘中非基督教运动完全是过激党的暴动，将乘圣诞节起事，重演义和团故技，更或由排外运动而至于颠覆政府，并请英美驻湘领事，向湘政

① 《大公报》1922年4月10日。
② 《申报》1922年4月11日。
③ 罗章龙编：《非宗教论》，第126页；《各地反对宗教之运动》，《晨报》1922年4月20日，第6版；秋人：《反对基督教运动的怒潮》，《中国青年》第3卷第60期，第157页。
④ *The Weekly Review of the Far East,* April 22, 1922, pp.281-332.
⑤ 《反对宗教之文电又一束》，《晨报》1922年4月4日，第3版。

府提出警告，制止排外过激的非基督教运动"①。

综上可知，由于思想信仰、政治立场和利益关系不同，非基督教运动引起的社会反响十分复杂。但在各种不同意见中，支持的意见始终占主导地位，特别是"五卅事件"发生后，国内舆论出现近乎一致支持反基督教的局面，甚至一些基督徒也加入非基督教运动的行列，这一带有悖论性质的现象表明，非基督教运动的社会根基和认识铺垫已何等广泛深入。

四、结论

非基督教运动是中国历史上一次重要的带有近代启蒙色彩的思想文化运动，它是新文化运动的继续，又是新文化运动内涵的拓展。综观世界历史发展，各国近代启蒙运动都曾经历"人"与"神"的激烈较量，中国的新文化运动自然不能避开"人神关系"这一重要议题。但非基督教运动不只注重思想启蒙，由于基督教与近代资本主义列强之间你中有我、我中有你的复杂关系②，这场运动又具有浓厚的民族主义色彩，带有政治属性。中国非基督教运动的核心人物无一例外都是民族主义者，奉行国家民族利益至上的原则。尽管民族主义不免具有恢复传统的倾向，但他们的反教思想与

---

① 秋人：《反对基督教运动的怒潮》，《中国青年》第3卷第60期，第157页。
② 蒋梦麟尝言："如来佛是骑着白象来到中国的，耶稣基督却是骑在炮弹上飞过来的。"所言并非毫无道理。引文蒋梦麟：《西潮》，台北"中央"日报社，1957年，第4页。

传统主义却没有多少瓜葛。恰恰相反，他们都习惯到欧美及日本的无神论思想家那里寻找与基督教抗衡的武器。费尔巴哈、马克思、海克尔、尼采、幸德秋水成为他们称道的宗教批判前驱。正因为如此，非基督教运动才使自己与中国近代历史上诸如天津教案、义和团运动等带有盲目排外色彩的反教斗争区别开来，成为一次相对理性的宗教批判运动。

这场持续6年的思想政治运动产生了多方面的影响。它广泛宣传科学、民主思想，扩大了社会主义的思想影响。尤其难能的是，它促成了中国的"教会革命"，使酝酿已久的教会"本色化"运动进入实际进行阶段。对此，中国基督人士亦有清醒的认识。1927年2月，教中著名人士赵紫宸著文指出：

> 中国教会，久已应有彻底的思想与改造；只因为内缺恳切的要求，外无凶猛的刺激，故有停顿鞭案蘷的现状。现在则不然了。反基督教运动借着政治的权势，开始与基督教为难。南方的国民政府，对于基督教会学校有收回主权、实行立案的种种明文。在此情势下，中华基督教徒不得不作彻底的思考，立鲜明的表帜。今日中国教会决不再要用吗啡针来止痛，乃要'一捆一掌血，一棒一条痕'地创造她自己的生命。教会现在逢到了广大的艰难、剧烈的痛苦么？可贺！微明复阑，在鸡唱之后，果然；然而立刻要天晓了！[①]

---

① 赵紫宸：《风潮中奋起的中国教会》，张钦士：《国内近十年来之宗教思潮》，第464—465页。

　　历史已经过去60余年，中国基督教人士早已迎来新的黎明。然而，当重新回首历史之时，是否应该记信非基督教运动的再造之功呢？

1920年代中国的"信教自由"论战

　　1922年春，中国思想界掀起一场持续数年、规模空前的"非基督教运动"①。众多富有影响力的知识精英和为数甚夥的青年学子参与其间。一段时间内，中国思想界洪波涌起，经久不息。然而，与新文化运动中具有新思想的知识分子近乎一致反对以儒学为核心的传统文化，要求以科学、民主来建构中国现代思想文化基础不同，在非基督教运动中，一些在新文化运动中颇负盛名的知识分子公开站在运动对立面，以维护宪法"信教自由"原则为由，批评非基督教同盟成员的言行，引发一场激烈的思想论战。这场论战在思想文化领域产生巨大反响，成为堪与"社会主义论战""问题与主义之争"及"科玄之争"相提并论的一次论战。学术界对其他几次

---

① 关于非基督教运动，参阅拙著《基督教与近代中国》，成都：四川人民出版社，1994年。该书以非基督教运动为个案，对基督教在近代中国的传播，它所遭到的反抗，它所发生的变化等，做了专门研究。

论战做了充分研究，成果甚多，唯对"信教自由"论战有所忽略，这无疑是近代中国思想文化史研究中的一件憾事。本文拟对这场论战做一具体考察。

一、"北大五教授宣言"引发的论战

1922年3月下旬，正当非基督教运动蓬勃兴起，基督教在华传教事业面临自义和团运动以来最为猛烈的冲击时，以周作人、钱玄同为代表的部分知识界人士公开了反对派立场。在《非宗教大同盟宣言》刊布之后3日（3月24日），钱玄同致书周作人，认为宣言有"改良拳匪"的味道[①]。3月29日周作人在《晨报》副刊上发表文章，批评《非宗教大同盟宣言》采用陈旧威严的声讨语气，使人"感到一种压迫与恐怖"[②]。3月31日，由周作人执笔，钱玄同、沈兼士、沈士远、马裕藻联衔的"北大五教授"《主张信教自由宣言》公开发表，宣言全文如下：

> 我们不是任何宗教的信徒，我们不拥护任何宗教，也不赞成挑战的反对任何宗教。我们认为人们的信仰，应当有绝对的自由，不受任何人的干涉，除去法律制裁的以外。信教自由，载在约法，知识阶级的人，应当首先遵守，至少亦不应当首先破坏。

① 《钱玄同致周作人书》，1924年3月24日，《中国现代文艺资料丛刊》第5辑，上海：上海文艺出版社，1980年，第313—314页。
② 周作人：《报应》，《晨报》（副刊）1922年3月29日，第3版。

我们因此对于现在非基督教、非宗教同盟的运动，表示反对。特此宣言。①

周作人、钱玄同等人是新文化运动健将，声誉卓著，宣言发表后，立即在思想界激起一阵波澜，一些人对非基督教运动的合理性产生了怀疑。针对周作人等人的宣言，非宗教大同盟进行了反击。4月2日，陈独秀致函周作人指出：

无论何种主义学说皆应许人有赞成反对之自由；公等宣言颇尊重信教者自由，但对于反对宗教者的自由何以不加以容许？宗教果神圣不可侵犯么？青年人发点狂思想狂议论算不得什么，象这样指斥宗教的举动，在欧洲是时常有的，在中国还是萌芽，或许是青年界去迷信而趋理性的好现象。

陈独秀强调，非基督教运动只是"私人"对基督教表示的"言论反对"，与政府法律制裁有别，谈不上破坏信仰自由。现在非基督教青年开会"已被捕房禁止"，这说明基督教自有"强有力的后盾"，用不着他人去为之要求自由。如果北大五教授真心尊重自由，就应"尊重弱者的自由，勿拿自由人道主义许多礼物向强者献媚"②。4月6日，周作人复信陈独秀，表示他对"个人的压迫"③

---

① 周作人等：《一个主张信教自由之宣言》，《晨报》1922年3月31日，第3版。
② 《信教自由之讨论》，《晨报》1922年4月11日，第7版。
③ 周作人：《信教自由的讨论·复陈仲甫先生》（1922年4月6日），《晨报》1922年4月11日，第7版。

的担忧。11日，陈独秀将致五教授的信公诸报端，周作人也将给陈独秀复函公诸报端，同时发表《思想压迫的黎明》一文。文章重申反对非基督教运动的理由，认为对于信仰，只能靠启发人的知识智慧，"使他自主的转移"，而非基督教运动却"偏重社会势力的制裁"。周作人指出：

> 我们主张信教自由，并不是拥护宗教的安全，乃是在抵抗对于个人思想自由的威胁，因为我们相信这干涉信仰的事情为日后取缔思想的第一步。……中国思想界的压迫要起头了。中国的政府连自己存在的力量还未充足，一时没有余力来做这些事情，将来还是人民自己凭借了社会势力来取缔思想。倘若幸而这是"杞人之忧"，固然是最好的事，但我却很深切的感到这危机是不可免的了。所以我希望以"保护思想自由为目的"的非宗教者，由此也得到一点更深切的反省。[1]

耐人寻味的是，《主张信教自由宣言》虽由北大五位教授联名发表，但除周作人外，其他几位教授似乎都不愿过多卷入论战。钱玄同曾致书周作人，认为论战的信件没有必要公开发表，以免"遭到许多不相干的人的口舌来"[2]。由于钱玄同等人有顾虑，所以论战初期周作人几乎是单枪匹马披挂上阵。相比之下，非宗教大同盟

---

[1]　周作人：《思想压迫的黎明》，《晨报》1922年4月11日，第7版。

[2]　钱玄同：《致周作人书》（1922年4月8日），北京鲁迅博物馆鲁迅研究室编：《鲁迅研究资料》第9期，北京：人民出版社，1982年，第111—113页。案：该《资料》在刊登此信时，将日期误作1932年4月8日。

方面言论步调则颇为整齐划一。北大五教授宣言似乎激起了此间众怒，不仅陈独秀亲自出面与周作人辩难，其他非宗教同盟领袖人物如蔡元培、吴虞等也都公开著文或发表演说，申论自己的意见。在4月9日北京非宗教同盟召开的演讲会上，蔡元培针对周作人等人的《宣言》指出：

> 有人疑惑，以为这种非宗教同盟的运动，是妨害信仰自由的，我不以为然。信教是自由，不信教也是自由。若是非宗教同盟的运动，是妨害信仰自由，他们宗教同盟的运动（指世界基督教学生同盟运动——引者），倒不妨害信仰自由么？[1]

吴虞在新文化运动中曾给人留下激进的印象，此时他依然宝刀未老，锋芒毕露。为"回答约法信教自由一条"，他发表题为《"信教自由"是什么》的演讲，对"信教自由"约法原则的产生及其适用范围做了解释。他认为这一原则是欧洲宗教战争之后，人民为反对政府强迫人民信奉或不准信奉某种宗教而制定。因而"'信教自由'四个字，是人民对于政府的要求，不是人民对于人民的要求"；在人民内部，"他有信宗教的自由，我也有非宗教的自由，彼此不能强制"[2]。

---

[1]　蔡元培：《北京非宗教大会演讲之一》，张钦士：《国内近十年来之宗教思潮》，北京：京华印书馆，1927年，第199—201页。

[2]　吴虞：《"信教自由"是什么》，罗章龙编：《非宗教论》，成都：巴蜀书社，1989年，第199—201页。吴虞1922年4月8日的日记称："《晨报》今日登有周作人文，内有数语关于予之演说者。"表明他对周作人等的反应十分关注。中国革命博物馆整理：《吴虞日记》下册，成都：四川人民出版社，1986年，第28页。

　　在双方口笔之争进行得难解难分时，常乃德、张东荪等人赶来助阵，成为北大五教授主张强有力的支持者。

　　4月12日，常乃德在《时事新报》副刊《学灯》上发表题为《对于非宗教大同盟之诤言》的长文。常氏认为，照目前群众在运动中的"狂热"看来，不免使人为"思想界前途的自由"问题忧虑。他在文章中对非基督教运动提出32处置疑，并从四个方面批评非宗教同盟的"态度不妥"。常氏认为，非宗教同盟标榜以科学反对宗教，但其运动手段却夹杂有"感情的主观态度"，没有"完全依据客观的真理"，其反教言论让人感到"1900年拳乱时代士大夫的脑筋"又出现在"自命为科学真理的知识阶层中"，因而不能不对非宗教同盟提出忠告①。张东荪则发表题为《非宗教同盟》的评论。他认为中国是"富于多神教的""富于迷信的国家"，中国的当务之急是"竭力破除不属于任何宗教的迷信"。虽然他并未直接否定非基督教运动，但他显然认为非基督教运动脱离了中国国情②。

　　在非宗教同盟一边，除了陈独秀、蔡元培、吴虞等人外，张闻天、左舜生、沈雁冰、汪精卫、张耀翔等人亦撰文参与论战。由于众多颇具声望和影响的学者卷入其中，这场关于"信教自由"的论战很快升级并白热化。然而，也许存在某些未便宣示的理由，在4

①　常乃德：《对于非宗教大同盟之诤言》，《真光》1922年第22卷第10、11期（两期连号），第31—48页。

②　张东荪：《非宗教同盟》，《时事新报》1922年4月2日，第1版。张氏此文是对"燕生"《我对于非宗教大同盟的意见》一文未尽之意的阐发，燕生乃张之友人。埙幹：《我对于"非宗教同盟"的一点意见》，《时事新报》1922年4月4日，第1版。

月21日陈独秀发表《再致周作人先生信》之后，周作人等人便没有再著文辩驳。不过，由北大五教授发难掀起的这场论战并没有因此曲终人散。在周作人等暂时默不作声时，一位更有影响的人物——梁启超站到了论战前台。

梁启超在非基督教运动初起时一直冷眼旁观，未发表任何意见。4月16日，当"信教自由"论战接近尾声时，梁启超应哲学社邀请，发表《评非宗教同盟》的演讲。梁的演说措辞婉曲。他承认非基督教运动的兴起是"国民思想活跃的表现"，是"国民气力昂进的表征"，但其演说基调却是反对非宗教同盟运动的。

梁启超自称"非非宗教者"，他明确指出："在我所下的宗教定义之下，认宗教是神圣的，认宗教为人类社会有益且必要的事物。"因为大千世界纷繁复杂，科学理性并不能包罗一切，人除了理性之外，尚有情感，宗教乃情感的产物，"要用理性来解剖他，是不可能的"。梁启超指出，除非非基督教运动是一次追求信仰本身的宗教运动，而不是实现"别的目的的一种手段"，否则他将不会对之表示"敬重"。梁启超还特别就各地非宗教同盟发布的反教电文发表评论。认为这些文字"客气太盛"，掩盖了"恳切严正的精神"，读后容易使人把它同《驱锷文》《讨武檄》一类文字产生联想。充斥于电文中的"灭此朝食""铲除恶魔"一类话语，"无益于事实，徒暴露国民虚骄的弱点，失天下人的同情。至于对那些主张信教自由的人加以严酷的责备，越发可以不必了"。他希望非宗教同盟人士对此"有一番切实的反省"[1]。

---

① 梁启超：《评非宗教同盟》，《哲学》（北京）1922年第6期，第1—8页。

梁启超的演讲稿刊登在1922年6月的《哲学》杂志上。同期《哲学》还登载了傅铜撰写的批评非基督教运动的文章[①]。梁、傅二人文章发表后,非宗教大同盟方面没有再事申辩。于是,由周作人等北大五教授《宣言》引起的"信教自由论战"在经历近两个月的思想交锋之后,终于落下帷幕。

二、思想论战中的政治气息

"信教自由论战"发生在1920年代初,是中国思想界因政治分歧而急剧分化时期,中国知识分子不同群体间的一次直接交锋,它的出现具有复杂思想政治原因。

从思想渊源看,这场论战与20世纪20年代知识分子在中国社会发展道路选择上出现的分歧有内在的逻辑联系。1917年俄国革命成功后,国际政治格局发生重大变化。一方面,社会主义作为一种新的社会制度与意识形态展现在国人面前;另一方面,第一世界大战暴露出资本主义社会的严重弊病。在这种情况下,知识分子在中国发展道路的选择上产生分歧。左翼知识分子如陈独秀、李大钊、恽代英、邓中夏等选择社会主义的发展方向。而梁启超、张东荪等"研究系"人物及自由主义知识分子则试图阻扼社会主义在中国传播。他们把社会主义视为"过激主义",认为"过激主义产于俄,

---

① 傅铜:《科学的非宗教运动与宗教的非宗教运动》,《哲学》(北京)1922年第6期,第1—14页。

传于德，今则浸浸而播至英、法、日"，像"西班牙伤风症"①一样传遍世界，中国必须防堵。

因两类知识分子思想政治分歧日益明显，难以弥合，终于引发中国近代思想史上著名的"问题与主义"之争和"关于社会主义的论战"。两次论战形式上争论的是与社会主义思想理论有关的问题，实质上却反映中国知识分子在第一次世界大战后新的历史条件下对革命和改良两种不同政治道路的选择。这两次论战虽就客观后果而言扩大了"社会主义"的思想阵地，缩小了改良主义的政治影响，但存在于左翼知识分子与其他知识分子群体之间的思想政治分歧并未消除。由于非基督教运动并非单纯反教，在这场运动中，基督教在很大程度上是被当作"资本主义侵略的先驱"和"资本家的走狗"来批判，因此，前两次论战中的议题便有可能再度触动有关人士敏感的政治神经，引发一场激烈的论战。在双方论战进入高潮时，钱玄同曾致函周作人，其中一段话颇能反映"主张信教自由"者的政治动机：

> 我们近一年来时怀杞忧。看看"中国列宁"的言论，直觉害怕……这条"小河"，一旦"洪水横流，泛滥于两岸"，则我等"栗树""小草"们实在不免胆战心惊，而且这河恐非贾让所能治，非请神禹不可的了。②

① 张东荪：《世界公同之一问题》，《时事新报》1919年1月15日，第2版。
② 钱玄同：《致周作人书》，1922年4月8日，《鲁迅研究资料》第9辑，第111—113页。

由于心怀"杞忧"，所以，当看到非基督教运动一定程度上已成为宣传"社会主义"的手段，钱玄同等人自然要挺身而出，竭力反对。正是基于这一点，可以认为，非基督教运动中发生的"信教自由"论战，是此前"问题与主义"之争及关于"社会主义的论战"在不同领域里的延伸和扩大。只要中国知识分子关于中国发展道路的问题没有最终解决，这类争执就免不了再度出现。

从社会学意义上考察，"信教自由论战"的发生尚与中国新式知识分子群体在五四之后的分裂有关。以《新青年》编辑部同人及主要撰稿人之间的关系变化为例。人所共知，作为《新青年》编辑部成员或撰稿人，陈独秀、李大钊、钱玄同、胡适、周作人、鲁迅、吴虞、刘半农等人在反对以儒学为核心的传统文化，宣传科学、民主的新文化运动中曾密切合作，建立了一定的情谊。然而，"问题与主义"之争发生后，《新青年》同人的关系发生变化。先是陈、胡二人关系日渐疏远，接着钱玄同以不便介入陈、胡之争为借口，不再给《新青年》投稿。因《新青年》第8期改由陈独秀一人在上海编辑，周作人等人表示不满。在《新青年》为陈望道主持，成为上海共产主义小组支配的刊物后，钱玄同、刘半农、胡适等人都"噤口不言"。《新青年》编辑部同人间这种日渐疏远的关系使陈独秀感叹不已，认为"北京同人料无人肯做文章了"[1]。鲁迅则直接表示："现在《新青年》的趋势是倾于分裂的，不容易勉

---

[1]　《陈独秀致鲁迅、周作人书》（1921年2月15日），水如编：《陈独秀书信集》，北京：新华出版社，1987年，第309页。

强调和统一"，因此主张"不如任他分裂"[①]。

新文化运动思想家群体内部关系破裂，为"信教自由论战"的展开提供了条件，使本来碍于内部关系未便公开发表的文字可以直接了当宣示出来。以陈独秀和周作人的关系为例。新文化运动中二人私交甚好、过从密切，如果不是因政治上的分歧逐渐疏远了彼此关系，陈独秀当不至于在论战中说出周作人拿自由人道主义"向强者献媚"这类几乎完全了却私谊的人才说得出的话。

当然，新文化运动思想家在思想政治上的分歧并未严重到如此地步，以致双方在价值取向上泾清渭浊、界线分明，在彼此关系上判若楚越、相互隔绝。20世纪20年代初，马克思主义传入中国未久，虽然陈独秀、李大钊等人能认知"社会主义"的真谛，虽然像梁启超、张东荪、胡适等人已意识到"社会主义"不是他们可以接受的社会制度和价值体系，但多数知识分子都未能就形形色色的"社会主义"做出"科学"与否的判断。因此，尽管"信教自由"论战的一个重要原因在于新文化运动思想家内部分裂，但这并不意味着站在非宗教同盟一边的都是左翼的"社会主义"思想家。事实上，非宗教同盟是不同阶级、社会团体和党派的集合体，它不仅有复杂的人员构成，也有多元的思想构成。像蔡元培、李石曾、王星拱、吴虞、汪精卫等人，其隶属的党派和信奉的"主义"与陈独秀、李大钊、邓中夏等马克思主义者是不同的。但是，至少在1924年之前，蔡、李、王、吴等人尚未表现出明显的排拒"社会主义"倾向。这是中共党人能与他们一起加入非基督教运动的重要原因。

---

① 参阅鲁迅博物馆鲁迅研究室编：《鲁迅年谱》，北京：人民文学出版社，1981年。

而一旦中共加入其间且思想行为趋向激越，该同盟就不可避免会染
上"布尔什维克"色彩，从而遭到周作人等人抵制，引发关于"信
教自由论战"。

　　"信教自由论战"是由周作人领衔发表宣言引发的，因此，除
了对论战原因做宏观探讨外，尚有必要对周作人的思想动机做一番
剖析。

　　周作人反对非基督教运动的原因首先在于他对基督教抱某种偏
好。周不是基督徒，也不信奉任何宗教，但他对基督教却一直怀有
特殊情感。出于学习的需要，他"虽不是基督教徒，也在身边带一
册《新旧约全书》"[①]；出于研究文学的需要，他认为宗教"是情
感的产物，与文学相类"[②]，因而主张研究文学的人须懂得宗教。
他甚至认为，"现代文学上的人道主义思想，差不多也都从基督教
精神出来"[③]。作为新文化运动中思想家，他对宗教本不相信，但
又时常以为宗教不可或缺。在《文学与宗教》一文中他写道："本
来我是不信宗教的，也知道宗教是鸦片，但不知怎的总还有点迷恋
鸦片的香气，以为它有时可以治病。"不仅如此，周作人在"泛论
中国事情的时候，也曾有这样的意见，仿佛觉得基督教是有益于中
国似的"[④]。1921年夏，周作人在北京西山养病，写了几段《山中
杂信》，其中一段谈其读英敛之所著《万松野人言善录》的感想，

---

①　《文学与宗教》，《周作人回忆录》，长沙：湖南人民出版社，1982年，
　　第371—374页。
②　周作人：《宗教问题》，《少年中国》第2卷第11期，第6—8页。
③　周作人：《圣书与中国文学》，《艺术与生活》，周谷城主编：《民国丛
　　书》第2编第65辑，上海：上海书店出版社，1991年，第63—86页。
④　《文学与宗教》，《周作人回忆录》，第371—374页。

颇能代表他对基督教的看法。

> 我老实说，对于英先生的议论未能完全赞同，但因此引起我陈年的感慨，觉得要一新中国的人心，基督教实在是很适宜的。极少数的人能够以科学、艺术或社会的运动去替代宗教的要求，但在大多数是不可能的。我想最好便以能容受科学的一神教把中国现在的野蛮残忍的多神教打倒，民智的发达才有点希望。[①]

由于周作人对基督教怀有好感，对中国"土生土长"的"多神教"不感兴趣甚至厌恶，因此，当非宗教大同盟存其所恶而去其所好，他挺膺出面，竭力抵制，实在是情理中的事情。

周作人发难抵制非基督教运动的另一重要原因，在于以自由主义为核心的人道主义思想的作用和驱使。早在留学日本期间，周作人便十分关注"人性"发展，在《论文章之意义暨其使命因及中国近时论文之失》中，周作人指出，人高于其他动物的地方在于，在"求生意志"之外，还要求"天赋之性灵"的自由发展。以此为基础，周作人逐渐形成以"立人"为中心的所谓人道主义。1922年前后，周作人发展完善了这种思想，使之形成一个包括自由主义、个人主义以及宽容精神在内的人道主义思想体系。在这一体系中，以"思想文化的自由、多元发展""对异己思想的宽容""保护少数"为内涵的自由主义乃其核心。自由主义并非周作人独有的思想主张，与周作人同时代的许多思想家都具有同样的思想主张。周作

---

① 《文学与宗教》，《周作人回忆录》，第371—374页。

人思想的独特之处在于，他发展了他在日本形成的反对"众志"压制的思想，把"民众"与"政府"（专制政府）、"外国人"（列强）并列为摧残个性、压制言论自由的元凶。他说："我是不相信群众的，群众就只是暴君与顺民的平均罢了。因此，凡以群众为根据的一切主义与运动，我就不能不否认。"①

周作人的这种思想，是他在信仰问题上与非基督教人士发生冲突的根源。在他看来，信仰是个人的自由权利，非基督教运动逸出法律范围，干涉他人的自由，故不能容忍。1927年撰文回忆非基督教运动，他再次申明自己的主张：

> 1922年春间中国发生非宗教大同盟，有"灭此朝食"等口吻，我看了不以为然，略略表示反对。……我以为宗教是个人的事情，信仰只是个人自由的行动之一，但这个自由如为政治法律许可保护，同时自当受他的节制。……我不是任何宗教家，所以并不提倡宗教，但同时也相信要取消宗教是不可能的。我的意思是只想把信仰当作个人的行动之一，与别的行动一样地同受政治法律的保障与制裁，使他能满足个人而不妨害别人。②

周作人认为这是以"群众运动"方式解决思想信仰问题。非基督教运动"不免在偏重社会势力的制裁"，这种制裁就是"众志"压制。于是，他领衔主稿，发表宣言，对非基督教运动表示异见。

---

① 周作人：《北沟沿通信》，《谈龙集·谈虎集》，长沙：岳麓书社，1989年，第253—259页。
② 周作人：《关于非宗教》，《谈龙集·谈虎集》，第227—229页。

此外，周作人反对非基督教运动，还与他对这场运动指向偏颇、存在认识逻辑偏差的判断有关。非基督教运动是基于民族主义的反教运动。各地非宗教同盟都声称，他们之所以竖"非宗教"旗帜却集矢耶教，是因为该教在中国势力最大，其传教活动与列强对华政治经济侵略结伴而行，非他教所能比拟。但是在周作人看来，这场运动"若是非一切宗教，那也还有风趣，还说得过去"，但"若只非一派的宗教，而且以中外新旧为界，那么这只是复古潮流的一支之表现于宗教方面者罢了"。他举例说，"同善社"等用作Shamanism意义的道教的复活，为人所共知，却未见非宗教同盟"以一矢加遗"；孔教也在复活，"非宗教家与反孔先生于意云何"？据此，他做出"中国的非宗教运动即为孔教复兴之前兆"[1]这一耸人听闻的预言。

周作人在五四运动之后仍坚持新文化运动反对封建传统文化的斗争方向，时刻警惕传统文化以官方意识形态方式卷土重来，是符合新文化运动的思想逻辑的。然而，他把非基督教运动中揭橥的"民族主义"理解为传统文化复活，把"反帝"与建设近代民主国家置于截然对立位置，却也包含对非基督教运动旨意的误解。正是这种误解，与其思想中酝酿已久的其他有价值的命题一道，共同驱使他挺身而出反对非基督教运动，成为"北大五教授宣言"的主稿人。

---

[1]　周作人：《关于非宗教》，《谈龙集·谈虎集》，第227页。

三、论战对非基督教运动的影响

"信教自由论战"的影响与其性质密切相关。就性质而言，一方面，由于延续了"问题与主义"之争和"关于社会主义的论战"，在改造中国社会的方法和道路选择上，表现出明显的思想政治分野，因而一定程度上带有改良思想与激进民主主义及"社会主义"之争的性质。另一方面，论战因宗教而起，并和教会方面与非基督教人士的辩论相辅而行，这场运动又或多或少染上"教俗之争"色彩。周作人等人并不信教，曾多次声称"不拥护任何宗教"，但在情感上对宗教却有所偏好，对基督教则认为"利多弊少"。这样的认知，与教会人士的翼教言论如出一辙，一定程度上反映了教会人士的愿望和利益。正因为如此，"北大五教授宣言"发表后，受到教会人士的高度评价[①]。

"信教自由论战"性质的复杂与多方面的利益交织，增加了认识这场论战的难度。很明显，简单的是非判断难以让人心悦诚服。从非宗教同盟方面论，陈独秀等人坚持维护科学真理，主张破除超自然神秘主义的宗教神话，具有思想启蒙意义。不仅如此，非宗教同盟抓住基督教与列强侵华的联系，从民族主义立场反对基督教国家对中国的文化渗透，也未可厚非。但非基督教人士也有认识短板，这主要表现为对人类精神生活的复杂性缺乏全面认识，在论战

---

① 《批评非基督教运动言论汇刊》，《真光杂志》1922年5月特号，第41—46页。

中亦暴露出"左倾幼稚"的明显弱点。他们将宗教与现代社会生活截然对立，发表"有宗教可无人类，有人类应无宗教，宗教与人类不能两立"①一类极端言论，不仅在理论上使自己丧失科学的立足点，而且因有悖事实，使自己在论战中处于十分局促尴尬的地位。

从周作人等反对派方面看，他们站在"群众运动"的对立立场，表露出中国自由主义知识分子蔑视民众的"贵族"心态，固然不值得褒扬。但是，周作人等人坚持新文化运动的反封建传统，担心曾作为专制制度意识形态的传统文化在新形势下卷土重来，这对反封建民主革命任务远未完成的中国，恐怕不能说只是一种莫名的"杞忧"。他们揭示的非宗教大同盟仅反对基督教不反对其他宗教这一逻辑上的不周纳现象，是不容回避的客观存在。他们对非宗教大同盟某些偏激言论的批评，亦不无中肯之处。此外，如果不是局限于一时一事，而是根据当时乃至尔后中国思想界的状况做深层次思考，周作人等主张宽容精神，反对任何形式的对信仰及"自由思想"的压抑，也是有其历史合理性的。

"信教自由"论战影响巨大。首先，这场论战围绕众多思想政治命题激烈展开，拓展了非基督教运动的思想论域，加强了这场运动的思想力度。非基督教运动虽曾经历较长时间的酝酿，但思想准备并不充分。像宗教批判是否有违"信教自由"宪法原则、信仰自由与思想言论自由的关系等问题，在1922年春运动发生之前，并没有人提出来讨论过，而这些问题又是非基督教运动无法回避的。论战中，非基督教人士就这类问题反复申论辩驳。在回答宗教批判是

---

① 《北京非宗教大同盟宣言》，张钦士：《国内近十年来之宗教思潮》，第193页。

否违背宪法原则这一责难时，他们明确提出"信教是自由，不信教也是自由"①这一重要思想命题，丰富了国人对"信仰自由"宪法原则基本内涵的认识。不仅如此，一些非宗教同盟人士甚至直接否定中华民国的约法本身，将问题的讨论置于完全不同的政治基础之上。吴虞在《"信教自由"是什么》一文中指出：

> 我对于中国的法律，向来不信任。"法律是什么东西"？是众人规定的吗？是少数几个人规定的吗？是全部有效力的吗？是一二条有效力的吗？……今天有人问我，为什么不信任法律，为什么说"法律是什么东西"，我可以明白回答他：法律是助政治家、军阀、资本家为恶的，法律是杀人是抢人家的钱的。至于中国的约法，就更可怜了。……中国约法第二章"人民权利"早等于零，不过政治家和军阀，断章取义……。他们把一部约法，早已腰斩凌迟，约法的本体、约法的精神，早已抛之大海。试问：没得"人民权利"的约法法还叫约法吗？②

吴虞在非基督教运动中并非最为激进，沈玄庐、张秋人、汪精卫、"赤光"等人与他相较，有过之而无不及。他们对军阀政权统治的法律依据，及规定"信教自由"原则的约法本身的否定，突破了初期的运动只批判基督教、斗争矛头仅指向外来势力这种以"中

---

① 蔡元培：《北京非宗教大会演讲之一》，张钦士：《国内近十年来之宗教思潮》，第201页。
② 吴虞：《"信教自由"是什么》，罗章龙编：《非宗教论》，第124—128页。

外新旧为界"①的状况，使非基督教运动带有一定的反对国内军阀专制统治的性质。

此外，在"信教自由"讨论中，非基督教人士将"信教自由"与维护"天赋人权"相联系，力图揭示两者之间的矛盾，宣传近代民主主义思想。非基督教人士站在民主主义立场，维护人权，维护思想言论自由。他们认为，"现今各种宗教，都是拘泥着陈腐主义，用诡诞的仪式宣传，引起无知识人盲从的信仰，来维持传教人的生活。这完全是用外力侵入个人的精神界，可算是侵犯人权的"②。由于思想言论自由是"人权"的核心内容，而这一自由又每与"信教自由"发生冲突，论战中，非基督教人士极力呼吁思想及言论自由。他们认为，"要思想自由，就不该信宗教。既已信了宗教，就受上帝的范围，哪里还有思想的自由"③。"只有在人人的灵明都脱出宗教的范围，看宗教为无足轻重的时候，思想自由，才能存在。"④尽管其就信仰宗教与思想自由两者关系所做分析偏执一端，未必客观公允，但其维护自由人权的主观意愿却是十分强烈的。

其次，"信教自由"论战促成了非基督教阵营的自我反省，为第一阶段的非基督教运动朝着理性化方向发展提供了保证。尽管周作人等所陈述的反对非基督教运动的理由不一定都能成立，但是，他们对运动中某些偏激言论的批评并非一无是处，他们在思想

---

① 周作人：《谈龙集·谈虎集》，第226页。
② 蔡元培：《蔡元培在北京非宗教大同盟的演讲》，张钦士：《国内近十年来之宗教思潮》，第226页。
③ 吴虞：《"信教自由"是什么》，罗章龙编：《非宗教论》，第124—128页。
④ 王星拱等：《非宗教者宣言》，《晨报》1922年4月4日，第3版。

文化领域业已形成的崇高声望和地位也非非基督教人士所能漠视。因此，当《主张信教自由宣言》发表后，在坚持用"科学"理论批判基督教的大前提下，非基督教领袖开始注意斗争方式选择，尽量避免给人造成"偏激"印象。1922年4月4日，王星拱、吴虞、李大钊、李石曾、邓中夏、金家凤、肖子升等12人发表《非宗教者宣言》。这篇被称为"非宗教大同盟第二次宣言"的文字，"于耶教学生同盟，不再作'挑战的反对'的话"①，而是以平情说理的口气，申述自己的主张：

> 我们反对宗教的运动，不是想靠一种强有力的势力，压迫或摧残信仰一种宗教的人们，乃是想立在自由的真理上，阐明宗教束缚心灵的弊害，欲人们都能依自由的判断，脱出他的束缚与蒙蔽。②

内容与语气，均与第一次宣言迥然不同，可见反教人士虽仍然坚持与"北大五教授"辩难，实际上已开始反省，部分接受辩论对手的主张。

值得注意的是，陈独秀的思想也发生变化。陈独秀在论战之初是非宗教同盟方面的主将，或许因为第一步走得太远，或许因为他未正式加入非宗教同盟，他没有在《非宗教者宣言》上签名。尽管如此，陈独秀亦有所反思，并很快回到五四前后冷静、理智、对

---

① 《〈主张信教自由宣言〉附识》，《批评非基督教运动言论汇刊》，《真光杂志》1922年5月特号，第41—46页。
② 王星拱等：《非宗教者宣言》，《晨报》1922年4月4日，第3版。

基督教与教会分别看待的立场①。这里有一个很明显的例证。人所
共知，广东是非基督教运动进行得颇有声势的一个省区，思想及行
为都较其他省区更为激进。然而，当广东非基督教运动有可能朝着
更为激进的方向发展时，站出来泼冷水的不别人，恰恰是陈独秀。
1922年5月20日，陈独秀在《广东群报》上表《对于非宗教同盟的
怀疑及非基督教学生同盟的警告》一文。尽管陈在这篇文章中声明
了他"对于学界非基督教运动""十分赞同"的十条理由，但他
对以"群众运动"方式来批判宗教，仍"不无怀疑之点"：

> 试问主张非宗教同盟诸人，是否都对于一切学说主义，一概
> 取怀疑的态度，而无诚笃的信仰？研究及分析这样复杂的问题，
> 是大学校、研究室之事，若拿他做群众运动的目标，实在要令人
> 迷惑。②

不仅如此，非基督教学生同盟的激进思想言行也有所收敛。
1922年4月10日，广东非基督教学生同盟致函执信学校学生，内有
"非基督教学生同盟，系反对基督教，并非反对信教个人，公谊私
情，两不背谬"，及"反对之手段，系采取从理论上辩论、文化上
宣传，并非雌雄快意，越轨举动"③等语。此函不先不后，恰与非

---

① 参看这一时期陈独秀发表的《基督教与基督教会》，《基督教与中国人》
　　等文。
② 陈独秀：《对于非宗教同盟的怀疑及非基督教学生同盟的警告》，《广东
　　群报》1922年5月20日。
③ 《广东非基督教学生同盟致执信学校学生函》，《广东群报》1922年4月
　　10日。

宗教同盟第二次宣言刊载于同一天的广东报刊，"亦事之至耐人寻味"[1]者。

　　由于回到理性立场，在第一阶段的非基督教运动中，反教人士虽不无言辞过当之处，行动却始终没有越轨。非基督教运动反对的直接目标是世界基督教学生同盟第11次大会在清华学校召开。但是，即便是在得到天下云集响应的形势下，反教人士也仅仅是发表宣言、通电、演讲，而没有冲击和干扰世界基督教学生同盟大会。对同年5月在上海召开的全国基督教大会，非宗教大同盟也能采取宽容态度。

　　事实证明，至少在运动的第一阶段，在反对派的制约下，非基督教人士已用理性的思考和有克制的行动，将自己与庚子事变中激于义愤而依恃"神术"排外的义和团划清界限。也许，这对扩大非基运动的社会基础有些南辕北辙。然而，对于宗教的界说及其社会功能判断这样复杂深邃的问题，诚如周作人所言，并不是群众运动所能解答的。"北大五教授宣言"能发现并提出这一问题，非基督教人士能就此反省，说明双方理性尚存，两者共同参与的新文化运动气脉未断，是值得庆幸的。

四、结论

　　"信教自由论战"虽系围绕"非基督教运动"展开，内涵并不

---

① 《〈主张信教自由宣言〉附识》，《批评非基督教运动言论汇刊》，《真光杂志》1922年5月特号，第41—46页。

限于宗教领域。陈独秀、蔡元培、吴虞等非宗教同盟人士揭橥反基督教旗帜，用意却不在反对基督教本身，而在利用"非基"表达反对列强侵略的民族主义心声。而周作人、钱玄同等"北大五教授"反对非基督教运动，也并非出于对基督教的"翼教"立场，而是对当时中国业已形成的激进"民族主义"运动有可能对自由人权造成威胁的抵御和防范。尽管曾做出某种"民主主义"解释，但非基督教运动的基本诉求则应当是"民族主义"，与强调自由人权的"北大五教授"的主张明显不同。在近代历史上，对外争取民族独立，对内争取民主自由，乃国人共同的奋斗目标。但"民族"与"民主"难以协调发声，有时甚至处于不和谐状态。胡适认为五四运动对于新文化运动是一场"不幸的政治干扰"，对此深感遗憾。李泽厚研究近代思想史，有"救亡"呐喊总是压倒"民主"呼声的感叹。"信教自由"论战在很大程度上乃是两者矛盾的外化。不过，尽管主张不同，双方毕竟分别从较深层次思考了中国政治亟待解决的两大问题，并在客观上形成不同主张的互补。诸如"信教是自由，不信教也是自由"，约法的精神与本体已不复存在，群众运动不能真正解决思想信仰的问题，以及对"众志"压迫个人思想自由须预事防维等思想命题的提出，振聋发聩，当时便警醒各自的论战对手，促成对方反思，并在一定程度上改变双方的思想，影响到后期非基督教运动的发展走向。

从这个意义上讲，"信教自由论战"虽已落下帷幕，却是一场没有决出胜负或在某种程度上是双赢的思想之争。